우광연의 작심하고 시작하는 경매공부

◇ 당신은 언제나 옳습니다. 그대의 삶을 응원합니다. – **라의눈 출판그룹**

우광연의 작심하고 시작하는
경매공부

초판 1쇄 | 2024년 6월 3일

지은이 | 우광연
펴낸이 | 설응도   편집주간 | 안은주
영업책임 | 민경업   디자인 | 박성진

펴낸곳 | 라의눈

출판등록 | 2014 년 1 월 13 일 (제 2019-000228 호)
주소 | 서울시 강남구 테헤란로 78 길 14-12(대치동) 동영빌딩 4층
전화 | 02-466-1283   팩스 | 02-466-1301

문의 (e-mail)
편집 | editor@eyeofra.co.kr
마케팅 | marketing@eyeofra.co.kr
경영지원 | management@eyeofra.co.kr

ISBN 979-11-92151-77-9   13320

=우광연의=
작심하고 시작하는
경매공부

· 우광연 지음 ·

𐎀 라의눈

'부동산경매'라고 하면 부동산을 헐값으로 취득해서 큰돈을 벌 수 있다고 생각하는 분들이 많습니다. 그러나 최근 몇 년간 아파트 물건에 입찰해 보신 분이라면 생각보다 높은 낙찰가격에 혀를 내두르실 겁니다.

최근 부동산경매 물건들은 권리분석도 어렵지 않고, 물건에 대해 뭔가 문제가 있는 경우 경매법원의 매각물건명세서에 기재되어 있는 경우가 많습니다. 따라서 권리분석의 중요성이 예전만큼은 아닌 것이 사실입니다. 그러나 여전히 권리분석의 오류나 그 밖의 이유로 입찰보증금을 몰수당하는 일이 비일비재합니다.

2023년 1월부터 9월까지, 전국에서 재경매로 진행됐거나 진행 중인 물건들은 3,000여 건이 넘습니다. 권리분석을 잘못한 경우부터 시세 파악을 잘못한 경우, 어이없게도 입찰표에 '0'을 하나 더 쓴 경우, 채권자가 방어 입찰을 하는 경우 등 여러 사정이 있습니다. 그러나 재경매의 대다수는 경매에 대한 기초 지식 부족이 원인입니다.

부동산경매는 급변하는 생물(?)인 '부동산'과 대부분 결과가 정해져 있는 '법률'이 결합한 형태입니다. 그러므로 시장 흐름에 따라 수익을 낼 수도 있고 법률적 지식으로도 수익을 낼 수 있습니다. 경우에 따라서는 두 가지 조건이 다 맞아 큰 수익이 나기도 할 것입니다. 그러려면 당연히 공부가 필요합니다.

경매 공부를 하면 경매만 잘할 수 있게 되는 것이 아닙니다. 내 재산을 안전하게 지키고 관리하는 방법들도 자연스럽게 터득할 수 있습니다. 돈도 벌고 재산도 지킬 수 있으니 하지 않을 이유가 없습니다.

부동산 시장도 계속 변하지만 법도 만만찮게 변하기 때문에 공부를 게을리해서는 안 됩니다. 예를 들어 기존의 대법원 판례를 뒤집는 전원합의체 판결이 나올 수 있습니다. 2015년 개정된 「상가건물임대차보호법」과 같이 모든 상가임차인에게 대항력을 부여해 주도록 법령이 개정되기도 합니다. 이러한 과정에서 틈새를 공략하는 물건들이 나오고 여기서 수익을 내는 분도 있습니다. 이런 내용을 모른다면 반대로 손해를 입을 수도 있는 것입니다.

서점의 경매 코너에 가면 하나같이 경매로 얼마 벌었다는 얘기만 합니다. 잘못 낙찰받은 사례나 재경매당한 이야기를 하는 책은 드뭅니다. 하지만 법원의 자료나 판례들을 보면 분명 그런 물건들은 널리고 널렸습니다.

이 책의 주된 주제는 '권리분석'입니다. 권리분석의 모든 것을 다 얘기할 수는 없지만, 독자분들이 권리분석을 하다가 궁금해할 내용과 판례는 충실히 담았습니다. 또한 각각의 권리분석마다 사례를 제공해 드렸으니 좀 더 이해하기 쉬울 것입니다. 그래도 책의 내용이 이해되지 않거나 궁금하신 점이 있다면 언제든 필자의 SNS 채널 등을 통해 연락주시기 바랍니다.

법령이나 판례를 많이 수록했다는 것도 이 책의 특징입니다. 근거가 되는 내용을 알아야 주장을 해도 설득력이 있고 권리를 지킬 수 있기 때문입니다. 그리고 지면 관계상 판례 전문을 싣지는 못했으니 관심 있으신 분들은 대법원 종합법률정보 홈페이지에서 판례 번호로 검색하면 대부분 판례 전문을 확인할 수 있습니다.

이 책을 집필한 이유는 여러분이 권리분석을 통해 경매에도 도움이 되고 소중한 재산을 지키는 데도 도움이 되길 바라는 마음에서였습니다. 정확한 권리분석의 토대 위에 여러분의 다양한 경험과 지식, 그리고 발품을 팔아 얻은 현장 정보 등이 어우러진다면 좋은 물건을 발굴할 수도 있고, 부동산시장의 침체 여부를 떠나서 수익을 낼 수도 있을 것입니다.

여러분의 성공 투자를 응원합니다!

2024년 4월
우광연 올림

차 례

부록

Chapter

01

. . .

부동산경매 공부를
해야 하는 이유

01

최소한 내 재산을
지키기 위해

부동산경매를 공부해야 하는 첫 번째 이유는 내 재산, 내 가족, 내 주변 사람들의 재산을 지키기 위해서입니다. 부동산경매에서 말하는 '권리분석'은 어떤 부동산에 부여된 권리들의 순서를 정하는 일입니다. 경매에서 '순서'는 목숨만큼 중요한 개념입니다. 자신이 1순위인 줄 알고 있었는데 사실은 2순위였다면 아마도 지옥 같은 상황이 펼쳐질 테니까요.

그러므로 매매계약이든 임대차계약이든 어떤 법률행위를 하기 전에는 어떤 위험 요소가 있는지 점검해야 합니다. 평생 살면서 부동산 거래를 한 번도 안 한 사람이 있을까요? 대부분 매매계약이나 임대차계약에 대한 경험이 있을 것이고 앞으로도 계속 하게 될 것입니다. 그렇다 보니 평소에 최소한의 부동산 지식과 경매 지식을

우광연의 작심하고 시작하는 경매공부

갖추고 있어야 내 권리, 내 재산을 안전하게 지킬 수 있습니다.

필자가 이렇게 이야기해도 '집 한 채밖에 없는데', 또는 '경매할 생각이 1도 없는데'라면서 '경매 공부는 해서 뭐하냐?'라는 분들도 계실 것입니다. 하지만 모든 계약에는 위험이 숨어 있고 부동산에서 채권자와 채무자 간에 문제가 발생하면, 결국 경매를 통해 정리되는 경우가 많습니다. 내 일이 아니라고 생각했던 경매가 어느 날 내 일이 될 수도 있는 것입니다.

어느 날 경매사건에 휩싸이게 된 A대표 얘기를 해보겠습니다. A대표는 여성사업가 모임의 회원으로부터 단독주택을 시세보다 싸게 팔겠다는 제안을 받았습니다. 그런데 매매계약을 체결하고 잔금까지 지급했는데, 매도인은 소유권 이전 서류를 넘겨주지 않고 차일피일 미루고 있었습니다. 소유권을 못 넘겨받고 계속 독촉하던 중에 매도인의 채권자가 부동산에 가압류를 했습니다. 오래 알고 지냈고 상당한 신뢰가 쌓인 상태에서 벌어진 일이라 충격이 컸습니다.

A대표는 그때서야 여기저기 법률 조언을 듣고, 늦었지만 가처분 등기를 하고 뒤늦게 소유권을 넘겨받을 수 있었습니다. 그러나 이미 선순위로 설정된 가압류는 말소되지 않습니다. 결국 가압류에 의해 강제경매가 진행되었고, A대표는 매매대금의 대부분을 손해 보게 되었습니다.

이 사례에서 A대표는 무엇을 잘못했을까요? 매도인이 소유권 이전 서류를 넘겨주지 않았을 때 즉시 가처분을 신청했어야 하는데 이를 못 한 것입니다. 이미 가압류가 된 후에는 가처분은 힘을 쓰지 못합니다. 이런 사건이 벌어진 이유는 경매나 공매에서는 매각대금을 납부한 때에 소유권을 취득하지만, 일반 매매에서는 잔금 지급이 아닌 등기가 되었을 때 물권변동의 효력이 생기기 때문입니다.

임대인, 임차인 모두에게 경매 공부는 중요합니다. 우선 임대인이라면 「임대차보호법」 등을 숙지하여 계약기간, 임대료 인상 등에 대해 미리 알고 있어야 합니다. 임대차계약 해지 시 임대인이 어떻게 할 수 있는지, '계약갱신요구권' 및 '묵시의 갱신'인 경우에는 어떻게 대처해야 하는지도 말입니다. 임차인의 입장, 점유자 명도 시 소요기간 및 비용 등에 대해서도 미리 공부해야 합니다. 월세를 받는 경우, 보증금은 어느 정도 책정하는 것이 안전한지도 가늠할 수 있습니다.

그렇다면 임차인의 경우는 어떨까요? 계약이 만료되었는데 임대인이 보증금을 돌려주지 않는 경우, 대항요건을 유지하는 방법부터 보증금을 회수하는 시기까지 임차인으로서의 권리를 알고 있어야 합니다. 즉 내 보증금을 지키는 데 꼭 필요한 것이 경매 공부인 것입니다. 특히 임차인의 보증금은 거의 계약 시점에 운명이 정해진다고 해도 과언이 아닙니다. 최근 벌어진 안타까운 전세 사기 사건들만 봐도 경매 공부가 얼마나 중요한지 알 수 있습니다.

02
이보다 더 좋을 수 없는
재테크 방법

경매 공부의 첫 번째 목적이 내 재산 지키기라면, 두 번째 목적은 당연히 재테크입니다. 대부분의 사람들이 경매 공부를 시작하는 이유이기도 합니다. 이 두 가지의 목적은 늘 함께 가야 합니다. 재산을 잃지 않는 것도 재테크이기 때문입니다.

필자가 강의 등을 통해 수강생들로부터 가장 많이 듣는 질문이 있습니다. '정말 경매로 큰돈을 벌 수 있느냐'라는 것입니다. 정답은 늘 그렇듯 '케바케'입니다. 용돈벌이와 같은 소소한 수익부터 몇 년치 연봉에 달하는 큰 수익까지 낼 수 있는 것이 부동산경매입니다.

현장에서 보면 경매를 하는 분들은 정말 각양각색입니다. 직장을

온비드 공매 www.onbid.co.kr 가 뭘까?

온비드는 자산관리공사에서 운영하는 사이트입니다. 경매보다 물건의 수는 적지만 매각하는 물건 외에 대부하는(빌려주는) 공매 물건도 있고 동산 매각 물건들도 있어 종류가 다양한 것이 특징입니다.

통상 많이 보이는 것은 세금 체납으로 압류된 물건들이지만(경매와 똑같이 권리분석하면 됩니다), 온비드의 전자입찰시스템을 빌려 매각하는 신탁공매 등 다른 종류의 물건들도 있습니다. 그러니 물건의 매각기관이 어디인지 꼭 확인해야 합니다.

압류재산은 경매와 같이 권리분석을 하면 되지만, 압류재산 이외의 재산들은 매각 공고문에 있는 매각조건을 잘 읽어보고 입찰에 참여하시면 됩니다.

다니거나 사업을 하면서 1년에 한두 차례 경매나 공매 투자를 하는 분들도 계시고 실력을 쌓아서 특수물건 투자로 큰 수익을 내는 분도 있고, 남들이 보지 못하는 부분을 발견해 수익을 내는 분도 있습니다.

최근엔 지분경매 등 소액투자하는 분들이 늘어나고 있는데, 세금 체납 등을 원인으로 진행되는 온비드 공매 물건까지 더한다면 전국의 다양한 물건에 투자할 수 있습니다. 특히 온비드 공매 물건은 전자입찰 방식이라서 내 집에서 또는 내 사무실에서 입찰이 가능한 장점이 있습니다.

부동산경매라고 하면 예로부터 부정적 시각이 있었던 것이 사실입니다. '망한 사람 집이니 터가 안 좋다'라는 미신부터 '망한 사람 부동산을 헐값에 빼앗는 것'이란 이상한 도덕관념 같은 것 말입니다. 2002년 민사집행법이 시행된 후, 경매는 절차적으로 더 투명해졌고 최고가매수신고인의 지위는 더 안전해졌습니다. 이후 경매시장에 참여자들이 많아져 경매가 더 대중화될 수 있었습니다.

경매를 바라볼 때는 채권자뿐 아니라 반대편의 채무자 입장도 생각해야 합니다. 최고가매수신고인은 다른 입찰자보다 많은 금액을 쓴 사람입니다. 이로 인해 채무자의 채무 금액이 한 푼이라도 더 변제된다는 뜻입니다. 아울러 이렇게 회수된 채권은 사회의 다른 곳에 흘러 들어가 사회 발전에 기여할 것입니다. 부동산경매의 순기능도 크다고 할 수 있습니다.

03

부동산경매의
대표적인 장점

일반 매매와 비교해 보면 부동산 경매에서만 누릴 수 있는 혜택이 있습니다. 바로 '토지거래허가'와 '경락잔금대출'입니다. 어떤 내용인지 자세히 설명해보겠습니다.

토지거래허가구역이라도 OK!

・・・

우리나라에는 '토지거래허가제도'가 있습니다. 보통은 매수자와 매도자의 계약으로 매매계약이 성립되는데 토지거래허가구역에서는 아닙니다. 관할 지자체로부터 토지거래허가를 받아야만 매매계약의 효력이 발생합니다. 법에서는 이를 '유동적 무효'라고 부릅니다. 허가 여부에 따라 매매계약의 효력이 발생할 수도 있고 아닐 수도 있다는 의미입니다.

그렇다면 자유시장 경제에 반하는 듯한 '토지거래허가제도'를 왜 만들었을까요? 용어만 들어도 짐작이 되실 텐데요, 투기를 막으려는 목적입니다. 그러니 실거주자 또는 실제로 사용할 사람이 아니면 허가가 안 나온다

○———— **물건 상세페이지**(서울 강남구 대치동 아파트)

대표소재지	[목록1] 서울 강남구 대치동 316 은마아파트 22동 12층 ●●호 [삼성로 212] N지도 D지도 도로명주소				
대표용도	아파트	채 권 자	한국쿼대부 임의경매		
기타용도	-	소 유 자	송●인	신 청 일	2022.05.06
감정평가액	2,790,000,000	채 무 자	송●인	개시결정일	2022.05.10
최저경매가	(64%) 1,785,600,000	경매대상	건물전부, 토지전부	감정 기일	2022.05.19
낙찰/응찰	2,652,889,000원 / 45명	토지면적	53.9m² (16.3평)	배당종기일	2022.07.22
청구금액	2,453,723,280	건물면적	104.37m² (31.57평)	낙 찰 일	2023.05.18
등기채권액	3,055,000,000	제시외면적	-	배 당 기 일	2023.08.16
물건번호	1 [납부]				

❶물건사진/위치도

소재지	서울특별시 강남구 대치동 316번지		
지목	대 ❓	면적	239,225.8 m²
개별공시지가(m²당)	21,510,000원 (2023/01) 연도별보기		
지역지구등 지정여부	「국토의 계획 및 이용에 관한 법률」에 따른 지역·지구등	도시지역 , 제3종일반주거지역 , 개발행위허가제한지역(2016-08-26) , 지구단위계획구역 , 공공청사(저촉) , 근린공원(저촉) , 도로(저촉) , 문화공원(저촉) , 종로3류(폭 12m~15m)(저촉)	
	다른 법령 등에 따른 지역·지구등	상대보호구역(토지전산망의 내용은 참고사항임)<일반 교육청에 반드시 확인요망)<교육환경 보호에 관한 법률>, 절대보호구역(토지전산망의 내용은 참고사항임)<일반 교육청에 반드시 확인요망>>교육환경 보호에 관한 법률>, 대공방어협조구역(위탁고도:77-257m)<군사기지 및 군사시설 보호법>, 정비구역<도시 및 주거환경정비법>, 과밀억제권역<수도권정비계획법>, (한강)폐기물매립시설 설치제한지역<한강수계 상수원수질개선 및 주민지원 등에 관한 법률>	
	「토지이용규제 기본법 시행령」 제9조 제4항 각 호에 해당되는 사항	토지거래계약에관한허가구역 건축선 <추가기재>건축선지정(도로경계선에서3미터후퇴)	

고 보면 됩니다. 토지거래허가구역 내 매물들의 일반 매매가 활발하지 않은 이유입니다. 그런데 토지거래허가구역 내의 부동산이 경매나 공매(압류재산 공매)로 나왔다면 얘기가 달라집니다. 매각하는 주체가 국가이므로 토지거래허가를 받은 것으로 보는 것입니다. 당연히 인기가 높을 수밖에 없습니다.

사례의 주인공은 그 유명한 은마아파트입니다. 법원기록을 보면 45명이 응찰한 것으로 확인됩니다. 이렇게 많은 사람이 응찰한 데는 여러 가지 이유가 있겠지만, 이 물건이 토지거래허가구역 내에 있다는 점도 작용했을 것입니다. 만약 일반 매매로 샀다면 실거주를 해야 하지만, 경매로 매입하면 토지거래허가를 받은 것으로 보기 때문에 실거주를 하지 않아도 됩니다. 따라서 토지거래허가구역 내의 매물은 다소 높은 가격에 낙찰될 수도 있습니다.

낙찰가의 최고 80%까지 대출
...

경매의 또 다른 혜택은 대출입니다. 일반 매매보다 대출한도가 높다는 뜻입니다. 규제지역 내 주택은 일반 매매와 대출 조건이 거의 같아졌지만, 비규제지역 내 아파트의 경우 낙찰가의 80%까지도 대출이 가능합니다. 오피스텔과 상업용부동산 토지 등의 비주거용 부동산들도 낙찰 후 경락잔금대출을 활용한다면 낙찰가격의 80~90%까지 대출을 받을 수 있다는 장점이 있습니다.

Chapter

02

...

경매절차의 이해와
경매입찰표 완벽 작성법

01

꼭 알아야 하는 용어

민사사건은 돈과 관련한 분쟁입니다. 그래서 채권자와 채무자란 단어가 자주 등장합니다. 채무자가 약속한 시기에 원금이나 이자를 상환하지 못하면, 채권자는 채무자의 부동산에 경매를 신청할 수 있습니다. 부동산뿐만이 아닙니다. 동산에도 가압류나 압류를 할 수 있습니다. 빨간 딱지가 붙었다(압류의 경우)는 표현이 바로 그것입니다. 물론 이 책에서는 부동산에 대해서만 다룹니다.

채권자가 경매를 신청하는 이유는 못 받은 돈을 받기 위해서라고 했습니다. 이렇게 진행되는 경매에는 '강제경매'와 '임의경매'가 있습니다. 중요한 개념이니 잘 알고 넘어가야 합니다.

집행권원에 의해 신청되는 '강제경매'

• • •

강제경매는 그 어감 때문에 더 무섭게 느껴지실 수 있는데요. 법적용어라 그런것 같습니다. '집행권원', 즉 집행력을 갖는 공적 문서가 있어야지 신청할 수 있는 경매가 강제경매입니다. 집행권원이란 법원으로부터 받은 판결문을 말합니다. 기타 조정조서, 화해조서, 인낙조서, 일부 조건의 공정증서 등도 집행권원이 됩니다.

담보권에 의해 신청되는 '임의경매'

• • •

임의경매란 '담보권 실행'에 의해 진행되는 경매를 말합니다. 대표적인 것이 은행의 근저당권입니다. 은행에서 담보대출을 받으면 등기부에 근저당권이 설정되는데, 은행에 이자나 원금 등을 상환하지 못하면 근저당권자는 경매를 신청할 수 있습니다. 강제경매와 달리 법원의 판결문 등이 필요치 않습니다.

채권자 입장에서 생각해보면, 집행권원을 확보해야 경매를 신청할 수 있는 강제경매가 채권 회수에 시간이 더 걸립니다. 그런데 여기에도 예외가 있습니다. 법원에서 발부한 것이 아닌, 개인 간에 작성한 서류도 집행권원이 될 수 있습니다. 공증서류 중에 '금전소비대차 공정증서'와 '약속어음 공정증서'가 이에 해당됩니다.

예를 들어보겠습니다. 개인 간에 쓴 차용증은 집행권원이 되지 못합니다. 그런데 채권자와 채무자가 함께 공증인사무소에 가서 공증을 하고 '채무 불이행 시 강제집행해도 이의를 제기하지 않는다'라는 문언을 덧붙인 금전소비대차 또는 약속어음 공정증서를 작성해 놓으면 이 서류가 집행권원이 되어 채무자가 약속한 시점에 돈을 갚지 않으면 바로 강제경매 신청을 할 수 있는 것입니다.

그러면 지금부터 부동산경매가 어떤 절차로 진행되는지 알아보겠습니다.

02

부동산경매는 3단계: 압류, 환가, 배당

경매절차는 크게 3단계로 나뉩니다. 경매를 신청하는 단계(압류 단계), 경매로 매각하는 단계(환가 단계), 매각된 돈으로 채권자에게 배당하는 단계(배당 단계)입니다. 경매 절차에 따라 순서대로 공부해보겠습니다.

경매의 시작을 알리는 '압류 단계'

. . .

① 경매신청

채무자가 많은 돈을 빌리고 갚지 않는다 해도, 법원이 알아서 경매를

진행해주지 않습니다. 경매는 채권자가 신청해야 시작되는 것입니다. 채권자는 경매신청서와 경매 신청의 원인이 되는 서류 등을 준비해서 법원에 경매를 신청해야 합니다. 보통은 부동산 소재지 관할 법원에 신청하게 되는데, 대한민국 법원 전자소송 홈페이지를 통해 온라인으로도 신청할 수 있습니다. 전자소송 홈페이지에서는 경매 신청 외에도 각종 소송 등을 온라인으로 접수하거나 신청할 수 있습니다.

② 예납비용 납부

경매를 신청하는 채권자가 가장 먼저 해야 하는 일이 예납비용 납부입니다. 예납비용이란 경매절차를 진행하는 데 들어가는 비용인데, 경매 신청 시 채권자가 미리 납부하고 낙찰대금이 들어오면 배당절차에서 제일 먼저 배당받습니다. 경매를 진행하는 절차에 필요한 공익적인 비용이라고 생각하시면 됩니다.

예납비용은 감정평가, 집행관 현황조사, 신문공고료, 송달료, 매각수수료 등에 사용됩니다. 경매절차가 종료되고(취하되거나 취소되는 경우 포함) 남는 돈이 있으면 채권자에게 돌려줍니다. 경매 진행 과정 중 예납비용이 부족하면 추가 예납명령이 나옵니다. 경매를 신청하고 예납비용을 납부하지 않으면 어떻게 될까요? 당연히 경매 절차가 각하 또는 취소됩니다.

③ 경매개시결정 기입등기(=압류의 효력 발생)

경매 신청 서류에 문제가 없다면, 경매법원에서는 '경매개시결정 기입등기'를 등기소에 '촉탁'합니다. 뭐 어려운 말이 아닙니다. 경매개시결정, 즉 '곧 경매가 시작된다'라는 사실을 등기부에 기재해달라고 등기소에 요청했다는 뜻이니까요. 이렇게 경매개시결정기입등기가 되면 '압류의 효력'이 발생하게 됩니다.

압류의 효력이란 말을 꼭 기억해두십시오. 앞으로 경매 공부를 해나가면서 자주 만나게 될 용어이기 때문입니다.

민사집행법 제83조(경매개시결정 등)

① 경매 절차를 개시하는 결정에는 동시에 그 부동산의 압류를 명하여야 한다.
② 압류는 부동산에 대한 채무자의 관리·이용에 영향을 미치지 아니한다.
③ 경매 절차를 개시하는 결정을 한 뒤에는 법원은 직권으로 또는 이해관계인의 신청에 따라 부동산에 대한 침해행위를 방지하기 위하여 필요한 조치를 할 수 있다.
④ 압류는 채무자에게 그 결정이 송달된 때 또는 제94조의 규정에 따른 등기가 된 때에 효력이 생긴다.

민사집행법 83조 ④항을 봅시다. 압류는 경매개시결정이 송달된 때 또는 경매개시결정등기가 된 때에 효력이 생긴다고 하고 있습니다. 압류의 효력이 발생하는 경우가 두 가지라니 고민이 됩니다. 무엇부터 해야 한다는 말일까요? 당연히 앞서 언급한 경매개시결정등기가 먼저입니다.

이유는 간단합니다. 채무자에게 송달을 먼저 할 경우 절차가 지연될 수도 있기 때문입니다. 실제 고의로 송달을 받지 않는 채무자들이 있기 때문입니다. 그 사이에 소유권을 이전하는 등 경매를 피하기 위한 조치를 할 수도 있으니, 경매개시기입등기를 먼저 하는 것입니다.

압류의 효력은 위 두 가지 중 하나만 충족되어도 발생합니다. 그러나 경매 절차가 유효하게 진행되기 위해서는 당연히 채무자에게 경매 진행 사실이 송달되어야 합니다. 그래서 경매법원에서는 경매개시결정 기입등기를 먼저 하여 압류의 효력을 발생시킨 후, 첫 매각기일이 잡히기 전까지의 시간 동안 채무자에게 송달을 하고 있습니다.

대법원은 경매개시결정기입등기가 되더라도 채무자에게 송달이 되어야 경매절차가 유효하다고 봅니다. 그렇다 보니 이를 악용하는 사람들이 있

대법원 1991. 12. 16.자 91마239

【결정요지】
(다) 경매개시결정은 비단 압류의 효력을 발생시키는 것일 뿐만 아니라 경매 절차의 기초가 되는 재판이어서 그것이 당사자에게 고지되지 않으면 효력이 있다고 할 수 없고 따라서 따로 압류의 효력이 발생하였는지 여부에 관계없이 경매개시결정의 고지 없이는 유효하게 경매 절차를 속행할 수 없다.

우광연의 작심하고 시작하는 경매공부

경매가 시작된 후에는 매매할 수 없을까?

경매개시결정 기입등기가 되어도 매매할 수 있습니다. 다만 경매를 취소하는 조건
으로 매수해야 합니다. 경매가 이미 시작되었다면 시세보다 저렴한 가격에 내놓아
야 사려는 사람이 있을 것입니다. 매매대금으로 채권자에게 원금과 이자를 변제하
고 경매신청 시 납부한 예납비용까지 정산해줘야 하므로, 매매대금보다 변제할 채
무 금액이 큰 경우는 매매하기 어렵습니다.

또한 매수자가 지불한 매매대금으로 매도인의 채권들이 바로 말소가 되는 것이 아
니라서(등기부에서 말소되는 시간 등이 필요), 이런 내용을 잘 모르는 사람이라면
매수를 꺼리게 됩니다. 경매개시 이후에도 매매가 가능하다는 점을 이용해, 경매에
서는 경쟁으로 높은 가격을 써야 하므로 낙찰되기 전에 소유자에게 접근해 시세보
다 저렴한 금액으로 부동산을 취득하는 사람들도 꽤 많습니다.

습니다. 앞에서 말했듯이 경매 절차를 지연시킬 목적으로 송달을 안 받는
것입니다. 계속 송달이 안 되면 '공시송달'이란 방법도 있지만, 공시송달을
빨리 안 해주려는 법원도 있습니다. 채무자에게 송달이 지연될수록 첫 매
각기일이 늦게 잡힙니다.

④ 감정평가명령

경매개시결정등기가 되면, 경매법원은 매각을 위해 2가지 조치를 합니다.
감정인에게는 감정평가를, 집행관에게는 매각부동산의 현황조사 명령을

| 2022.02.08 | 집행관 서○○○○○ ○○○ 조사명령 발송 | 2022.02.09 도달 |
| 2022.02.08 | 감정인 김○○ 평가명령 발송 | 2022.02.11 도달 |

내리는 것입니다. 경매사건의 '문건접수내역'에서 다음과 같은 내용을 쉽게 확인할 수 있습니다(최근에는 개인정보 보호로 인해 이름이 가려져 있습니다).

경매가 개시되면 바로 감정평가가 이루어진다는 것을 알 수 있습니다. 이렇다 보니 감정 시점이 매각 시점보다 수개월 앞섭니다. 감정가를 시세라고 하기에는 무리가 있다는 뜻입니다. 그러므로 감정평가와 입찰하는 매각기일 사이의 시세 흐름을 잘 검토해야 합니다. 최근 수년간 부동산시

'문건접수내역'과 '송달처리내역'은 뭐가 다를까?

경매사건에서 자주 등장하는 용어입니다. 문건접수내역은 해당 경매사건의 이해관계인이 경매법원에 제출한 서류들의 기록이고, 송달처리내역은 경매법원에서 해당 경매사건의 이해관계인에게 서류를 발송한 기록입니다. 즉 전자는 경매법원에 제출한 내역이고 후자는 경매법원이 발송한 내역입니다. 이 내용이 중요한 것은 임차인의 배당요구 및 권리신고, 배당에 참가하기 위해 배당요구한 채권자 등 다양한 정보를 얻어낼 수 있기 때문입니다.

사건번호 ⇕	소재지	용도 입찰일자	감정평가액 ⇕ 최저경매가 ⇕ 낙찰가 ⇕	진행단계 (유찰 ⇕)
2022-36597	[여주4계] 경기 여주시 오학동 408 여주오드카운티 104동 6층 601호 [건물 59.98m²][대지권 41.4m²] 등기변동 지적개황도 도시계획도 S맵 새창보기	아파트 2023.10.11	237,000,000 165,900,000 210,000,000	낙찰 (응찰:6명) 88.61%
2022-55257	[수원15계] 경기 수원시 장안구 이목동 917 수원장안에스티엑스칸2단지 111동 4층 401호 [건물 84.93m²][대지권 56.5m²] 지적개황도 도시계획도 S맵 새창보기	아파트 2023.10.11	781,000,000 382,690,000 620,000,000	낙찰 (응찰:8명) 79.39%
2022-63828	[고양6계] 경기 파주시 와동동 205 가람마을8단지동문굿모닝힐 808동 8층 806호 [건물 84.45m²][대지권 54.1m²] 등기변동 지적개황도 도시계획도 S맵 새창보기	아파트 2023.10.11	463,000,000 226,870,000 331,970,000	낙찰 (응찰:6명) 71.7%
2022-73160	[고양6계] 경기 고양시 일산서구 탄현동 1640 일산두산위브더제니스 108동 32층 3206호 [건물 120.78m²][대지권 21.8m²] 지적개황도 도시계획도 S맵 새창보기	아파트 2023.10.11	930,000,000 455,700,000 665,190,000	낙찰 (응찰:18명) 71.53%
2022-73788	[고양6계] 경기 파주시 조리읍 대원리 272 그린시티동문아파트 508동 1층 101호 [건물 197.9m²][대지권 104.4m²] 지적개황도 도시계획도 S맵 새창보기	아파트 2023.10.11	420,000,000 294,000,000 331,890,000	낙찰 (응찰:1명) 79.02%
2022-74026	[고양6계] 경기 고양시 덕양구 고양동 734 푸른마을4단지 404동 6층 602호 [건물 92.98m²][대지권 48.3m²] 지적개황도 도시계획도 S맵 새창보기	아파트 2023.10.11	450,000,000 315,000,000 341,000,000	낙찰 (응찰:3명) 75.78%
2022-75873	[의정부9계] 경기 동두천시 생연동 360-2 대방노블랜드1차아파트 17층 1704호 [건물 49.92m²][대지권 19.2m²] 지적개황도 도시계획도 S맵 새창보기	아파트 2023.10.11	115,000,000 80,500,000 91,050,000	낙찰 (응찰:6명) 79.13%
2022-79622	[의정부9계] 경기 의정부시 호원동 424-1 우남아파트 104동 12층 1206호 [건물 59.9m²][대지권 25.8m²] 지적개황도 도시계획도 S맵 새창보기	아파트 2023.10.11	375,000,000 262,500,000 267,777,770	낙찰 (응찰:2명) 71.41%

장이 대세 상승하면서 대부분 아파트 물건이 감정평가금액 이상으로 낙찰되었습니다. 하지만 최근에는 대부분 감정평가액 이하에 낙찰이 되고 있습니다.

금리 또한 주요 변수입니다. 금리가 가파르게 상승했던 2022년 말에서 2023년 초에는 감정가 대비 50~60%에 낙찰되는 물건들도 있었습니다. 지금은 저점 대비 낙찰 금액이 다소 올라와 있는 상태입니다. 인기 지역의 일부 아파트는 감정평가금액 이상으로 낙찰되는 물건들도 있습니다. 이

흐름이 또 어떻게 바뀔지 모릅니다. 부동산시장의 동향과 금리 등 경제 지표를 늘 주시해야 하는 이유입니다.

⑤ 현황조사명령

경매가 개시되면 법원은 감정평가와 함께 집행관에게 현황조사 명령을 내린다고 했습니다. 현황조사 명령을 받은 집행관은 어떤 일을 하는지 따라가 봅시다.

주거용 부동산의 경우, 집행관은 가장 먼저 해당 부동산을 방문해 누가 살고 있는지(점유자)를 파악합니다. 그리고 주민센터에서 '전입세대열람내역서'와 '주민등록등본'을 발급받습니다. 포인트는 타인의 주민등록등본을 발급받는다는 점입니다. 일반 경매입찰자는 주민센터에 가서 아무리 부탁해도 발급해주지 않습니다. 단 집행관이 발급받은 등본은 공개되지 않습니다.

경매법원은 발급받은 주민등록등본 등과 등기부를 함께 검토해서, 누가 살고 있는지 등의 정보를 법원매각서류에 반영합니다. 응찰자는 이 서류를 확인해서 입찰에 참가하면 되는 것입니다. 낙찰을 받은 후에는 '최고가매수신고인' 신분으로 법원기록을 열람 및 복사를 할 수 있게 됩니다. 필요하다면 이때 법원기록에 있는 주민등록등본 등을 열람·복사할 수 있습니다.

낙찰받기 전에 볼 수 있는 서류로 전입세대열람이 있습니다. 응찰자는 타인의 주민등록등본을 발급받을 수는 없지만, 경매가 진행 중이라는 자료를 가지고 가까운 주민센터를 방문해 '전입세대열람'을 할 수 있습니다. 세대주가 누구인지 그 세대의 세대주 및 최초 전입자의 전입신고일자가 언제인지 확인하여 임차인이 있다면 대항력 등에 대해 분석할 수 있습니다.

집행관은 공무원일까?

경매 공부를 하다 보면 '집행관' 또는 '집행관 사무소'란 말을 자주 듣습니다. 집행관이 법원의 보조기관이라 생각하기 쉽지만, 사실 어떤 간섭도 받지 않는 독립기관입니다. 경매와 관련해서 집행관이 하는 일은 현황조사, 압류집행, 문서송달 등입니다.

집행관은 지방법원 지원에 배치되어 법원의 집행 사무를 처리하니 공무원이 맞습니다. 하지만 국가에서 봉급을 받지 않고 처리하는 사건의 수수료와 체당금을 받으므로 개인사업자와 비슷하기도 합니다. 집행관은 10년 이상 경력을 가진 법원 및 검찰 공무원에 한해 지방법원장이 임명하고 있습니다. 최근에는 여러 문제로 인해 공개 시험을 통해 집행관을 임명하자는 목소리도 나오고 있습니다.

○──── **주거용부동산 현황조사서**

[부동산의 현황 및 점유관계 조사서]

1. 부동산의 점유관계

소재지	1 경기도 부천시 지봉로70번길 5-5, 가동 5층 ●호 (역곡동,파인캐슬)
점유관계	임차인(별지)점유
기타	현장에 임하였으나 아무도 만나지 못하여 점유관계 미상임. 별도의 확인이 필요함. 맞붙임 주민등록표등본에는 소유자 아닌 세대주 박효영이 등재되어 있음. 위 사람을 맞붙임 등본에 의해 일응 임차인으로 기재함. 안내문을 현관문에 끼워 두었음.

[임 대 차 관 계 조 사 서]

1. 임차 목적물의 용도 및 임대차 계약등의 내용

[소재지] 1. 경기도 부천시 지봉로70번길 5-5, 가동 ●호 (역곡동,파인캐슬)

	점유인	박●영	당사자구분	임차인
1	점유부분		용도	주거
	점유기간			
	보증(전세)금		차임	
	전입일자	2019.12.16	확정일자	

● 주거용부동산의 전입세대열람

주민등록법에 의해, 일반 응찰자도 입찰 전에 전입세대열람이 가능합니다. 다만, 온라인으로는 안 되고 가까운 주민센터로 가야 합니다. 앞에서 말했듯이 해당 물건이 경매 진행 중이라는 입증자료를 가지고 가야 합니다. 경매정보회사의 경매 내용이 담긴 페이지를 출력하거나 신문에 공고된 내용이면 됩니다. 수수료는 500원입니다.

예전에는 해당 물건 주소지의 주민센터에서만 가능했지만, 지금은 가까운 주민센터 어디에서나 열람할 수 있습니다. 대리로 신청할 때는 위임장을 작성해야 하는데 굳이 대리로 신청할 필요는 없습니다. 누구 이름으로 발급받아도 상관없기 때문입니다.

최근 전입세대확인서의 양식이 개정되었습니다. 개정 전에는 개인정보 문제로 이름이 가려져 '김**' 형태로 나왔는데, 개정 후에는 풀네임을 확인할 수 있습니다. 이름이 안 나온다고 해도 큰 문제는 없습니다.

경매법원에서는 집행관 현황조사시 발급받은 등본 및 배당요구종기일까지 배당요구한 내역 등을 종합해서, 점유 중인 세대가 소유자인지 임차인인지 고지해주기 때문입니다. 유료로 서비스를 제공하는 경매정보 사이트(지지옥션, 부동산태인, 옥션원 등)들에도 전입세대열람 서비스가 있으니 굳이 직접 방문하지 않아도 되긴 합니다.

주민등록법 제29조의2 (전입세대확인서의 열람 또는 교부)

3. 다음 각 목의 어느 하나에 해당하는 경우로서 열람 또는 교부 신청을 하려는 자
가. 제29조제2항제2호에 따라 경매 참가자가 경매에 참가하려는 경우

○──── **전입세대확인서 열람**(개정 전)

전입세대 열람 내역(동거인포함)

행정기관 : 경기도 구리시 갈매동

신청주소 : 경기도 양주시 백석읍 꿈나무로 311, 204동 1002호

출력일시 : 2022년 11월 25일 17:05:41

출 력 자 : 안선혜

페 이 지 : 1

순 번	세대주성명	전입일자	등록구분	최초전입자	전입일자	등록구분	동거인 수	동거인사항			
	주 소							순 번	성 명	전입일자	등록구분
1	백 **	2020-04-14 거주자		백 **	2020-04-14 거주자						
	경기도 양주시 백석읍 꿈나무로 311, 204동 1002호 (동화2차아파트)										

- 이하여백 -

○──── **전입세대확인서 열람**(개정 후)

전입세대확인서(동거인포함)

발급번호		발급일자		2023년 6월 22일 14:19:04				

열람 또는
교부 대상
건물 또는
시설 소재지 : 서울특별시 금천구 한내로●-54, 1401동●호

세대순번	세대주 / 최초 전입자	성명	전입일자	등록구분	동거인 사항	순 번	성 명	전입일자	등록구분
			최초 전입자의 전입일자						
1	세대주	진 (陳●)	2005-05-27	말소	동거인				
	최초 전입자		2005-05-27						
2	세대주	정 (鄭●)	2019-08-21	거주자	동거인				
	최초 전입자		2019-08-21						

「주민등록법」 제29조의2제1항 및 같은 법 시행규칙 제14조제1항에 따라 해당 건물 또는 시설의 소재지에 주민등록이 되어 있는 세대가 위와 같음을 증명합니다.

2023년 6월 22일

하남시덕풍1동장

민원인요청

담당자 의견

유의사항

● 상업용부동산의 임대차관계조사

집행관이 경매 대상 물건을 방문해 임차인 조사 등을 하는 것은 주거용 부동산과 똑같습니다. 하지만 현장 다음 순서로 주민센터가 아닌 관할 세무서를 방문합니다. 상가에는 주택과 같은 전입세대열람 제도가 없으므로, 집행관의 현황조사내역과 관할세무서에서 발급받은 사업자등록현황이 매우 중요합니다.

현황조사서에는 부동산의 현재 상황과 점유자뿐 아니라, 임대차관계에 대해 상세하게 기술되어 있습니다. 집행관이 현장에서 임차인을 만나 들은 이야기 또는 관할 세무서에서 확인한 임대차에 대한 내용도 기재됩니다. 사업자등록일자, 확정일자, 보증금과 월세(차임) 등도 여기서 확인할 수 있습니다. 상가임차인에 대해 더 자세한 내용을 알고 싶다면 「상가건물

○─── **상업용부동산 현황조사서**

[부동산의 현황 및 점유관계 조사서]

1. 부동산의 점유관계

소재지	1 경기도 성남시 수정구 위례광장로 9-9, 1층 ●호 (창곡동,위례우남역퍼스트푸르지오시티)
점유관계	임차인(별지)점유
기타	가. 현장에 임하였으나 이해관계인을 만나지 못하여 점유관계를 확인하지 못하였으며, 권리신고 및 배당요구신청 안내문을 현관 출입문 틈에 끼워 두었음. 나. 전입세대열람 및 상가임대차현황서를 발급받은 결과 주민등록 전입자는 없으나 상가임차인이(주식회사 명안, 김기윤) 등재되어 있어 임차인으로 풍추되나 상세한 점유관계는 별도확인이 필요함(발급자료 첨부).

2. 부동산의 현황

-. 본건 부동산은 푸르지오시티 B동 1층에 위치하고 있고, 출입문 우측 옆 유리창에 `●`이라고 호실표시가 되어 있으며 벽면유리에 분양광고 문구가 있음

[임 대 차 관 계 조 사 서]

1. 임차 목적물의 용도 및 임대차 계약등의 내용

[소재지] 1. 경기도 성남시 수정구 위례광장로 9-9, 1층●호 (창곡동,위례우남역퍼스트푸르지오시티)

	점유인	주식회사 ●안(김●윤)	당사자구분	임차인
1	점유부분	113호(116.74제곱미터)	용도	점포
	점유기간	2020.09.30~2022.09.29		
	보증(전세)금	5,000만원	차임	500만원
	전입일자	2020.09.11	확정일자	미상

임대차보호법」 파트를 참고하세요.

⑥ 배당요구종기일

경매법원은 감정평가, 현황조사를 진행하면서 '배당요구종기일'을 지정합니다. 경매에서 배당요구종기일은 매우 중요합니다. 배당절차에 참가할수 있는 채권자가 확정되는 날짜이기 때문입니다. 따라서 배당요구가 필요한 채권자들은 반드시 이 날짜까지 배당요구를 해야 합니다. 배당을 받기 위해 배당요구를 꼭 해야 하는 대표적인 채권자는 임차인입니다.

대항력이 없는 임차인일 경우, 배당요구종기일까지 배당요구를 하지 않으면 배당절차에 참가할 수 없습니다. 아울러 낙찰자가 보증금을 인수하지도 않으므로 각별히 신경 써야 합니다.

만약 임차인이 배당요구종기일까지 배당요구를 하지 못했다면, 완전히 끝난 걸까요? 최후의 방법이 하나 있긴 합니다. 배당요구종기일 연기 신청을 해보는 것입니다. 연기 신청이 받아들여질지 말지는 오로지 경매법원의 판단이지만 이런 상황에 처한 임차인이라면 무조건 해봐야 합니다. 당연한 말이겠지만, 배당요구종기일이 한참 지난 경우라면 안 될 가능성이 높습니다.

⑦ 체납세금 통지

경매사건의 채무자에겐 체납된 세금이 있을 가능성이 높습니다. 경매법원은 과세관청을 대상으로 교부청구(交付請求)할 것을 통지하고 있습니다. 국세는 소유자 주소지 관할 세무서에, 지방세는 부동산 소재지 지자체에 통보합니다.

경매절차에서 볼 수 있는 체납세금에는 2가지가 있습니다. 압류등기가 되어 있는 경우, 그리고 압류등기 없이 배당요구종기일까지 교부청구된 세금입니다. 등기가 되지 않아도 '교부청구'라는 형태로 배당절차에 체납세금이 들어올 수 있다는 사실을 잊지 말아야 합니다. 다만 이러한 세금도 배당절차에 참여하기 위해서는 배당요구종기일까지 교부청구(배당요구와 같은 의미)를 해야만 합니다.

부동산을 매각하는 '환가 단계'

■ ■ ■

압류 단계가 완료되었다면, 부동산을 매각하여 금전으로 환가하기 위한 수순에 들어가게 됩니다. 즉 매각공고, 매각기일 진행 등 본격적인 경매절차가 진행되는 것입니다.

① 매각기일 2주 전: 물건 매각공고

경매 준비가 끝나면 입찰하는 날짜, 즉 매각기일을 지정합니다. 매각기일은 2주 전에 공고하는데 신문, 대법원경매정보 사이트 등에서 찾아볼 수 있습니다. 동시에 이해관계인에게는 매각기일통지서를 보냅니다. 예전에는 매번 매각기일마다 통지서를 보냈으나, 지금은 향후 매각 일정을 정해서 한 번에 보내고 있습니다.

② 매각기일 1주 전: 매각물건명세서 공개

매각기일 2주 전에 경매물건을 공고하고, 매각기일 1주 전에는 권리분석

[경매4계]

부산지방법원 서부지원
매각기일 및 매각결정기일통지서

사　　건　**2022타경**　부동산임의경매

채　권　자　주식회사

채　무　자

소　유　자　채무자와 같음

매각기일 및 매각결정기일과 장소를 다음과 같이 정하였으므로 통지합니다.

1. 매각기일 및 매각결정기일
가. 제1회 매각기일 2023.05.17.(수) 10:00　　매각결정기일 2023.05.24.(수) 13:40
나. 제2회 매각기일 2023.06.21.(수) 10:00　　매각결정기일 2023.05.28.(수) 13:40
다. 제3회 매각기일 2023.07.26.(수) 10:00　　매각결정기일 2023.08.02.(수) 13:40
라. 제4회 매각기일 2023.08.30.(수) 10:00　　매각결정기일 2023.09.06.(수) 13:40

2. 최저매각가격
매각물건	제1회	제2회	제3회	제4회
1	240,000,000 원	192,000,000 원	153,600,000 원	122,880,000 원

3. 매각 및 매각결정장소 부산지방법원 서부지원 (매각)101호 경매법정 (매각결정)101호 법정

2023. 3. 30.

법원주사보　　조경진

시 가장 중요한 서류인 '매각물건명세서'가 공고됩니다. 매각기일 2주 전 경매물건이 공고되면 감정평가서, 현황조사서, 문건접수내역 및 송달처리 내역을 볼 수 있지만 매각물건명세서만은 1주 전에 오픈 된다는 것을 꼭 기억해두세요.

예전에는 매각물건명세서를 열람하기 위해 매각기일 1주일 전부터 매각기일 전날까지 경매법원을 방문했었습니다. 지금은 온라인으로 확인이 가능하므로 굳이 법원에 가는 사람은 없을 것입니다.

최초 매각기일에 아무도 입찰하지 않아 유찰된 경우, 법원에서는 그다음 매각기일 2주 전에 다시 매각공고를 하고 매각기일 1주일 전에 매각물

건명세서를 오픈합니다. 각 매각기일의 간격은 약 한 달이 넘으므로, 대법원 경매정보사이트에서 물건이 검색되지 않는 기간이 존재하게 됩니다.

그러나 걱정할 필요는 없습니다. 사설 경매정보 사이트들은 경매 서류가 최초 공고되면 회사 서버에 경매정보를 저장해 놓기 때문입니다. 이 사이트들을 이용하면 최고 공고 이후에는 언제든지 경매물건 검색이 가능합니다.

○───── **매각물건명세서 예시**

수 원 지 방 법 원

2021타경68461

매각물건명세서

| 사 건 | 2021타경████ 부동산임의경매 | | 매각물건번호 | 1 | 작성일자 | 2023.02.02 | 담임법관 (사법보좌관) | 백●석 | |
| 부동산 및 감정평가액 최저매각가격의 표시 | 별지기재와 같음 | | 최선순위 설정 | 2019.1.28. 전세권 | | | 배당요구종기 | 2022.07.29 | |

부동산의 점유자와 점유의 권원, 점유할 수 있는 기간, 차임 또는 보증금에 관한 관계인의 진술 및 임차인이 있는 경우 배당요구 여부와 그 일자, 전입신고일자 또는 사업자등록신청일자와 확정일자의 유무와 그 일자

점유자 성명	점유 부분	정보출처 구분	점유의 권원	임대차기간 (점유기간)	보 증 금	차 임	전입신고일자, 사업자등록 신청일자	확정일자	배당요구여부 (배당요구일자)
신●권		등기사항 전부증명서	주거 전세권자	2019.01.28.~2021.1.27.	130,000,000				
		현황조사	주거 임차인				2019.01.29		
	529호 전부	권리신고	주거 임차인	2019.1.28~2021.1.27	130,000,000		2019.1.29.	2019.1.7.	2021.11.04

〈비고〉

신●권 : 신청채권자임. 전세권설정등기일은 2019.01.28.임

※ 최선순위 설정일자보다 대항요건을 먼저 갖춘 주택·상가건물 임차인의 임차보증금은 매수인에게 인수되는 경우가 발생 할 수 있고, 대항력과 우선변제권이 있는 주택·상가건물 임차인이 배당요구를 하였으나 보증금 전액에 관하여 배당을 받지 아니한 경우에는 배당받지 못한 잔액이 매수인에게 인수되게 됨을 주의하시기 바랍니다.

등기된 부동산에 관한 권리 또는 가처분으로 매각으로 그 효력이 소멸되지 아니하는 것

매각에 따라 설정된 것으로 보는 지상권의 개요

비고란

매수인에게 대항할 수 있는 임차인이 있음(임대차보증금 130,000,000원, 전입일 2019.01.29, 확정일자 2019.01.07.). 배당에서 보증금이 전액 변제되지 않으면 잔액을 매수인이 인수하므로 입찰시 주의요함.

주1 : 매각목적물에서 제외되는 미등기건물 등이 있을 경우에는 그 취지를 명확히 기재한다.
　2 : 매각으로 소멸되는 가등기담보권, 가압류, 전세권의 등기일자가 최선순위 저당권등기일자보다 빠른 경우에는 그 등기일자를 기재한다.

매각물건명세서만 따로 1주 전에 공고한다는 것을 보면 그만큼 중요하다는 것을 짐작할 수 있습니다. 임차인 등 점유자의 현황 및 인수되는 권리가 있다면 여기에 기재가 됩니다. 매각물건명세서에 기재된 내용에 대해서는 정보의 출처가 표시된다는 것도 중요합니다. 매각물건명세서의 '정보출처 구분' 란 아래에 '등기사항전부증명서, 현황조사, 권리신고'라고 되어 있는 것을 볼 수 있습니다.

만약 임차인은 1명인데 다른 내용이 기재되어 있다면, 어떤 자료를 믿어야 할까요? 이럴 때는 '권리신고'가 된 내용으로 분석해야 합니다. 임차인이 임대차계약서 사본을 첨부하여 법원에 제출했기 때문입니다.

매각물건명세서의 하단도 눈여겨봐야 합니다. 비고란에는 매각허가에 의해 소멸되지 않는 권리들을 설명하고 있기 때문입니다.

낙찰받은 후에 매각물건명세서에 기재되어 있지 않은 내용을 알게 되었다면, 매각물건명세서 작성의 중대한 흠을 이유로 매각불허가신청을 할 수 있습니다. 매각물건명세서에 기재되어 있었다면, 잘못 낙찰받은 책임은 전적으로 최고가매수신고인에게 있어 매각불허가를 받기 어렵습니다.

○─── **매각물건명세서 비고란 양식**

〈비고〉
송●익:2022.3.8.주택임차권등기 정료
※ 최선순위 설정일자보다 대항요건을 먼저 갖춘 주택·상가건물 임차인의 임차보증금은 매수인에게 인수되는 경우가 발생 할 수 있고, 대항력과 우선변제권이 있는 주택·상가건물 임차인이 배당요구를 하였으나 보증금 전액에 관하여 배당을 받지 아니한 경우에는 배당받지 못한 잔액이 매수인에게 인수되게 됨을 주의하시기 바랍니다.
등기된 부동산에 관한 권리 또는 가처분으로 매각으로 그 효력이 소멸되지 아니하는 것
을구 순위번호 3번 주택임차권등기(단, 임차권자가 배당절차에서 임대보증금 전액을 배당받지 못한 경우에 한함)
매각에 따라 설정된 것으로 보는 지상권의 개요
비고란
집합건축물대장상 위반건축물임

입찰 전에 다시 한번 매각물건명세서를 확인하여 놓치고 있는 부분은 없는지 확인, 또 확인하는 습관을 들이는 것이 좋습니다.

③ 매각기일: 입찰 및 입찰보증금

공매는 온라인으로 입찰이 가능하지만 경매는 매각기일에 직접 법원에 가야 합니다. 오전 10시에 시작하는 법원도 있고 10시 30분에 시작하는 법원도 있습니다. 1기일에 2회 입찰을 실시하는 법원에서는 하루에 2회 매각일정이 잡히기도 합니다. 입찰시간은 통상 집행관이 입찰개시를 선언한 시점부터 60분 이상입니다.

　입찰시에는 입찰보증금을 넣어야 하는데, 최저경매가격의 10%입니다. 아직도 입찰가격의 10%를 납부해야 한다고 알고 계시는 분들이 있는데, 이는 2002년 민사집행법이 생기기 전의 이야기입니다. 지금은 최저경매가격의 10%로, 같은 물건에 입찰하는 입찰자들은 모두 동일한 보증금을 납부하게 되어 있습니다.

부동산등에 대한 경매절차 처리지침(재민 2004-3) 개정 2019. 11. 15.
[재판예규 제1728호, 시행 2019. 11. 15.]

제32조(입찰의 시작 및 마감)
① 입찰은 입찰의 개시를 알리는 종을 울린 후 집행관이 입찰표의 제출을 최고하고 입찰마감시각과 개찰시각을 고지함으로써 시작한다.
② 입찰은 입찰의 마감을 알리는 종을 울린 후 집행관이 이를 선언함으로써 마감한다. 다만, 입찰표의 제출을 최고한 후 1시간이 지나지 아니하면 입찰을 마감하지 못한다.

재경매의 경우에는 입찰보증금이 최저경매가격의 20% 이상으로 올라갑니다. 보증금 비율은 법원마다 다르므로 매각물건명세서의 입찰보증금 조건을 확인하고 입찰해야 합니다. 필자가 본 가장 높은 입찰보증금은 최저경매가격의 60%였습니다. 낙찰 후 여러 차례 대금 미납한 물건으로, 채무자가 다른 사람을 내세워 일부러 높은 금액에 입찰한 정황이 있었던 경우입니다.

가끔 혼동해서 자신이 입찰하는 금액의 10%를 넣는 사람들이 있는데, 통상 최저경매가격의 10%보다 높으므로 문제가 되지는 않지만 재경매 사건일 경우에는 보증금이 부족하게 되니 주의하셔야 합니다. 부족하면 안 되지만 초과는 괜찮습니다. 최저경매가격의 10% 이상을 제출한 경우 차액은 돌려줍니다. 초과되는 금액이 큰 경우에는 매각기일 절차가 종료된 후 은행을 통해 입금해주고 있습니다.

○─── **매각물건명세서 비고란(일반물건에 비해 높은 입찰보증금)**

```
□ 등기된 부동산에 관한 권리 또는 가처분으로 매각허가에 의하여 그 효력이 소멸되지 아니하는 것
해당사항없음
□ 매각 허가에 의하여 설정된 것으로 보는 지상권의 개요
해당사항없음
□ 비고란
매지
특별매각조건:매수신청 보증금 60%
※ 주1 :경매, 매각 목적물에서 제외되는 미등기건물 등이 있을 경우에는 그 취지를 명확히 기재한다.
    2 : 최선순위 설정보다 먼저 설정된 가등기담보권, 가압류 또는 소멸되는 전세권이 있는 경우에는 그 담보가등기, 가압류 또는 전세권 등기일자를 기재한다.
```

④ 매각기일: 낙찰

입찰 관련 내용은 뒤에 나오는 입찰표 작성 편에서 자세히 설명드릴 것이

라, 여기서는 간단히 설명하고 넘어가겠습니다. 매각기일에 해당 물건에 입찰한 사람 중 최고 금액을 쓴 사람이 최고가매수신고인(낙찰자)이 됩니다. 최고가매수신고인은 입찰조서를 작성한 후, 입찰시 납부한 보증금에 대한 영수증을 받고 귀가하면 됩니다.

낙찰받고 나오면 경락잔금대출 영업하시는 분들이 연락처를 달라고 할 것입니다. 대출이 필요하면 연락처를 주고, 대출 등 자금계획을 다 세워놓으신 경우라면 그냥 나오셔도 됩니다. 연락처를 남기시면 경락잔금대출에 대한 안내 문자가 여러 통 올 것입니다.

농지를 낙찰받았다면 '최고가매수인 증명'이라는 서류가 필요할 수 있습니다. 입찰하기 전에 농취증(농지취득자격증명) 담당자에게 필요 서류에 대해 문의한 후 입찰하시면 됩니다.

1등이 2명이라면?

드물긴 하지만 얼마든지 일어날 수 있는 일입니다. 2명 이상이 최고가매수신고 금액을 똑같이 쓴 경우입니다. 이때는 최고가매수신고인들끼리 별도로 한 번 더 입찰을 진행합니다. 만약 또 같은 금액이 나온다면 추첨을 통해 최고가매수신고인을 결정합니다.

우광연의 작심하고 시작하는 경매공부

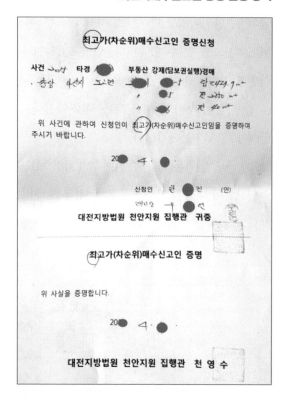

⑤ 차순위매수신고

경매에는 '차순위매수신고'라는 제도가 있습니다. 말 그대로 차순위 입찰자에게 기회를 주는 것입니다. 대학 입시의 '추가합격자'와 비슷합니다. 하지만 차순위 입찰자라고 해서 모두 차순위매수신고를 할 수 있는 것은 아닙니다. 다음과 같은 일정 조건을 갖춰야 합니다.

차순위매수신고금액 ≥ 최고가매수신고금액 − 입찰보증금액

예를 들면 쉽게 이해가 되실 겁니다. 낙찰된 금액이 5억원이고 입찰보증금이 4천만원이라고 할 때, 그 차액(4.6억원) 이상의 금액을 쓴 사람만 차순위매수신고를 할 수 있습니다. 만약 4.6억원 이상을 쓴 사람이 여러 명이라면 당연히 가장 높은 금액을 쓴 사람에게 우선권이 있습니다. 높은 금액을 쓴 사람이 차순위매수신고를 하지 않겠다고 하면 그다음 금액을 쓴 사람에게 기회가 돌아갑니다.

그렇다면 법원은 왜 '차순위매수인'이란 제도를 만들었을까요? 최고가매수신고인이 대금을 납부하지 않는 경우를 대비한 제도로 차순위매수 신고 제도가 없다면 법원은 매각절차를 다시 진행해야 하고, 여기에 시간과 비

차순위매수신고인이 되면 뭐가 좋을까?

차순위매수신고는 구두로 간단히 할 수 있습니다. 집행관이 개찰 절차를 마무리하기 전에 차순위매수신고 의향을 물어보는데 이때 신청하면 됩니다.

최고가매수신고인이 대금을 납부하지 못하면 차순위매수신고인에게 매각허가가 됩니다. 최고가매수신고인이 대금을 납부하면, 차순위자의 효력은 사라지고 그때 가서야 입찰보증금을 돌려받게 됩니다. 최고가매수신고인이 대금을 납부하기 전까지는 입찰보증금을 돌려받을 수 없다는 뜻입니다.

최고가매수신고인 또는 차순위매수신고인이 되면 법원기록을 열람·복사할 수 있습니다. 입찰 전에는 법원에서 공고한 서류만 볼 수 있지만, 이제는 법원에 있는 모든 서류를 다 볼 수 있습니다. 장당 50원의 복사비를 내면 복사도 가능합니다.

부동산등에 대한 경매절차 처리지침(재민 2004-3)

제53조(경매기록의 열람 · 복사)

① 경매절차상의 이해관계인(민사집행법 제90조, 제268조) 외의 사람으로서 경매기록에 대한 열람 · 복사를 신청할 수 있는 이해관계인의 범위는 다음과 같다.

1. 파산관재인이 집행당사자가 된 경우의 파산자인 채무자와 소유자

2. 최고가매수신고인과 차순위매수신고인, 매수인, 자기가 적법한 최고가 매수신고인 또는 차순위매수신고인임을 주장하는 사람으로서 매수신고시 제공한 보증을 찾아가지 아니한 매수신고인

3. 민법 · 상법, 그 밖의 법률에 의하여 우선변제청구권이 있는 배당요구채권자

4. 대항요건을 구비하지 못한 임차인으로서 현황조사보고서에 표시되어 있는 사람

5. 건물을 매각하는 경우의 그 대지 소유자, 대지를 매각하는 경우의 그 지상 건물 소유자

6. 가압류채권자, 가처분채권자(점유이전금지가처분 채권자 포함)

7. 「부도공공건설임대주택 임차인 보호를 위한 특별법」의 규정에 의하여 부도임대주택의 임차인대표회의 또는 임차인 등으로부터 부도임대주택의 매입을 요청받은 주택매입사업시행자

② 경매기록에 대한 열람 · 복사를 신청하는 사람은 제1항 각호에 규정된 이해관계인에 해당된다는 사실을 소명하여야 한다. 다만, 이해관계인에 해당한다는 사실이 기록상 분명한 때에는 그러하지 아니하다.

③ 경매기록에 대한 복사청구를 하는 때에는 경매기록 전체에 대한 복사청구를 하여서는 아니 되고 경매기록 중 복사할 부분을 특정하여야 한다.

용이 다시 들어갑니다.

아울러 최고가매수신고인이 낸 입찰보증금은 돌려주지 않고 배당재단(配當財團)에 편입되므로, 최고가매수신고인의 금액과 같거나 더 높은 금액으로 낙찰되는 효과가 있습니다.

앞의 사례에서 4.6억원에 입찰한 차순위자매수신고인에게 매각 허가를 해주어도, 최고가매수신고인의 입찰보증금 4천만원이 이미 배당재단에 편입된 상태이므로 5억원으로 배당을 할 수 있습니다. 만약 차순위자가 4.8억원에 입찰했다면, 애초 배당금액보다 큰 5.2억원으로 배당을 할 수 있게 되어 채권자들은 조금이라도 더 배당을 받아 갈 수 있고, 채무자는 한푼이라도 더 채무를 변제하게 됩니다

⑥ 낙찰일로부터 1주일 후: 매각허가결정기일

경매법원은 낙찰일로부터 1주일 뒤에 매각을 허가하거나 불허가합니다. 그동안 진행된 경매 절차에 문제가 없는지 검토하는 기간인 셈입니다. 낙

○──── 매각허가결정문 양식

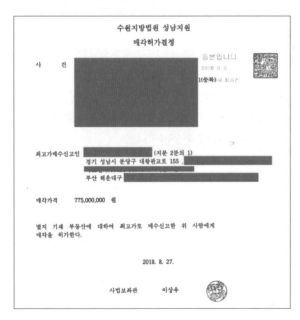

찰자 입장에서는 혹시 잘못 낙찰받았을 경우 매각불허가신청을 할 수도 있는 기간입니다. 낙찰을 잘못 받은 경우 낙찰자가 구제받을 수 있는 첫 번째 기간입니다.

⑦ 매각허가결정기일부터 1주일 후: 매각허가결정 확정

매각허가결정이 난 후 그다음 1주일은 매각허가 또는 매각불허가 결정에 대한 이의신청기간입니다. 이해관계인들에게 이의신청을 할 기간을 주는 것입니다. 우리나라는 3심 제도를 채택하고 있으므로 매각 허부(許否) 결정이 1심에 해당한다고 보면 됩니다. 이 매각허가결정에 대한 이의신청을

민사집행법 제121조(매각허가에 대한 이의신청 사유)

매각허가에 관한 이의는 다음 각호 가운데 어느 하나에 해당하는 이유가 있어야 신청할 수 있다.

1. 강제집행을 허가할 수 없거나 집행을 계속 진행할 수 없을 때
2. 최고가매수신고인이 부동산을 매수할 능력이나 자격이 없는 때
3. 부동산을 매수할 자격이 없는 사람이 최고가매수신고인을 내세워 매수신고를 한 때
4. 최고가매수신고인, 그 대리인 또는 최고가매수신고인을 내세워 매수신고를 한 사람이 제108조 각호 가운데 어느 하나에 해당되는 때
5. 최저매각가격의 결정, 일괄매각의 결정 또는 매각물건명세서의 작성에 중대한 흠이 있는 때
6. 천재지변, 그 밖에 자기가 책임을 질 수 없는 사유로 부동산이 현저하게 훼손된 사실 또는 부동산에 관한 중대한 권리관계가 변동된 사실이 경매 절차의 진행 중에 밝혀진 때
7. 경매 절차에 그 밖의 중대한 잘못이 있는 때

51

'즉시항고'라고 부릅니다. 매각허가결정 후 1주일 동안 이해관계인들의 이의신청이 없으면 매각허가결정이 확정됩니다.

매각허가에 대한 이의신청을 하려면 매각대금의 1/10에 해당하는 항고보증금을 내야 합니다. 반대로 매각불허가결정에 대한 이의신청를 할 때는 항고보증금 없이도 가능합니다.

항고보증금을 내고 이의신청을 했는데 기각되었다면 어떻게 될까요? 이의신청을 한 사람이 누구인가에 따라 달라집니다. 채무자 및 소유자라면 항고보증금을 돌려주지 않습니다. 채무자 및 소유자 이외의 이해관계인이라면 항고일로부터 항고가 기각된 날까지 매각대금의 연 12%(민사집행규칙 75조) 지연이자를 공제하고 나머지 돈을 돌려줍니다.

⑧ 매각허가결정 확정부터 3일 내: 대금지급기한 결정

매각허가결정 후 이의신청(=즉시항고)이 없으면 매각허가결정이 확정됩니다. 법원은 이 확정일로부터 3일 안에 대금지급기한을 잡는데 통상 매각허가결정 확정일로부터 30일 이내에 대금을 납부해야 합니다. 오래전에는 대금지급 '기한'이 아니라 대금지급 '기일'이 지정되었습니다. 특정 날짜에만 잔금을 받았다는 뜻입니다. 지금은 기한으로 지정되므로 자금계획 등의 측면에서 보면 더 편해진 것입니다. 대금지급기한이 잡히면 우편으로 대금지급기한 통지서가 발송되고, 이때부터 언제든 대금을 납부할 수 있습니다.

여기서 궁금한 점이 하나 생깁니다. 대금을 지급기한에 맞춰 납부하는 게 좋을까요? 아니면 빨리 납부하는 게 좋을까요? 정답은 '빨리 납부해야 되는 경우도 있다'입니다. 예를 들어, 채권자가 신청한 청구금액이 적다면 채무자가 돈을 갚을 수도 있기 때문입니다. 참고로 채무자의 경매 취소는 낙찰자가 대금을 납부하기 전까지 가능합니다. 애써 낙찰받았는데 경매가 취소되면 억울하겠지요.

○────── **대금지급기한 통지서 양식**

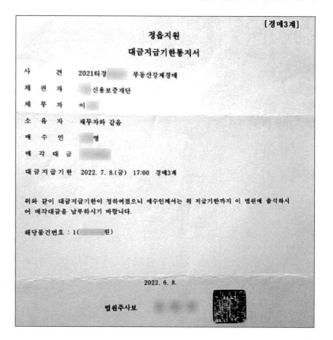

대위변제代位辨濟가 뭘까?

제3자가 채무자의 채권금액을 대신 변제하는 것을 대위변제라고 합니다. 2순위 임차인이 1순위 채권을 변제하면, 임차인이 1순위가 되어 대항력이 생기게 됩니다. 그러므로 대위변제 가능성이 있다면 매각대금을 빨리 납부하는 게 좋고, 매각대금 납부 전에 등기부 및 경매법원을 통해 반드시 대위변제 여부를 확인한 후에 납부해야 합니다.

또한 2순위 임차인이 1순위 채권자의 금액을 대위변제하는 경우도 있을 수 있습니다. 결론적으로 경매신청금액이 상대적으로 적거나 대위변제 가능성이 있는 물건은 매각대금을 빨리 납부하는 게 좋습니다.

⑨ 대금납부

부동산경매에서는 대금납부를 하면 소유권을 취득하게 됩니다. 일반적인 매매에서는 등기를 해야 소유권이 취득된다는 점과 대비됩니다. 다만 매도를 하려면 등기를 해야 합니다. 대금납부가 중요한 이유는 대금납부가 되면 더 이상 경매를 취소시킬 수 없기 때문입니다.

통상적으로 낙찰자는 대금납부를 하면서 소유권이전등기를 신청합니다. 아울러 인도명령신청서도 제출하면서 본격적인 명도 절차에 들어갑니다. 매각대금이 들어왔으므로, 법원은 채권자들에게 채권계산서(배당기일

민법

- **제186조**(부동산물권변동의 효력)
  부동산에 관한 법률행위로 인한 물권의 득실변경은 등기하여야 그 효력이 생긴다.
- **제187조**(등기를 요하지 아니하는 부동산물권취득)
  상속, 공용징수, 판결, 경매 기타 법률의 규정에 의한 부동산에 관한 물권의 취득은 등기를 요하지 아니한다. 그러나 등기를 하지 아니하면 이를 처분하지 못한다.

민사집행법

- **제135조**(소유권의 취득시기)
  매수인은 매각대금을 다 낸 때에 매각의 목적인 권리를 취득한다.

까지 받을 돈을 적어 내는 서류)를 제출하도록 하고 배당기일에 배당을 해줍니다. 배당이 완료되면 경매절차는 종료가 됩니다.

⑩ 매각대금 납부 순서

매각대금은 본인의 자금으로 다 납부할 수도 있고 대출을 통해 납부할 수도 있습니다. 자기 자금으로 대금 전액을 납부하는 경우 소유권이전등기 촉탁 신청도 셀프로 할 수 있으나, 대출을 받는 경우에는 은행 법무사를 통해 소유권이전등기를 해야 합니다. 지금부터 셀프로 매각대금을 납부하고 소유권이전등기를 하는 방법을 7단계로 나눠서 설명하겠습니다. 차근차근 따라 오시면 그리 어렵지 않을 겁니다.

● 법원에서 '법원보관금 납부명령서' 수령

해당 법원 경매계에 가서 "대금 납부하러 왔습니다"라고 말하면 법원보관금 납부명령서를 줍니다. 서식은 법원마다 약간씩 다를 수 있습니다.

● 법원 내의 은행 방문

법원 내에 있는 은행에 가서 '법원보관금 납부명령서'를 작성하여 이와 함께 매각대금을 납부하고 '법원보관금 납부서(영수증)'를 받습니다.

○──── **법원보관금 납부명령서 양식**

[별지제1호서식]

법원보관금 납부명령서

법원코드	과코드	재판부번호

	사건번호		진행번호	
	납부금액	금	원정(₩)	
	보관금종류			
	납부년월일	년 월 일		
납부자	성명		전화	
	주민등록번호(사업자등록번호)		우편번호	
	주소			
대리인	성명		전화	
	주민등록번호(사업자등록번호)		우편번호	
	주소			

위의 보관금을 납부하시기 바랍니다.

년   월   일

○○ 법원 ○○ 지원

판사 ○○○   (인)

※법원보관금 납부시 실명확인을 위하여 필요하오니 주민등록증을 지참하시기 바랍니다.

[제1호서식] <개정 2017. 7. 31.>   (앞면)
법원보관금납부서(은행제출용)

실명확인 | (인)

법원명		
사건번호		물건번호
납부금액		보관금종류	○민사예납금 ○경매예납금 ○매각대금 ○재산조회비용 ○채권등매각대금 ○전술최고비용 ○권리실행금 ○기타
납부당사자		주민등록번호 (사업자등록번호)
	주소	우편번호(-) 전화번호(-)
잔액환급 계좌번호	은행	지점	예금주
	제좌번호		

위의 보관금을 납부합니다.   년   월   일
                                              납부당사자
                                              대리인   (인)

● 다시 경매계로

경매계로 다시 가서 납부한 영수증을 보여주고 '매각대금완납증명원'을 받습니다. 경매에서는 등기를 하지 않더라도 매각대금 납부와 함께 소유권 취득이 되므로, 낙찰 후에는 여기저기에서 '매각대금완납증명원'이 필요하게 됩니다.

● 구청 방문

매각대금 납부로 소유권을 취득했어도 소유권이전등기도 해야 하므로 등기시 필요한 취·등록세 납부를 위해 구청을 방문합니다. 매각대금완납증명원을 보여주고 취득세와 등록세 신고서를 작성한 후 납부서를 받습니다.

소유권 이전에 대한 취득세에는 등록세가 포함되어 있으므로, 여기서 말하는 등록세란 낙찰받은 부동산의 등기를 말소하기 위한 '말소등록세'입

니다. 그러므로 본인이 낙찰받은 부동산상의 권리가 몇 건 말소되는 것인지 미리 알고 있어야 합니다. 말소등록세는 건당 6,000원에 20%의 교육세가 붙어 건당 7,200원입니다.

취득세와 등록세는 구청에서 바로 납부해도 되고, 법원 내의 은행을 방문해 납부해도 됩니다. 구청에서는 신용카드로도 납부할 수 있습니다.

만약 경매로 취득한 부동산이 주거용부동산이라면, 취득세 중과 대상인지 아닌지를 확인하기 위해 가족관계등록부(상세)를 제출해야 한다는 점도 기억해두세요.

● 다시 법원 내의 은행 방문

㉠ 구청에서 취·등록세를 납부하지 않았다면, 구청에서 받은 납부서로 법원 내의 은행에서 납부합니다.

㉡ 소유권이전등기 촉탁 신청을 위한 등기신청수수료를 납부합니다. 소유권 이전은 15,000원, 등기말소는 건당 3,000원입니다. 은행에서 직접 납부해도 되고, 전날 대법원 인터넷등기소에서 미리 납부하고 영수증을 출력해 와도 됩니다.

㉢ 국민주택채권 매입

소유권 이전에는 국민주택채권 매입이란 과정이 꼭 필요합니다. 통상 매입한 채권은 그 자리에서 바로 매각합니다. 매입 후 바로 되팔 때는 당연히 손해를 보게 됩니다. 채권을 매수하는 쪽에도 이익이 있어야 하기 때문입니다. 국민주택채권 매각차손금액을 구하는 공식은 다음과 같습니다. 만기까지 가지고 있을 분이라면 할인율을 뺀 금액으로 계산해 채권을 매입하면 됩니다.

채권 매각차손금액 = 시가표준액 × 매입율 × 할인율

채권 매입은 은행 인터넷뱅킹을 통해서도 확인·납부할 수 있으므로 매각대금 납부일 전일에 미리 해 놓고 영수증을 출력해 가지고 가도 됩니다. 인터넷뱅킹을 하지 않는 사람도 주택도시기금 홈페이지에서 매입금액과 할인율을 조회할 수 있습니다. 청약/채권 > 제1종국민주택채권 > 매입대상금액조회의 탭을 차례로 클릭하면 됩니다.

이것도 저것도 싫고 당일 은행에서 채권을 매입하겠다면, 앞서 구청에서 받은 등록세 등 고지서에 기재된 시가표준액을 보고 계산하면 됩니다. 다음으로 매입용도와 대상물건지역을 선택하고 시가표준액을 입력한 후, 채권매입금액조회를 클릭하면 예상 채권매입금액이 나옵니다.

공동주택의 시가표준액은 공동주택가격으로, 단독주택은 개별주택가격, 토지는 개별공시지가로 확인할 수 있습니다. 그 외 상업용건물들은 구청 세무과 등에 문의하면 시가표준액을 알 수 있습니다.

만약 채권을 바로 매도한다면 계산된 채권매입금액에 할인율을 곱해서 계산하면 됩니다. 1종국민주택채권 메뉴에서는 현재뿐 아니라 과거의 할인율도 조회되니 필요한 분들은 이용해 보시기 바랍니다.

○──── **주택도시기금 홈페이지(채권매입금액 조회)**

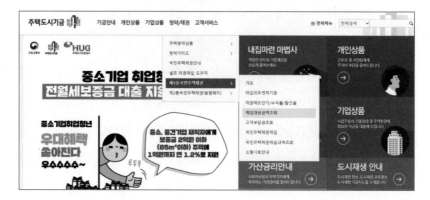

○──── **채권금액 계산하기**

● **법원 우체국 방문**

　소유권이전등기 촉탁 후에 등기권리증을 우편으로 받으실 분은 법원 내의 우체국을 방문해 대봉투와 송달용 우표를 구입하세요. 등기권리증을 직접 찾으러 갈 예정이면 이 절차는 생략해도 됩니다.

● 소유권이전등기 촉탁 신청

이제 모든 서류가 준비되었으니 소유권이전등기 촉탁 신청을 할 차례입니다. '촉탁'이란 등기소에 등기 업무를 맡긴다는 뜻입니다. 경매사건의 소유자로부터 서류를 받아 소유권이전등기를 해야 하는데 경매사건의 소유자로부터 이런 서류를 받기 어려우므로, 낙찰자의 서류를 받아 법원에서 등기소에 대신 등기를 신청한다는 의미입니다.

촉탁신청서 작성 후에는 촉탁신청서에 표시되어 있는 첨부서류들을 준비하면 됩니다. 앞서 준비한 서류들이 있으니 나머지 서류만 채우면 될 것

○── **부동산 소유권이전등기 촉탁신청서 양식**

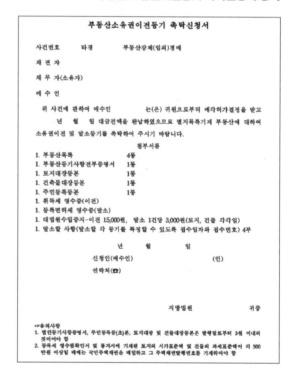

입니다. 나머지 서류들도 대부분 미리 준비할 수 있는 것들이므로, 미리 출력해 오면 등기신청 절차를 더 빨리 끝낼 수 있습니다.

첨부서류들을 다섯 가지 항목으로 묶어 설명해보겠습니다.

㉠ 부동산목록

부동산목록은 낙찰받은 경매사건의 매각물건명세서 두 번째 페이지 '부동산의 표시'에 있는 내용을 출력하면 됩니다.

㉡ 부동산등기사항전부증명서

대법원 인터넷등기소에서 미리 발급받아 오시면 편합니다. '열람'이 아닌 '발급'이란 점에 주의하세요.

○──── **매각물건명세서(부동산의 표시)**

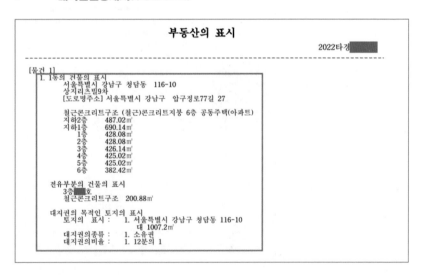

ⓒ 토지대장, 건축물대장, 주민등록등본

이 서류들은 모두 정부24 사이트(www.gov.kr)에서 무료로 발급받을 수 있으니, 전날 미리 발급받아 놓으세요. 집합건물을 낙찰받은 경우, 토지대장 발급시 대지권등록부까지 발급받아야 합니다.

ⓔ 취·등록세 영수증 및 등기신청수수료 영수증

은행에서 취·등록세를 납부한 후 받은 영수증과 등기신청수수료 영수증을 첨부하면 됩니다.

ⓜ 말소할 사항

말소기준권리를 포함하여 이보다 후순위로 소멸되는 권리들을 적어서 제출하거나 등기사항전부증명서의 요약본에 있는 내용을 캡처하여 출력하면 됩니다. 당연히 미리 준비해 놓으면 편합니다.

이와 같은 순서로 서류를 편철하여 경매계에 제출하면, 여러분은 셀프로 대금납부와 소유권이전등기 촉탁신청을 완료할 수 있습니다. 낙찰 후 대출을 이용한다면 셀프 등기를 하기 어렵습니다. 대출 없이 대금납부하는 경우에만 가능하다고 보면 됩니다.

낙찰받은 부동산에 점유자가 있을 경우, 대금납부와 함께 인도명령을 신청해도 되고 전자소송 홈페이지를 통해 온라인으로 인도명령을 신청해도 됩니다. 이때 필요한 서류가 매각대금완납증명원이므로 대금납부 후 잘 챙겨놓아야 합니다.

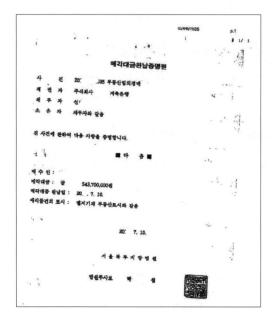

매각대금을 채권자에게 배분하는 '배당 단계'

• • •

① 명도하기

낙찰자는 매각대금 납부와 함께 소유권을 취득하였으므로 본격적인 명도
절차에 들어가게 됩니다. 점유자가 있다면 인도명령 신청은 필수입니다.
경우에 따라서는(면적이 큰 부동산, 고가의 부동산 등) 점유이전금지 가처분도
해 놓는 게 좋습니다. 명도절차 지연을 위해 고의로 점유자를 바꾼다는 등
의 컨설팅을 해주는 전문가들도 있기 때문입니다. 자세한 내용은 명도 부
분을 참고하시면 됩니다.

② 배당하기

경매법원에서는 매각대금이 들어왔으므로 경매의 마지막 절차인 배당절차를 준비합니다. 배당기일을 지정하고 채권자들에게 배당기일까지 받을 원금과 이자를 적은 채권계산서를 제출하도록 고지합니다.

채권계산서를 제출하지 않더라도, 등기부 및 경매 준비 단계에서 제출된 채권계산서 등을 통해 채권자의 금액을 알 수 있는 자료가 있다면 이를 토대로 배당표를 작성합니다. 상황이 이렇다 보니 배당표가 정확하지 않을 수도 있습니다. 채권자와 채무자 모두 배당표에 관심을 가져야 할 이유입니다.

○──── **법원이 작성한 배당표 양식**

수원지방법원 성남지원

배 당 표

이 배당표는 미확정된 배당계획안입니다.

사 건		20〇〇〇〇94 부동산임의경매		
명세	배당할 금액	금	255,010,594	
	매 각 대 금	금	255,000,000	
	지연이자 및 절차비용	금	0	
	전경매보증금	금	0	
	매각대금이자	금	10,594	
	항고보증금	금	0	
	집 행 비 용	금	4,036,685	
	실제배당할 금액	금	250,973,909	
매각부동산		1. 경기도 성남시 분당구 24층비-2422호		
채 권 자		성남시		기흥세무서
채권금액	원 금	2,091,320	200,000,000	371,430
	이 자	0	0	0
	비 용	0	0	0
	계	2,091,320	200,000,000	371,43
배 당 순 위		1	2	3
이 유		교부권자 (당해세)		교부권자 (법정기일 2015.12.01. 조세)
채 권 최 고 액		0	200,000,000	
배 당 액		2,091,320	200,000,000	371,
잔 여 액		248,882,589	48,882,589	48,511
배 당 비 율		100 %	100 %	100 %
공 탁 번 호 (공 탁 일)		금제 호 (. . .)	금제 호 (. . .)	금제 호 (. . .)

③ 배당기일

만약 배당표가 잘못되었다면 배당기일에 '배당이의'를 할 수 있습니다. 배당표는 배당기일 3일 전에 경매계에 비치되는데 늦는 경우 당일에 나오기도 합니다. 배당표가 늦게 나오는 이유는 결재가 늦어 그런 것이니 경매법원에 배당금액이 얼마인지를 미리 확인해보시면 됩니다. 배당이의를 하는 방법은 간단합니다. 배당 법정에서 담당 판사가 "배당표에 이의 있으신 분 있나요?"라고 물을 때 "이의 있습니다"라고 크게 말하면 됩니다.

배당이의를 한 채권자는 '배당이의의 소'를 제기하고 경매법원에 '소제기증명원'을 7일 이내에 제출해야 배당이의를 한 금액이 공탁됩니다. 배당이의가 없다면 이날 채권자들은 배당받고 경매 절차는 종료됩니다.

03

'0' 하나 더 쓰면 큰일!
경매 입찰표 작성법

지금부터 입찰표 작성 방법에 대해 알아보겠습니다. 어렵지는 않지만 신중해야 되는 단계입니다. 가끔 1억원을 써야 하는데 '0' 하나 더 붙여서 10억원을 쓰는 분들이 계십니다. 경매를 처음 해서 긴장하거나, 입찰표 제출 시간이 임박해서 경황이 없는 등 여러 가지 이유가 있을 것입니다.

우리나라 경매 역사상 가장 높은 금액으로 낙찰된 물건에도 이런 사연이 있었을 것 같습니다. 2009년에 진행되었던 물건인데 상세페이지만 보면 뭐 이상한 게 없습니다. 하지만 입찰표를 잘못 작성하여 낙찰받은 후에 매각불허가 결정을 거쳐 다시 매각된 사례입니다.

대표소재지	울산 북구 중산동 688-3 대암파크랜드 101동 5층■■■호 N지도 D지도 도로명주소					
대표용도	아파트		채 권 자	국민은행 임의경매		
기타용도	-		소 유 자	이●윤	신 청 일	2009.06.16
감정평가액		85,000,000	채 무 자	이●윤	개시결정일	2009.06.17
최저경매가		(80%) 68,000,000	경매 대상	건물전부, 토지전부	감 정 기 일	2009.06.18
낙찰/응찰		81,200,000원 / 3명	토지면적	27.77㎡ (8.4평)	배당종기일	2009.09.21
청구금액		54,600,000	건물면적	84.28㎡ (25.49평)	낙 찰 일	2009.12.29
등기채권액		214,468,857	제시외면적	-	종국일자	2010.03.05
물건번호	1 [배당]					

2009.07.21	채권자 주○○○ ○○○○ 배당신청 제출
2009.07.28	가압류권자 현○○○○ ○○○○ 권리신고및배당요구신청 제출
2009.10.14	교부권자 동○○○○○ 교부청구 제출
2009.11.20	최고가매수신고인 매각불허가신청 제출
2009.12.11	교부권자 포○○○○ 교부청구 제출

진행결과	
감정	85,000,000
100% 유찰	85,000,000 2009.10.20
80% 낙찰	68,000,000 2009.11.18 733,000,000,000 (862,352.94%) 박●주 응찰 5명
불허	2009.11.25
80% 낙찰	68,000,000 2009.12.29 81,200,000 (95.53%) 이●호 응찰 3명
허가	2010.01.05
▶종국결과 배당	2010.03.05

경매 진행 결과에서 최초 낙찰된 금액을 보면 언뜻 봐도 '0'이 많습니다. 자그마치 7,330억원입니다. 기일입찰표 맨 앞자리가 천억 단위인데 입찰표의 뒷자리가 아닌 앞자리부터 다 채운 금액입니다. 최저가와 감정가를 보니 아마도 7,330만원에 입찰할 생각이었나 봅니다. 문건접수내역을 보니 다행히도 2009년 11월 25일에 최고가매수신고인이 낸 매각불허가신청이 받아들여졌습니다.

입찰표에 '0'을 1개 이상 더 기재하여 낙찰받은 경우, 원칙적으로는 민사집행법상 매각불허가 사유에 해당되지 않습니다. 아마도 매각불허가 신청서에는 '가족이 힘들게 모은 돈으로 내집 마련을 위해 경매를 처음 해봤는데 이런 실수를 했습니다. 만약 입찰보증금이 몰수된다면 우리 가족의 생계가 파탄납니다'라는 읍소로 채워졌을 것입니다. 아마도 이것이 판사님의 마음을 움직였을 테고요. 매각불허가 결정이 되면 최고가매수신고인은 입찰보증금을 돌려받을 수 있습니다.

과거에는 이렇게 '0'을 1개 이상 쓴 경우 매각불허가를 받은 사례들이 종종 있었는데, 최근에는 이런 실수로는 매각불허가 결정을 받기 매우 어렵습니다. 그런 만큼 입찰표 작성시 신중을 기해야 합니다.

직접 입찰시 기일입찰표 작성하는 방법

■ ■ ■

경매하시는 분들은 보통 법원에서 나눠주는 입찰표에 수기로 입찰금액을 작성하시는데 필요하다면 인터넷으로 양식을 다운로드받아 컴퓨터로 작성한 후 출력해서 제출해도 됩니다. 꼭 법원에서 입찰표를 받아 작성할 필요는 없다는 이야기입니다. 지금부터 입찰표에 있는 여러 가지 항목에 대해 자세히 설명드리겠습니다.

① 입찰기일

입찰하는 날짜를 기입하면 됩니다.

② 사건번호와 물건번호

입찰할 물건의 사건번호를 기입합니다. 이 번호를 잘못 기입하면 다른 물건에 입찰이 될 수 있으니 주의해야 합니다. 사건번호 옆에 있는 물건번호란은 하나의 사건번호에 물건번호가 여러 개 있을 경우에 기입합니다.

예를 들어 사건번호가 '2022타경1234(1) (2) (3)'이라면, 사건번호는 하나이지만 매각 물건은 3건이라는 뜻입니다. 각 물건을 개별 매각하는 것이므로 반드시 물건번호를 적어야 하는 것입니다. 물건번호를 적지 않으면, 몇 번 물건에 입찰했는지 알 수 없으므로 입찰 무효가 됩니다. 3개의 물건 모두에 입찰하겠다면 총 3장의 입찰표를 작성해야 합니다.

③ 입찰자

입찰자 본인의 인적사항을 적습니다. 주소는 주민등록상 주소지를 기재하고 성명란에 도장 날인하면 됩니다. 법인 명의로 입찰할 때는 법인명과 법인의 대표이사 이름까지 적고 법인도장을 날인하면 됩니다. 법인 등기부등본이 제출된 경우에는 대표이사명이 기재되지 않아도 유효한 입찰로 판단하기는 하지만, 굳이 문제가 될 만한 행동을 할 필요는 없을 것입니다.

④ 입찰가격

입찰가격을 쓸 때는 특히 침착해야 합니다. 가격란 위쪽에 숫자 단위가 있으므로 틀리지 않도록 주의하세요. 대부분 수기로 기입하는 난이므로 숫자를 잘 알아보게 적는 것도 중요합니다. 숫자를 잘못 썼을 경우에는 새로 입찰표를 교부받아 작성하기 바랍니다. 기입한 숫자에 오해의 소지가 있으면 안 됩니다.

⑤ 보증금액

입찰보증금을 기입하는 난입니다. 실제 입찰봉투에 넣는 보증금액만 맞으면 보증금액과 다르게 적어도 입찰은 유효합니다. 그렇다고 일부러 틀릴 필요는 없을 테지요.

⑥ 보증의 제공방법

입찰보증금은 대부분 현금이나 자기앞수표(대부분 수표 1장으로 끊어서 제출)이므로 그곳에 체크하면 됩니다. 보증서를 제출하는 방식은 법에는 있으나 실무적으로 경매 입찰보증금 보증서를 발급해주는 곳은 거의 없습니다.

⑦ 보증을 반환받았습니다

낙찰을 못 받았을 경우 입찰봉투를 돌려받게 되는데요. 입찰봉투에는 입찰시 넣어둔 입찰보증금이 들어 있으므로, 이 난은 법원 측에서 보증금을 돌려줬다는 확인을 받는 영수증 역할을 합니다. 패찰이 되면 입찰보증금을 돌려받는 데 시간이 많이 걸린다고 미리 작성해서 제출하는 분도 있습니다. 물론 부정 탄다고 미리 안 적는 분도 있으니 독자분들이 판단하시면 되겠습니다.

⑧ 주의사항

기일입찰표 하단에는 주의사항이 기재되어 있습니다. 한두 번 읽어보시면 향후 입찰표 작성하실 때 도움이 될 것입니다.

[전산양식 A3360] 기일입찰표(흰색)   용지규격 210mm×297mm(A4용지)

(앞면)

기 일 입 찰 표

수원지방법원 집행관 귀하   입찰기일 : 2023년 3월 5일

사건번호	2022 타경 21817 호	물건번호	물건번호가 여러개 있는 경우에는 꼭 기재

입찰자	본인	성 명	강○○ (인)	전화번호	010-0000-0000
		주민(사업자)등록번호	800000-1000000	법인등록번호	
		주 소	서울시 서초구 방배동 00-000		
	대리인	성 명		본인과의 관계	
		주민등록번호		전화번호	
		주 소			

입찰가격	천억	백억	십억	억	천만	백만	십만	만	천	백	십	일		보증금액	백억	십억	억	천만	백만	십만	만	천	백	십	일	
			2	9	5	0	0	0	0	0	0	0	원				2	7	5	4	7	5	0	0	0	원

보증의 제공방법	■ 현금·자기앞수표 □ 보증서	보증을 반환 받았습니다.
		입찰자 강○○ (인)

주의사항
1. 입찰표는 물건마다 별도의 용지를 사용하십시오, 다만, 일괄입찰시에는 1매의 용지를 사용하십시오.
2. 한 사건에서 입찰물건이 여러개 있고 그 물건들이 개별적으로 입찰에 부쳐진 경우에는 사건번호외에 물건번호를 기재하십시오.
3. 입찰자가 법인인 경우에는 본인의 성명란에 법인의 명칭과 대표자의 지위 및 성명을, 주민등록란에는 입찰자가 개인인 경우에는 주민등록번호를, 법인인 경우에는 사업자등록번호를 기재하고, 대표자의 자격을 증명하는 서면(법인의 등기사항증명서)을 제출하여야 합니다.
4. 주소는 주민등록상의 주소를, 법인은 등기기록상의 본점소재지를 기재하시고, 신분확인상 필요하오니 주민등록증을 꼭 지참하십시오.
5. 입찰가격은 수정할 수 없으므로, 수정을 요하는 때에는 새 용지를 사용하십시오.
6. 대리인이 입찰하는 때에는 입찰자란에 본인과 대리인의 인적사항 및 본인과의 관계 등을 모두 기재하는 외에 본인의 위임장(입찰표 뒷면을 사용)과 인감증명을 제출하십시오.
7. 위임장, 인감증명 및 자격증명서는 이 입찰표에 첨부하십시오.
8. 일단 제출된 입찰표는 취소, 변경이나 교환이 불가능합니다.
9. 공동으로 입찰하는 경우에는 공동입찰신고서와 함께 제출하되, 입찰표의 본인란에는 "별첨 공동입찰자목록 기재와 같음"이라고 기재한 다음, 입찰표와 공동입찰신고서 사이에는 공동입찰자 전원이 간인 하십시오.
10. 입찰자 본인 또는 대리인 누구나 보증을 반환 받을 수 있습니다.
11. 보증의 제공방법(현금·자기앞수표 또는 보증서)중 하나를 선택하여 ☑표를 기재하십시오.

대리입찰시 입찰표 작성 방법

■ ■ ■

다음은 대리입찰할 때 입찰표 작성법입니다. 본인란은 앞에서 설명한 직접 입찰 방법을 참고하면 됩니다. 대리입찰시 추가로 작성할 부분은 파란색 글자 부분입니다. 본인란과 마찬가지로 대리인의 인적사항을 기입하

면 됩니다.

대리입찰이므로 본인란 옆에는 도장을 날인할 필요가 없습니다. 대신 대리인 성명 옆에 대리인 도장을 날인합니다. 법인 명의 입찰의 경우, 본인란에는 법인명과 대표이사명을 적고 대리인란에는 대리인 인적사항을 기입한 후 대리인 도장을 날인하면 됩니다.

대리입찰시에는 입찰표의 앞면보다 뒷면에 신경 써야 합니다. 입찰표 뒷면에 대리입찰시 꼭 필요한 위임장이 있기 때문입니다. 위임장도 꼭 법원에 있는 양식을 사용할 필요는 없습니다. 위임내용과 대리인 인적사항이 정확히 기재되고 본인의 인감도장이 날인된 서식이면 됩니다.

대리인란에는 대리인의 인적사항을 기재하고, 본인란에도 인적사항을 기재하되 본인 이름 옆에 반드시 본인의 인감도장을 날인해야 합니다. 가

○──── **대리입찰시 입찰표 양식(앞면)**

(뒷면)

위 임 장

대리인	성 명	이○○	직업	자영업
	주민등록번호	800000-1000000	전화번호	010-0000-0000
	주 소	서울시 강남구 역삼동 00-000		

위 사람을 대리인으로 정하고 다음 사항을 위임함.

다 음

수원지방법원   2022 타경 21817   호 부동산,

경매사건에 관한 입찰행위 일체,

본인 1.	성 명	김○○ 	직 업	회사원
	주민등록번호	800000-1000000	전화번호	010-0000-0000
	주 소			

부동산경매 필수상식

대리입찰시 주의해야 할 점 2가지

① 대리인에게 인감을 맡겨도 될까?

대리입찰을 할 사람이 가족 등 믿을 만한 사람이라면 입찰시 인감도장을 내어줄 수 있습니다. 인감도장을 맡기는 것이 걱정된다면, 대리인에게 인감도장을 날인한 위임장과 인감증명서를 주면 됩니다.

② 인감증명서의 유효기간은 언제까지일까?

인감증명서 발행일이 입찰기일로부터 6월을 초과하지 않아야 합니다.

	직접입찰	대리입찰
개인 명의	신분증, 도장, 입찰보증금	대리인 신분증, 대리인 도장, 입찰보증금, 본인의 인감도장이 날인된 위임장, 본인의 인감증명서
법인 명의	법인의 대표이사 신분증, 법인 도장, 입찰보증금, 법인등기사항전부증명서(제출용)	대리인 신분증, 대리인 도장, 입찰보증금, 법인 인감도장이 날인된 위임장, 법인인감증명서, 법인등기사항증명서(제출용)

※ 법인의 경우 사업자등록증을 제출할 필요는 없으나 사업자등록번호를 기재하는 난이 있으므로 사업자등록증을 가져가든지 사업자등록번호를 메모해가면 됩니다.

끔 인감도장이 아닌 다른 도장을 날인해 입찰 무효가 되는 사례가 있으니 주의해야 합니다. 대리입찰시에는 이렇게 작성한 인감도장이 날인된 위임장과 인감증명서를 함께 제출해야 하는 점, 꼭 기억해두십시오.

여러 명이 입찰하는 공동입찰신고

■ ■ ■

민사집행법이 제정된 이후, 공동입찰이 허가제에서 신고제로 바뀌었습니다. 여러 명이 편하게 입찰할 수 있게 된 것입니다. 공동입찰신고시에는 기일입찰표 외에 공동입찰신고서와 공동입찰자 목록을 추가로 제출해야 합니다. 법원에서 공동입찰신고서 등의 서류를 교부받거나 온라인상에서 다운로드 받아 작성한 다음 제출해도 됩니다.

공동입찰의 경우, 입찰자가 2명 이상이므로 본인란에 모두 기입할 수 없

(앞면)

기 일 입 찰 표

| 지방법원 집행관 귀하 | 입찰기일 : | 2022년 11월 1일 |

사건번호	2022 타경 1234 호	물건번호	※물건번호가 여러개 있는 경우에는 꼭 기재

입찰자	본인	성 명	별지기재와 같음 ㉑	전화번호	
		주민(사업자)등록번호		법인등록번호	
		주 소			
	대리인	성 명	홍길동 ㉑	본인과의 관계	친구
		주민등록번호	770707-1111111	전화번호	010-0000-0000
		주 소			

입찰가격	천억	백억	십억	억	천만	백만	십만	만	천	백	십	일		보증금액	백억	십억	억	천만	백만	십만	만	천	백	십	일	
				2	1	1	1	0	0	0	0	0	원					1	7	0	0	0	0	0	0	원

보증의 제공방법	■ 현금·자기앞수표 □ 보증서	보증을 반환 받았습니다.
		입찰자 ㉑

공 동 입 찰 신 고 서

수원지방법원 집행관 귀하

사건번호 20 22 타경 1234 호.

물건번호 (물건번호 있는 경우 기재)

공동입찰자 아래 목록과 같음

위 사건에 관하여 공동입찰을 신고합니다.

2022 년 11월 1일

신청인 홍길동 외 2 인(아래 목록 기재와 같음)

공 동 입 찰 자 목 록

번호	성 명	주소 / 주민등록번호 전화번호	지분
1	홍길동 ㉑	서울시 강남구 ○○○ / 770707 - 1111111 ☎ ( )	1/3
2	고길동 ㉑	서울시 강남구 ○○○ / 770707 - 1111111 ☎ ( )	1/3
3	전우치 ㉑	서울시 강남구 ○○○ / 770707 - 1111111 ☎ ( )	1/3
	㉑	☎ ( )	
	㉑	☎ ( )	

※ 공동입찰을 하는 때에는 입찰자 목록에 각자의 지분을 분명하게 표시하여야 합니다.

습니다. 따라서 본인란에는 '별지기재와 같음'이라고 적고, 입찰자 이름은 공동입찰신고서 및 목록에 적으면 됩니다. 만약 공동입찰자 전원이 법원에 간다면 위임장 작성은 필요없지만, 공동입찰자 중 한 명이라도 법원에 출석할 수 없다면 위임장을 작성해야 합니다.

공동입찰신고서와 입찰자 목록을 각각 1장씩, 2장으로 교부하는 법원도 있고 옆의 그림처럼 1장으로 교부하는 법원도 있습니다. 사건번호란에는 입찰할 사건번호를 기재하고 물건번호가 있는 경우에는 물건번호도 기입합니다. 신청인은 2명 이상이므로 'ㅇㅇㅇ 외 ㅇ명'이라고 기입합니다. 공동입찰자 목록에는 공동입찰자 전원의 인적사항을 적고 이름 옆에 도장을

○──── **공동입찰신고시 위임장 샘플**

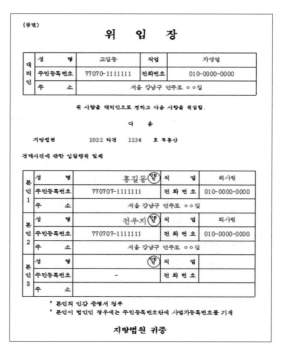

날인합니다. 여기서 중요한 것이 우측에 있는 지분비율인데 반드시 분수 형태로 적어야 합니다.

공동입찰시에도 대리입찰이 가능합니다. 기일입찰표 뒷면의 대리인란에 대리인 인적사항을 적은 후 대리인의 도장을 날인합니다. 아래의 본인란에는 대리할 본인들의 인적사항을 기재하면 됩니다.

법원에서 교부하는 위임장의 본인란에는 본인1부터 본인3까지 3명을 적을 수 있도록 되어 있습니다. 만약 대리할 본인의 수가 4인 이상이라면 위임장을 별도로 만들어 제출해도 됩니다. 양식은 따로 정해져 있지 않으므로 그림의 위임장에 있는 항목들을 포함하면 됩니다.

이때 본인란 옆에는 본인의 인감도장이 반드시 날인되어야 하고 입찰

대리입찰시 예외적으로 허용되는 2가지

① 일반 경매물건에서는 하나의 경매사건에서 어떤 대리인이 입찰자 2명을 대리할 수 없고, 이런 경우 입찰 무효 사유가 됩니다. 그러나 공동입찰시에는 예외로 가능합니다. 즉, 공동입찰시에는 한 명의 대리인이 같은 물건에 입찰하는 다른 공동입찰자 여러 명을 대리해서 입찰할 수 있습니다.

② 일반 경매물건에서는 같은 경매물건에 내가 직접 입찰하면서 다른 사람을 대리하여 입찰할 수 없습니다. 그러나 이 또한 공동입찰에서는 예외적으로 인정이 됩니다. 즉, 내가 공동입찰자 중 1인이면서 같이 입찰하는 다른 공동입찰자를 대리하여 입찰할 수 있습니다.

표와 함께 인감증명서도 제출되어야 합니다.

입찰보증금 봉투 및 황색 대봉투 작성

* * *

기일입찰표 작성이 완료되면 입찰보증금을 넣을 입찰보증금 봉투와 황색 대봉투에도 필요 사항을 기재해서 제출합니다.

① 매수신청보증금(=입찰보증금) 봉투

입찰보증금 봉투의 사건번호란에 사건번호를 기재하고 제출자 이름을 적은 후 날인하면(도장을 찍으면) 됩니다. 물건번호가 있다면 기일입찰표에 적었던 것과 똑같은 물건번호를 기재합니다.

② 황색 대봉투

황색 대봉투 앞면에는 입찰자 이름을 적습니다. 대리입찰시에는 대리인 이름까지 적은 후 이름 옆에 날인합니다. 봉투의 윗부분을 보면 '입찰자용

○───── 매수신청보증금 봉투 양식

인천지방법원부천지원

매수신청보증금봉투

사건번호	2021 타경 1021 호
물건번호	
제출자	홍길동 ㉿

수취증'이 있습니다. 입찰표를 제출하면, 연결번호란에 같은 번호를 날인하고 절취선을 따라 잘라줍니다. 그러면 이것을 개찰시까지 잘 보관하고 있어야 합니다. 낙찰받지 못한 경우, 같은 일련번호가 적힌 봉투와 교환해줍니다.

황색 대봉투 뒷면 윗부분에는 담당계와 사건번호를 적는 난이 있습니다. 이 부분은 개찰시 입찰표를 쉽게 분류하기 위해 만들어진 곳입니다. 기입하지 않아도 무방하나, 입찰시 법원에서 적어달라고 요청하는 경우가 많으니 사건에 맞게 기재하면 됩니다.

이렇게 작성이 완료되면 황색 대봉투에 모든 서류와 보증금을 넣고 제출하면, 입찰 절차가 완료됩니다.

○─── **황색 대봉투 앞면과 뒷면**

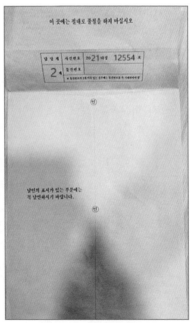

매각기일 당일의 경매법정 스케치

• • •

매각기일 당일 유의해야 될 사항과 경매 입찰 전 점검할 사항 몇 가지를 말씀드리면, 우선 경매사건은 입찰 당일까지도 매각기일이 변경되거나 취하 또는 취소가 될 수 있습니다. 그러므로 매각기일 전날에 대법원 경매정보사이트나 사설 경매정보사이트 등을 통해서 경매 일정에 변동이 없는지 체크해야 합니다. 이때 문건접수내역도 확인해서, 채권자 또는 채무자가 매각기일변경신청서를 넣었는지 등도 확인하시기 바랍니다.

① 매각기일 전날, 일정 체크

채무자가 매각기일변경을 신청하는 경우엔 거의 인정이 되지 않습니다. 다만, 경매신청된 금액을 변제공탁한 후이거나 회생 또는 파산신청시에는 가능합니다. 그러니 경매법원에 전화해 '다음날 경매가 진행되는지'에 대해 문의해 보실 필요가 있습니다.

채권자가 매각기일변경신청을 하는 경우, 두 번까지는 이유를 불문하고 변경해주고 있습니다. 이러한 경우, 문건접수내역에 다음과 같이 표시됩니다.

> 2023.05.10. 채권자 알○○○ ○○○○ 기일연기 신청서 제출

그렇다면 채권자는 왜 매각기일을 변경할까요? 최근 부실채권 시장이 커지면서 근저당권들이 양도·양수되고 있습니다. 채권을 양수받아 새로운 채권자가 된 경우 물건 파악을 위해 기일변경신청을 하기도 하고, 양수

받은 채권의 이자를 채권최고액까지 꽉 채우기 위해 일부러 시간을 끌기도 합니다. 경매가 진행 중인 사건들에는 연체이자율로 계산된 이자가 붙기 때문입니다. 통상 매각기일 변경이 되면 1~3개월 후에 다시 매각이 진행되기도 하고, 경우에 따라서는 경매절차가 취소 또는 취하되기도 합니다.

② 입찰 당일, 입찰표 교부

입찰 당일 법원에 도착하자마자 할 일이 있습니다. 경매법정 바깥쪽이나 안쪽에 있는 게시판에서 당일 진행하는 경매물건 목록을 확인하는 일입니다. 입찰할 물건이 기일변경 등이 되었는지 확인해 보시는 것입니다. 전날 확인했다 하더라도 당일 변경될 수도 있기 때문입니다.

게시판을 확인한 후에는 입찰표를 교부받습니다. 입찰표 작성 부분에서 설명했지만 입찰표를 미리 출력해 와도 되긴 합니다. 공동입찰시에는 공동입찰신고서도 같이 교부받으면 됩니다. 입찰표 작성이 끝나면 기일입찰표와 입찰보증금이 들어있는 입찰보증금 봉투를 황색대봉투에 넣어 입찰하면 됩니다.

입찰시에는 신분증을 보여주어야 합니다. 입찰표를 제출하면 입찰봉투 윗부분의 수취증을 잘라 돌려주는데 분실하면 안 되니 잘 보관하시고, 수취증을 받은 후에 입찰봉투를 입찰함에 넣으면 입찰은 끝납니다. 입찰표 제출 이후에는 아무리 사정해도 수정이 안 됩니다. 대리입찰이나 법인명의 입찰인 경우엔 서류 누락이 없는지 다시 한번 확인 후 입찰하시기 바랍니다.

> ## 부동산등에 대한 경매절차 처리지침(재민2004-3)
>
> **제32조**(입찰의 시작 및 마감)
> ① 입찰은 입찰의 개시를 알리는 종을 울린 후 집행관이 입찰표의 제출을 최고하고 입찰마감시각과 개찰시각을 고지함으로써 시작한다.
> ② 입찰은 입찰의 마감을 알리는 종을 울린 후 집행관이 이를 선언함으로써 마감한다. 다만, 입찰표의 제출을 최고한 후 1시간이 지나지 아니하면 입찰을 마감하지 못한다.

③ 입찰시간

경매 입찰시간은 최소 60분입니다. 입찰표 제출시 법대를 바라봤을 때 가운데 앉아 있는 사람이 집행관이고, 그 옆에 있는 사람들은 집행관 사무소의 직원들입니다. 경매계장은 입찰법정에 나오지 않습니다.

④ 개찰하기

입찰표 제출 마감시한이 끝나면 개찰에 들어갑니다. 입찰함에 들어있는 입찰표들을 사건번호 순으로 정리하고 정리가 끝나는 대로 개찰에 들어갑니다. 법원에 따라 차이가 있으나 통상적으로 사건번호 순서에 따라 개찰합니다.

입찰자가 많이 몰린 사건이나 임산부 등 먼저 개찰해야 할 필요성이 있는 경우 양해를 구하고 해당 사건을 먼저 개찰하는 법원도 있습니다. 해당 사건 개찰시 입찰한 사람들은 법대 앞으로 나가서 집행관이 호창하면(이름을 부르면) 대답한 후 개찰 절차를 지켜보면 됩니다.

제33조의 조항을 이용해 일부 경매 컨설팅업체에서는 2등, 3등의 허위 입찰표를 제출하기도 합니다. 의뢰인에게 2억 8천만원을 쓰라고 컨설팅하고, 업체가 2억 7천 8백만원과 2억 7천 5백만원의 입찰표를 제출하는 식입니다. 의뢰인은 2, 3 순위와의 가격 차이가 근소하므로 낙찰을 잘 받았다고 생각할 것입니다. 이는 최고가매수신고인의 입찰보증금만 확인하고 2등 이하는 확인하지 않는다는 점을 악용한 것입니다.

경매는 2등과의 가격 차이가 중요한 게 아닙니다. 정확한 시세 파악과 물건분석, 권리분석을 통해 내가 원하는 수익률에 맞게 낙찰받는 것이 훨씬 중요합니다. 단독으로 낙찰받더라도 수익분석만 철저히 했다면 뒤돌아볼 필요가 없습니다.

⑤ 낙찰 및 패찰

낙찰의 반대말은 패찰입니다. 누군가 낙찰을 받으면, 그 외 나머지 입찰자는 모두 패찰이 되는 것입니다. 낙찰을 받게 되면(최고가매수신고인으로 호창되면), 매각기일입찰조서를 작성하고 입찰보증금 영수증을 받습니다. 이것으로 입찰 당일 일정은 마무리됩니다. 농지를 낙찰받은 경우에는 입찰보증금 영수증 외에 '최고가매수인증명서'를 받아서 '농취증(농지취득자격증명서)' 신청을 하면 됩니다(입찰 전에 농취증 담당자와 통화해서 필요서류 확인 후 입찰하시면 됩니다).

패찰한 경우에는 입찰시 받았던 수취증과 입찰봉투를 교환합니다. 입찰봉투 안에는 입찰보증금이 들어 있으니 반드시 금액을 확인하셔야 합니다. 만약 2명 이상이 동일한 금액으로 입찰했다면, 그 2명만 다시 한번 입찰을 진행합니다. 그랬는데도 또 동일한 금액이 나왔다면 추첨을 통해 최고가매수신고인을 정합니다.

04

우선매수권이 인정되는
공유자우선매수신고

공유자우선매수권이란?

. . .

소유자가 여럿인 부동산이 있는데 그중 한 명의 지분이 경매될 경우, 다른 지분권자들에겐 우선해서 낙찰을 받을 수 있는 권리가 있습니다. 이를 '공유자우선매수신고제도'라고 합니다. 제3자가 낙찰받을 경우 서로 잘 모르는 사람들끼리 소유하게 되어 분쟁의 소지가 많으므로, 분쟁을 최소화하겠다는 것이 법의 취지입니다. 아무래도 기존 공유자들끼리는 친분이 있을 가능성이 높기 때문입니다.

그러나 이러한 취지가 무색하게 실무에서는 이 제도를 악용하는 사례들이 많았습니다. 예를 들어 보겠습니다. 공유자가 매각기일 전 법원에 우선매수신고를 하면 일반 응찰자들은 입찰을 안 할 것입니다. 공유자도 고의로 입찰을 하지 않아 유찰되도록 합니다. 자신이 원하는 가격까지 유찰시킨 후, 우선 매수권을 활용하여 저가에 낙찰을 받겠다는 계산입니다. 악용 사례가 잇따르자 법원은 특별매각조건을 달아놓았습니다. 이제는 공유자우선매수신고를 1회에 한하여 인정한다는 것입니다.

미리 공유자우선매수신고를 한 후에 해당 매각기일에 보증금을 납부하고 낙찰을 받지 않으면 그다음 매각기일에는 우선매수권이 사라집니다. 즉 우선매수권은 한 번만 쓸 수 있습니다. 따라서 공유자우선매수신고를

○─── **매각물건명세서의 특별매각조건(공유자 우선매수권 제한)**

대법원공고	**[기본내역]** • 지분매각 특별매각조건: 공유자 우선매수권 행사 제한 **[매각물건명세서]** • 지분매각 • 특별매각조건: 공유자의 우선매수권 행사에 따른 매수신고가 매수보증금의 미납으로 실효되는 경우에는 그 공유자는 이후 매각절차에서 우선매수권을 행사할 수 없음

판례 | 공유자우선매수권과 매각불허가 사유

대법원 2011. 8. 26.자 2008마637 결정
[부동산매각 불허가 결정에 대한 이의] [미간행]

【판시사항】
[2] 공유자가 여러 차례 우선매수신고만을 하여 일반인들이 매수신고를 꺼릴 만한 상황을 만들어 놓은 뒤, 다른 매수신고인이 없을 때는 보증금을 납부하지 않는 방법으로 유찰이 되게 하였다가 다른 매수신고인이 나타나면 보증금을 납부하여 자신에게 매각을 허가하도록 하는 것이 민사집행법 제121조, 제108조 제2호의 '최고가매수신고인이 매각의 적정한 실시를 방해한 사람'에 해당되는 매각불허가 사유인지 여부(적극)

잘 활용하려면 공유자들은 매번 매각기일에 출석해서 입찰자가 있는지 없는지 확인한 후 현장에서 공유자우선매수신고를 할지 말지 결정하면 됩니다.

매번 매각기일에 입찰보증금과 공유자임을 증명할수 있는 등기사항전부증명서(가급적 당일 발급)를 준비하여 법원에 출석하여 앉아 있다가 입찰자가 있다면 입찰금액을 보고 우선매수권 사용 여부를 판단하는 것입니다. 공유자우선매수신고는 최고가매수신고인이 호창되기 전까지 할 수 있습니다.

부동산경매에서 우선매수권이 있는 사람들

* * *

부동산경매에서 우선매수권을 인정해주는 대상은 다음의 4가지입니다. 지분경매에서 공유자에 대해서는 이미 설명했고, 나머지 3가지 경우에 있어서도 우선매수권이 인정되니 알아두면 좋습니다.

> 1. 공유자
> 2. 구 「임대주택법」에 의한 임대주택 임차인
> 3. 「부도 공공건설 임대주택 임차인 보호를 위한 특별법」에 따른 주택임대사업자
> 4. 「전세사기 피해자 지원 및 주거안정에 관한 특별법」상 임차인

현재 시행 중인 「민간임대주택에 대한 특별법」과 「공공주택특별법」의 전신은 구 「임대주택법」이라고 보시면 됩니다. 과거 이 법이 적용된 건설임대주택 및 매입임대사업자의 부동산이 경매되는 경우 이 임대주택의 임차인에게 우선권이 있다는 뜻입니다. 일반 임차인이 아니라, 구 임대주택법상의 주택임대사업자와 계약한 임차인에게만 있으니 혼동하면 안 됩니다.

수도권에서는 이런 물건들을 찾아보기 힘듭니다. 간혹 지방의 저층 아파트 단지가 통으로 경매에 나오는데 그럴 때 가끔 볼 수 있습니다. 이러한 임대주택에 사는 임차인들에게는 우선매수권이 있지만 부동산을 매수할 경제적 상황이 안 되는 경우가 많습니다. 그래서 이 권리를 LH공사나 각 지방 도시공사와 같은 공기업에 양도하는 경우도 있습니다.

이러한 공기업들은 주거복지사업을 하고 있는데, 임차인이 거주 중인 주택을 매수하여 계속 임대를 줄 수 있으므로 사업 방향과 취지에 부합한다 하겠습니다. 마지막으로 최근 전세사기로 인한 피해자를 위해 특별법이 제정되었다는 뉴스를 보셨을 겁니다. 이 특별법에 의해 피해자로 인정받은 임차인에게도 우선매수권이 부여됩니다.

공유자우선매수신고 관련 판례

• • •

여러 개의 물건이 일괄매각되는 경우, 일부는 전체가 매각 대상이고 다른 부동산은 일부 지분만 매각된다면 공유자우선매수권이 없다는 판례입니다. 단, 각 부동산의 지분 소유권자가 동일한 상태에서 일부 지분이 나오는 경우라면 우선매수권이 인정됩니다.

판례 | 일괄매각시 우선매수권

대법원 2006. 3. 13.자 2005마1078 결정
[매각허가결정에대한이의] [공2006.5.1.(249),710]

【판시사항】
[1] 집행법원이 여러 개의 부동산을 일괄매각하기로 결정한 경우, 매각 대상 부동산 중 일부에 대한 공유자가 매각 대상 부동산 전체에 대하여 공유자의 우선매수권을 행사할 수 있는지 여부(한정 소극)
[2] 매수신고인의 우선매수신고 자체가 부적법하므로 민사집행법 제129조 제1항의 매각허가결정에 대한 즉시항고를 할 수 없다고 한 사례

판례 | 민사집행법 제139조 적용

대법원 2008. 7. 8.자 2008마693,694 결정
[부동산임의경매(즉시항고)] [미간행]

【판시사항】
[1] 민사집행법 제139조가 공유물 전부에 대한 경매에도 적용되는지 여부(소극)

우광연의 작심하고 시작하는 경매공부

공유물분할 소송을 통해 진행되는 경매에서는 지분소유자에게 우선매수권이 없다는 판례입니다. 공유물분할 경매의 경우에는 전체 지분이 다 매각되는 것이므로 당연한 얘기일 것입니다.

 판례 | 공유자의 우선매수신고 및 보증 제공 시한

대법원 2002. 6. 17.자 2002마234 결정
[부동산낙찰허가] [공2002.9.15.(162),2015]

【판시사항】
[1] 입찰에 있어 공유자의 우선매수신고 및 보증의 제공의 시한(=집행관의 입찰 종결선언 전)
[2] 공유자가 입찰기일 전에 우선매수신고서만을 제출하거나 최고가입찰자가 제공한 입찰보증금에 미달하는 금액의 보증금을 제공한 경우, 입찰기일에 집행관은 최고가매수신고를 확인한 다음 공유자의 출석 여부를 확인하고 공유자에게 최고가매수신고가격으로 매수할 것인지를 물어 보증금을 납부할 기회를 주어야 하는지 여부(적극)
[3] 입찰기일 전에 공유자우선매수신고서를 제출한 공유자가 입찰기일에 입찰에 참가하여 입찰표를 제출한 경우, 우선매수권을 포기한 것으로 볼 수 있는지 여부(소극)

공유자가 매각기일에 별도로 입찰에 참여한 경우, 공유자우선매수신고권은 별도로 행사할 수 있습니다.

간혹 공유지분의 매수 시점에 대한 질문을 받는 경우가 있습니다. 일부 지분에 대해 경매개시가 된 이후에 경매 대상이 아닌 지분을 취득한 사람도 공유자우선매수신고권이 있느냐에 대한 내용입니다. 오래된 판례이긴 하나, 경매신청등기 이후에 소유권을 취득하고 그 사실을 법원에 증명한

자도 이해관계인에 포함된다는 판례가 있습니다. 또한 기타 법령이나 판례에서 '경매개시기입등기 이후 지분권을 취득한 자에게는 공유자우선매수권이 없다'라는 관련 내용도 없습니다. 따라서 현재로서는 인정을 해준다고 보는 것이 맞습니다. 참고로 필자도 경매개시 이후 지분을 취득하여 공유자우선매수권을 행사한 경험이 몇차례 있습니다.

 판례 | 경매개시 이후 소유권 취득시 공유자우선매수신고 권한

대법원 1964. 9. 30.자 64마525 전원합의체 결정
[부동산경락허가결정에대한재항고] [집12(2)민,129]

【결정요지】
본조 제3항 제2호, 제3호의 이해관계인은 경매신청등기 이전에 그 부동산의 등기부에 등기되어 있는 소유자 기타 부동산 위의 권리자뿐 아니라 경매신청등기 이후에 소유권등 권리를 취득하여 이를 등기하고 그 사실을 경매법원에 증명한 자도 포함한다.

. . .

권리분석의 기초,
물권과 채권

01
물권에는 어떤 권리들이 있을까?

우리나라 민법에는 물권과 채권이라는 개념이 있는데, 모든 권리분석의 토대가 되니 잘 알아두어야 합니다. 수많은 채권 계약들 중에서 일정 조건을 갖추어야 물권으로 인정해준다는 것이 기본 명제입니다.

물권과 채권을 정해 놓은 이유는 거래의 안전성을 확보하기 위해서입니다. 물권을 활용해 계약을 한다면 좀 더 안전한 권리 확보가 될 수 있기 때문입니다. 옆의 도표는 민법에서 정하고 있는 물권을 분류한 것입니다. 물권에는 물권법정주의(민법185조)가 적용되고 있어 일반 개인들 간에는 서로 합의나 계약으로 물권을 만들 수 없습니다.

물권은 오로지 법에 의해서만 만들어집니다. 즉, 새로운 물권을 만

우광연의 작심하고 시작하는 경매공부

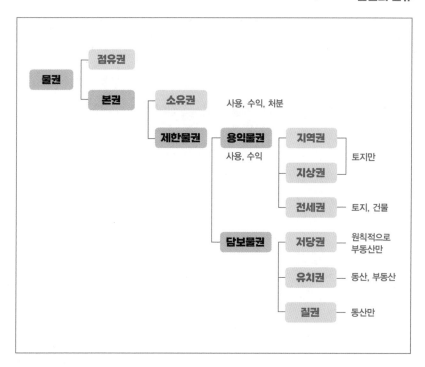

들거나 있는 물권을 없애는 방법은 민법의 개정뿐입니다. 반면, 채권계약
은 계약 자유의 원칙에 따라 양식에 얽매이지 않고 개인들 간에 자유롭게
계약을 맺을 수 있습니다.

물권은 크게 '소유권'과 '제한물권'으로 나뉘는데, 제한물권은 소유권을
제한한다는 뜻입니다. 제한물권은 다시 '용익물권'과 '담보물권으로 나눠집
니다. 용익물권은 사용수익의 줄임말로, 타인의 부동산을 사용해서 수익
을 얻을 수 있는 권리를 말합니다. 전세권을 생각하면 이해가 쉽습니다.

담보물권은 많이 들어 보아서 잘 아실 겁니다. 부동산을 담보로 맡기고

은행에서 대출을 받으면, 담보로 맡긴 부동산에는 근저당권이 설정됩니다. 이러한 물권을 담보물권이라고 합니다. 부동산에 설정되는 대표적인 담보물권은 근저당권, 부동산이 아닌 동산 등에 설정되는 담보물권은 질권이라고 부릅니다. 예적금 담보로 대출을 받은 경우 부동산이 아닌 것을 담보로 했으므로 예적금 담보대출시에는 질권이 설정됩니다.

우광연의 작심하고 시작하는 경매공부

02
물권과 채권의
차이점은 무엇일까?

　　　　　　　　　　　　　　물권을 대표하는 권리에는 소유권
이 있습니다. 매매계약으로 소유자가 변경되면 물권변동의 효력이
생긴다고 표현합니다. 만약 이러한 물권이 채권과 권리상 충돌한다
면 어떻게 될까요? 이때는 물권이 우선하게 됩니다. '물권이 채권을
이긴다'라고 표현하기도 하는데, 어떤 뜻인지 알아보겠습니다.

　　그렇다면 물권과 채권의 존재는 어디에서 확인할 수 있을까요? 물
권은 대부분 등기부에 공시되므로 등기부를 열람하면 물권이 설정되
어 있는지 아닌지를 바로 알 수 있습니다. 반면 채권은 공시되지 않
으므로, 채권자와 채무자 사이에만 효력을 가집니다. 물권은 등기부
에 공시되므로 다른 채권자들에게도 효력이 미칠 수 있으나(대세적),

물권이 채권을 이긴다?

물권의 대표적인 권리는 매매계약을 통해 이루어지는 소유권이고, 대표적인 채권계약은 임대차계약입니다. 물권이 채권을 이긴다고 했으니 '소유자'가 '임차인'을 이긴다는 뜻입니다. 그래서 예전에는 임차인이 살고 있는 주택의 소유자가 변경된 경우 새로운 소유자가 임차인에게 나가달라고 하면, 임차인은 계약기간이 남아 있더라도 이사 갈 수밖에 없었습니다.

물권의 힘이 너무 세서 임차인의 주거 안전성이 떨어졌던 것입니다. 그래서 민법에 있는 내용만으로는 임차인의 지위가 상당히 불안했었고 이를 보완하기 위해 만들어진 법이 민법의 상위법인 「임대차보호법」입니다. 1981년에 「주택임대차보호법」이, 2002년에 「상가건물임대차보호법」이 각각 제정되었습니다. 자세한 내용은 뒷장에서 공부하게 됩니다.

채권은 당사자 간 즉 사람과 사람 사이에서만(대인적) 효력이 있습니다.

그리고 우리에게 익숙한 담보물권의 경우, 경매나 공매에서 배당받을 때 '우선변제권'이라는 것이 있습니다. 우선변제권은 후순위 채권자보다 내가 먼저 배당을 받을 수 있는 권리를 말합니다. 그러나 채권에는 이러한 권리가 없습니다. 채권은 먼저 등기를 했더라도 후순위 채권자보다 먼저 배당을 받아가지 못하고, 동순위로 안분해서 배당을 받습니다.

간략하게 물권과 채권의 차이점을 알아봤습니다. 채권보다 물권이 훨씬 좋다는 것을 알게 되었을 것입니다. 뒤이어 개별적인 권리들에 대해 알아가다 보면, 물권과 채권의 차이를 좀 더 확연히 느끼게 되실 겁니다.

Chapter

04

. . .

주택임대차보호법
완벽 정리

01

주택임대차보호법이란?

어떤 법이 만들어졌다는 것은 그 앞에 상당한 문제가 존재했다는 얘기일 것입니다. 임대차보호법도 마찬가지입니다. 소유자가 바뀌는 매매계약은 물권계약이고, 임대차 계약은 채권계약이라고 앞에서 설명했습니다. 민법상 물권이 채권을 이기다 보니, 임대차계약은 소유자가 변경되거나 하면 그 지위가 많이 약해졌었습니다. 민법만으로는 임차인을 보호할 수 없게 되자, 민법의 상위 개념인 「주택임대차보호법」이 만들어진 것입니다.

이 법으로 인해 임차인에게 대항력과 우선변제권(=확정일자), 최우선변제권(=소액임차보증금) 등의 권리가 생기게 되었습니다.

주택임대차보호법 제1조(목적)

이 법은 주거용 건물의 임대차(賃貸借)에 관하여 「민법」에 대한 특례를 규정함으로써 국민 주거생활의 안정을 보장함을 목적으로 한다.

주택임대차보호법이 보호하는 대상

■ ■ ■

주택임대차보호법에서는 등기 여부, 건축허가 여부 등을 가리지 않고 사실상의 용도가 주거용이면 보호를 받을 수 있습니다. 무허가 건물일 경우에도 토지가 경매된다면 임차인은 확정일자에 의한 우선변제권을 행사할 수 있습니다. 그러나 임차인이 임대인의 동의 없이 비주거용 건물을 주거용으로 개조한 경우라면 보호받을 수 없습니다. 반대로, 임대인의 동의를 얻어 비주거용 건물을 주거용으로 개조했다면 보호받을 수 있습니다.

 판례 1 | 비주거용 건물을 주거용으로 개조한 경우

대구지법 1999. 4. 30. 선고 98나16171 판결 : 상고기각
[부당이득금] [하집1999-1, 489]

【판시사항】
비주거용 건물을 주거용으로 개조한 경우, 주택임대차보호법을 적용할 수 있는지 여부(한정 소극)

【판결요지】

임차인이 거실 및 부엌을 설치하여 개조한 결과 비주거용 건물이 주거용 건물에 해당하게 되었다고 하더라도, 임차인이 주택임대차보호법 소정의 대항요건을 갖추기 이전에 임대인이 그 개조를 승낙하였다는 등의 특별한 사정이 없는 한 주택임대차보호법을 적용할 수 없다.

 판례 2 | 주거 목적으로 인정된 슈퍼마켓

대법원 94다52522

【판결요지】

가. 주택임대차보호법 제2조 소정의 주거용 건물에 해당하는지 여부는 임대차목적물의 공부상의 표시만을 기준으로 할 것이 아니라 그 실지 용도에 따라서 정하여야 하고 또 건물의 일부가 임대차의 목적이 되어 주거용과 비주거용으로 겸용되는 경우에는 구체적인 경우에 따라 그 임대차의 목적, 전체 건물과 임대차목적물의 구조와 형태 및 임차인의 임대차목적물의 이용관계 그리고 임차인이 그곳에서 일상생활을 영위하는지 여부 등을 아울러 고려하여 합목적적으로 결정하여야 한다.

나. 건물이 공부상으로는 단층 작업소 및 근린생활시설로 표시되어 있으나 실제로 갑은 주거 및 인쇄소 경영 목적으로, 을은 주거 및 슈퍼마켓 경영 목적으로 임차하여 가족들과 함께 입주하여 그곳에서 일상생활을 영위하는 한편 인쇄소 또는 슈퍼마켓을 경영하고 있으며, 갑의 경우는 주거용으로 사용되는 부분이 비주거용으로 사용되는 부분보다 넓고, 을의 경우는 비주거용으로 사용되는 부분이 더 넓기는 하지만 주거용으로 사용되는 부분도 상당한 면적이고, 위 각 부분이 갑·을의 유일한 주거인 경우 주택임대차보호법 제2조 후문에서 정한 주거용 건물로 인정한 사례.

이 판례는 공적장부상 근린생활시설이지만 현황은 주거용과 비주거용을 함께 사용하고 있는 부동산을 임차한 임차인이 주택임대차보호법의 보호를 받을 수 있는지에 대한 내용입니다. 임차인이 슈퍼마켓을 운영하면서 안쪽에 방이 딸린 곳에 전입신고를 하고 거주한 사례입니다.

 판례 3 | 주거 목적으로 인정받지 못한 다방

대법원 1996. 3. 12. 선고 95다51953 판결

【판결요지】
[2] 방 2개와 주방이 딸린 다방이 영업용으로서 비주거용 건물이라고 보여지고, 설사 그중 방 및 다방의 주방을 주거목적에 사용한다고 하더라도 이는 어디까지나 다방의 영업에 부수적인 것으로서 그러한 주거목적 사용은 비주거용 건물의 일부가 주거목적으로 사용되는 것일 뿐, 주택임대차보호법 제2조 후문에서 말하는 '주거용 건물의 일부가 주거 외의 목적으로 사용되는 경우'에 해당한다고 볼 수 없다고 한 원심의 판단을 수긍한 사례.

판례2와 판례3은 상업용으로 이용 중인 건물에 방이 딸려있고 그곳에서 주거를 하고 있다는 구조가 유사합니다. 그런데 슈퍼마켓의 경우는 주택임대차보호법의 보호를 받을 수 있었고, 다방은 주택임대차보호법 보호 대상이 아니라고 판시하고 있습니다. 차이점이 뭘까요? 대법원종합법률정보에서 판례 전문을 찾아 읽어보면 그 차이를 바로 알 수 있습니다.

슈퍼마켓 임차인은 그 공간이 유일한 주거공간이었고 다방의 경우에는 그렇지 않다고 본 것입니다. 영업공간과 주거공간이 혼재된 경우 그곳이 임차인에게 '유일한 주거공간'이라면 임대차보호법의 보호를 받을 수 있겠습니다.

법인도 보호 대상일까?

• • •

주택임대차보호법을 적용받는 대상은 자연인입니다. 원칙적으로 법인은 보호가 안 되지만, 주택도시기금으로 전세임대주택을 지원하는 LH공사와 주택사업을 목적으로 설립된 지방공기업 등은 예외적으로 주택임대차보호법상 권리를 행사할 수 있습니다. 이들 법인이 임대차계약을 하더라도 법인이 선정한 직원이 대항요건을 갖추면 대항력이 발생하게 됩니다. 그러나 중소기업 및 법령에서 정한 공기업 등에 해당하지 않는 대기업 등은 주택임대차보호법 보호 대상이 아니므로, 보증금을 지키기 위해서는 전세권 설정 등 다른 방법을 찾아야 합니다.

최근 법인이 임차한 주택에 법인의 대표이사가 거주하면서 주택임대차보호법상 임차인의 지위를 주장했던 사건이 있었습니다. 이 경우, 법인의

 판례 | 법인 대표이사의 임차인 지위

대법원 2023. 12. 14. 선고 2023다226866 판결
[건물인도] 〈주택임대차보호법 제3조 제3항에 정한 '직원' 및 '주거용 임차'의 의미가 문제된 사건〉 [공2024상,182]

【판시사항】
주식회사의 대표이사 또는 사내이사로 등기된 사람은 주택임대차보호법 제3조 제3항에서 말하는 '직원'에서 제외되는지 여부(적극) 및 위와 같은 범위의 임원을 제외한 직원이 법인이 임차한 주택을 인도받아 주민등록을 마치고 그곳에서 거주하고 있다면 이로써 위 조항에서 정한 대항력을 갖추었다고 보아야 하는지 여부(적극)

직원은 가능하나 사내이사나 대표이사는 직원으로 볼 수 없으므로 대항력을 인정받을 수 없습니다.

외국인의 경우

● ● ●

외국인도 주택임대차보호법의 보호를 받을 수 있습니다. 외국인의 주민등록은 출입국관리법에 의해 국내에 거소신고를 한 경우, 전입신고를 한 것과 같은 효력이 발생됩니다.

수년 전 외국 국적 임차인의 명도를 진행한 적이 있습니다. 확정일자는

 판례 | 외국인, 재외국민의 경우

대법원 2019. 4. 11. 선고 2015다254507 판결

【판시사항】
[1] 외국인이나 외국국적동포가 「출입국관리법」이나 「재외동포의 출입국과 법적 지위에 관한 법률」에 따라 외국인등록과 체류지 변경신고 또는 국내거소신고와 거소이전신고를 한 경우, 주택임대차보호법 제3조 제1항에서 주택임대차의 대항요건으로 정하는 주민등록과 같은 법적 효과가 인정되는지 여부(적극)
[2] 재외국민이 구 「재외동포의 출입국과 법적 지위에 관한 법률」 제6조에 따라 국내거소신고를 한 경우, 「주택임대차보호법」 제3조 제1항에서 주택임대차의 대항요건으로 정하는 주민등록과 같은 법적 효과가 인정되는지 여부(적극) 및 이 경우 거소이전신고를 한 때에 전입신고가 된 것으로 보아야 하는지 여부(적극)

미리 받아 놓았는데 전입신고 일자가 경매개시 이후였던 임차인 세대였습니다. 낙찰 후 명도를 위해 세입자를 만났는데 조선족 아주머니였습니다.

아주머니는 비자 문제로 본국에 다녀오면서 국내거소신고를 여행사에 맡겼다고 합니다. 그런데 여행사 직원이 고덕동에 거소신고를 해야 하는데 고척동에 신고를 했고, 경매가 개시되고 나서야 이를 알게 되어 정정했다고 합니다. 다행히 남편은 경매개시결정 전부터 거소신고가 제대로 되어 있어서, 두 사람이 부부인 것을 입증하여 최우선변제로 배당을 받게 되어 명도가 수월하게 마무리 된 사례가 있었습니다.

최근 여러 가지 사유로 국내에 외국인들이 많이 거주하고 있다보니 경매 권리분석시 외국인의 대항력도 분석을 해야 하는 시대가 되었습니다. 옆의 '외국인체류확인서' 서식의 전입일자를 가지고 내국인의 대항력 분석과 같은 방식으로 분석을 해야 합니다.

출입국 관리법 제88조의3(외국인체류확인서 열람·교부)

3. 다음 각 목의 어느 하나에 해당하는 사유로 열람 또는 교부를 신청하려는 자

가. 관계 법령에 따라 경매참가자가 경매에 참가하려는 경우
나. 「신용정보의 이용 및 보호에 관한 법률」 제2조제5호라목에 따른 신용조사회사 또는 「감정평가 및 감정평가사에 관한 법률」 제2조제4호에 따른 감정평가법인 등이 임차인의 실태 등을 확인하려는 경우
다. 대통령령으로 정하는 금융회사 등이 담보주택의 근저당 설정을 하려는 경우
라. 법원의 현황조사명령서에 따라 집행관이 현황조사를 하려는 경우

■ 출입국관리법 시행규칙 [별지 제139호의5 서식] <개정 2023. 6. 14.>

페이지 : 1/1

외국인체류확인서

열람용

206 - 23 - 1433

발급번호	AN-BN-24-001025	발급일자	2024.04.26

열람 또는
교부 대상
건물 또는
시설 소재지

■ 도로명주소 : 경기도 군포시 산본천로214번길 13, 203호 (산본동)

■ 지번주소 : 경기도 군포시 산본동 259-20 203호

연번	성명	전입일자	비고
1	LU Z*****	2023.07.20	
2	NAN X*****	2023.07.20	
3	NAN H*****	2023.07.20	

'이하 빈칸'

「출입국관리법」 제88조의3 및 같은 법 시행규칙 제75조의2제7항에 따라 해당 건물 또는 시설의 소재지를 체류지로 신고(변경신고를 포함합니다)한 외국인은 위와 같음을 증명합니다.

2024년 04월 26일

직인

유 의 사 항

■ 확인하려는 특정 건물 또는 시설의 소재지를 사실과 다르게 기재한 경우에는 외국인체류확인서를 통해 해당 건물 또는 시설의 소재지를 체류지로 신고(변경신고를 포함합니다)한 외국인의 정보를 확인할 수 없습니다.

210mm×297mm[백상지(80g/㎡) 또는 중질지(80g/㎡)]

02

임차인의 첫 번째 권리,
대항력

대항력이라는 것은 새로 바뀐 집 주인에게 계약만료시 '내 보증금 내놔라!'라고 요구할 수 있는 권리입니다. 대항력이 발생하려면 대항요건 2가지를 모두 갖춰야 합니다. 주민등록(전입신고)과 부동산의 점유(인도)가 모두 이루어지면, 다음날 0시에 효력이 발생합니다.

이 기준에 따르면, 이사 들어가는 날 전입신고를 한다면 다음날 자

 판례 | 대항력 발생 시점

대법원 1999. 5. 25. 선고 99다9981 판결
[건물명도] [공1999.7.1.(85),1269]

정부터 대항력을 갖추게 됩니다. 그런데 이사하느라 바빠서 이사 다음날
전입신고를 했다면, 전입신고일 다음날 자정부터 대항력을 갖추게 되는
것입니다. 이를 표로 확인해보겠습니다.

	점유시작	전입일자	점유시작	전입일자	점유시작	전입일자
날짜	2024. 3. 15.	2024. 3. 15.	2024. 3. 15.	2024. 3. 16.	2024. 3. 15.	2024. 3. 10.
대항력 발생일	2024. 3. 16. 0시		2024. 3. 17. 0시		2024. 3. 16. 0시	

경매 권리분석에서 임차인의 대항력을 판단할 때에는 점유 시작 시점을
알기 어렵다 보니, 통상 전입일자만 가지고 분석하는 경우가 많습니다. 전
입신고는 먼저 되어 있지만 점유 시점이 나중이라는 확증이 있다면 당연
히 점유까지 갖추어진 날의 다음날 0시로 분석을 하면 되겠습니다.

그리고 꼭 알아두어야 할 내용이 하나 더 있습니다. 일반 매매에서의
대항력과 경매나 공매에서의 대항력에 차이가 있다는 사실입니다. 일반
매매에서라면 대항력을 갖춘 임차인은 등기상 권리순서와 관계없이 변경
된(새로운) 소유자에게 계약 만기시 보증금을 달라고 할 수 있습니다.

그런데 경매나 공매에서는 말소기준권리보다 앞서야 대항력을 주장할
수 있습니다.

1순위. 근저당권		
2순위. 임차인	➡️	소유권 이전

위의 표처럼 1순위가 근저당권, 2순위가 임차인인 상태에서 소유권 이전이 되었을 때를 생각해 봅시다. 일반 매매로 소유자가 바뀌었다면 근저당권 다음 순위인 임차인에게도 대항력이 있으나, 경매나 압류재산 공매로 소유자가 바뀐다면 임차인에게는 대항력이 없게 됩니다.

대항력 관련 판례분석

. . .

① 가족 중 1명이라도 전입신고가 되어 있다면

세대주인 아버지가 임대차계약을 체결한 후에 사정이 있어서 바로 전입신고를 하지 못하고, 가족 중 한 명이 전입신고를 먼저 했다면 대항력은 언제 발생할까요? 먼저 판례로 확인해보겠습니다.

판례에서 보듯이 임대차계약의 당사자가 꼭 전입신고를 먼저 할 필요는 없습니다. 가족 중 1명(같은 주민등록등본상에 있는 동일세대원)이 먼저 전입신고를 하고 나중에 임대차계약 당사자가 전입신고를 해도, 먼저 전입신고한 가족을 기준으로 대항력이 발생합니다. 이를 '세대합가'라고 합니다.

세대합가의 경우, 세대주 기준으로 대항력 발생일을 분석하면 안 됩니다. 가족 중 최초 전입자의 전입신고일을 기준으로 해야 합니다. 그렇다면 세대합가인지 아닌지를 어떻게 알 수 있을까요? 전입세대 열람 내역을 보면 됩니다.

대법원 95다30338 판결

【판결요지】

[1] 주택임대차보호법 제3조 제1항에서 규정하고 있는 주민등록이라는 대항요건은 임차인 본인뿐만 아니라 그 배우자나 자녀 등 가족의 주민등록을 포함한다.

[2] 주택 임차인이 그 가족과 함께 그 주택에 대한 점유를 계속하고 있으면서 그 가족의 주민등록을 그대로 둔 채 임차인만 주민등록을 일시 다른 곳으로 옮긴 경우라면, 전체적으로나 종국적으로 주민등록의 이탈이라고 볼 수 없는 만큼, 임대차의 제3자에 대한 대항력을 상실하지 아니한다.

열람 내역에서 세대주와 최초 전입자를 찾아보면 됩니다. 대부분은 세대원 전원이 주소를 옮기므로 세대주와 최초 전입자가 동일하고, 전입일자도 동일합니다. 세대원이 먼저 전입신고를 하고 세대주가 나중에 한 경우에 날짜가 다르게 나옵니다. 이런 경우 임차인의 대항력은 최초 전입자의 전입신고 날짜를 기준으로 분석하면 되겠습니다.

○─── **전입세대 열람 내역 양식(예전)**

전입세대 열람 내역(동거인포함)

행정기관 : 경기도 하남시 덕풍2동
신청주소 : 서울특별시 성동구 마장로 271, 104동 1003호

출력일시 : 2022년 11월 21일 13:37:01
출력자 : 홍수희
페이지 : 1

순번	세대주 성명	전입일자	등록구분	최초전입자	전입일자	등록구분	동거인수	동거인사항			
								순번	성명	전입일자	등록구분
1	허 **	2021-09-15	거주자	강 **	2021-03-31	거주자					

주소 서울특별시 성동구 마장로 271, 104동 1003호 (마장동,성성아파트)

전입세대확인서(동거인포함)

발급번호					발급일자			2023년 12월 1일 08:59:15	
열람 또는 교부 대상 건물 또는 시설 소재지		서울특별시 강서구 까치산로4다길 27, ■■호 (화곡동)							
세대순번	세대주 / 최초 전입자	성명 최초 전입자의 전입일자	전입일자	등록구분	동거인 사항	순번	성명	전입일자	등록구분
1	세대주	박 시 규 (사 ■■)	2023-03-07	거주자	동거인				
	최초 전입자		2023-03-07						

「주민등록법」 제29조의2제1항 및 같은 법 시행규칙 제14조제1항에 따라 해당 건물 또는 시설의 소재지에 주민등록이
되어 있는 세대가 위와 같음을 증명합니다.

2023년 12월 1일

경기도 하남시 덕풍3동장

덕풍3
동장인

담당자 의견 도로명주소와 지번주소로 각각 조회한 결과가 함께 제공되오니, 양 주소 조회 결과를 반드시 모두 확인하시
가 바랍니다.

② 보증금을 못 돌려받았다면

최근 전세사기가 심각한 사회문제로 부각되어, 전세계약 기피 현상까지
빚어지고 있습니다. 그런데 경우에 따라서는 최초 계약한 종전 임대인(매
매계약의 매도인)에게도 보증금 반환청구가 가능하다는 판례가 있으니 참고
하길 바랍니다. 반대로 매도인(종전 임대인) 입장에서는 매매계약시 임대차

 판례 |

대법원 2018. 9. 28. 선고 2015다254224 판결

[임대차보증금] [미간행]
대항력을 갖춘 임차주택이 양도되어 양수인이 임대인의 지위를 승계한 경
우, 양도인의 임대차보증금반환채무가 소멸하는지 여부(적극)

판례 | 임대차보증금반환채무의 면책적 인수 여부

대법원 2008. 9. 11. 선고 2008다39663 판결

【판시사항】
[1] 매수인이 매매 목적물에 관한 임대차보증금 반환채무 등을 인수하면서
그 채무액을 매매대금에서 공제하기로 한 경우, 그 채무인수의 법적 성질
(이행인수)
[2] 주택임차인이 제3자에 대한 대항력을 갖추기 전에 임차주택의 소유권이
양도되어 당연히 양수인이 임대차보증금반환채무를 면책적으로 인수한 것
으로 볼 수 없는 경우, 주택임차인의 행위가 임대차보증금 반환채무의 면책
적 인수에 대한 묵시적 승낙의 의사표시에 해당하는지 여부의 판단 기준

판례 | 임대차보증금반환채무의 면책적 채무인수와 이행인수

대법원 1997. 6. 24. 선고 97다1273 판결
[소유권이전등기말소] [공1997.8.15.(40),2271]

【판결요지】
[1] 부동산의 매수인이 매매 목적물에 관한 임대차보증금 반환채무 등을 인
수하는 한편 그 채무액을 매매대금에서 공제하기로 약정한 경우, 그 인수는
특별한 사정이 없는 이상 매도인을 면책시키는 면책적 채무인수가 아니라
이행인수로 보아야 하고, 면책적 채무인수로 보기 위하여는 이에 대한 채권
자의 승낙이 있어야 한다.
[2] 이행인수의 경우에 매도인이 매수인의 인수채무 불이행으로 인하여 또
는 임의로 매수인을 대신하여 매수인의 인수채무를 변제한 때에는 매도인
은 매수인에 대하여 그로 인한 손해배상채권 또는 구상채권을 가지고, 매도
인이 위 채무를 변제하고 매수인에 대하여 그 변제액만큼의 매매대금의 지
급을 구하는 경우 이는 손해배상채권 또는 구상채권을 청구하는 것이다.

판례 | 임차보증금 반환 청구

2020다276914 임대차보증금 (사) 파기환송
[임차인의 임대인에 대한 남은 임차보증금 반환청구가 신의칙에 위반되는
지 여부가 문제된 사건]

1. 임차인이 대항력을 갖추지 못한 경우 임차주택의 이전시 임차보증금 반
환의무를 부담하는 자(=임대인),
2. 임차인이 경매절차에서 현황조사를 마친 후 전출함으로써 대항력을 상실
한 후, 임대인에게 남은 임차보증금의 반환을 청구하는 것이 신의성실의 원
칙에 반하는 행위인지 여부(소극)

보증금에 대해 면책이 될 수 있도록 계약서 작성을 하는 것이 유리할 것
입니다. 좀 더 자세한 판단은 법률사무소 등을 통해 알아보시기 바랍니다.

③ 임차인은 언제까지 대항요건을 갖춰야 할까?

경매절차에서 임차인은 대항요건을 언제까지 갖추고 있어야 보증금을 지
킬 수 있을까요? 두 가지 판례로 알아보겠습니다.

첫 번째 판례는 과거 민사소송법 시절의 경매 사례로, 경락기일과 배당
요구종기일이 같은 날이었던 제도에서의 판결입니다. 경락대금을 납부한
경락인에 대하여 경락허가결정을 한 마지막 경락기일(=매각기일)까지 대항
요건을 갖춰야 한다고 판시하였습니다.

그런데 처음 낙찰받은 사람이 대금을 미납하여 재경매를 하게 되었습니
다. 여기서 임차인은 재경매 사건에서 낙찰이 되고 대금납부를 하여 소유
권을 취득한 사람이 낙찰받은 매각기일까지(=재경매 매각기일) 대항요건을

판례 1 | 재경매에서 배당요구의 종기인 경락기일

대법원 2002. 8. 13. 선고 2000다61466 판결
[배당이의] [공2002.10.1.(163),2167]

【판결요지】
달리 공시방법이 없는 주택임대차에 있어서 임차인이 주택임대차보호법에
의한 대항력과 우선변제권을 인정받기 위한 주택의 인도와 주민등록이라는
요건은 그 대항력 및 우선변제권의 취득시에만 구비하면 족한 것이 아니고,
경매절차의 배당요구의 종기인 경락기일까지 계속 존속하고 있어야 하는데,
처음의 경락허가결정이 취소되어 신 경매를 하였거나 경락허가결정의 확정
후 최고가매수인이 경락대금을 납부하지 아니하여 재경매를 한 경우에 있어
서, '배당요구의 종기인 경락기일'이라 함은 배당금의 기초가 되는 경락대금
을 납부한 경락인에 대하여 경락허가결정을 한 마지막 경락기일을 말한다.

판례 2 | 대항력을 위한 사업자등록 존속요건

대법원 2006. 1. 13. 선고 2005다64002 판결
[배당이의] [공2006.2.15.(244),238]

【판결요지】
[1] 상가건물의 임차인이 임대차보증금 반환채권에 대하여 상가건물 임대차
보호법 제3조 제1항 소정의 대항력 또는 같은 법 제5조 제2항 소정의 우선
변제권을 가지려면 임대차의 목적인 상가건물의 인도 및 부가가치세법 등
에 의한 사업자등록을 구비하고, 관할세무서장으로부터 확정일자를 받아야
하며, 그중 사업자등록은 대항력 또는 우선변제권의 취득요건일 뿐만 아니
라 존속요건이기도 하므로, 배당요구의 종기까지 존속하고 있어야 한다.

갖추어야 한다고 되어 있습니다.

두 번째 판례에서는 배당요구종기일까지 대항요건을 갖추어야 한다고 되어 있습니다. 이 두 판례를 통해서 '배당요구종기일까지 대항요건을 갖추면 경매절차에서 대항력 및 우선변제권을 취득한다'가 원칙임을 알 수 있습니다. 그런데 낙찰이 된 후 최고가매수신고인이 잔대금을 미납한다면 재경매가 진행될 수도 있으므로, 임차인은 최고가매수신고인이 매각대금을 납부할 때까지 대항요건을 갖추고 있는 게 안전합니다.

법해석상으로는 배당요구종기일까지 대항요건을 갖추면 대항력을 인정하고 있으나 실무상 배당요구종기일 이후 대금납부 절차가 진행되므로 낙찰자가 대금납부를 하여 소유권을 취득할 때까지는 대항요건을 갖추고 있어야 하는 것입니다. 현재 민사집행법에 의한 절차에서는 배당요구종기일이 매각기일보다 앞선 날짜로 지정됩니다.

④ 전입신고하는 방법

우리나라의 건물은 집합건물과 일반 건물로 나뉘어집니다. '집합건물'은 '구분건물'이라고도 부르는데 각 호수마다 소유자가 구분되어 있다는 뜻입니다. 일반 건물은 단독주택이나 다가구주택 등과 같이 건물 한 동 전체에 소유권이 있는 형태입니다.

집합건물은 각 호수별로 소유권이 존재하기 때문에, 임차인은 동 호수까지 정확하게 전입신고를 해야 합니다. 실수로 다른 동이나 다른 호수에 전입신고를 할 경우 대항력이 발생하지 않습니다. 반면 단독주택이나 다가구주택 등에서는 지번까지만 정확히 신고해도 대항력이 발생합니다. 건물 소유권이 구분되어 있지 않으므로 호수를 잘못 기재해도 지번만 정확

하다면 대항력이 발생하는 것입니다

전입신고가 잘못되었다면 정정신고를 해야 합니다. 이때 임차인이 잘못 신고하여 정정한 경우에는 정정한 시점 다음날 0시에 대항력이 발생하고, 공무원의 실수로 전입신고가 잘못된 경우라면 최초 전입신고한 시점을 기

 판례 | 다세대주택 동호수 표시 없이 전입신고한 경우

대법원 1996. 2. 23. 선고 95다48421 판결
[건물명도] [공1996.4.15.(8),1064]

【판시사항】
다세대주택의 동 · 호수 표시 없이 그 부지 중 일부 지번으로만 주민등록을 한 경우, 주택임대차보호법상의 대항력이 없다고 한 사례

 판례 | 현관문에는 201호, 공부상에는 101호로 표시된 연립주택

대법원 1995. 8. 11. 선고 95다177 판결
[보험금] [공1995.9.15.(1000),3126]

【판시사항】
신축 중인 연립주택 중 1층 소재 주택의 임차인이 주민등록 이전시 잘못된 현관문의 표시대로 '1층 201호'라고 전입신고를 마쳤는데, 준공 후 그 주택이 공부상 '1층 101호'로 등재된 경우, 주택임대차보호법상의 대항력이 없다고 한 사례

대법원 2003. 6. 10. 선고 2002다59351 판결
[건물명도] [공2003.7.15.(182),1507]

【판결요지】

[1] 주택임대차보호법 제3조 제1항에서 주택의 인도와 더불어 대항력의 요건으로 규정하고 있는 주민등록은 거래의 안전을 위하여 임차권의 존재를 제3자가 명백히 인식할 수 있게 하는 공시방법으로서 마련된 것이라 볼 것이므로, 주민등록이 어떤 임대차를 공시하는 효력이 있는지 여부는 일반사회 통념상 그 주민등록으로 당해 임대차건물에 임차인이 주소 또는 거소를 가진 자로 등록되어 있다고 인식할 수 있는지 여부에 따라 결정되어야 한다.

[2] 부동산등기부상 건물의 표제부에 '에이(A)동'이라고 기재되어 있는 연립주택의 임차인이 전입신고를 함에 있어 주소지를 '가동'으로 신고하였으나 주소지 대지 위에는 2개 동의 연립주택 외에는 다른 건물이 전혀 없고, 그 2개 동도 층당 세대수가 한 동은 4세대씩, 다른 동은 6세대씩으로서 크기가 달라서 외관상 혼동의 여지가 없으며, 실제 건물 외벽에는 '가동', '나동'으로 표기되어 사회생활상 그렇게 호칭되어 온 경우, 사회통념상 '가동', '나동', '에이동', '비동'은 표시 순서에 따라 각각 같은 건물을 의미하는 것이라고 인식될 여지가 있고, 더욱이 경매기록에서 경매목적물의 표시가 '에이동'과 '가동'으로 병기되어 있었던 이상, 경매가 진행되면서 낙찰인을 포함하여 입찰에 참가하고자 한 사람들로서도 위 임대차를 대항력 있는 임대차로 인식하는 데에 아무런 어려움이 없었다는 이유로 임차인의 주민등록이 임대차의 공시방법으로 유효하다고 판단한 사례.

준으로 대항력이 발생합니다.

주민등록과 관련해서는 단독주택, 다가구주택보다 집합건물에서 문제가 발생하는 경우가 많습니다. 임차인이라면 건축물대장상의 동호수대로

전입신고를 해야 합니다. 혹시 건축물대장이 만들어지기 전이라면 미리 전입신고를 했더라도 건축물대장이 만들어진 즉시 확인하여 올바로 전입신고를 했는지 점검해야 내 보증금을 지킬 수 있습니다.

건축물대장이 만들어지기 전 현관에 붙어 있는 동호수로 전입신고하는 분들이 많은데, 이럴 경우에도 추후에 반드시 호수를 확인해야 합니다. 반대로, 경매 투자자 입장에서는 판례 내용에 부합하지 않는 사례가 있다면 임차인의 대항력을 깨뜨릴 수 있습니다.

대항력이 발생하지 않는 3가지 사례

• • •

① 부부 사이의 임대차

부인이 소유자이고 세대주가 남편인 경매물건이 있다면, 법원기록만 보면 남남으로 보일 수 있습니다. 채권자와의 통화 또는 현장조사 등을 통해 부부 사이란 것을 입증할 수 있다면 임대차는 성립되지 않습니다.

② 동일세대원 간의 임대차

동일세대원이란 같은 주민등록등본상에 있는 사람들을 말합니다. 세대주와 세대원, 세대원과 세대원 등이 해당됩니다. 이렇게 같은 주민등록등본에 있는 사람들이라면 이 경우도 임대차가 성립되지 않습니다. 동일세대원 간의 임대차에 대한 판례는 아직 없으나, 인도명령 신청시 세대주에게 인용 결정이 되면 세대원에까지도 효력이 미친다는 판례가 있어 이를 역으로 해석하여 분석하고 있습니다.

 판례 | 인도명령의 집행력 범위는 세대원까지

대법원 1998. 4. 24. 선고 96다30786 판결
[건물명도등] [공1998.6.1.(59),1434]

【판결요지】
[1] 부동산의 인도명령의 상대방이 채무자인 경우에 그 인도명령의 집행력은 당해 채무자는 물론 채무자와 한 세대를 구성하며 독립된 생계를 영위하지 아니하는 가족과 같이 그 채무자와 동일시되는 자에게도 미친다.

③ '무상거주확인서' 또는 '무상임차인각서'

'무상거주확인서' 또는 '무상임차인각서' 등의 서류는 대부분 은행 대출을 받을 때 만들어집니다. 소유자의 가족이 아닌 사람이 전입신고되어 있는 경우 은행은 임차인이 아니라는 각서를 미리 받아놓습니다. 당연히 경매

가 진행될 때를 대비한 것이지요.

실무에서의 무상거주확인서는 두 종류입니다. 하나는 '우리 집에는 임차인이 없음을 확인한다'라고 소유자가 작성한 것이고, 나머지는 '본인은 이 집에 무상거주 중임을 확인한다'라고 전입신고자가 작성한 것입니다.

둘 중에 어떤 서류가 더 확실할까요? 당연히 후자입니다. 소유자는 임차

경매와 부실채권은 무슨 관계인가요?

경매사건에서 말소기준권리보다 앞서 전입신고된 세대가 있는데도 대출금액이 크다면 위장 임차인일 가능성이 높습니다. 위장 임차인에 대해서는 앞에서 3가지 경우를 말씀드렸는데, 이 외에도 임대차가 성립되지 않는 경우들이 있습니다.
경매물건에서 이 내용을 가장 잘 아는 이해관계인은 대출 당시의 금융기관입니다. 최근 금융기관들은 부실채권(NPL)을 모아서 제3자에게 매각하고 있습니다. 이렇다 보니 경매 투자자가 연락하는 채권자는 '은행'이 아니라 부실채권시장에서 근저당권을 매수한 회사들일 경우가 많습니다.
그러므로 임차인에 관해서라면 채권자에게 연락해서 내용을 확인하는 것이 좋습니다. 1금융권에서는 경매사건 임대차에 대해 알고 있더라도 개인정보 등을 이유로 알려주는 경우가 거의 없습니다. 그러나 채권을 매수한 회사에 전화하면 대부분 잘 알려줍니다. 이들 회사들은 최대한 낮은 금액에 입찰해 근저당권들을 매수한 뒤 경매절차에서 높은 금액으로 배당받거나, 매수한 금액 이상으로 다른 회사나 개인에게 매도하여 수익을 내고 있기 때문입니다. 따라서 해당 물건에 뭔가 문제가 될 만한 내용이 있다면 해결을 해야 원하는 목적을 달성할 수 있으므로 관련 내용을 친절히 얘기해주는 것입니다.

인이 있는데도 대출을 받기 위해 거짓말을 할 수도 있기 때문입니다. 경매 물건을 검색하다 보면 소유자가 작성한 경우들도 종종 보게 됩니다. 소유자가 작성한 무상임차인각서가 있다면, 임차인에 대한 조사를 더 면밀하게 해야 합니다.

후자의 경우라면 임차인으로 보이는 사람이 직접 작성한 것이 맞는지, 본인임을 확인할 수 있는 서류(인감증명서 등)를 제출했는지까지 확인해야 합니다. '무상거주확인서'나 '무상임차인각서'라는 단어는 매우 강력한 느낌을 풍기지만, 사실 은행과 개인 간의 사문서에 불과합니다. 아주 드물게는 조작이 되었을 수도 있습니다. 채권자 측을 통해 조사할 때는 이러한 부분까지 확인이 필요한 것입니다.

무상거주확인서 판례는 여러 건이 있습니다. 최근 판례의 동향은 대체로 '임차인이 아니다'라고 했다가 경매절차에서 이를 번복하는 것은 인정

 판례 | 무상거주확인서

대법원 2017. 4. 7. 선고 2016다248431 판결

【판시사항】
주택 경매절차의 매수인이 매각물건명세서에 기재되어 공시된 내용을 기초로 권리신고 및 배당요구를 한 주택임차인의 배당순위가 1순위 근저당권자보다 우선한다고 신뢰하여 임차보증금반환채무를 인수하지 않는다는 전제 아래 매수가격을 정하여 낙찰을 받아 주택에 관한 소유권을 취득한 경우, 주택임차인이 1순위 근저당권자에게 무상거주확인서를 작성해 준 사실이 있어 임차보증금을 배당받지 못하게 되었다는 사정을 들어 매수인에게 주택임대차보호법상 대항력을 주장할 수 있는지 여부(소극)

이 되지 않고 있습니다. 입찰 전 채권자 측과 통화하여 무상거주확인서 등의 서류가 있는 것을 확인하고 낙찰받았다면, 채권자를 통해 주민등록등본 또는 무상거주확인서를 받아서 인도명령 신청시 첨부서류로 사용하면 됩니다(채권자가 법원에 제출해 주면 서류를 복사하거나 채권자로부터 직접 서류를 받으면 됩니다).

이제까지 임대차가 성립되지 않는 대표적인 사례 3가지, 즉 부부 사이의 임대차, 동일세대원 간의 임대차, 무상거주확인서를 말씀드렸는데요. 이 3가지 중 임대차 관계를 깨뜨리는 데 있어 가장 불완전한 자료는 무엇일까요? 첫번째와 두번째의 경우는 통상 은행에서 주민등록등본 등을 받아놓습니다. 주민등록등본은 공문서입니다.

반면 무상임차인각서는 사문서라 할 수 있습니다. 수년 전 '무상임차인각서'가 있는 물건에 입찰하면서, 대출을 더 받기 위해 서류를 위조한 사례를 경험한 적이 있었습니다. 다행히 다른 부분 등을 검토하여 임차인의 대항력을 깨뜨릴 수 있었습니다. 무상임차인각서도 중요하지만, 현장조사 등을 통해 임대차가 성립되지 않는다는 증거 및 정황을 확보해 놓는 것이 필요합니다.

그리고 채권자 측과의 통화에서 채권자가 주민등록등본 및 무상거주확인서가 있다는 사실을 바로 알려준다면, 이 물건은 경쟁이 치열할 가능성이 높습니다. 다시 말해 낙찰금액이 높아진다는 의미입니다. 다른 사람들도 채권자 측에 전화를 했었을 것이고, 같은 정보를 알고 있다고 보면 되겠습니다.

부실채권을 양수받은 채권자들은 문제가 있는 것처럼 보일 경우 낮은 금액에 낙찰될 가능성이 있다 보니 적극적으로 자신들의 정보를 알려주고 있습니다.

실제 사례로 보는 대항력

• • •

대항력 관련 사례를 분석해 보겠습니다. 말소기준권리인 금융기관보다 먼저 전입신고가 되어 있는 세대가 있습니다. 또한 감정가와 근저당권 채권최고액이 거의 같습니다. 만약 진정한 임차인이 있었다면 은행에서 이렇게 많은 금액을 대출해줄 리가 없습니다.

매각물건명세서 비고란에 채권자 측으로부터 '무상거주사실확인서'가

○────── **물건 상세페이지**(서울 서초구 잠원동 아파트)

소재지/감정서	면적(단위:㎡)	진행결과	임차관계/관리비	등기권리
(06509) [목록1] 서울 서초구 잠원동 73 신반포아파트 112동 12층 ●호 [신반포로23길 41] SEE REAL 등기 토지이용 [구분건물] ·본건은 서울특별시 서초구 잠원동 소재 고속터미널역 북측 인근에 위치하며 주위는 대단위 아파트단지, 근린생활시설, 학교 등이 혼재하는 지역임. ·본건까지 차량접근이 가능하고 인근에 버스정류장 및 지하철역(7호선/9호선/3호선-고속터미널역)이 소재하는 등 제반 대중교통여건은 양호함. ·철근콩크리트조 슬래브지붕 12층 건물 내 제12층 제1213호로서,외벽 : 시멘트몰탈위 페인팅 등 마감,내벽 : 벽지 도배 및 타일붙임 등 마감,창호 : 샷시 창호 등임. ·아파트로 이용중임. ·위생 및 급배수설비, 승강기설비 등이 구비되어 있음.	대지 · 37㎡ (11.19평) 건물 · 68.91㎡ (20.85평) 총 12층 중 12층 보존등기 1978.08.23 감정지가 63,243,243 토지감정 2,340,000,000 평당가격 209,115,290 건물감정 260,000,000 평당가격 12,470,030 감정기관 대교감정	감정 2,600,000,000 100% 2,600,000,000 유찰 2023.04.25 80% 2,080,000,000 낙찰 2023.05.30 2,372,738,000 (91.26%) 박●미 외 1 응찰 6명 2위 응찰가 2,311,550,000 허가 2023.06.07 법원기일내역	▶법원임차조사 전●축 전입 2022.02.09 확정 - 배당 - 보증 - 점유 주거 (현황서상) ▶전입세대 직접열람 🔒 전OO 2022.02.09 열람일 2023.04.11 ▶관리비체납내역 ·체납액:0 ·확인일자:2023.04.11 ·'23년2월까지미납없음 ☎ 02-591-1869 ▶관할주민센터 서초구 반포3동 ☎ 02-2155-7651	*집합건물등기 소유권 전●영 이 전 2004.03.03 전소유자: 강●식 증여(2004.03.02) 근저당 조은저축은행 2022.02.11 2,520,000,000 [말소기준권리] 근저당 테크메이트코리아대부외1 2022.02.22 87,000,000 근저당 유미캐피탈대부 2022.02.23 60,000,000 근저당 휴먼테크(주) 2022.02.24 250,000,000 근저당 이●표 2022.05.18 108,080,000 근저당 네오헤스(주)

점유자 성 명	점유 부분	정보출처 구 분	점유의 권 원	임대차기간 (점유기간)	보 증 금	차 임	전입신고 일자, 사업자등록 신청일자	확정일자	배당 요구여부 (배당요구일자)
전●숙		현황조사	주거 임차인				2022.02.09		

〈비고〉
전●숙:채권자 주식회사 조은저축은행으로부터 현황조사 임차인 전●숙에 대하여 무상거주사실확인서(2023.04.21.자) 제출

제출되어 있다는 내용이 기재되어 있습니다. 무상거주확인서가 제출되어 있더라도 앞서 말했듯이 누가 작성했는지 등에 대해 직접 채권자 측과 통화해보고 입찰에 참가하면 됩니다. 오래전에 필자는 말소기준권리보다 앞선 임차인 중 위장 임차인이 있는 물건에만 입찰한 적도 있었습니다. 아무래도 좀 더 낮은 가격에 낙찰이 가능했기 때문입니다. 하지만 지금은 앞서 말씀드린 바와 같이 조사가 어렵지 않아 저가 낙찰이 가능한 물건은 많지 않습니다.

03
임차인의 두 번째 권리,
확정일자

「주택임대차보호법」이 제정되고 임차인에게 생긴 또 하나의 권리는 '확정일자(=우선변제권)'입니다. 실생활에서 많이 들어보았을 것입니다. 이 확정일자로 인해 임차인에게 생긴 권리가 '우선변제권'입니다. 우선변제권은 담보물권에만 있는 권능인데 임차인이 확정일자를 받으면 물권에 있는 권능이 생기게 됩니다.

확정일자의 사용처는 오로지 경매의 배당(또는 공매의 배분)절차에서 순위를 정할 때뿐입니다. 임차인 입장에서는 하루라도 빨리 확정일자를 받아놓는 게 좋습니다. 말 그대로 '우선변제권'이므로 보증금 배당 시 확정일자 효력 발생 시점을 기준으로 후순위인 채권자보다 먼저 보증금 전액에 대해 배당을 받아갈 수 있기 때문입니다.

확정일자 효력 발생일

• • •

계약서에 확정일자 도장이 찍혀 있더라도 효력이 바로 발생하지는 않습니다. 전입신고의 효력, 즉 대항력이 발생되어야만 비로소 확정일자의 효력이 생깁니다. 최근 전세사기 사건으로 인해, 일부 은행들과 국토부가 협력하여 확정일자를 받은 임차인이 있다면 임대인이 대출을 받을 수 없도록 하는 시스템을 구축하고 있습니다.

임차인의 대항력이 다음날 0시에 생기는 것을 악용하여 임대차계약의 잔금일에 대출을 받아 근저당권 설정을 하는 임대인을 막아보려는 제도입니다. 최근 전월세 신고제 등이 시행되어, 임대차계약 계약일에 임차인이 전월세 신고를 하고 확정일자를 먼저 받는 경우가 많습니다. 확정일자 단독으로는 배당을 받을 수 있는 효력이 생기지 않지만, 미리 확정일자를 받아놓는다면 임대인이 대출을 받는 것을 막을 수 있는 기능이 있는 것입니다.

아래 표에서 사례1은 전입신고시에 확정일자를 같이 받은 경우입니다. 대항력은 전입신고와 점유 두 가지 모두를 갖춰야 하지만, 편의상 전입신

○——— **확정일자 효력발생일 예시**

사례	전입신고일(대항력)	확정일자	확정일자 효력 발생
1	2024년 2월 2일	2024년 2월 2일	2024년 2월 3일 0시
2	2024년 2월 2일	2024년 3월 2일	2024년 3월 2일 주간
3	2024년 2월 2일	2024년 1월 1일	2024년 2월 3일 0시

고 날짜만 가지고 분석하겠습니다. 첫 번째 사례에서 대항력은 다음날 0시에 생기게 되므로 2024년 2월 3일 0시에 확정일자 효력이 발생됩니다.

사례2는 확정일자를 늦게 받은 경우입니다. 이 경우에는 대항력이 이미 발생된 상태에서 확정일자를 받았으므로 확정일자를 받은 날 즉시 효력이 생깁니다. 통상 9시가 되어야 주민센터 등이 문을 여니 2024년 3월 2일 주간(낮시간)에 효력이 발생한다고 표현합니다. 확정일자 순서에 시간 개념은

판례 | 우선변제권 효력의 발생일

대법원 1997. 12. 12. 선고 97다22393 판결
[배당이의] [공1998.1.15.(50),267]

【판결요지】
주택임대차보호법 제3조 제1항이 인도와 주민등록을 갖춘 다음날부터 대항력이 발생한다고 규정한 것은 인도나 주민등록이 등기와 달리 간이한 공시 방법이어서 인도 및 주민등록과 제3자 명의의 등기가 같은 날 이루어진 경우에 그 선후관계를 밝혀 선순위 권리자를 정하는 것이 사실상 곤란한 데다가, 제3자가 인도와 주민등록을 마친 임차인이 없음을 확인하고 등기까지 경료하였음에도 그 후 같은 날 임차인이 인도와 주민등록을 마침으로 인하여 입을 수 있는 불측의 피해를 방지하기 위하여 임차인보다 등기를 경료한 권리자를 우선시키고자 하는 취지이고, 같은 법 제3조의2 제1항에 규정된 우선변제적 효력은 대항력과 마찬가지로 주택임차권의 제3자에 대한 물권적 효력으로서 임차인과 제3자 사이의 우선순위를 대항력과 달리 규율하여야 할 합리적인 근거도 없으므로, 법 제3조의2 제1항에 규정된 확정일자를 입주 및 주민등록일과 같은 날 또는 그 이전에 갖춘 경우에는 우선변제적 효력은 대항력과 마찬가지로 인도와 주민등록을 마친 다음날을 기준으로 발생한다.

없습니다.

마지막 사례3은 확정일자를 먼저 받은 경우입니다. 앞서 설명한 대로 확정일자 단독으로는 효력이 없으므로, 전입신고한 다음날인 2024년 2월 3일 0시에 확정일자 효력이 발생합니다.

이렇게 분석된 확정일자 효력 발생일과 등기상 권리들의 날짜 또는 다른 채권자들의 배당받을 수 있는 권리 날짜들과 비교해서 권리분석을 하면 됩니다.

전세권 등기와 확정일자와의 관계

∎∎∎

임차인이 민법상의 전세권등기를 할 경우 등기소에서 업무를 처리하게 됩니다. 그런데 확정일자를 등기소에서도 받을 수 있다 보니, 확정일자를 따로 받지 않아도 전세권 등기를 한 날에 확정일자를 받은 것으로 보고 있습니다.

 판례 | 전세권 등기와 확정일자

대법원 2002. 11. 8. 선고 2001다51725 판결
[구상금] [집50(2)민,268;공2003.1.1.(169),19]

【판시사항】
[1] 주택에 관하여 임대차계약을 체결한 임차인이 자신의 지위를 강화하기 위한 방편으로 따로 전세권설정계약서를 작성하고 전세권설정등기를 한 경

우, 전세권설정계약서를 임대차계약서로 볼 수 있는지 여부(적극) 및 전세권 설정계약서가 첨부된 등기필증에 찍힌 접수인이 주택임대차보호법 소정의 확정일자에 해당하는지 여부(적극)

보증금 증액시 확정일자는 어떻게 받아야 할까?

■ ■ ■

보증금을 증액하는 경우 계약서는 어떻게 작성해야 할까요? 증액한 금액을 포함하여 새로운 임대차계약서를 작성하고 확정일자를 받는 방법과 증액분에 대해서만 계약서를 작성하고 확정일자를 받는 방법이 있습니다. 결론적으로는 두 가지 방법 모두 가능합니다. 증액분만 계약서를 쓰든 증액된 금액을 합해 다시 계약서를 쓰든, 보증금을 다 돌려받을 때까지 종전 계약서를 보관하고 있으면 됩니다. 혹시 경매나 공매가 진행될 경우, 2장의 계약서를 모두 제출하면 종전 계약서의 확정일자도 효력이 있으므로 먼저 배당을 받을 수 있습니다.

판례 1 | 최초 임대차계약의 대항력과 우선변제권 유지

대법원 2012. 7. 12. 선고 2010다42990 판결
[배당이의] [미간행]

【판시사항】
대항력과 우선변제권을 갖춘 주택임대차계약이 갱신된 경우, 종전 보증금의 범위 내에서 최초 임대차계약에 의한 대항력과 우선변제권이 그대로 유지되는지 여부(적극)

(중략)

제2차 임대차계약서는 이 사건 제1차 임대차계약서가 갱신되면서 작성된 것으로서 그 기간만이 다를 뿐 당사자, 목적물, 보증금 액수 등 그 대상이 되는 임대차계약은 실질적으로 동일하므로 이 사건 제1차 임대차계약에 의한 대항력과 우선변제권이 그대로 유지되고 있다고 할 것이고, 피고가 배당요구를 하면서 이 사건 제2차 임대차계약서를 제출하였지만 배당요구 신청서에서 이 사건 제1차 임대차계약에 의한 주민등록전입일과 주택의 인도일을 주장하였던 점 등에 비추어 피고가 이 사건 제1차 임대차계약에 의하여 지급되어 유지된 보증금에 관하여 우선변제를 주장하며 배당요구를 한 것으로 볼 수 있으므로, 배당요구의 종기 후에 이 사건 제1차 임대차계약서를 제출한 것은 위 주장을 뒷받침할 수 있는 서류를 보완하는 것에 불과하여 허용된다고 봄이 상당하다(대법원 2009. 1. 30. 선고 2007다68756 판결 참조).

 판례 2 | 배당요구종기일 후 최초 계약서를 제출한 경우

대법원 2014. 4. 30. 선고 2013다58057 판결
[배당이의] [공2014상,1097]

【판시사항】
상가건물에 근저당권설정등기가 마쳐지기 전 최초로 임대차계약을 체결하여 사업자등록을 마치고 확정일자를 받아 계속 갱신해 온 임차인 갑 등이 위 건물에 관한 임의경매절차에서 '근저당권설정등기 후 다시 임대차계약을 체결하여 확정일자를 받은 최후 임대차계약서'에 기한 배당요구를 하였다가 배당요구 종기 후 최초 임대차계약서에 기한 확정일자를 주장한 사안에서, 갑 등의 주장은 배당요구 종기 후 배당순위의 변동을 초래하여 매수인이 인수할 부담에 변동을 가져오는 것으로서 특별한 사정이 없는 한 허용될 수 없다고 한 사례

두 번째 판례는 나중에 쓴 계약서를 가지고 배당요구한 사례로서, 배당요구종기일이 지난 상태에서 먼저 작성되었던 계약서를 보완해 재차 배당요구한 경우입니다. 배당요구종기일이 지난 점, 먼저 작성된 임대차계약서를 인정할 경우 낙찰자에게 인수할 보증금이 생기는 점 등을 들어 인정이 안 된 판례입니다. 첫 번째 판례와 비교해 보면, 보증금이 증액되는 경우 어떻게 대응해야 할지 알 수 있을 것입니다.

임대차계약은 누구와 해야 하나?

- - -

약간 특이한 경우이지만 경매투자자라면 알아두어야 할 사례입니다. 판례를 보면 임차인이 낙찰자(=최고가매수신고인)와 임대차계약을 하고 주택을 인도받아 전입신고와 확정일자를 받은 후 낙찰자가 매각대금을 완납하여 소유권을 취득했습니다.

다시 말해 낙찰자가 소유권을 취득하기 전에 임대차계약이 이루어진 것입니다. 이 경우, 적법한 임대 권한이 없는 사람과 계약을 한 것이므로 확정일자보다 근저당권이 먼저 배당을 받아갑니다. 임차인이라면 반드시 적법한 임대 권한이 있는 사람과 임대차계약을 해야 합니다.

 판례 | 적법한 임대 권한이 없는 사람과 계약한 경우

대법원 2014. 2. 27. 선고 2012다93794 판결
[배당이의] [공2014상,696]

[1] 적법한 임대 권한이 없는 사람과 임대차계약을 체결한 경우, 주택임대차보호법이 적용되는지 여부(소극)

[2] 갑이 임의경매 절차에서 최고가매수신고인의 지위에 있던 을과 주택임대차계약을 체결한 후 주택을 인도받아 전입신고를 마치고 임대차계약서에 확정일자를 받았는데, 다음날 을이 매각대금을 완납하고 병 주식회사에 근저당권설정등기를 마쳐준 사안에서, 갑이 주택임대차보호법 제3조의2 제2항에서 정한 우선변제권을 취득하였다고 본 원심판결에 법리 오해 등의 위법이 있다고 한 사례

임차보증금 중 일부만 지급한 경우와 우선변제권

■ ■ ■

다음 판례를 보면 보증금 전액이 지급되지 않았다 하더라도 임차인은 우선변제권을 행사할 수 있습니다.

판례 | 임차보증금 일부 지급시 우선변제권

대법원 2017. 8. 29. 선고 2017다212194 판결
[배당이의] [공2017하,1849]

【판결요지】
[2] 주택임대차보호법은 임차인에게 우선변제권이 인정되기 위하여 대항요건과 임대차계약증서상의 확정일자를 갖추는 것 외에 계약 당시 임차보증금이 전액 지급되어 있을 것을 요구하지는 않는다. 따라서 임차인이 임대인에게 임차보증금의 일부만을 지급하고 주택임대차보호법 제3조 제1항에서 정한 대항요건과 임대차계약증서상의 확정일자를 갖춘 다음 나머지 보증금

을 나중에 지급하였다고 하더라도 특별한 사정이 없는 한 대항요건과 확정일자를 갖춘 때를 기준으로 임차보증금 전액에 대해서 후순위권리자나 그 밖의 채권자보다 우선하여 변제를 받을 권리를 갖는다고 보아야 한다.

토지만 경매 진행될 경우, 건물 임차인의 우선변제권

• • •

토지소유자와 건물소유자가 동일한 경우, 또는 동일했다가 어느 한쪽의 소유권이 변경된 경우라도 건물의 임차인은 토지경매 절차에서 확정일자에 의한 우선변제권을 행사할 수 있습니다.

 판례 | 토지만 경매되는 경우, 미등기 또는 무허가 건물의 경우

대법원 2007. 6. 21. 선고 2004다26133 전원합의체 판결
[배당이의] [집55(1)민,278;공2007.7.15.(278),1080]

【판시사항】
[1] 주택임대차 성립 당시 임대인의 소유였던 대지가 타인에게 양도되어 임차주택과 대지의 소유자가 서로 달라지게 된 경우, 임차인이 대지의 환가대금에 대하여 우선변제권을 행사할 수 있는지 여부(적극)
[2] 미등기 또는 무허가 건물도 주택임대차보호법의 적용 대상이 되는지 여부(적극)
[3] 미등기 주택의 임차인이 임차주택 대지의 환가대금에 대하여 주택임대차보호법상 우선변제권을 행사할 수 있는지 여부(적극)

우광연의 작심하고 시작하는 경매공부

확정일자와 근저당권 날짜가 똑같다면

같은 날 2개의 권리가 똑같이 효력이 발생된다면, 동순위가 되어 배당을 받게 됩니다. 배당할 금액이 2개의 채권금액의 합보다 적다면, 2개의 채권금액 비율에 따라 안분배당합니다.

04

임차인의 세 번째 권리,
소액임차보증금

앞에서 확정일자에 의한 우선변제권에 대해 알아보았습니다. 이번에 소개할 임차인의 권리는 '소액임차보증금(=최우선변제권)'입니다. 최우선변제권은 경매나 공매 배당시 최우선으로 배당해 주는 제도로서, 영세한 임차인의 보증금을 지켜주기 위해 만들어졌습니다.

임차인이 배당을 받기 위해서는 최우선변제권(=소액임차보증금)에 해당되거나, 우선변제권(=확정일자)이 있는 상태에서 배당요구종기일까지 배당요구를 해야 합니다. 그러므로 권리분석시 임차인이 최우선변제권에 해당하는지 우선변제권만 있는지를 분석하는 것은 매우 중요한 일입니다.

① 최우선변제권의 요건

임차인이 최우선변제을 받기 위해서는 다음의 3가지 조건에 부합해야 합니다.

> 1 주택임대차보호법 시행령에서 정하는 금액 조건에 맞을 것
> 2 압류의 효력 발생 전에 대항요건을 갖출 것
> 3 배당요구종기일까지 배당요구를 할 것

최우선변제를 받기 위한 3가지 조건을 보면, 확정일자가 없습니다. 맞습니다. 임차인의 최우선변제권은 확정일자가 없어도 상기 조건에 맞으면 행사할 수 있습니다.

첫 번째 조건은 금액입니다. 이 제도는 1984년에 처음 생겼는데 당시 최우선변제 보증금은 300만원까지였습니다. 그 후 경제가 발전하면서 보증금이 계속 올라가다 보니 문제가 발생했습니다. 담보대출을 해준 근저당권자 입장에서 생각해 봅시다. '4천만원 이내의 보증금에 1600만원까지' 최우선변제가 되던 시점에 대출을 해줬는데, 나중에 경매를 신청하고 배당 시점에 보니 '9500만원 이하의 보증금에 3200만원까지' 최우선변제가 되는 것으로 법이 개정되어 있는 것이었습니다.

이렇게 배당 시점에 증액된 금액으로 배당을 해주게 되면, 근저당권자 입장에서는 예측할 수 없었던 손해가 생기게 됩니다. 대출 당시에는 최우선변제금액이 1600만원이었는데 3200만원으로 오를 것을 알 수 없었기 때문입니다.

따라서 임차인의 최우선변제금액을 확인할 때는 담보권 설정 시점의 소

소액임차인 적용시 인정되는 담보권의 종류

근저당권, 저당권, 담보가등기, 전세권, 확정일자(실무상 포함되는 경우가 많음)

판례 | 주택임대차보호법 개정

대법원 2002. 3. 29. 선고 2001다84824 판결
[배당이의] [공2002.5.15.(154),1010]

【판결요지】
구 주택임대차보호법(1989. 12. 30. 법률 제4188호로 개정되어 동일자부터
시행된 것) 부칙 제3항에 의하면, 이 법 시행 전에 임대주택에 대하여 담보
물권을 취득한 자에 대하여는 종전의 규정에 의한다고 규정하고 있다. 따라
서 위 법률 시행 후에 설정된 근저당권에 대하여는 위 법률의 규정에 따라
소액임차인에 해당하는지 여부를 가리는 것이 원칙이라 할 것이다. 하지만
위 법률 시행 후 어떤 범위에서 소액임차인에게 우선변제권을 인정해 줄 것
인가에 관하여 위 법률의 위임에 따른 구체적인 요건을 정한 새로운 대통령
령이 시행되기 전에 근저당권이 설정된 경우, 다른 특별한 사정이 없는 한
구 주택임대차보호법 시행령(1990. 2. 19. 대통령령 제12930호로 개정되기
전의 것)은 신법인 위 법률의 취지에 반하지 않는 범위 내에서 새로운 대통
령령이 시행될 때까지 여전히 그 효력을 유지한다고 볼 것이다.
또한 그 이후 1990. 2. 19.부터 시행된 구 주택임대차보호법시행령(1990. 2.
19. 대통령령 제12930호로 개정된 것)에서 아무런 경과규정을 둔 바 없다고
하여 같은 개정 시행령의 규정이 막바로 위 법률의 시행 시점으로 소급하여
위와 같은 근저당권에 대하여 적용될 수는 없다.

우광연의 작심하고 시작하는 경매공부

액임차인 금액을 적용합니다. 임대차보호법은 임차인을 위한 법이지만, 어느 정도는 다른 채권자와의 형평성을 맞춰야 하기 때문입니다.

임차인의 최우선변제금액은 경매 배당시 등기상 권리들보다 우선하기 때문에, 통상 은행에서 대출을 할 때에는 해당 주택의 방 개수가 몇 개인지를 확인합니다. 대출을 해주는 은행 입장에서 최악의 경우는(가능성은 낮지만) 방마다 소액임차인이 있는 경우이기 때문입니다. 등기상 1순위로 근저당권을 설정해 놓았다 하더라도 소액임차인이 있다면 먼저 배당을 받아가기 때문입니다.

특히 다가구주택은 소액임차인이 많이 거주하고 있을 가능성이 높아 대출이 거의 안 나옵니다. 건축법상 19가구까지 가능하기 때문인데요. 소액임차인이 많은 경우에 등기상 다른 채권자들이 배당을 못 받아갈 수도 있으므로, 경매 배당시 최우선변제금액은 낙찰금액의 1/2 한도 내에서만 배당을 해줍니다. 이런 방법으로 다른 채권자들을 보호하고는 있지만, 통상적으로 방이 많은 주택의 경우 대출받기가 어렵습니다.

주택임대차보호법 제8조(보증금 중 일정액의 보호)

③ 제1항에 따라 우선변제를 받을 임차인 및 보증금 중 일정액의 범위와 기준은 제8조의2에 따른 주택임대차위원회의 심의를 거쳐 대통령령으로 정한다. 다만, 보증금 중 일정액의 범위와 기준은 주택가액(대지의 가액을 포함한다)의 2분의 1을 넘지 못한다.

방이 많은 주택은 어떻게 대출받아야 하나?

다가구주택 등은 MCI, MCG 보증보험(소액임차인의 경우, 방 공제를 안 하고 대출이 가능하도록 가입하는 보험)을 이용하여 대출을 받거나 담보신탁을 활용하여 대출을 받는 방법이 있습니다. 경락잔금대출을 취급하는 곳들이 다양하게 있으므로, 법원에서 경락잔금대출 영업을 하시는 분들과 친분을 쌓는 것도 필요합니다.

② 최우선변제금의 배당 방식

최우선변제금은 어떤 방식으로 배당되는지 알아봅시다. 담보물권 설정일과 비교하여 해당되는 최우선변제금액이 있다면 가장 먼저 배당하고 그 다음 순서로 첫 번째 담보권자에게 배당을 해주게 됩니다.

그리고 두 번째 담보물권이 있다면 설정 당시의 최우선변제금액을 적용하여 최우선변제금액이 증액되었다면 추가로 배당을 해주고, 그 후에 두 번째 담보권자에게 배당을 해줍니다. 즉 계단식으로 배당이 됩니다. 사례를 가지고 좀 더 자세히 계산 방법을 알아보겠습니다.

예를 들어 보증금 4,000만원인 임차인이 있다고 해봅시다. 첫 번째 근저당권 설정 시점에는 소액임차보증금이 1600만원까지 보장되었고, 법령이 개정되어 두 번째 근저당권 설정 시점에는 2000만원까지 가능하게 되었다고 가정해 보겠습니다.

이러한 경우 최우선변제 배당은 첫 번째 근저당권 배당에 앞서 1600만원을 배당받고, 첫 번째 근저당권 배당 그리고 두 번째 근저당권의 배당에 앞서 400만원을 추가로 배당받게 됩니다.

만약 담보권이 없다면 어떻게 될까요? 담보권 없이 가압류나 압류 등의 등기만 있는 물건들도 있습니다. 이렇게 담보물권이 없는 경우에는 배당 시점에 시행 중인 최우선변제금액으로 배당을 해줍니다.

③ 보증금의 증감이 있는 경우에는?

최초 임대차계약 후 계약이 갱신되어 보증금이 증액 또는 감액되는 경우가 있습니다. 이런 경우 소액임차인 판단 여부는 최종 보증금액의 합계로 합니다.

다음은 대법원 판례가 아니고 1심 판결이 확정된 판례입니다. 1심 판결이 확정되었다는 것은 패소한 측에서 항소(2심)를 하지 않았기 때문입니다.

소액임차인 자격 판단 기준(1심 판결)

대구지법 2004. 3. 31. 선고 2003가단134010 판결
[배당이의] 항소 [각공2004.5.10.(9),630]

【판시사항】
임대차 관계가 지속되는 동안 임대차보증금의 증감·변동이 있는 경우, 소액임차인에 해당하는지 여부의 판단 기준(=배당시의 임대차보증금)

---

④ 최우선변제권 관련 판례

임차인의 최우선변제권은 등기 순위와 관계없이 제일 먼저 배당을 해주다 보니 이를 악용하는 사례들이 많습니다. 아래 판례도 그러한 사례 중 하나입니다.

 판례 | 최우선 변제권의 악용

대법원 2013. 12. 12. 선고 2013다62223 판결
[배당이의] 〈주택 소액임차인 보호 관련 사건〉 [공2014상,168]

【판시사항】
갑이 아파트를 소유하고 있음에도 공인중개사인 남편의 중개에 따라 근저당권 채권최고액의 합계가 시세를 초과하고 경매가 곧 개시될 것으로 예상되는 아파트를 소액임차인 요건에 맞도록 시세보다 현저히 낮은 임차보증금으로 임차한 다음 계약상 잔금 지급기일과 목적물 인도기일보다 앞당겨 보증금 잔액을 지급하고 전입신고 후 확정일자를 받은 사안에서, 갑은 주택임대차보호법의 보호 대상인 소액임차인에 해당하지 않는다고 본 원심 판단을 수긍한 사례

다음의 판례 역시 소액임차인에 해당된다 하더라도 정상적이지 않은 상황이라고 판단되거나 채권자 측에서 배당이의를 제기하는 경우, 배당을 못 받을 수 있다는 사실을 알려줍니다.

최우선변제와 관련하여 오래전에 상담 및 자문을 했던 사건이 있습니다. 노원구 소재의 아파트가 경매 진행되었는데 아파트에는 두 세대가 각각 임대차계약을 하고 거주 중이었습니다. 경매가 진행되어 임차인들은 각각 배당요구하여 최우선변제를 받으려고 했는데, 채권자 측에서 배당배

대법원 2005. 5. 13. 선고 2003다50771 판결
[배당이의] [공2005.6.15.(228),935]

【판시사항】
[1] 채무자가 채무초과 상태에서 채무자 소유의 유일한 주택에 대하여 주택임대차보호법 제8조의 소액보증금 최우선변제권 보호 대상인 임차권을 설정해 준 행위가 사해행위 취소의 대상이 되는지 여부(적극)
[2] 주택임대차보호법 제8조의 소액보증금 최우선변제권 보호 대상인 임차권을 설정해 준 행위가 사해행위인 경우, 수익자인 임차권자의 선의의 판단 기준

제 신청을 했습니다. 이때 배당이의 소송을 통해 임차인분들을 도와 드린 적이 있습니다.

통상적으로 아파트에 2세대가 거주하는 경우는 거의 없을 겁니다. 그러나 이들 임차인들은 실제로 각각 임대차계약을 했고 임대차보증금이 지급된 내역 등을 가지고 있었기에 배당이의 소송을 통해 배당을 받을 수 있었습니다.

경매사건에서는 최우선변제금을 노린 소액임차인들을 종종 볼 수 있습니다. 상황이 이렇다 보니 채권자 측에서 배당이의를 하면 경매법원에서는 배당표에서 임차인을 제외시키는 경우가 많습니다. 결국 임차인은 배당이의 소송을 통해 보증금을 받아야 합니다. 임대차계약을 할 때는 가급적 현금으로 지급하지 말고 추후 입증할 수 있는 계좌이체를 하는 것이 좋습니다. 또한 실제 주택에 거주했다는 사실을 증명할 수 있는 공과금 지출

내역, 관리비 자동이체 내역 등의 증빙자료를 만들어 놓는 것이 좋습니다. 현금을 지급하더라도 임대차계약 시점에 즈음하여 은행 등을 통해 인출한 내역 등의 입증자료가 있어야 합니다.

⑤ 대지에 저당권 설정 당시 건물이 없었다면 최우선변제가 가능할까?

확정일자에 의한 우선변제권에서는 건물의 임차인도 대지의 매각대금에서 배당을 받을 수 있었습니다. 그렇다면 최우선변제권도 해당이 될까요? 이때는 두 가지 경우로 나눠서 봐야 합니다.

대지에 저당권이 설정될 당시에 건물이 없었다면, 저당권자 입장에서는 나중에 지어질 건물에 소액임차인이 있을 것을 예측할 수 없습니다. 그러므로 이 경우에는 최우선변제권에 의한 배당을 받을 수 없습니다. 반대로 대지에 저당권이 설정될 때 건물이 있었다면, 저당권자 입장에서는 임차인이 있을 것임을 알 수 있었으므로 이때에는 최우선변제권에 의한 배당이 가능합니다.

기준(담보물권 설정일)	지역	보증금 범위	최우선변제액
1984년 06월 14일부터	특별시·광역시	300만원 이하	300만원
	기타지역	200만원 이하	200만원
1987년 12월 01일부터	특별시·광역시	500만원 이하	500만원
	기타지역	400만원 이하	400만원
1990년 02월 19일부터	특별시·광역시	2,000만원 이하	700만원
	기타지역	1,500만원 이하	500만원
1995년 10월 19일부터	특별시·광역시	3,000만원 이하	1,200만원
	기타지역	2,000만원 이하	800만원
2001년 09월 15일부터	수도권 중 과밀억제권역	4,000만원 이하	1,600만원
	광역시(군지역·인천 제외)	3,500만원 이하	1,400만원
	기타지역	3,000만원 이하	1,200만원
2008년 08월 21일부터	수도권 중 과밀억제권역	6,000만원 이하	2,000만원
	광역시(군지역·인천 제외)	5,000만원 이하	1,700만원
	기타지역	4,000만원 이하	1,400만원
2010년 07월 26일부터	서울특별시	7,500만원 이하	2,500만원
	수도권 중 과밀억제권역	6,500만원 이하	2,200만원
	광역시(군제외),용인시·안산시·김포시·광주시	5,500만원 이하	1,900만원
	기타지역	4,000만원 이하	1,400만원
2014년 01월 01일부터	서울특별시	9,500만원 이하	3,200만원
	수도권 중 과밀억제권역	8,000만원 이하	2,700만원
	광역시(군제외),용인시·안산시·김포시·광주시	6,000만원 이하	2,000만원
	기타지역	4,500만원 이하	1,500만원
2018년 09월 18일부터	서울특별시	1억원 이하	3,400만원
	수도권 중 과밀억제권역	8,000만원 이하	2,700만원
	광역시(군제외),용인시·안산시·김포시·광주시·세종시	6,000만원 이하	2,000만원
	기타지역	5,000만원 이하	1,700만원
2018년 09월 18일부터	서울특별시	1억 1천만원 이하	3,700만원
	수도권 중 과밀억제권역 및 세종시·용인시·화성시	1억원 이하	3,400만원
	광역시(군제외), 안산시·김포시·광주시·파주시	6,000만원 이하	2,000만원

기준(담보물권 설정일)	지역	보증금 범위	최우선변제액
	기타지역	5,000만원 이하	1,700만원
2021년 05월 11일부터	서울특별시	1억 5,000만원 이하	5,000만원
	수도권 중 과밀억제권역 및 세종시·용인시·화성시	1억 3,000만원 이하	4,300만원
	광역시, 안산시·광주시·파주시·이천시·평택시	7,000만원 이하	2,300만원
	기타지역	6,000만원 이하	2,000만원
2023년 02월 21일부터	서울특별시	1억 6,500만원이하	5,500만원
	수도권 중 과밀억제권역 및 세종시·용인시·화성시·김포시	1억 4,500만원이하	4,800만원
	광역시, 안산시·광주시·파주시·이천시·평택시	8,500만원 이하	2,800만원
	기타지역	7,500만원 이하	2,500만원

우광연의 작심하고 시작하는 경매공부

05

계약이 만료되었는데 보증금을
못 돌려받았다면

임차권등기란?

• • •

임대차보호법에는 임차권등기명령제도에 의한 '임차권등기'가 있습니다. 임차권등기는 임대차계약이 만료되었는데 임대인이 보증금을 돌려주지 않았을 때 임차인이 단독으로 할 수 있는 등기입니다. 임대차계약 만료시 보증금을 못 받았다면 임차인 입장에서는 어떤 일이 벌어지게 될까요?

임차인 입장에서는 종전 집과 이사 갈 집 모두에 대항요건을 갖춰야 하는 일이 벌어질 수도 있습니다. 종전 주택에서 보증금을 돌려받기 전에 경매가 진행될 수 있으므로 종전 주택에도 대항요건을 갖추고 있어야 하기 때문입니다. 한 사람이 두 집 모두에 대항력을 갖추

147

는 것은 불가능합니다.

이럴 때 임차인이 보증금을 지키기 위해 할 수 있는 방법이 임차권등기입니다. 임차인은 등기부에 임차권등기가 된 것을 확인한 후, 새로운 주택에 대항요건을 갖추면 두 집 모두에 대항력을 갖출 수 있습니다. 임차권등기에는 종전 주택에서 임차인이 주민등록을 한 날짜와 확정일자를 받은 일자가 표시됩니다. 그러므로 임차권등기가 되어 있는 경우에는 임차권등기가 된 시점이 아닌 임차권등기에 기재되어 있는 주민등록일자와 확정일자를 가지고 권리분석을 해야 합니다.

아래 사례에서 임차권등기는 2019년 11월 15일에 했지만, 주민등록일자가 2017년 10월 16일이고 확정일자도 같은 날이므로 대항력과 확정일자의 효력은 2017년 10월 17일 0시에 발생됩니다.

만약 임차인이 임차권등기를 신청하고, 급한 마음에 등기가 완료되기 전에 다른 곳으로 주민등록을 옮겼다면 어떻게 될까요?

주택임대차보호법 제3조의3에 의해, 임차권등기 시점에 새롭게 대항력과 우선변제권을 취득하게 되므로 반드시 등기가 된 것을 확인하고 전출을 해야 합니다.

○──── **등기부에 기재된 임차권등기**

4	주택임차권	2019년11월15일 제■■■호	2019년10월17일 서울남부지방법 원의 임차권등기명령 (2019카임460)	임차보증금 금180,000,000원 차 임 없음 범 위 구분건물 301호의 전부 임대차계약일자 2017년10월13일 주민등록일자 2017년10월16일 점유개시일자 2017년10월14일 확정일자 2017년10월16일 임차권자 박●묵 901122-******* 서울특별시 강서구 등촌로13나길 16-27, 에이동 ■■호 (등촌동,평화아트빌)
4-1				4번 등기는 건물만에 관한 것임 2019년11월15일 부기

주택임대차보호법 제3조의3(임차권등기명령)

⑤ 임차인은 임차권등기명령의 집행에 따른 임차권등기를 마치면 제3조 제1항·제2항 또는 제3항에 따른 대항력과 제3조의2 제2항에 따른 우선변제권을 취득한다. 다만, 임차인이 임차권등기 이전에 이미 대항력이나 우선변제권을 취득한 경우에는 그 대항력이나 우선변제권은 그대로 유지되며, 임차권등기 이후에는 제3조 제1항·제2항 또는 제3항의 대항요건을 상실하더라도 이미 취득한 대항력이나 우선변제권을 상실하지 아니한다.

임차권등기와 세대 분리

• • •

임차권등기가 되어 있는 경우, 경매법원에서는 임차인이 더 이상 임대차계약을 유지하지 않겠다는(임대차계약 해지) 의사표시로 봅니다. 계약기간이 만료되었음에도 임대인이 보증금을 돌려주지 않는 경우에 하는 것이기 때문입니다.

따라서 배당할 때 압류의 효력(=경매개시기입등기) 이전에 임차권등기가 있다면, 임차인은 당연배당권자로서 별도의 배당요구가 없어도 배당절차에 참가하게 됩니다. 압류의 효력 발생 이후의 임차권등기는 해당이 안 되므로, 별도로 배당요구종기일까지 배당요구를 해야 배당절차에 참가할 수 있다는 점에 주의하시기 바랍니다.

1인 가구의 경우, 임대인이 보증금을 돌려주지 않으면 반드시 종전 주택에 임차권등기를 해야 새로 이사 갈 주택에도 대항요건을 갖출 수 있습니다. 그런데 주민등록등본상 2인 이상의 세대라면 가족들의 주민등록을 종전 주택과 새로운 주택에 각각 해놓게 되면 두 곳 모두 대항력을 발생시킬 수 있습니다. 종전 주택에서 보증금을 전액 받거나 임차권등기가 완료된 후에 새로운 주택으로 세대를 합치면 합니다. 단, 대항력은 주민등록과 점유 2가지를 모두 갖춰야 하므로 두 곳의 점유상태(실제 거주)를 계속 유지해야 합니다.

임차권등기에 들어간 비용은 임대인에게 청구해 받아낼 수 있습니다. 계약 만료시 임대인은 임차인에게 보증금을 내어주고 임차인은 임대인에게 점유를 넘겨줘야 합니다. 임대인과 임차인은 이를 동시이행해야 하는데, 임대인이 먼저 이행하지 않아 임차인으로서 어쩔 수 없이 임차권등기를 한 경우라면 어떻게 될까요?

 판례 | 세대가 분리되었을 경우의 대항력

대법원 95다30338

【판결요지】
[1] 주택임대차보호법 제3조 제1항에서 규정하고 있는 주민등록이라는 대항요건은 임차인 본인뿐만 아니라 그 배우자나 자녀 등 가족의 주민등록을 포함한다.
[2] 주택 임차인이 그 가족과 함께 그 주택에 대한 점유를 계속하고 있으면서 그 가족의 주민등록을 그대로 둔 채 임차인만 주민등록을 일시 다른 곳으로 옮긴 경우라면, 전체적으로나 종국적으로 주민등록의 이탈이라고 볼 수 없는 만큼, 임대차의 제3자에 대한 대항력을 상실하지 아니한다.

임차권 해지시 보증금 돌려받는 방법은?

• • •

임차권등기를 한 후에 임대인이 보증금을 돌려준다고 할 때, 임차인은 임차권 해지 서류와 보증금 반환을 동시 이행으로 맞바꾸면 될까요? 대법원 판례에서는 임대인의 임대차보증금 반환 의무가 먼저라고 판시하고 있습니다.

 판례 | 임차권 말소 의무와 보증금 반환 의무의 이행 방법

대법원 2005. 6. 9. 선고 2005다4529 판결
[구상금] [공2005.7.15.(230),1120]

【판시사항】
임대인의 임대차보증금 반환 의무와 임차인의 주택임대차보호법 제3조의3에 의한 임차권등기 말소 의무가 동시이행 관계에 있는지 여부(소극)

【판결요지】
주택임대차보호법 제3조의3 규정에 의한 임차권등기는 이미 임대차계약이 종료하였음에도 임대인이 그 보증금을 반환하지 않는 상태에서 경료되게 되므로, 이미 사실상 이행 지체에 빠진 임대인의 임대차보증금의 반환 의무와 그에 대응하는 임차인의 권리를 보전하기 위하여 새로이 경료하는 임차권등기에 대한 임차인의 말소 의무를 동시이행 관계에 있는 것으로 해석할 것은 아니고, 특히 위 임차권등기는 임차인으로 하여금 기왕의 대항력이나 우선변제권을 유지하도록 해주는 담보적 기능만을 주목적으로 하는 점 등에 비추어 볼 때, 임대인의 임대차보증금 반환 의무가 임차인의 임차권등기 말소 의무보다 먼저 이행되어야 할 의무이다.

06

2년 더 살래요!
계약갱신요구권

임차인의 또 하나의 권리, 계약갱신요구권이란?

• • •

주택임차인에게 새로운 권리가 생겼습니다. 바로 '계약갱신요구권'
입니다. 2년 계약이 종료되기 2개월 전까지 계약갱신요구권을 사용
하면 2년을 더 거주할 수 있도록 법이 개정된 것입니다.

계약갱신요구권은 1회에 한하여 행사할 수 있고 계약갱신요구권
을 행사하여 계약이 연장된 경우에는 임차인만 임대차계약을 해지할
수 있습니다. 임대인에게 해지통보를 하고 통보가 도달된 후 3개월이
지나면 임대차계약이 해지됩니다. 계약갱신시 임대인은 보증금 또는
월차임의 5% 증액을 요구할 수 있습니다.

임차인은 5% 증액이 합리적이지 않다고 생각하고, 임대인은 5% 증액을 요구한다면 분쟁이 생길 수밖에 없습니다. 이런 경우 주택임대차분쟁조정위원회나 민사소송을 통해 해결을 해야 합니다.

계약갱신요구 거절 사유

• • •

임대인은 정당한 사유가 있을 경우에 한하여 임차인의 계약갱신요구를 거절할 수 있는데요. 대표적인 정당한 사유는 다음과 같습니다.

주택임대차보호법 제6조의3 제1항 중에서

1. 임차인이 2기의 차임액에 해당하는 금액에 이르도록 차임을 연체한 사실이 있는 경우
4. 임차인이 임대인의 동의 없이 목적 주택의 전부 또는 일부를 전대(轉貸)한 경우
7. 임대인이 다음 각 목의 어느 하나에 해당하는 사유로 목적 주택의 전부 또는 대부분을 철거하거나 재건축하기 위하여 목적 주택의 점유를 회복할 필요가 있는 경우
   가. 임대차계약 체결 당시 공사 시기 및 소요 기간 등을 포함한 철거 또는 재건축 계획을 임차인에게 구체적으로 고지하고 그 계획에 따르는 경우
   나. 건물이 노후·훼손 또는 일부 멸실되는 등 안전사고의 우려가 있는 경우
   다. 다른 법령에 따라 철거 또는 재건축이 이루어지는 경우
8. 임대인(임대인의 직계존속·직계비속 포함)이 목적 주택에 실제 거주하려는 경우

7번의 경우에 해당이 되려면 임대차계약 체결 당시부터 재건축에 대한

구체적인 계획을 고지해야 됩니다. 실무상 가장 많은 임대인의 거절 사유는 8번입니다. 실거주를 이유로 계약갱신 요구를 거절하는 것입니다.

이때 임차인이 이사를 간 후, 임대인이 실거주를 안 하고 새로운 임차인에게 임대를 주었다면 종전 임차인은 임대인을 상대로 손해배상을 청구할 수 있습니다.

임차인이 계약갱신요구권을 사용한 후에 새로 소유권을 취득한 임대인도 실거주를 이유로 계약갱신요구를 거절할 수 있고 실거주에 대한 입증 책임은 임대인에게 있다는 것이 최근 판례의 내용입니다.

 판례 | 새로운 소유주의 계약갱신 요구 거절

대법원 2022.12.1. 선고 2021다266631 판결
[건물인도] [공2023상,164]

【판결요지】
주택임대차보호법 제6조, 제6조의3 등 관련 규정의 내용과 체계, 입법 취지 등을 종합하여 보면, 임차인이 같은 법 제6조의3 제1항 본문에 따라 계약갱신을 요구하였더라도, 임대인으로서는 특별한 사정이 없는 한 같은 법 제6조 제1항 전단에서 정한 기간 내라면 제6조의3 제1항 단서 제8호에 따라 임대인이 목적 주택에 실제 거주하려고 한다는 사유를 들어 임차인의 계약갱신요구를 거절할 수 있고, 같은 법 제3조 제4항에 의하여 임대인의 지위를 승계한 임차주택의 양수인도 그 주택에 실제 거주하려는 경우 위 갱신 거절 기간 내에 위 제8호에 따른 갱신 거절 사유를 주장할 수 있다고 보아야 한다.

판례 | 임대인의 실거주 입증 책임

대법원 2023. 12. 7. 선고 2022다279795 판결
[건물인도] 〈임차인의 계약갱신 요구에 대하여 임대인이 실제 거주를 이유로 갱신 거절한 후 그 주택의 인도를 구하는 사건〉

[2] 임대인(임대인의 직계존속·직계비속을 포함한다. 이하 같다)이 목적 주택에 실제 거주하려는 경우에 해당한다는 점에 대한 증명책임은 임대인에게 있다. '실제 거주하려는 의사'의 존재는 임대인이 단순히 그러한 의사를 표명하였다는 사정이 있다고 하여 곧바로 인정될 수는 없지만, 임대인의 내심에 있는 장래에 대한 계획이라는 위 거절 사유의 특성을 고려할 때 임대인의 의사가 가공된 것이 아니라 진정하다는 것을 통상적으로 수긍할 수 있을 정도의 사정이 인정된다면 그러한 의사의 존재를 추인할 수 있을 것이다. 이는 임대인의 주거 상황, 임대인이나 그의 가족의 직장이나 학교 등 사회적 환경, 임대인이 실제 거주하려는 의사를 가지게 된 경위, 임대차계약 갱신요구 거절 전후 임대인의 사정, 임대인의 실제 거주 의사와 배치·모순되는 언동의 유무, 이러한 언동으로 계약갱신에 대하여 형성된 임차인의 정당한 신뢰가 훼손될 여지가 있는지 여부, 임대인이 기존 주거지에서 목적 주택으로 이사하기 위한 준비의 유무 및 내용 등 여러 사정을 종합하여 판단할 수 있다.

07

사례로 풀어보는
주택임대차보호법

보증금을 증액했으나 전액 배당받는 경우

• • •

이 사건의 말소기준권리는 2020년 2월 21일 설정된 우리은행 근저당권입니다. 임차인은 이보다 앞서 전입신고를 해서 대항력을 갖추고 있습니다. 임차인이 배당요구종기일까지 배당요구를 했으므로 낙찰금액으로 전액 배당이 되는지 분석해 봐야 합니다.

여기서 임차인이 배당받을 권리는 최우선변제와 우선변제권으로 나뉩니다. 증액된 보증금까지 합치면 3.57억원이어서 최우선변제권에는 해당되지 않고, 확정일자에 의한 우선변제권으로 배당에 참여하게 됩니다. 그렇다면 배당순서는 어떻게 될까요?

3.4억원의 확정일자가 근저당권보다 빠르므로 3.4억원을 가장 먼저

소재지/감정서	면적(단위:㎡)	진행결과	임차관계/관리비	등기권리
(01866) [목록1] 서울 노원구 월계동 950 녹천역두산위브아파트 108동 6층 ■■호 [마들로5길 25] 지도 등기 토지이용	대지 • 64.1㎡ (19.4평) 건물 • 84.8218㎡ (25.66평) 총 7층 중 6층 보존등기 2018.01.30	감정 930,000,000 100% 930,000,000 유찰 2023.05.17 80% 744,000,000 예정 2023.06.21 법원기일내역	▶법원임차조사 **박●규** 전입 2017.08.17 확정 2017.08.17 배당 2022.09.15 보증 3억4000만 점유 전부/주거 (점유: 2017.08.17.부터2023.08.17.까지)	* 집합건물등기 소유권 김●구 이 전 2018.01.30 보존
[구분건물] •본건은 서울특별시 노원구 월계동 소재 인덕대학교 북측에 위치하고 있으며, 주위는 아파트, 체육공원 등이 혼재되어 형성된 지역임.	토지감정 558,000,000 평당가격 28,762,890 건물감정 372,000,000 평당가격 14,497,280 감정기관 인헌감정		**박●규**(증액분) 전입 2021.07.26 확정 2021.07.26 배당 2022.09.15 보증 1700만 점유 전부/주거	근저당 우리은행 (서정동금융센터) 2020.02.21 120,000,000 [말소기준권리]
•본건까지 제반 차량의 진출입이 가능하고 인근에 버스정류장 및 지하철 녹천역 등이 소재하고 있음.			*총보증금:357,000,000 임대수익률계산	근저당 인천항신협 2021.08.06 200,400,000
•집합건축물대장상 2017.10.20자로 사용승인을 득한 철근콘크리트구조 철근콘크리트지붕7층 건물 내 6층 601호로서의 벽: 시멘트 모르타르 위 페인팅 마감창 호: 새시 창호			▶전입세대 직접열람 60 박OO 2017.08.17 열람일 2023.05.04	가압류 삼성카드 2022.04.26 2022카단20983 서울북부지방법원 내용보기 38,974,087
•아파트로 이용중임. •기본적인 위생설비, 급배수설비, 도시가스설비, 승강기설비, 소화전설비, 난방설비 등이 되어 있음.			▶관리비체납내역 •체납액:0 •확인일자 2023.05.03 •'23년3월까지미납없음	가압류 국민은행 (여신관리센터) 2022.06.08 2022카단551 수원지방법원 내용보기 207,578,077

배당하고, 그다음 우리은행 근저당권을 배당한 후에 보증금 증액분인 1700만 원 순으로 배당합니다. 전체 보증금을 배당받는 데는 문제가 없어 보입니다. 이러한 유형의 물건은 시세 파악 후 적정 금액에 입찰하면 됩니다.

아무도 입찰하지 못하는 물건

• • •

최근 문제가 되고 있는 전세사기 유형의 물건으로, 임차인이 전입신고 후 거주하는 중에 소유자가 변경된 사례입니다. 소유자의 매매금액은 임차인의 보증금액과 같습니다. 대항력 있는 임차인이 존재하는데 감정가 대비 전세보증금액의 비율이 높다는 점이 문제입니다.

현재 최저경매가격인 1.5억원에 입찰한다 하더라도, 미배당된 임차인의 보증금을 낙찰자가 인수해야 합니다. 부동산가격 하락으로 시세와 전세보증금 간의 차이가 없거나 시세가 더 낮을 가능성이 있어 아무도 입찰을 못 하는 유형입니다. 다행히 임차인이 전세보증금반환보험에 가입해 놓아서 보증금을 이미 돌려받았고, 주택도시보증공사가 임차권을 양수받은 상황입니다.

이러한 물건은 결국 임차인이 낙찰받을 수밖에 없습니다. 임차인이 낙찰받아 소유권을 취득한 후 매도하여 보증금을 회수해야 하는 것입니다. 임차인의 지위를 양도받은 주택도시보증공사가 이렇게까지 할지는 의문입니다. 그러니 지급된 보증금 회수가 요원한 상황이 되어버립니다.

○——— **물건 상세페이지**(서울 금천구 독산동 아파트)

소재지/감정서	면적(단위:㎡)	진행결과	임차관계/관리비	등기권리
(08538) [목록1] 서울 금천구 독산동 962-32 명도힐스티지 6층호 [독산로 337] 지도 등기 토지이용 [구분건물] ·대상물건은 서울특별시 금천구 독산동 소재 서울문성초등학교 북동측 인근에 위치하는 등 주위는 오피스텔, 다세대주택 및 근린생활시설 등이 소재하는 지역입니다. ·대상물건까지 차량 진출입 가능하며, 인근에 노선버스 정류장 및 근거리에 지하철2호선 구로디지털단지역이 소재하는 등 대중교통상황은 보통시됩니다. ·철근콘크리트구조 (철근)콘크리트지붕 15층 건물 내 제6층 제602호로(사용승인일 : 2019.04.22)외벽 : 석재 붙임 마감 등,창호 : 샷시 창호 등입니다. ·아파트로 이용 중이며 후첨 내부구조도 참조바랍니다. ·위생 및 급배수설비, 난방설비, 승강기설비, 주차장시설 등을 구비한 것으로 추정됩니다.	감정 294,000,000 대 지 ·122㎡ (3.7평) 건 물 ·29.63㎡ (8.96평) 총 15층 중 6층 보존등기 2019.05.08 토지감정 176,400,000 평당가격 47,675,680 건물감정 117,600,000 평당가격 13,125,000 감정기관 하정감정	감정 294,000,000 100% 294,000,000 유찰 2023.03.14 80% 235,200,000 유찰 2023.04.12 64% 188,160,000 유찰 2023.05.09 51% 150,528,000 예정 2023.06.13 법원기일내역	▶법원임차조사 민●선(양수인: 주택도시보증공사) 전입 2019.07.01 확정 2019.06.12 배당 2022.09.07 보증 2억7700만 점유 전부/주거 (점유: 2019.06.29~) ▶총보증금=277,000,000 임대수익률계산 ▶전입세대 직접열람 GO 전입 없음 열람일 2023.03.03 ▶관할주민센터 금천구 독산제3동 ☎ 02-2627-2507	최종등기변동확인 ❓ 압류가입 2023.04.09 *집합건물등기 소유권 한●문 이 전 2019.07.31 277,000,000 전소유자: 김●수외3 매매(2019.07.20) 근저당 이지파이낸스대부 2019.08.20 123,500,000 [말소기준권리] 임차권 민●선(양수인:주택도시보증공사) 2021.08.10 277,000,000 (전입:2019.07.01 확정:2019.06.12) 압 류 금천구 2022.02.11 강 제 주택도시보증공사 (서울서부관리센터) 2022.06.20 (2022타경109664) 청구액 288,722,558원

[주택도시보증공사 대항력 포기 확약서 법원 제출 경매신청내역]

('23.6월말 기준 경매 진행 중인 건)

순번	관할센터	관할법원	경매사건번호	지역	경매목적물 주소
1	동부관리센터	서울남부	2021타경114089	서울	서울 강서구 화곡동 42-65 외 1필지 401호
2	동부관리센터	서울남부	2021타경115921	서울	서울 구로구 고척동 145-96외 5필지 수명그린빌 제에이동 제5층 제502호
3	동부관리센터	서울남부	2021타경117163	서울	서울 강서구 화곡동 360-2 덕룡펠리체 401호
4	동부관리센터	서울남부	2021타경116887	서울	서울 강서구 화곡동 408-86외 5필지 우성 101동 202호
5	동부관리센터	서울남부	2021타경116818	서울	서울 강서구 화곡동 408-86 우성 102동 202호
6	동부관리센터	서울남부	2021타경116825	서울	서울 강서구 화곡동 360-2 덕룡펠리체 501호
7	동부관리센터	서울남부	2021타경116511	서울	서울 강서구 화곡동 1041-16외 1필지 더누림 204호
8	동부관리센터	서울남부	2021타경116542	서울	서울 강서구 화곡동 408-86외 5필지 우성 101동 302호
9	동부관리센터	서울남부	2021타경116528	서울	서울 강서구 화곡동 98-81 라뜰리에 501호
10	동부관리센터	서울북부	2021타경110707	서울	서울 도봉구 도봉동 634-6 다이아포레 제501호

　　최근 일부 물건에서는 주택도시보증공사가 대항력을 포기하는 조건으로 매각하는 경우도 있습니다. 이러한 사례를 역으로 분석해 본다면 임대차계약을 할 때 1순위가 되는 것도 중요하지만 추가로 확인해야 하는 점이 있다는 것을 알 수 있습니다. 시세 대비 적정 금액으로 임대차계약을 해야 추후 보증금을 회수하는 데 문제가 없다는 점입니다.

확정일자를 늦게 받은 경우

• • •

　　이번 경매사건에도 말소기준권리보다 앞서 전입신고한 대항력 있는 임차인이 있습니다. 그런데 말소기준권리인 '조○준 근저당권'보다 확정일자의 순위가 늦습니다. 임차인이 최우선변제권에 해당된다면 일부 배당을 받고 나머지는 확정일자 순위에 의해 배당을 받게 되는데 보증금이 2.9억원이라 최우선변제에는 해당이 안 됩니다.

임차인의 우선변제권 효력은 2022년 6월 29일(확정일자는 경매개시결정등기 이후에 받아도 효력이 있습니다)에 발생되므로, 임차인은 조ㅇ준 근저당권 2건(채권최고액 9400만원)이 모두 변제된 후 배당을 받게 됩니다. 대항력이 있는 임차인이므로, 미배당금이 있으면 낙찰자가 보증금을 인수해야 하는 상황입니다.

2023년 6월 시점의 동일 평형 시세를 검색해보니 3.3~3.4억원 정도였습니다. 이 물건을 낙찰받는다면(2억원에 낙찰받아도 임차인 보증금을 인수한다면 3.8억원 정도 됩니다), 시세보다 비싼 금액이 되므로 가격이 계속 떨어지고 있는 것입니다. 이 물건 또한 임차인이 이사를 가기 위해서는 직접 낙찰받아 매도해야 할 것으로 보입니다. 확정일자를 미리 받아 놓지 않아 난감한 상황에 처한 사례입니다. 임차인이 낙찰받지 않아 계속 유찰된다면 경매 절차가 취소 또는 취하될 수 있습니다.

○——— **물건 상세페이지(경기도 수원시 영통구 아파트)**

소재지/감정서	면적(단위:㎡)	진행결과	임차관계/관리비	등기권리
(16713) [목록1] 경기 수원시 영통구 영통동 1054-3 신명아파트 20 1층 17층 ■■■호 [봉영로1770번길 21] 치도 등기 토지이용 [구분건물] ·본건은 경기도 수원시 영통동 소재'청명초등학교'북서측 인근에 위치하며, 주위는 아파트단지, 근린생활시설, 학교 등이 혼재한 지역임. ·본건까지 차량의 진출입이 용이하고, 인근에 노선버스 정류장이 소재하는 등 전반적인 교통상황은 보통시됨. ·철근콘크리트 벽식구조 스라브지붕 20층 건물 내 제17층 제1705호로서.(사용승인일 : 1997.12.31) 외벽: 몰탈위 페인팅 등 마감·내벽 : 벽지도배 및 내부 인테리어 등 마감·창호 : 샷시 창호 동임. ·아파트로 이용중임.	대 지 ·34.2㎡ (10.34평) 건 물 ·59.99㎡ (18.15평) 총 20층 중 17층 보존등기 1998.01.08 토지감정 270,000,000 평당가격 26,112,190 건물감정 180,000,000 평당가격 9,917,360 감정기관 에이불감정	감정 450,000,000 100% 450,000,000 유찰 2023.03.14 70% 315,000,000 유찰 2023.04.13 49% 220,500,000 유찰 2023.05.17 34% 154,350,000 예정 2023.06.20 법원기일내역	▶법원임차조사 유●영 전입 2021.07.14 확정 2022.06.29 배당 2022.06.30 보증 2억9000만 점유 201동 1705호/주거 (점유: 2021.7.8~2023.7.7) *총보증금:290,000,000 임대수익률계산 ▶전입세대 직접열람 ⑩ 유OO 2021.07.14 열람일 2023.03.02 ▶관리비체납내역 ·체납액:0 ·확인일자:2023.02.28 ·'22년12월까지미납없음 ☎ 031-203-1063	*집합건물등기 소유권 (주)신혜 이 전 2020.12.28 298,000,000 전소유자: 전●일 매매(2020.09.25) 근저당 조●준 2021.09.09 46,000,000 [말소기준권리] 근저당 조●준 2021.11.26 48,000,000 임 의 조●준 2022.06.16 (2022타경4624) 청구액 40,481,608원 [등기부채권총액] 94,000,000원

08

주택임대차보호법 관련
주요 판례분석

대항력 있는 임차인이 일부 배당받고 계속 점유하는 경우

• • •

대항력 있는 임차인이 배당요구하였으나 일부 금액만 배당이 된 경우, 배당받은 금액만큼에 대해서는 낙찰자에게 임대료를 지급해야 한다는 판례입니다. 대항력이 있더라도 배당받지 못한 일부 금액으로 부동산 전체를 사용수익할 수 없습니다. 낙찰자 입장에서는 배당된 부분만큼은 임대료 청구가 가능하므로, 이러한 근거를 바탕으로 명도 협의를 하면 되겠습니다.

판례 | 일부 금액만 배당받은 경우의 임대료 지급

대법원 1998. 7. 10. 선고 98다15545 판결
[건물철거등] [공1998.8.15.(64),2093]

【판시사항】
[1] 대항력과 우선변제권을 겸유하고 있는 임차인이 배당요구를 하였으나 보증금 전액을 배당받지 못한 경우, 그 잔액에 대하여 경락인에게 동시이행의 항변을 할 수 있는지 여부(적극)
[2] 임대차 종료 후 임차보증금을 반환받지 못한 임차인이 동시이행의 항변권에 기하여 임차목적물을 계속 점유하는 경우, 손해배상의무의 존부(소극) 및 부당이득반환의무의 존부(한정 적극)
[3] 대항력과 우선변제권을 겸유하고 있는 임차인이 배당요구를 하였으나 보증금 중 일부만을 배당받은 후 임차목적물 전부를 계속하여 사용·수익하는 경우, 배당받은 보증금에 해당하는 부분에 대한 부당이득반환의무의 존부(적극)

계약 만료 후 임차인은 임대료를 지급해야 할까?

• • •

계약 만료 후 임차인이 계속 사용수익을 한다면 임대인에게 임대료를 지급해야 하고, 실질적으로 사용수익하지 않고 있는 경우에는 임대료 지급 의무가 없다는 판례입니다.

판례 | 사용수익하지 않는 경우의 임대료 지급 여부

대법원 2003. 4. 11. 선고 2002다59481 판결
[채무부존재확인] [집51(1)민,144;공2003.6.1.(179),1156]

【판결요지】
[2] 임차인이 임대차계약 종료 이후에도 동시이행의 항변권을 행사하는 방법으로 목적물의 반환을 거부하기 위하여 임차건물 부분을 계속 점유하기는 하였으나 이를 본래의 임대차계약상의 목적에 따라 사용·수익하지 아니하여 실질적인 이득을 얻은 바 없는 경우에는 그로 인하여 임대인에게 손해가 발생하였다 하더라도 임차인의 부당이득반환의무는 성립되지 아니한다.

1년 계약 후 묵시의 갱신이 되는 시점은?

∙∙∙

주택임대차계약을 1년으로 하고 계약만료 시점이 지났다면, 임대차 기간은 어떻게 계산해야 할까요? 1년 계약을 했고 아무 말 없이 계약만료 시점이 지났으므로 묵시의 갱신이 된 것이라고 알고 계시는 분들이 많은데, 그렇지 않습니다.

다음 대법원 판례가 좀 어렵게 서술되긴 했는데, 실제 내용은 이렇습니다. 주택임대차보호법에서 임대차 기간은 최단 2년으로 정하고 있으며, 이보다 짧은 임대차계약을 할 경우 임대차계약 해지는 임차인만 할 수 있습니다. 그러므로 1년 계약 후 계약만료 시점이 지났다면 주택임대차보호법에서 정해 놓은 최단 2년의 기간이 적용됩니다. 즉 2년째 되는 해에 임대인이 계약만료 6개월 전부터 2개월 전까지(임차인은 계약만료일 2개월 전까지)

임대차계약의 조건 변경 통지나 해지 통보를 안 했다면, 이때에 비로소 묵시의 갱신이 되는 것입니다. 그러므로 임차인이 최초로 묵시의 갱신을 주장할 수 있는 기간은 임대차계약으로부터 2년이 되는 시점입니다.

 판례 | 임대차계약 기간을 2년 이하로 한 경우

대법원 1996. 4. 26. 선고 96다5551, 5568 판결
[건물명도 · 임차권존재 확인] [집44(1)민,482;공1996.6.15.(12),1721]

【판결요지】
[2] 임차인이 주택임대차보호법 제4조 제1항의 적용을 배제하고 2년 미만으로 정한 임대차기간의 만료를 주장할 수 있는 것은 임차인 스스로 그 약정 임대차 기간이 만료되어 임대차가 종료되었음을 이유로 그 종료에 터 잡은 임차보증금 반환채권 등의 권리를 행사하는 경우에 한정된다. 임차인이 2년 미만의 약정 임대차 기간이 만료되고 다시 임대차가 묵시적으로 갱신되었다는 이유로 같은 법 제6조 제1항, 제4조 제1항에 따른 새로운 2년간의 임대차의 존속을 주장하는 경우까지 같은 법이 보장하고 있는 기간보다 짧은 약정 임대차기간을 주장할 수는 없다.

소유자가 변경된 경우,
임차인도 임대차계약 해지를 할 수 있을까?

● ● ●

공평의 원칙에 의해, 임대차계약 후 임차인이 원하지 않는다면 임차인도 임대차계약을 해지할 수 있습니다.

판례 | 임차인의 임대차계약 해지

대법원 1998. 9. 2.자 98마100 결정
[경매개시 이의신청 기각] [공1998.10.15.(68),2498]

【결정요지】

임대차계약에 있어 임대인의 지위의 양도는 임대인의 의무의 이전을 수반하는 것이지만 임대인의 의무는 임대인이 누구인가에 의하여 이행 방법이 특별히 달라지는 것은 아니고, 목적물의 소유자의 지위에서 거의 완전히 이행할 수 있으며, 임차인의 입장에서 보아도 신 소유자에게 그 의무의 승계를 인정하는 것이 오히려 임차인에게 훨씬 유리할 수도 있으므로 임대인과 신 소유자와의 계약만으로써 그 지위의 양도를 할 수 있다 할 것이나, 이 경우에 임차인이 원하지 아니하면 임대차의 승계를 임차인에게 강요할 수는 없는 것이어서 스스로 임대차를 종료시킬 수 있어야 한다는 공평의 원칙 및 신의성실의 원칙에 따라 임차인이 곧 이의를 제기함으로써 승계되는 임대차 관계의 구속을 면할 수 있고, 임대인과의 임대차 관계도 해지할 수 있다고 보아야 한다.

신탁등기되어 있는 주택의 임대차계약

• • •

신탁등기되어 있는 임대차계약의 경우, 통상적으로 임차인은 위탁자와 계약을 하게 됩니다. 이때 수탁자 및 우선수익자의 동의를 받아 계약을 하는데 상당히 위험할 수 있습니다.

실무상 대부분의 신탁회사 동의서나 신탁원부를 보면, 임대차계약에는 동의하나 임대보증금 수령이나 반환은 위탁자와 체결하도록 명시하고 있습니다. 그러므로 계약만료시 보증금을 돌려 달라는 요구는 소유자(신탁회사)가 아닌 위탁자에게만 가능하다는 것이 대법원 판례입니다.

위탁자가 이자를 납부하지 못해 신탁회사가 공매로 부동산을 처분한 경우, 임차인은 이를 낙찰받은 매수인에게 대항력을 주장할 수 없습니다. 거꾸로 말하면, 신탁공매 물건에서 임대차계약시 신탁회사에 보증금을 지급하지 않은 임차인에게는 대항력이 없으므로 낙찰자는 임차인의 보증금을 인수하지 않아도 되는 것입니다.

 판례 | 신탁등기 부동산의 임대차계약

대법원 2022. 2. 17. 선고 2019다300095, 300101 판결
[건물명도 · 보증금반환] [미간행]

【판시사항】
[1] 신탁계약의 내용이 신탁등기의 일부로 인정되는 신탁원부에 기재된 경우, 이로써 제3자에게 대항할 수 있는지 여부(적극)
[2] 위탁자인 '갑 주식회사'와 수탁자인 '을 신탁회사'가 체결한 오피스텔에 관한 부동산담보신탁계약에는 '위탁자는 수탁자의 사전 승낙을 받아 위탁자의 명의로 신탁부동산을 임대한다'라는 조항이 있어 그 내용이 신탁원부에 기재되었고, 신탁을 원인으로 을 회사 명의의 소유권이전등기가 마쳐진 후 을 회사가 우선수익자로부터 '갑 회사의 임대차계약 체결에 동의하되, 수탁자는 보증금 반환에 책임이 없다'라는 취지의 동의서를 작성 · 교부받아 이를 갑 회사에 교부하자, 갑 회사가 병과 임대차계약을 체결한 후 오피스텔을 인도하여 병이 그때부터 오피스텔에 거주하면서 주민등록을 이전하고 확정일자를 받았는데, 그 후 오피스텔을 공매로 취득한 정이 병을 상대로 건물명도를 구하는 소를 제기하자, 병이 반소로 정에게 보증금반환을 구한 사안에서, 신탁계약에서 수탁자의 사전 승낙 아래 위탁자 명의로 신탁부동산을 임대하도록 약정하였으므로 임대차보증금 반환채무는 위탁자에게 있

고, 이러한 약정이 신탁원부에 기재되어 임차인에게도 대항할 수 있으므로, 임차인인 병은 임대인인 갑 회사를 상대로 임대차보증금의 반환을 구할 수 있을 뿐 수탁자인 을 회사를 상대로 임대차보증금의 반환을 구할 수 없고, 을 회사가 임대차보증금 반환의무를 부담하는 임대인의 지위에 있지 아니한 이상 그로부터 오피스텔의 소유권을 취득한 정이 주택임대차보호법 제3조 제4항에 따라 임대인의 지위를 승계하여 임대차보증금 반환의무를 부담한다고 볼 수도 없다고 한 사례

임차인 입장에서 신탁등기가 되어 있는 부동산에 임대차계약을 해야 한다면 다음의 3가지 방법 중 하나를 선택해야 합니다. 이런 방법이 모두 불가능하다면 임대차계약을 포기하거나 보증금이 적은 월세로 계약하는 게 현명한 방법입니다.

첫째, 임대차계약 잔금시에 신탁계약을 해지하고 소유권을 위탁자로 이전하겠다는 조건(이 경우, 잔금시에 계약서에 명시된 내용대로 소유권 이전을 안 한다면 소송이 필요할 수도 있는 부담이 있습니다.)

둘째, 임대차계약시 보증금을 신탁회사에 송금하고 반환도 받는 조건(다만, 실무상 이를 동의해 주는 신탁회사는 거의 없습니다.)

셋째, 위탁자의 다른 부동산 등에 담보권을 설정해 놓는 방법입니다.

신탁등기 물건의 임대차계약에서 위탁자로 소유권 변경시 대항력 발생은?

■ ■ ■

앞서 신탁회사가 소유자일 때 임대차계약시 주의해야 하는 점을 설명했

습니다. 이번엔 신탁회사의 동의 없이 위탁자와 임대차계약을 하고 대항
요건을 갖춘 임차인의 경우로, 위탁자로 소유권 이전이 되었을 때 대항력
이 언제 발생하는지에 대한 내용입니다.

신탁회사가 계속 소유자였다면 대항력이 발생할 수 없는 상황이었지만,
위탁자로 소유권이 넘어오게 되어 임차인은 대항력을 갖추게 된 것입니

 판례 | 신탁등기 물건의 임차인 대항력

대법원 2019. 3. 28. 선고 2018다44879, 44886 판결
[임차보증금반환 · 건물인도] [공2019상,965]

【판시사항】
[1] 주택의 소유자는 아니지만 적법한 임대 권한을 가진 임대인과 임대차계
약을 체결한 경우, 주택임대차보호법 제3조 제1항이 적용되는지 여부(적극)
및 주택에 관한 부동산담보신탁계약을 체결한 위탁자가 수탁자의 동의 없
이 임대차계약을 체결하였으나 그 후 수탁자로부터 소유권을 회복한 경우,
임대차계약에 대하여 위 조항이 적용될 수 있는지 여부(적극)
[3] 갑 주식회사가 을 신탁회사와 갑 회사의 소유인 주택에 관하여 부동산
담보신탁계약을 체결하고 을 회사에 신탁을 원인으로 한 소유권이전등기
를 마친 후 을 회사의 승낙 없이 병과 임대차계약을 체결하였고, 병은 같은
날 위 주택을 인도받고 전입신고를 마쳤는데, 그 후 갑 회사가 위 주택에 관
하여 신탁재산의 귀속을 원인으로 한 소유권이전등기를 마쳤고, 정 신용협
동조합이 같은 날 위 주택에 관하여 근저당권설정등기를 마쳤으며, 이후 정
조합이 신청한 임의경매절차에서 무 주식회사가 위 주택을 매수한 사안에
서, 병은 갑 회사가 위 주택에 관하여 소유권이전등기를 마친 즉시 임차권
의 대항력을 취득하였고, 정 조합의 근저당권설정등기는 병이 대항력을 취
득한 다음에 이루어졌으므로, 병은 임차권으로 주택의 매수인인 무 회사에
대항할 수 있다고 한 사례

다. 소유권 이전 시점 전부터 계속 임차인으로서 주민등록을 유지했기 때문에 위탁자 명의로 소유권이전등기를 한 시점에 즉시 대항력을 취득하게 됩니다.

신탁등기된 부동산 중개시 공인중개사가 조심해야 할 것은?

∎ ∎ ∎

최근 판시된 판결 내용의 일부를 소개합니다. 공인중개사 입장에서는 특약사항이나 확인설명서에 신탁 상태에서의 임대차계약 권리관계에 대해 명확히 설명하고 기재를 해 두어야 할 것입니다. 반대로 임차인 입장에서는 신탁부동산 임대차계약시 공인중개사가 권리관계에 대한 설명 등을 미흡하게 했다면 공인중개사협회 및 공인중개사를 상대로 손해배상청구를 할 수 있습니다.

 판례 | 신탁물건 중개시 공인중개사의 주의 의무

대법원 2023. 8. 31. 선고 2023다224327 판결
[보증금반환] 〈신탁된 부동산의 임대차계약을 중개하는 공인중개사의 주의 의무가 문제된 사건〉 [공2023하,1751]

【판시사항】
[2] 갑이 공인중개사인 을의 중개로 병 주식회사와 부동산 임대차계약을 체결하는 과정에서 을이 위 부동산이 정 주식회사에 신탁된 부동산임을 설명하였고, 이에 특약사항으로 임대인이 임차인의 잔금 지급과 동시에 신탁사항 및 소유권 이외의 권리사항을 말소하기로 정하였는데, 잔금 지급 후에도

병 회사가 신탁등기 말소의무를 이행하지 아니하자 갑이 임대차계약을 해지하였으나 병 회사는 임대차보증금 일부만 반환하였고, 이에 갑이 을 등을 상대로 공인중개사법 제30조 제1항 등에 따른 손해배상을 구한 사안에서, 을에게는 선관주의 의무나 공인중개사로서의 주의 의무를 다하지 않은 과실이 있고, 그로 인하여 거래당사자에게 재산상의 손해를 발생하게 한 때에 해당한다고 볼 여지가 있는데도, 이와 달리 본 원심 판단에 법리 오해 등의 잘못이 있다고 한 사례

보증금을 전액 지급하지 않은 경우, 대항력과 우선변제권은?

• • •

임차인이 보증금 전액을 지급하지 않은 상태에서 대항력과 우선변제권을 갖춘 후 나머지 보증금을 지급한 경우에도, 대항력과 우선변제권을 갖

판례 | 보증금 일부 지급시 대항력과 확정일자의 효력

대법원 2017. 8. 29. 선고 2017다212194 판결

【판시사항】
[1] 주택임대차보호법 제3조 제1항에서 정한 대항요건인 '주택의 인도'의 의미
[2] 주택임대차보호법상 임차인에게 우선변제권이 인정되기 위하여 계약 당시 임차보증금이 전액 지급되어 있을 것을 요하는지 여부(소극) 및 임차인이 임대인에게 임차보증금의 일부만을 지급하고 주택임대차보호법 제3조 제1항에서 정한 대항요건과 임대차계약 증서상의 확정일자를 갖춘 다음 나머지 보증금을 나중에 지급한 경우, 대항요건과 확정일자를 갖춘 때를 기준으로 임차보증금 전액에 대해서 우선변제권이 있는지 여부(원칙적 적극)

춘 시점에 권리를 행사할 수 있습니다. 보증금은 전액 지급이 안 되더라도 권리 행사가 가능하다는 뜻입니다.

경매에서의 임차인 유형

...

임차인을 분석할 때는 우선 대항력이 있느냐 없느냐로 구분합니다. 대항력이 있는 경우에는 낙찰자가 보증금을 전액 인수하는 경우인지, 배당 후 미배당된 보증금을 인수하는 경우인지를 유의해서 봐야 합니다. 대항력이 없는 경우는 낙찰자가 보증금을 인수하지 않으며 권리상 문제가 없습니다. 물론 그렇다 하더라도 임차인이 보증금 전액을 못 받는 것인지 일부라도 받는 것인지에 따라 명도시 난이도가 달라질 수 있습니다.

대항력 없는 임차인이 경매나 공매 등으로 보증금에 손해가 발생했다면

○── **임차인의 유형**

	배당요구 여부	낙찰자의 인수 여부
대항력 있는 임차인	배당요구한 경우	• 최우선변제금 · 우선변제금으로 배당액 계산 • 미배당금이 있으면 낙찰자가 인수 • 전액배당이 되면 인수금액 없음
	배당요구 안 한 경우	• 낙찰자가 보증금 전액 인수
대항력 없는 임차인	배당요구한 경우	• 최우선변제권, 우선변제권으로 배당액 계산 • 미배당금 있어도 낙찰자가 인수하지 않음
	배당요구 안 한 경우	• 전액 배당받지 못하고 낙찰자가 인수하지 않음 • 임차인은 보증금 전액 손실

종전 임대인에게 보증금의 반환을 요구할 수 있습니다. 그러나 임대인에게 재산이 남아 있지 않은 경우가 대부분이어서 보증금 회수가 어려운 것이 현실입니다. 계약 시점부터 보증금을 지킬 수 있는지 없는지를 잘 따져봐야 하는 이유입니다.

Chapter

05

. . .

상가건물임대차보호법
마스터하기

01
상가건물임대차보호법의
취지와 적용 범위

이 법은 왜 만들어졌을까?
· · ·

「상가건물임대차보호법」은 「주택임대차보호법」보다 늦게 제정되어 2002년 11월 1일부터 시행되었습니다. 애초에 영세한 상인을 보호하기 위해 제정되었기에, 주택임대차보호법과는 달리 '환산보증금'이라는 개념이 있습니다.

주택임대차보호법과 마찬가지로 상가건물임대차보호법도 민법에 대한 특례를 규정하고 있는데, 그 이유는 민법으로는 임차인의 보증금을 보호하는 데 미흡했기 때문입니다. 원칙적으로 이 법의 보호를 받기 위해서는 환산보증금 금액 안에 들어가야 합니다.

그렇다면 환산보증금을 초과할 경우에는 어떻게 될까요? 예전과 마찬가지로 민법이 적용되게 됩니다. 사업자등록이 먼저 되어 있더라도 대항력이 발생하지 않는 경우가 종종 발생했던 것입니다. 그러던 중 부동산 가격 상승에 따라 상가건물도 보증금과 임차료가 오르기 시작했고 결국 상가건물임대차보호법상 환산보증금 이내에 들어가는 임차인이 점점 줄어들게 되었습니다.

그래서 정부는 환산보증금 액수를 계속 높여왔고, 2015년에 이르러서는 환산보증금을 초과하는 임차인도 이 법의 보호를 일부 받을 수 있도록 법이 개정되었습니다.

상가건물임대차보호법 제2조(적용범위)

① 이 법은 상가건물(제3조 제1항에 따른 사업자등록의 대상이 되는 건물을 말한다)의 임대차(임대차 목적물의 주된 부분을 영업용으로 사용하는 경우를 포함한다)에 대하여 적용한다. 다만, 제14조의2에 따른 상가건물임대차위원회의 심의를 거쳐 대통령령으로 정하는 보증금액을 초과하는 임대차에 대하여는 그러하지 아니하다. 〈개정 2020. 7. 31.〉

② 제1항 단서에 따른 보증금액을 정할 때에는 해당 지역의 경제 여건 및 임대차 목적물의 규모 등을 고려하여 지역별로 구분하여 규정하되, 보증금 외에 차임이 있는 경우에는 그 차임액에 「은행법」에 따른 은행의 대출금리 등을 고려하여 대통령령으로 정하는 비율을 곱하여 환산한 금액을 포함하여야 한다. 〈개정 2010. 5. 17.〉

③ 제1항 단서에도 불구하고 제3조, 제10조 제1항, 제2항, 제3항 본문, 제10조의2부터 제10조의9까지의 규정, 제11조의2 및 제19조는 제1항 단서에 따른 보증금액을 초과하는 임대차에 대하여도 적용한다. 〈신설 2013. 8. 13., 2015. 5. 13., 2020. 9. 29., 2022. 1. 4.〉 [전문개정 2009. 1. 30.]

어떤 임차인에게 적용이 될까?

• • •

「상가건물임대차보호법」상 대항력 등의 보호를 받기 위해서는 사업자등록이 되는 건물에 임차를 해야 하고 영리 목적으로 사용해야 합니다. 예를 들어 동창회 사무실이나 교회 등 사업자등록증이 아닌 고유번호증이 나오는 업종은 이 법의 보호 대상이 아닙니다.

비영리법인도 영리 목적의 사업을 운영한다면 별도로 사업자등록을 할 수 있습니다. 이 법의 보호를 받으려면 원칙적으로는 환산보증금 한도에 들어가야 하지만, 앞서 말씀드린 바와 같이 몇 가지 권리에 있어서는 환산보증금이 초과되는 임차인도 이 법의 보호를 받을 수 있게 되었습니다.

○── **고유번호증 양식**

환산보증금 계산과 법 적용 대상

• • •

지금까지 설명한 내용으로 상가건물임대차보호법에서 중요한 개념이 '환산보증금'이란 사실을 짐작했을 것입니다. 환산보증금은 월차임에 100을 곱한 금액에 보증금을 더한 것입니다. 산식으로 표현하면 다음과 같습니다.

보증금 + (월차임 × 100) = 환산보증금

예를 들어 보증금 5천만원에 월차임이 200만원이라면, 200만원에 100을 곱한 2억원에 보증금 5천만원을 더해 2.5억원이 됩니다. 이때 계약서상 월차임에 대한 부가세가 별도로 표시되어 있다면 부가세는 빼고 계산하면 됩니다. 이 환산보증금이 대통령령(=상가건물임대차보호법 시행령)으로 정하는 금액 안에 들어가야 법의 보호를 받을 수 있는 것입니다. 다만 아래에 명기한 권리에 있어서는 환산보증금이 초과된 임차인도 보호받을 수 있으니 이 부분을 잘 알아두시기 바랍니다.

환산보증금 초과 임차인도 보호받을 수 있는 권리

1. 제3조 대항력
2. 제10조 제1항, 제2항, 제3항 본문, 제10조의2부터 제10조의9까지의 규정
   계약갱신요구권과 권리금
3. 제11조의2 폐업으로 인한 계약해지권
4. 제19조 표준계약서 등

상가임대차보호법 보호 대상

∙∙∙

　단순히 상품의 보관, 제조, 가공 등의 행위가 이루어지는 경우, 상가임대차보호법의 보호를 받을 수는 없다는 판례입니다. 그러나 같은 장소에서 제품을 판매하는 등의 행위가 있다면 보호 대상이 됩니다.

 판례 | 상임법 적용 대상

대법원 2011. 7. 28. 선고 2009다40967 판결
[임대차보증금] [공2011하,1727]

【판결요지】
[1] 상가건물 임대차보호법의 목적과 같은 법 제2조 제1항 본문, 제3조 제1항에 비추어 보면, 상가건물 임대차보호법이 적용되는 상가건물 임대차는 사업자등록 대상이 되는 건물로서 임대차 목적물인 건물을 영리를 목적으로 하는 영업용으로 사용하는 임대차를 가리킨다. 그리고 상가건물 임대차보호법이 적용되는 상가건물에 해당하는지는 공부상 표시가 아닌 건물의 현황·용도 등에 비추어 영업용으로 사용하느냐에 따라 실질적으로 판단하여야 하고, 단순히 상품의 보관·제조·가공 등 사실행위만이 이루어지는 공장·창고 등은 영업용으로 사용하는 경우라고 할 수 없으나 그곳에서 그러한 사실행위와 더불어 영리를 목적으로 하는 활동이 함께 이루어진다면 상가건물 임대차보호법 적용 대상인 상가건물에 해당한다.

상가임대차보호법 환산보증금의 범위

∙∙∙

　상가임대차보호법은 2002년부터 시행되고 있으므로 20년 이상의 시간

이 흘렀습니다. 그동안의 물가상승률과 부동산가격 상승을 생각해 보면 필연적으로 환산보증금 기준도 계속 상승할 수밖에 없습니다. 서울을 예로 들자면 2002년 11월 2.4억원에서 여러 번의 조정을 거쳐 현재는 9억원이 되었습니다.

○——— **상가임대차보호법 적용대상 및 최우선변제금 기준**

담보물권 설정일	지역	법 적용대상 (환산보증금 기준)	소액임차보증금 (환산보증금 기준)	최우선변제액
2002.11.1 ~ 2008.8.20	서울특별시	2억 4,000만원 이하	4,500만원 이하	1,350만원
	과밀억제권역 (서울특별시 제외)	1억 9,000만원 이하	3,900만원 이하	1,170만원
	광역시 (군지역 인천광역시 제외)	1억 5,000만원 이하	3,000만원 이하	900만원
	그 밖의 지역	1억 4,000만원 이하	2,500만원 이하	750만원
2008.8.21 ~ 2010.7.25	서울특별시	2억 6,000만원 이하	4,500만원 이하	1,350만원
	과밀억제권역 (서울특별시 제외)	2억 1,000만원 이하	3,900만원 이하	1,170만원
	광역시 (군지역 인천광역시 제외)	1억 6,000만원 이하	3,000만원 이하	900만원
	그 밖의 지역	1억 5,000만원 이하	2,500만원 이하	750만원
2010.7.26 ~ 2013.12.31	서울특별시	3억원 이하	5,000만원 이하	1,500만원
	과밀억제권역 (서울특별시 제외)	2억 5,000만원 이하	4,500만원 이하	1,350만원
	광역시 (군지역 인천광역시 제외) 용인, 안산, 김포, 광주	1억 8,000만원 이하	3,000만원 이하	900만원
	그 밖의 지역	1억 5,000만원 이하	2,500만원 이하	750만원

담보물권 설정일	지역	법 적용대상 (환산보증금 기준)	소액임차보증금 (환산보증금 기준)	최우선변제액
2014.1.1 ~ 2018.1.25	서울특별시	4억원 이하	6,500만원 이하	2,200만원
	과밀억제권역 (서울특별시 제외)	3억원 이하	5,500만원 이하	1,900만원
	광역시 (군지역 인천광역시 제외) 용인, 안산, 김포, 광주	2억 4,000만원 이하	3,800만원 이하	1,300만원
	그 밖의 지역	1억 8,000만원 이하	3,000만원 이하	1,000만원
2018.1.26 ~ 2019.4.1	서울특별시	6억 1,000만원 이하	6,500만원 이하	2,200만원
	과밀억제권역 및 부산광역시 (서울특별시 제외)	5억원 이하	5,500만원 이하 (부산 3,800만원)	1,900만원 (부산 1,300만원)
	광역시 (과밀역제권역에 포함된 지역과 군지역 및 부산광역시 제외) 세종, 파주, 화성, 안산, 용인, 김포, 광주	3억 9,000만원 이하	3,800만원 이하	1,300만원
	그 밖의 지역	2억 7,000만원 이하	3,000만원 이하	1,000만원
2019.4.2~	서울특별시	9억원 이하	6,500만원 이하	2,200만원
	과밀억제권역 및 부산광역시 (서울특별시 제외)	6억 9,000만원 이하	5,500만원 이하 (부산 3,800만원)	1,900만원 (부산 1,300만원)
	광역시 (과밀역제권역에 포함된 지역과 군지역 및 부산광역시 제외) 세종, 파주, 화성, 안산, 용인, 김포, 광주	5억 4,000만원 이하	3,800만원 이하	1,300만원
	그 밖의 지역	3억 7,000만원 이하	3,000만원 이하	1,000만원

우광연의 작심하고 시작하는 경매공부

02
상가임차인의 3가지 권리
대항력, 확정일자, 소액임차보증금

첫 번째 권리, 대항력

· · ·

「주택임대차보호법」과 마찬가지로 「상가건물임대차보호법」에서도 상가 임차인은 3가지 권리를 갖습니다. 즉 대항력, 확정일자, 소액임차보증금입니다.

상가 임대에서 대항력이 발생하려면 사업자등록과 부동산 점유(=부동산의 인도) 두 가지 모두를 갖춰야 합니다. 주택임대차보호법과 마찬가지로 두 가지 모두를 갖춘 날 다음날 0시에 대항력이 발생합니다.

2015년 5월 13일 개정된 법에 의해 '이 법 시행 이후에 최초로 체결되거나 갱신되는 임대차계약'부터는 환산보증금이 초과되는 임차인에게도 대항력이 발생합니다. 그러므로 현재 시점에 신규로 사업자등록을 하고 영리행위를 하는 임차인은 환산보증금과 상관없이 모두 대항력을 갖게 됩니다.

그렇다면 '갱신되는 임대차계약'이란 무슨 뜻일까요? 갱신이란 임대차계약이 만료되지 않고 연장된다는 의미입니다. 갱신에는 계약갱신, 묵시의 갱신, 합의갱신이 있는데, 법에서는 갱신의 종류를 특정하지 않았으므로 모두 해당된다고 보면 됩니다.

상가임대차에서 상가 임차인의 공시 방법은 사업자등록입니다. 폐업한 경우에는 당연히 대항력이 없습니다. 폐업 후 같은 상호 및 번호로 사업자등록을 했다 하더라도 새로 사업자등록을 한 날 다음날 0시부터 새롭게 대항력이 발생하게 됩니다.

부동산경매 필수상식

임대차계약 갱신시 언제부터 대항력이 발생할까?

예를 들어 설명해보겠습니다. 2014년 7월 1일에 1년 기간의 임대차계약을 하고 사업자등록을 한, 환산보증금이 초과되는 임차인이 있습니다. 2014년 당시에는 환산보증금 초과로 대항력이 발생하지 않지만 2015년 6월 30일에 계약을 갱신하게 되면 새로운 계약부터는 대항력이 발생합니다(2015년 5월 13일 이후 갱신되는 시점).
만약 경매사건에서 근저당권이 2015년 6월 1일에 설정된 경우라면 사업자등록이 먼저 되어 있더라도 대항력 발생 시점은 근저당권 설정 이후이므로 대항력이 없고, 근저당권 설정이 2015년 7월 1일 이후라면 임차인은 경매에서 대항력을 갖게 됩니다.

대법원 2006. 10. 13. 선고 2006다56299 판결
[배당이의] [미간행]

【판시사항】
상가건물의 임차인이 임대차보증금 반환채권에 대하여 상가건물 임대차보호법상 대항력 또는 우선변제권을 가지기 위한 요건 및 사업자등록을 마친 사업자가 폐업신고를 한 후에 다시 같은 상호 및 등록번호로 사업자등록을 한 경우, 상가건물 임대차보호법상의 대항력 및 우선변제권이 존속하는지 여부(소극)

두 번째 권리, 확정일자

■ ■ ■

상가 임차인의 확정일자(=우선변제권) 역시 주택임대차보호법과 같습니다. 단, 상가임차인이 확정일자를 받으려면 환산보증금 안에 들어가야 합니다. 앞에서 환산보증금이 초과되는 임차인이 제한적으로 보호받을 수 있는 권리에 대해 알아봤는데, 거기에 확정일자는 없었습니다.

그러므로 임차인이 관할 세무서에 가서 사업자등록을 하고 확정일자를 받으러 가면 세무서에서는 환산보증금을 계산해 그 금액 안에 들어오는 임차인에게만 확정일자를 찍어 줍니다. 주택임대차보호법과 마찬가지로, 상가 임차인의 우선변제권도 대항력이 발생되어야 효력이 발생합니다.

환산보증금이 초과되는 임차인의 경우, 대항력은 있지만 확정일자를 받을 수 없습니다. 따라서 경매나 공매 진행시 배당을 받기 위해서는 '전세권

등기'를 해 놔야 합니다. 참고로 전세권은 '물권'으로서 등기부등본에서 확인할 수 있습니다.

① 집행관 현황조사서에 보증금과 임대료 표시가 없는 경우

경매기록상 임차인의 사업자등록 일자는 있으나 확정일자가 없는 경우가 있습니다. 집행관 현황조사서에도 보증금과 임대료 표시가 없다면 환산보증금이 초과된 경우이거나 확정일자를 받지 않은 경우입니다. 실무에서는 전자의 경우가 더 많은 것 같습니다.

집행관이 상가건물 현황조사를 하는 이유

주거용부동산 경매에서는 경매 정보지 등을 가지고 가까운 주민센터에 가서 누구나 전입세대 열람을 할 수 있지만 상가건물에는 그러한 제도가 없습니다. 따라서 집행관이 현장에 들러 상가건물의 점유자를 확인하고(점유자를 만나지 못한 경우 공실 또는 폐문 부재로 표시), 관할 세무서를 방문해 해당 상가건물에 등재되어 있는 임차인을 확인해서 현황조사서에 기재합니다.

그러므로 집행관이 관할 세무서를 방문하여 제공받은 정보, 그리고 현장에서 조사한 임차인의 사업자등록 등의 내역은 권리분석시 상당히 중요합니다. 관할 세무서의 임대차 현황에 대한 정보 제공은 상가건물임대차보호법 법조문에 있는 내용으로, 세무서에서는 환산보증금 이내의 임차인에 대한 정보만 알려주는 것이 원칙입니다.

제4조(확정일자 부여 및 임대차정보의 제공 등)

① 제5조 제2항의 확정일자는 상가건물의 소재지 관할 세무서장이 부여한다.
② 관할 세무서장은 해당 상가건물의 소재지, 확정일자 부여일, 차임 및 보증금 등을 기재한 확정일자부를 작성하여야 한다. 이 경우 전산정보처리조직을 이용할 수 있다.
③ 상가건물의 임대차에 이해관계가 있는 자는 관할 세무서장에게 해당 상가건물의 확정일자 부여일, 차임 및 보증금 등 정보의 제공을 요청할 수 있다. 이 경우 요청을 받은 관할 세무서장은 정당한 사유 없이 이를 거부할 수 없다.

○────── **임대차관계조사서 양식**

[임 대 차 관 계 조 사 서]

1. 임차 목적물의 용도 및 임대차 계약등의 내용

[소재지] 1. 인천광역시 남동구 서창남순환로215번길 17, 7층 ■■호 (서창동,마스타프라자)

1	점유인	주식회사■■■컴퍼니		당사자구분	임차인
	점유부분	■■호		용도	점포
	점유기간				
	보증(전세)금	35,000,000		차임	2,100,000
	전입일자	2020.10.23		확정일자	

[소재지] 1. 인천광역시 남동구 서창남순환로215번길 17, 7층 ■■호 (서창동,마스타프라자)

2	점유인	■■■■■■월드주식회사		당사자구분	임차인
	점유부분	6-7층 ■■호		용도	점포
	점유기간				
	보증(전세)금	65,000,000		차임	3,110,000
	전입일자	2018.02.27		확정일자	

2. 기타

본건 조사내용은 임차인 주식회사■■■컴퍼니 직원의 진술과 상가건물임대차현황서에 의한 조사사항임.(권리신고에 관한 "안내문"을 교부함)

② 계약만료 후 보증금을 못 돌려받는 경우를 대비한 임차권등기

상가임차인도 주택임차인과 같이 계약 만료시 임대인이 보증금을 돌려주지 않으면 임차권등기를 할 수 있습니다. 자세한 내용은 주택임대차보호법 임차권등기 부분을 참고하면 됩니다.

세 번째 권리, 소액임차보증금

. . .

상가임차인에게도 소액임차보증금(=최우선변제권)이 있습니다. 주택임대차보호법과 다른 점은 상가임차인의 최우선변제권을 따질 때는 환산한 금액으로 분석해야 한다는 점입니다.

예를 들어 보증금 1천만원에 월 70만원의 임차인이 있다고 해봅시다. 주택임대차에서는 보증금 1천만원만 가지고 소액임차인 여부를 따지지만, 상가의 경우에는 다음과 같이 환산보증금을 계산해야 합니다.

$$1,000만원 + (70만원 \times 100) = 8,000만원$$

현재 서울지역 상가임차인의 최우선변제 한도는 보증금 6,500만원 이하이므로, 서울 소재의 상가를 임차했다면 최우선변제 대상이 아닙니다. 이

상가임차인의 최우선변제금액 배당 한도

상가임차인은 주택임차인과 마찬가지로 매각대금의 1/2 한도 내에서 배당이 됩니다. 과거에는 1/3 한도 내에서만 배당이 되었으나 1/2로 변경되었습니다. 주택임대차와 마찬가지로 담보권이 설정되어 있다면 담보권 설정 시점의 최우선변제금액에 해당하는지 따져서 분석하면 됩니다.

러한 경우, 임차인이 확정일자를 받았다면 경매나 공매 절차에서 확정일자에 의한 우선변제권만 행사할 수 있습니다. 상가 소액임차인도 담보물권이 있다면 설정일 시점 시행되는 금액으로 적용하고 담보물권이 없다면 현재 시행 중인 금액을 적용하면 됩니다.

03

상가임대차
권리분석 사례

3명의 임차인이 있는 상가건물

• • •

앞에서 공부한 내용대로 상가임차인의 권리분석을 해보겠습니다. 이번에 소개할 경매사건의 말소기준권리는 '다진엔피엘대부'의 근저당권입니다. 등기상 이 근저당권보다 빠른 권리는 없으므로 등기상 모든 권리는 매각으로 소멸됩니다. 임차인은 3명이 있습니다.

첫 번째 이○○ 임차인은 2005년에 사업자등록이 되어 있어 대항력 있는 임차인입니다. 환산보증금이 1.2억원으로 환산보증금 안에 들어오는 임차인이어서 확정일자를 받았습니다. 그런데 환산보증금액이 최우선변제금액에는 해당이 되지 않는 상황입니다. (현재 서울의 최우선변제금액이 6,500만원이고, 지방은 금액이 더 적습니다.)

따라서 첫 번째 임차인에게 최우선변제권은 없고 확정일자에 의한 우선변제권만 있습니다. 대항력을 갖고 있으나 확정일자(=우선변제권) 순위가 빨라 보증금 전액을 배당받게 되므로, 낙찰자가 인수할 보증금은 없습니다.

두 번째 임차인인 '전주 ○○○전화'도 대항력이 있습니다. 그러나 확정일자가 없고 배당요구만 했습니다. 환산보증금액이 최우선변제 금액을 초과하고 확정일자도 없으므로 배당요구를 했더라도 배당에 참가할 수 없습니다. 대항력이 있으므로 임차인의 보증금 6천만원은 낙찰자가 인수해야

○─── **물건 상세페이지(전북 전주시 완산구 상가)**

소재지/감정서	면적(단위:m²)	진행결과	임차관계/관리비	등기권리
(55038) [목록1] 전북 전주시 완산구 중앙동3가 ■■■[전라감영5길 ■■ 지도 등기 토지이용 [구분건물] ·1-가) 철근콘크리조 슬래브 지붕 3층 건으로서외벽 : 외장타일 및 몰탈위 페인팅 등 마감내벽 : 몰탈위 벽지 및 타일붙임 등 마감창호 : 샷시창호 임. ·1-가) 1층: 점포(3개호), 2층: 점포 (1개호), 3층: 점포 (1개호), 지하층: 점포(1개호)임. ·기본적인 위생,및 급배수설비, 전기설비 등 구비되어 있음.	건물 · 1층(점포) 235.66m² (71.29평) · 2층(점포) 235.66m² (71.29평) · 3층(점포) 235.66m² (71.29평) · 지하점포 258.08m² (78.07평) 제시외 · 옥탑계단실 26.3m² (7.96평) · 1층(창고) 4.5m² (1.36평) · 2층(창고) 4.5m² (1.36평) · 3층(창고) 4.5m² (1.36평) · 창고 10.4m² (3.15평) 총 3층 보존등기 1985.03.27 건물감정 209,228,700 평당가격 716,690 제시외 5,485,700 평당가격 361,140 감정기관 삼일감정	감정 1,290,880,400 100% 1,290,880,400 유찰 2022.12.26 70% 903,616,000 예정 2023.02.20 법원기일내역	▪법원임차조사 이●재 사업 2005.03.10 확정 2005.03.10 배당 2022.11.16 보증 8000만 차임 월40만 환산 1억2000만 점유 1층 일부/점포 (점유: 2005.3.10.~현재까지) 전주■■■■ 전화 사업 2011.09.15 확정 - 배당 2022.11.14 보증 6000만 차임 월20만 환산 8000만 점유 2층 전부/점포 (점유: 2013.2.1.~현재까지) 표●준 사업 2017.04.17 확정 2017.04.20 배당 2022.11.14 보증 5000만 차임 월85만 환산 1억3500만 점유 1층 일부/점포	* 건물등기 소유권 천●정 외3 이 전 1985.03.27 보존 근저당 다진엔피엘대부 2016.04.28 260,000,000 (전주대건신협의 근저이전) [말소기준권리] 근저당 다진엔피엘대부 2017.11.14 130,000,000 (전주대건신협의 근저이전) 가압류 전북신용보증재단 2021.03.30 2021카단10754 전주지방법원 내용보기 34,000,000 (천●정지분) 압 류 국민건강보험공단 (전주북부지사) 2021.07.19 (천●전지분) 압 류 전주세무서장 2022.06.10 (천●정지분)

합니다.

마지막 임차인인 표성춘은 말소기준권리보다 늦게 사업자등록을 하였으므로 대항력이 없습니다. 최우선변제대상은 아니지만 확정일자를 받아 놓았으므로 확정일자에 의한 순위배당을 받을 수 있습니다.

2015년 5월 13일 전에 계약한 임차인

• • •

2015년 5월 13일 이후에 새로 체결되거나 갱신되는 임대차계약에서는 모든 상가임차인에게 대항력이 생기게 되었습니다. 법이 개정되는 경우, 늘 적용되는 대상과 적용되지 않는 대상이 생기게 되므로 권리분석시 주의가 필요합니다. 바꿔 말하면, 좋은 투자 물건이 될 수도 있습니다.

임차인 ㈜세림○○○는 말소기준권리보다 앞서 사업자등록이 되어 있습니다. 만약 임차인이 경매 대상 부동산을 점유하고 있다면 대항력이 있을까요? 사업자등록 시점이 2015년 5월 13일 이전이므로 이때에는 환산보

○──── **물건 상세페이지(경기 여주시 점동면 토지)**

소재지/감정서	면적(단위:㎡)	진행결과	임차관계/관리비	등기권리
(12667) [목록1] 경기 여주시 점동면 청안리 ▓▓▓ 지도 등기 토지이동 [토지] •본건은 경기도 여주 점동면 청안리 소재 점동중학교 북동측 인근에 위치하며, 주위는 중소규모의 공장 및 창고, 근린생활시설 등이 혼재하는 지대로서, 제반주위환경은 보통임. •본건까지 차량접근 양호하고, 인근에 노선버스정류장이 소재하여 대중교통여건은 보통임.	공장용지 * 9,918㎡ (3,000.2평) 표준공시 181,000 개별공시 138,800 감정지가 321,000원/㎡ 토지감정 3,183,678,000 평당가격 1,061,160 감정기관 창조감정	감정 3,878,772,480 100% 3,878,772,480 유찰 2022.12.07 70% 2,715,141,000 유찰 2023.01.11 49% 1,900,599,000 변경 2023.02.15 49% 1,900,599,000 낙찰 2023.03.22 2,850,000,000 (73.48%) 권●상 응찰 2명 2위 응찰가	▶법원임차조사 (주)세림▓▓▓▓ 사업 2014.12.15 확정 - 배당 - 보증 8000만 차임 월500만 환산 5억8000만 점유 점포 (점유: 2014.12.10~2019. 12.09.) (현황서상) *총보증금:80,000,000 *총월세: 5,000,000 임대수익률계산	최종등기변동확인 ❓ 근저당권이전 임의경매개시결정 2023.02.07 * 건물등기 소유권 (유)무영건설 이 전 2013.08.14 전소유자: (주)미래 매매(2013.07.19) 근저당 광주지구축협 (삼평지점) 2015.06.24 1,470,000,000 [말소기준권리]

증금 내에 들어가야 상가임차인에게 대항력이 생깁니다. 보증금 8천만원에 월차임 500만원이므로 환산보증금은 5.8억원입니다. 사업자등록 당시 여주시 기준으로 환산보증금 초과입니다. 그러므로 사업자등록을 한 시점에는 대항력이 발생하지 않습니다.

그렇다면 대항력은 언제 발생할까요? 임차인의 점유가 2014년 12월 10일부터라고 되어 있으니, 아마도 이날이 임대차계약의 잔금일이고 점유 시작일일 것입니다. 앞서 2015년 5월 13일 이후에 갱신되는 임대차에 대해서도 대항력이 발생된다고 했는데요. 만약 1년 계약이 되었다면 임차인의 임대차계약 갱신 시점은 2015년 12월 9일이 될 것입니다(법원 기록상에는 5년 계약으로 되어 있지만 최악의 경우도 생각해봐야 하므로 1년 갱신으로 분석해 보는 것입니다).

1년 계약이 갱신되는 시점인 2015년 12월에는 환산보증금이 초과되어도 대항력이 발생하는데, 이 사건의 근저당권 설정일이 2015년 6월 24일로 임차인의 대항력 발생 시점보다 빠르므로 대항력은 없습니다. 만약 계약기간 갱신 시점인 2015년 5월 13일부터 2015년 6월 23일 사이였다면, 대항력 있는 임차인이 되었을 것입니다. 이러한 물건들은 채권자 등을 통해 임차인의 임대차 관련 내용을 확인하고 정확히 분석한 후 입찰 여부를 결정하면 되겠습니다.

환산보증금이 초과되는 임차인

. . .

말소기준권리(농협은행)보다 앞선 상가임차인(세인○○)이 있습니다. 보증금 2,000만원에 월차임 700만원을 환산하면 7.2억원이 됩니다. 창원시의 환산보증금 기준은 3.7억원이어서 환산보증금을 초과하는 임차인이 됩니다.

2015년 5월 13일 이후인 2019년에 새로 체결된 임대차이므로, 임차인이 대항요건을 갖추고 있다면 대항력이 있습니다. 법원기록에 확정일자가 없는 이유는 환산보증금 초과 임차인이기 때문입니다.

매각물건명세서의 비고란을 보면, 집기가 일부 남아 있는 공실 상태라고 기재되어 있습니다. 임차인은 배당요구종기일까지 대항요건을 갖추고

○──── **물건 상세페이지와 문건접수내역**(울산시 북구 중산동 아파트)

소재지/감정서	면적(단위:㎡)	진행결과	임차관계/관리비	등기권리
(51592) [목록1] 경남 창원시 진해구 자은동 135-2 탑빌딩 주건축물제1동 지하1층 비○호 (냉천로 164) SEEREAL 등기 토지이용	감정 3,269,000,000 100% 3,269,000,000 유찰 2022.11.22	▶법원임차조사 (주)세인○ (변경後: (주)세인○ 사업 2019.09.26 확정 - 배당 2022.04.08 보증 2000만 차임 월700만	＊집합건물등기 소유권 (주)엔에스팜 이 전 2020.07.16 전소유자: (주)탑디엔씨 매매(2020.06.19)
[구분건물] ·본건은 경상남도 창원시 진해구 자은동 소재 진해냉천초등학교 남서측 인근에 위치하며, 부근은 동유형의 공동주택 및 근린생활시설 등으로 형성되어 있음. ·본건까지 차량 출입 가능하며, 일반적인 대중교통사정은 보통시됨. ·철근콘크리트구조 (철근)콘크리트지붕 지하3층 지상5층 건내 지하1층 비101호외 6개호로서외벽화강석버너구이 알루미늄복합판넬및 전면 페어글라스창 마감.내벽.콘크리트노출마감.바닥:콘크리트노출마감.창호:페어글라스창 구조임. ·기호1-5)집합건축물대장상 용도는 제2종근린생활시설 (일반음식점)이나 현황 공실임. 기호6,7)집합건축물대장상 용도는 제2종근린생활시	대지 ·1,241.5㎡중 21.4㎡ (6.47평) 건물 ·일반음식점 65.46㎡ (19.80평) 총 5층 중 지하1층 보존등기 2018.01.31 감정지가 6,018,692 토지감정 128,800,000 평당가격 19,907,270 건물감정 515,200,000 평당가격 26,020,210 감정기관 일우감정	80% 2,615,200,000 유찰 2022.12.20 64% 2,092,160,000 유찰 2023.01.26 51% 1,673,728,000 유찰 2023.03.02 41% 1,338,982,000 유찰 2023.04.06 33% 1,071,186,000 유찰 2023.05.11 26% 856,949,000 유찰 2023.06.15 21% 685,559,000 낙찰 2023.07.20 869,999,999 (26.61%) 강건철 응찰 3명 2위 중찰 815,200,000 허가 2023.07.27	환산 7억2000만 점유 지1층비○호 전부/점포 (점유: 2020.07.15~2023.07.14) 최○효 사업 2021.09.30 확정 - 배당 - 보증 3000만 차임 월70만 환산 1억 점유 지1층비○호/ 점포 (점유: 2021.09.27~2023.09.26) (현황서상) ＊총보증금:50,000,000 ＊총월세: 7,700,000 임대수익을계산	근저당 농협은행 (창원금융센터) 2020.07.16 2,880,000,000 [말소기준권리] 가압류 농업회사법인(유)선우한돈 2021.12.13 2021가합191 광주지방법원 내역보기 317,696,317 임 의 농협은행 (경남여신관리단) 2022.01.10 (2022타경209) 청구액 2,423,431,601원 가압류 중소벤처기업진흥공단 (광주지역본부) 2022.01.12 2022카단50080

비고란
일괄매각. 목록1-7은 공부상 지하1층이나, 지반고 차이로 인해 현황 남동측 도로와 등고 평탄한 1층임. 목록1-7은 현황 '공실'이며, 목록1-5는 벽체 없이 일체로 '공실' 상태임. 현황조사시(2022년 1월) 내부 시설물 철거 중인 상태로 일부 시설물이 남아있으며, 지하1층 전체 관리비 약 4000만 원정도가 미납인 것으로 조사됨. 대항력 있는 임차인 있을 수 있음(배당에서 보증금이 전액 변제되지 아니하면 잔액을 매수인이 인수할 수 있음).

주1 : 매각목적물에서 제외되는 미등기건물 등이 있을 경우에는 그 취지를 명확히 기재한다.

우광연의 작심하고 시작하는 경매공부

있어야 하는데, 배당요구종기일보다 앞선 현황조사시에 이미 공실인 것입니다. 사업자등록은 남아 있으나 점유하고 있지 않을 가능성이 높으므로, 관리사무소 등을 탐문해 언제 퇴실했는지 퇴실 사유는 무엇인지 알아본다면 임차인의 보증금을 인수하지 않을 수도 있습니다. 부동산의 점유라는 조건도 갖추어야 대항력이 발생하기 때문입니다.

04

상가임차인의
영업보장 기간

계약갱신요구권 보장 기간

• • •

상가임차인의 영업보장 기간(계약갱신요구권)은 과거 5년이었는데, 2018년 10월 16일 법이 개정되어 10년으로 늘어났습니다. 계약갱신 요구권을 행사할 수 있는 기간은 계약만료일 6개월 전부터 1개월 전 까지입니다. 임차인의 권리이므로 임차인은 적극적으로 권리행사를 해야 합니다.

개정된 시점의 법 시행 관련한 부칙을 확인해 보니 '이 법 시행 후 최초로 체결되거나 갱신되는 임대차부터 적용한다'라고 되어 있습니다. 그러므로 2018년 10월 16일부터 새로 임대차계약을 한 임차인의

우광연의 작심하고 시작하는 경매공부

부칙 <법률 제15791호, 2018. 10. 16.>

- 제2조(계약갱신요구 기간의 적용례) 제10조 제2항의 개정 규정은 이 법 시행 후 최초로 체결되거나 갱신되는 임대차부터 적용한다.
- 제3조(권리금 회수 기회 보호 등에 관한 적용례) 제10조의4 제1항의 개정 규정은 이 법 시행 당시 존속 중인 임대차에 대하여도 적용한다.
- 제4조(권리금 적용 제외에 관한 적용례) 제10조의5 제1호의 개정 규정은 이 법 시행 당시 존속 중인 임대차에 대하여도 적용한다.

계약갱신요구권은 10년입니다. 그렇다면 계약이 갱신되는 경우는 어떻게 적용해야 할까요?

 판례 | 계약 갱신시 계약갱신요구권 적용

대법원 2020. 11. 5. 선고 2020다241017 판결
[건물명도(인도)] [공2020하,2293]

[2] 상가건물의 임대인인 갑이 임차인인 을과의 합의에 따라 총 7년으로 연장된 임대차기간이 만료되기 3개월 전 을에게 임대차계약을 갱신할 의사가 없음을 통보하자 을이 임대차계약의 갱신을 요구한 사안에서, 임대차계약 체결 당시 임차인의 갱신요구권이 인정되는 의무 임대차기간은 구 상가건물 임대차보호법(2018. 10. 16. 법률 제15791호로 개정되기 전의 것) 제10조 제2항에 따라 5년인데, 을이 임대차 갱신을 요구한 때에는 이미 의무 임대차기간 5년을 경과하였으므로 위 임대차계약은 갑의 적법한 갱신 거절 통지로 인하여 2018. 10. 16. 법률 제15791호로 개정된 상가건물 임대차보호법(이하 '개정 상가임대차법'이라고 한다) 시행 이후에 기간 만료로 종료되어

갱신되지 않았고, 따라서 위 임대차계약에는 개정 상가임대차법 제10조 제
2항이 적용되지 않기 때문에 을은 임대차계약에 적용되는 의무 임대차기간
이 10년이라는 이유로 임대차계약의 갱신을 요구할 수 없다고 한 사례.

2018년의 법 개정 때문에, 임대인과 임차인이 계약갱신요구권을 가지고
대법원까지 간 사건입니다. 2018년 10월 16일 이후 갱신되는 시점이 최초
임대차 시작 시점에서 기산하여 5년 이상이 된다면 개정된 법(10년)이 적용
되지 않는다는 판례입니다. 다음에 나오는 법무부 해석 자료를 보면 더 쉽
게 이해가 갈 것입니다.

계약갱신요구권 적용 방법

• • •

2018년 10월 16일 이후 임대차계약이 처음 갱신되는 시점이 최초 임대

○──── **법무부 적용 사례 예시**

[적용 사례 예시]

① 임대기간 **2년**의 임대차 계약을 체결하여 **임대기간이 진행 중인 임차인** : 계약
갱신 요구를 통해 **개정 법률 적용 가능**

② 최초 임대기간 **2년**의 임대차 계약을 체결한 후, **1회 갱신**하여 **4년째 임대기간이
진행 중인 임차인** : ① 사안과 동일하게 **개정 법률 적용 가능**

③ 최초 임대기간 **2년**의 임대차 계약을 체결한 후, **2회 갱신**하여 **6년째 임대기간이
진행 중인 임차인** : 임대인과 임차인의 합의로 계약갱신을 하지 않는 한 **개정
법률 적용 불가**

④ 임대기간 **5년**의 임대차 계약을 체결하여 **임대기간이 진행 중인 임차인** : ③ 사안과
동일하게 **개정 법률 적용 불가**

차계약 시작일로부터 2~4년이 되는 임차인은 개정된 10년을 적용받을 수 있고 5년 이상인 임차인은 과거 법 규정인 5년을 적용받습니다. 주의하실 점은 임차인의 갱신 시점 계산시 기산점은 사업자등록일자가 아닌 임대차계약 잔금일(=임대차계약 시작일)이라는 점입니다.

계약갱신요구권 거절 사유

...

임대인이 임차인의 계약갱신요구권을 거절할 수 있는 사유는 상가건물임대차보호법에 명시되어 있습니다.

> 1. 임차인이 3기의 차임액에 해당하는 금액에 이르도록 차임을 연체한 사실이 있는 경우
>
> 2. 임차인이 거짓이나 그 밖의 부정한 방법으로 임차한 경우
>
> 3. 서로 합의하여 임대인이 임차인에게 상당한 보상을 제공한 경우
>
> 4. 임차인이 임대인의 동의 없이 목적 건물의 전부 또는 일부를 전대(轉貸)한 경우
>
> 5. 임차인이 임차한 건물의 전부 또는 일부를 고의나 중대한 과실로 파손한 경우
>
> 6. 임차한 건물의 전부 또는 일부가 멸실되어 임대차의 목적을 달성하지 못할 경우
>
> 7. 임대인이 다음 각 목의 어느 하나에 해당하는 사유로 목적 건물의

전부 또는 대부분을 철거하거나 재건축하기 위하여 목적 건물의 점유를 회복할 필요가 있는 경우

가. 임대차계약 체결 당시 공사 시기 및 소요 기간 등을 포함한 철거 또는 재건축 계획을 임차인에게 구체적으로 고지하고 그 계획에 따르는 경우

나. 건물이 노후·훼손 또는 일부 멸실되는 등 안전사고의 우려가 있는 경우

다. 다른 법령에 따라 철거 또는 재건축이 이루어지는 경우

8. 그 밖에 임차인이 임차인으로서의 의무를 현저히 위반하거나 임대차를 계속하기 어려운 중대한 사유가 있는 경우

임차인이 '3기'에 해당되는 임차료를 연체한다면, 임대인은 계약갱신을 거절할 수 있습니다. 여기서 '기'의 개념은 임대인과 임차인이 합의한 임차료 지급 기간을 말합니다. 통상적으로 한 달에 한 번씩 지급하므로 월세라고 부르는 것입니다.

임차료가 월 100만원이라면 3회 연체란 사실만 보는 것이 아니라 300만원이 연체되어야 합니다. 연체 3개월차에 10만원을 냈다면 290만원 연체한 것이 되어 계약갱신 거절과 임대차계약 해지를 할 수 없습니다. 참고로, 주택은 2기의 차임액에 이르도록 연체가 되면 임대차계약을 해지할 수 있습니다.

7번의 조항은 임대인들이 많이 사용하는 조항이었는데, 과거에 비해 까다롭게 개정되었습니다. 일단 이 조항을 행사하기 위해서는 임대차계약

시점에 구체적으로 고지해야 합니다. 임차인이 있는 부동산을 매수하여
임대인이 된 경우, 재건축을 이유로 임차인에게 갱신 거절을 할 수 없다는
뜻입니다.

　다음 판례는 계약갱신요구권에 대한 것으로 '계약갱신요구권'과 '묵시의
갱신'에 대한 차이를 잘 설명해줍니다. 특히 [3]의 판례는 계약갱신 요구시
환산보증금 이내에 들어가는 임차인의 경우 5%씩 증액할 수 있는데 5%
초과하여 증액한 경우 임차인은 임대인에게 부당이득으로 돌려받을 수 있
다고 판시하였습니다.

 판례 | 계약갱신요구권

대법원 2014. 4. 30. 선고 2013다35115 판결
[보증금반환등] [공2014상,1094]

【판결요지】
[1] 임차인의 계약갱신요구권에 관한 구 「상가건물 임대차보호법(2009. 1.
30. 법률 제9361호로 개정되기 전의 것, 이하 '법'이라 한다)」 제10조 제1항
내지 제3항과 임대인의 갱신 거절의 통지에 관한 법 제10조 제4항의 문언
및 체계와 아울러, 법 제10조 제1항에서 정하는 임차인의 계약갱신요구권은
임차인의 주도로 임대차계약의 갱신을 달성하려는 것인 반면 법 제10조 제
4항은 기간의 만료로 인한 임대차관계의 종료에 임대인의 적극적인 조치를
요구하는 것으로서 이들 두 법 조항상의 각 임대차갱신 제도는 취지와 내용
을 서로 달리하는 것인 점 등을 종합하면, 법 제10조 제4항에 따른 임대인
의 갱신 거절의 통지에 법 제10조 제1항 제1호 내지 제8호에서 정한 정당한
사유가 없는 한 그와 같은 임대인의 갱신 거절의 통지의 선후와 관계없이
임차인은 법 제10조 제1항에 따른 계약갱신요구권을 행사할 수 있고, 이러
한 임차인의 계약갱신요구권의 행사로 인하여 종전 임대차는 법 제10조 제

3항에 따라 갱신된다.

[3] 구 「상가건물 임대차보호법(2009. 1. 30. 법률 제9361호로 개정되기 전의 것, 이하 '법'이라 한다)」의 입법 목적, 차임의 증감 청구권에 관한 규정의 체계 및 취지 등에 비추어 보면, 법 제11조 제1항에 따른 증액 비율을 초과하여 지급하기로 하는 차임에 관한 약정은 증액 비율을 초과하는 범위 내에서 무효이고, 임차인은 초과 지급된 차임에 대하여 부당이득으로 반환을 구할 수 있다.

05

합법화된 상가임차인의 권리금

　　우리나라 상가에는 '권리금'이라는 제도가 있습니다. 오랫동안 관습적으로 존재하다가 2015년 5월 13일 합법화되었습니다. 모든 상가임차인은 계약 만료 6개월 전부터 계약 만료일까지 새로운 임차인으로부터 합법적으로 권리금을 받을 수 있습니다.

　　임대인이 시세보다 높은 임대료를 요구하는 등의 행위를 함으로써 현재 임차인이 권리금을 못 받게 된다면, 임차인은 권리금 수수 방해 행위로 임대인에게 손해배상을 청구할 수 있습니다.

　　경매나 공매에서 대항력 없는 임차인은 권리금을 받을 수 없습니다. 대항력이 있는 경우에만 낙찰자(새로운 임대인)를 상대로 계약 만

대법원 2019. 5. 16. 선고 2017다225312, 225329 판결
[손해배상(기)·건물인도등] 〈임차인이 임대인을 상대로 권리금 회수 방해
로 인한 손해배상을 구하는 사건〉 [공2019하,1226]

【판시사항】
[1] 구 「상가건물 임대차보호법」 제10조 제2항에 따라 최초의 임대차기간을
포함한 전체 임대차 기간이 5년을 초과하여 임차인이 계약갱신요구권을 행
사할 수 없는 경우에도 임대인이 같은 법 제10조의4 제1항에 따른 권리금
회수 기회 보호 의무를 부담하는지 여부(적극)

료 시점에 즈음하여 권리금을 받고 나갈 수 있습니다.

권리금이 법제화된 이후, 하급심 판결에서는 '계약갱신요구권이 없는 임
차인은 권리금을 받을 수 없다'라는 판결이 있었습니다. 권리금 조항이 10
조(계약갱신요구권)에 있다 보니 계약갱신요구권을 행사할 수 없다면 권
리금도 받을 수 없다는 논리와 계약갱신요구권의 기간이 초과된 경우 '장
사를 오래 했으니 권리금을 받을 수 없다'라는 내용이 주된 이유였습니다.

그러나 이후 대법원 판결에서는 계약갱신요구권과 권리금은 각각의 권
리이므로 계약갱신요구권이 없는 것과는 별개라는 판결이 나오면서 정리
가 되었습니다. 따라서 임차인이 법에서 정한 계약갱신요구권을 더 이상
행사할 수 없다 하더라도 권리금을 받을 수 있다면 합법적으로 받고 나갈
수 있습니다.

그러므로 임대인이 상가를 직접 사용할 계획이 있다 하더라도 임차인의
권리금 회수 기회를 방해할 수 없으므로 별도로 임차인에게 보상을 해주

어야 직접 사용이 가능합니다. 아울러 권리금이 인정되지 않는 특수한 경우도 있으니 알아두시기 바랍니다.

제10조의5(권리금 적용 제외)

제10조의4는 다음 각 호의 어느 하나에 해당하는 상가건물 임대차의 경우에는 적용하지 아니한다. 〈개정 2018. 10. 16.〉

1. 임대차 목적물인 상가건물이 「유통산업발전법」 제2조에 따른 대규모점포 또는 준대규모점포의 일부인 경우(다만, 「전통시장 및 상점가 육성을 위한 특별법」 제2조 제1호에 따른 전통시장은 제외)
2. 임대차 목적물인 상가건물이 「국유재산법」에 따른 국유재산 또는 「공유재산 및 물품 관리법」에 따른 공유재산인 경우
[본조신설 2015. 5. 13.]

06

상가 경매물건
사례분석

여러 호수 중 1개 호수만 경매 진행된 사례

• • •

'OO프라자'라는 이름의 구분상가들은 대개 1층 면적이 30~40㎡ (9~12평) 정도 되는 경우가 많습니다. 최근 분양된 신도시 상가들은 면적이 점점 작아지는 경향도 있는 것 같습니다. 면적을 줄여 하나라도 더 분양하기 위함이 아닐까 짐작합니다. 상황이 이렇다 보니, 임차계약시 적정 면적을 확보하기 위해 인접 호수를 연결해 임차하는 경우가 많습니다.

이번 사례는 분당구 서현역 역세권 상가입니다. 도로변에 위치한 입지 좋은 상가 1층으로 전용면적은 30.24㎡(9평)입니다. 말소기준권리보다 앞선 등기상 권리는 없지만 대항력 있는 임차인이 있습니다. 임차인은 확정일자가 빨라서 보증금 전액을 다 배당받을 수 있습니다.

○─── **물건 상세페이지(경기도 성남시 분당구 상가건물)**

대표소재지	[목록1] 경기 성남 분당구 서현동 247-1 영건프라자 1층 ●●호 [황새울로360번길 22]		N지도 D지도 도로명주소			
대표 용도	근린상가	채 권 자	정●숙 강제경매		
기타 용도	-	소 유 자	구●회	신 청 일	2022.11.04
감정평가액	1,240,000,000	채 무 자	구●회	개시결정일	2022.11.08
최저경매가	(70%) 868,000,000	경 매 대 상	건물전부, 토지전부	감 정 기 일	2022.11.28
낙찰/응찰	881,300,100원 / 2명	토 지 면 적	9.9㎡ (2.99평)	배당종기일	2023.01.11
청 구 금 액	201,230,099	건 물 면 적	30.24㎡ (9.15평)	낙 찰 일	2023.07.10
등기채권액	0	제시외면적	-	매각결정일	**2023.07.17**
물건 번호	1 [낙찰]				

❍**물건사진/위치도**

○─── **현장 지도(경기도 성남시 분당구 상가건물)**

소재지/감정서	면적(단위:㎡)	진행결과	임차관계/관리비	등기권리
(13591) [목록1] 경기 성남시 분당구 서현동 247-1 영건프라자 1층 ███호 [황새울로360번길 22] SEE REAL 등기 토지이용 [구분건물] •본건은 경기도 성남시 분당구 서현동 소재 서현역 북동측 인근에 위치하며, 주위는 역세권의 상가지대로서 각종 근린생활시설 및 업무시설, 공공편익시설, 오피스텔 및 업무시설 등이 혼재하고 있음. •본건까지 차량의 접근 가능하며, 인근에 노선 및 광역버스정류장, 서현역 등 소재하고 있어 교통상황은 양호함. •철근콘크리트구조 슬래브지붕 5층 영건프라자 건물 내 1층 ███호로서.- 사용승인일 : 1994.01.24.- 외벽: 외장용 석재 및 일부 타일붙임 등.- 내벽: 시멘트몰탈 위 페인팅 및 인테리어치장 마감 등.- 창호: 샷시 창호 등임. •본건은 인접 호수(104-107호)와 내부 벽체 구분없이 일반음식점(상호 ███)으로 이용 중임.	감정 1,240,000,000 100% 1,240,000,000 유찰 2023.06.05 70% 868,000,000 낙찰 2023.07.10 881,300,100 (71.07%) 김███추 응찰 2명 2위 응찰가 869,000,000 법원기일내역 대지 • 709㎡중 9.9㎡ (2.99평) 건물 • 일반음식점 30.24㎡ (9.15평) 총 5층 중 1층 보존등기 1994.02.28 감정지가 37,575,758 토지감정 372,000,000 평당가격 124,414,720 건물감정 868,000,000 평당가격 94,863,390 감정기관 하률감정	▶ 법원 임차조사 장██석 사업 2022.05.23 확정 2022.05.23 배당 2022.12.20 보증 5000만 차임 월290만 환산 3억4000만 점유 제1층 제███호/점포 (점유: 2022.5.18.부터2024.3.18.까지) 사업 ██ 확정 ██ 배당 ██ 보증 ██ 점유 점포 (현황서상) *총보증금:50,000,000 *총월세: 2,900,000 임대수익률계산	* 집합건물등기 소유권 구███치 이 전 2003.07.30 전소유자: 권은옥 매매(2003.07.18) 강 제 정███송 2022.11.08 (2022타경60153) [말소기준권리] 청구액 201,230,099원 열람일 2023.05.16 집합건물등기부확인 60

감정서 요약 내용을 보면 인접호수 104~107호와 벽체 구분 없이 식당으로 이용 중이라고 나와 있습니다. 즉 임차인은 104호부터 108호까지 5개 호수를 임차해서 영업 중인데 그중 108호만 경매에 붙여진 것입니다.

임차인의 사업자등록일이 2022년인 것을 봐서는 임차한 지 얼마 안 되었고 시설공사도 한 지 얼마 안 되었을 것입니다. 이러한 물건들을 낙찰받는 경우, 임차인과 재계약이 될 가능성이 높습니다. 재계약이 안 되더라도 명도 후 새로 임대하면 됩니다(단, 칸막이 공사는 필요합니다). 현재 임차인의 임대료가 290만원인데 시세를 보니 300만원 전후로 충분히 임대가 가능한 상권으로 보입니다.

이렇게 다 좋은 물건에도 단점은 있습니다. 바로 대출입니다. 임차인이 여러 호수를 터서 임차하고, 이들 중 1개 호수만 경매나 일반 매매로 나오는 경우 담보대출을 해줄 금융기관 찾기가 쉽지 않습니다. 잔금을 전액 현금으로 납부해야 하는 상황을 대비해야 합니다. 이런 물건은 경락잔금대출 전문 금융기관보다 이 물건에 대해 잘 아는 인근의 지역 금융기관을 알아보는 게 빠를 수 있습니다.

신도시 상가 경매물건들을 보면 이러한 유형이 종종 보입니다. 임차인들에게 여러 호수를 임차하도록 해서 입점시키고 분양했기 때문입니다. 최초 분양시에는 칸막이가 없더라도 시행사 측과 연결된 금융기관을 통해 대출을 받을 수 있습니다. 그러나 후일 매도시에는 매수자가 대출을 받기 어려워 매도하고 싶어도 제때 매도할 수 없으니 주의하시기 바랍니다.

그렇다면 상가물건은 꼭 대출을 받아야 할까요? 상가임대사업자는 누진세율 구조인 종합소득세를 산출할 때 공제받을 수 있는 항목이 많지 않다 보니, 대출이자를 비용으로 정산하여 세율 구간을 낮추려 합니다. 그렇다 보니 대출이 안 나오는 경우 매수인들이 투자를 꺼릴 수 있습니다. 대출을 안 받으면 공제 항목이 거의 없어서 종합소득세율 구간이 올라가고 세금을 더 내야 하는 경우가 발생할 수 있기 때문입니다.

칸막이가 없는 상가이지만 대출을 받은 사례

• • •

이번 사례는 도곡동 타워팰리스 인근에 있는 구분상가 지하 1층의 경매물건입니다. 말소기준권리보다 앞선 등기상 권리도 없고 임차인도 없습니다. 여러 호수를 터서 식당을 운영 중인 물건이고, 낙찰 금액은 약 3억원이

소재지/감정서	면적(단위㎡)	진행결과	임차관계/관리비	등기권리
(06292) [목톡6] 서울 강남구 도곡동 467-10 우성리빙텔 지하1층 비●호 [언주로30길 27] SEE REAL 등기 토지이용 [구분건물] ·본건은 서울특별시 강남구 도곡동 소재 도곡역 남서측 인근에 위치하며 부근은 아파트단지, 상업 및 업무시설, 근린생활시설등이 혼재하는 지역으로 제반주위환경은 양호함. ·본건까지 제반차량 출입가능하며 인근에 시내버스정류장 및 도곡역이 소재하여 대중교통사정 양호함. ·철골콘크리트조 및 철근콘크리트조 아스팔트쉬글엇기지붕 21층 내 제지하층 제비●호로서,- 외벽 : 석재붙임마감 등- 내벽 : 내부 인테리어 마감 등- 창호 : 시스템 창호임. ·벽체구획 없이 일체로 음식점(원조●●삼계탕)으로 이용중임.	대지 * 1,299.8㎡중 7.24㎡ (2.19평) 건물 * 피트니스센터 37.72㎡ (11.41평) 총 21층 중 지하1층 보존등기 1996.10.16 감정지가 25,745,856 토지감정 186,400,000 평당가격 85,114,160 건물감정 279,600,000 평당가격 24,504,830 감정기관 더존감정	감정 466,000,000 100% 466,000,000 유찰 2018.06.27 80% 372,800,000 변경 2018.07.25 80% 372,800,000 유찰 2018.08.09 64% 298,240,000 낙찰 2018.10.04 300,980,000 (64.59%) 김●필 응찰 1명 허가 2018.10.11 납부 2018.10.25 ▶종국결과 배당 2019.05.28	▶법원임차조사 (주)원조호●●계탕 대표 백●기 사업 2016.11.15 확정 - 배당 - 보증 1억 차임 월300만 환산 4억 점유 비102호/점포 (현황서상) *총보증금:100,000,000 *총월세: 3,000,000 임대수익률계산	*집합건물등기 소유권 백●기 이 전 2011.08.12 전소유자: 동부상호저축은행 매매(2011.07.12) 근저당 우리은행 (신길서지점) 2015.12.01 3,600,000,000 [말소기준권리] 강 제 백●외외1 2017.12.27 (2017타경106719) 청구액 1,345,160,938원 [등기부채권총액] 3,600,000,000원 열람일 2018.06.08 집합건물등기부확인 69

<축척없음>

었습니다.

이 사례에서는 지하층으로 내려오는 가장 가까운 첫 번째 호수를 낙찰받았습니다. 벽체 구분이 없었으나 다방면으로 대출을 알아본 결과 새마을금고를 통해 낙찰가의 80%를 대출받을 수 있었습니다. 경락잔금대출 상품도 금융권에 다양하게 있으므로 낙찰자에게 좋은 상품을 소개해주는 대출에이전트들을 많이 알고 있으면 도움이 됩니다.

○──── **대상 구분건물로 내려가는 계단 모습**

이 사례의 투입비용과 수익률 분석

낙찰가 300,980,000 + 취득세 등 15,000,000원 = 315,980,000원

담보대출 240,000,000원

실투자금 75,980,000원

보증금 30,000,000원, 월세 2,500,000원, 대출이자 900,000원(연 4.5%)

월수익 1,600,000원×12개월 / 실투자금 75,980,000원 = 약 25.2%(세전수익율)

대출을 받은 후, 종전 소유자와 보증금 3,000만원에 월 250만원으로 재계약을 하였고 지금은 다른 임차인이 들어와 영업 중입니다. 지하상가이지만 지상에서 진출입하기 좋고 상가 공간이 부족한 지역이라 이런 내용을 잘 알고 있는 상태에서 낙찰받아 높은 임대수익을 올리고 있는 물건입니다.

환산보증금에 따른 임차인의 주요 권리 비교

* * *

상가임차인의 권리는 환산보증금 이내이냐 초과이냐에 따라 달라지므로 잘 알아두어야 합니다. 특히 환산보증금이 초과되는 임차인은 확정일자를 받을 수 없으므로 보증금을 지키기 위해서는 '전세권' 설정이 필요합니다. 또한 '묵시의 갱신'이 된다면 임대인도 계약 해지를 할 수 있게 됩니다.

민법이 정한 묵시의 갱신은 임차인이 해지 통고를 하면 1개월 뒤, 임대

○──── **환상보증금에 따른 임차인의 권리**

	환산보증금 이내	환산보증금 초과
대항력	있음	있음(2015.5.13. 이후)
확정일자	있음	없음
차임 인상율	5%	임대인과 협의(상임법 10조의 2)
묵시의갱신	1년 연장	민법상 묵시의 갱신 적용(임대인도 해지 가능)
계약갱신요구권	있음	있음
권리금 회수	있음	있음

인이 해지 통고를 하면 6개월 뒤에 계약이 해지됩니다. 그러므로 환산보증금이 초과되는 경우 묵시의 갱신이 되면 임대인에게 유리할 수 있습니다. 환산보증금이 초과되더라도 계약갱신요구권을 사용할 수는 있지만, 계약갱신요구권 행사시 차임 증액에 대한 상한선이 없다는 점도 주의해야 합니다.

07

상가임대차보호법
주요 판례분석

여러 호수를 임차한 경우 환산보증금 계산은?

· · ·

집합건물 상가에서는 1개의 호수가 아닌 여러 개의 호수를 터서 사용하는 경우가 흔합니다. 이런 경우, 동일한 소유자의 여러 호수를 한꺼번에 임차했다면 여러 호수의 보증금과 월차임을 합해서 권리분석을 하면 됩니다. 만약 여러 호수의 임대인이 다른 사람이어서 각 호수별로 임대차계약을 체결했다면, 이때에는 각각 대항력 여부를 분석하면 됩니다.

판례 | 구분건물의 임대차 관계

대법원 2013. 10. 17. 선고 2013다207644 판결
[배당이의] [미간행]

【판시사항】
갑이 집합건물 중 2개의 구분건물을 임차하여 벽체 등에 의한 구분 없이 하나의 사업장으로 사용한 사안에서, 각 구분건물에 관하여 각각 별도의 임대차 관계가 성립한 것이 아니라 일괄하여 단일한 임대차 관계가 성립한 것으로 본 원심 판단을 정당하다고 한 사례

 판례 | 구분 점포는 합산액 기준으로

대법원 2015. 10. 29. 선고 2013다27152 판결
[배당이의] [공2015하,1753]

【판결요지】
임차인이 수 개의 구분 점포를 동일한 임대인에게서 임차하여 하나의 사업장으로 사용하면서 단일한 영업을 하는 경우 등과 같이, 임차인과 임대인 사이에 구분 점포 각각에 대하여 별도의 임대차 관계가 성립한 것이 아니라 일괄하여 단일한 임대차 관계가 성립한 것으로 볼 수 있는 때에는, 비록 구분 점포 각각에 대하여 별개의 임대차계약서가 작성되어 있더라도 구분 점포 전부에 관하여 상가건물 임대차보호법 제2조 제2항의 규정에 따라 환산한 보증금액의 합산액을 기준으로 상가건물 임대차보호법 제14조에 의하여 우선변제를 받을 임차인의 범위를 판단하여야 한다.

환산보증금 계산시 부가세는 포함될까?

• • •

결론적으로, 임대차계약서상에 임차료 외에 '부가세별도'라고 기재되어 있다면 부가세는 환산보증금 계산시 포함되지 않습니다.

 판례 | 환산보증금에서의 '부가세 별도' 조항

수원지법 2009. 4. 29. 선고 2008나27056 판결

【판결요지】

임차인이 부담하기로 한 부가가치세액이 상가건물 임대차보호법 제2조 제2항에 정한 '차임'에 포함되는지 여부에 관하여 보건대, 부가가치세법 제2조, 제13조, 제15조에 의하면 임차인에게 상가건물을 임대함으로써 임대용역을 공급하고 차임을 지급받는 임대사업자는 과세관청을 대신하여 임차인으로부터 부가가치세를 징수하여 이를 국가에 납부할 의무가 있는 바, 임대차계약의 당사자들이 차임을 정하면서 '부가세 별도'라는 약정을 하였다면 특별한 사정이 없는 한 임대용역에 관한 부가가치세의 납부 의무자가 임차인이라는 점, 약정한 차임에 위 부가가치세액이 포함된 것은 아니라는 점, 나아가 임대인이 임차인으로부터 위 부가가치세액을 별도로 거래 징수할 것이라는 점 등을 확인하는 의미로 해석함이 상당하고, 임대인과 임차인이 이러한 약정을 하였다고 하여 정해진 차임 외에 위 부가가치세액을 상가건물 임대차보호법 제2조 제2항에 정한 '차임'에 포함시킬 이유는 없다.

환산보증금 초과 임차인의 묵시의 갱신

• • •

환산보증금 초과 임차인이 묵시의 갱신이 되는 경우에 대한 판례입니다.

판례 | 환상보증금 초과 임차인의 묵시의 갱신

대법원 2021. 12. 30. 선고 2021다233730 판결
[건물명도(인도)] [공2022상,255]

【판결요지】
상가건물 임대차보호법(이하 '상가임대차법'이라 한다)에서 기간을 정하지
않은 임대차는 그 기간을 1년으로 간주하지만(제9조 제1항), 대통령령으로
정한 보증금액을 초과하는 임대차는 위 규정이 적용되지 않으므로(제2조 제
1항 단서), 원래의 상태 그대로 기간을 정하지 않은 것이 되어 민법의 적용
을 받는다.
민법 제635조 제1항, 제2항 제1호에 따라 이러한 임대차는 임대인이 언제든
지 해지를 통고할 수 있고 임차인은 통고를 받은 날로부터 6개월이 지남으
로써 효력이 생기므로, 임대차 기간이 정해져 있음을 전제로 기간 만료 6개
월 전부터 1개월 전까지 사이에 행사하도록 규정된 임차인의 계약갱신요구
권(상가임대차법 제10조 제1항)은 발생할 여지가 없다.

3기의 차임액을 연체한 적이 있는 임차인의 계약갱신요구권

...

임차인이 3기분에 해당하는 차임을 연체한 이력이 있는 경우 임대인은
계약갱신요구를 거절할 수 있는지에 대한 판례입니다. 3기분 연체 후 한
번에 임대료를 지급했다 하더라도, 이미 3기분에 해당하는 차임을 연체한
이력이 있다면 임대인은 임대차계약을 해지하고 명도할 수 있습니다.

대법원 2021. 5. 13. 선고 2020다255429 판결
[건물명도(인도)] 〈점포 임대인이 임대차 기간 중 차임 연체액이 3기분에 달한 적이 있었다는 이유로 임차인의 계약갱신 요구를 거절하고 인도를 구하는 사건〉 [공2021하,1197]

【판결요지】
[1] 상가건물 임대차보호법(이하 '상가임대차법'이라고 한다) 제10조의8은 임대인이 차임 연체를 이유로 계약을 해지할 수 있는 요건을 '차임 연체액이 3기의 차임액에 달하는 때'라고 규정하였다. 반면 임대인이 임대차 기간 만료를 앞두고 임차인의 계약갱신 요구를 거부할 수 있는 사유에 관해서는 '3기의 차임액에 해당하는 금액에 이르도록 차임을 연체한 사실이 있는 경우'라고 문언을 달리하여 규정하고 있다(상가임대차법 제10조 제1항 제1호). 그 취지는, 임대차계약 관계는 당사자 사이의 신뢰를 기초로 하므로, 종전 임대차 기간에 차임을 3기분에 달하도록 연체한 사실이 있는 경우에까지 임차인의 일방적 의사에 의하여 계약 관계가 연장되는 것을 허용하지 아니한다는 것이다.
위 규정들의 문언과 취지에 비추어 보면, 임대차 기간 중 어느 때라도 차임이 3기분에 달하도록 연체된 사실이 있다면 임차인과의 계약 관계 연장을 받아들여야 할 만큼의 신뢰가 깨어졌으므로 임대인은 계약갱신 요구를 거절할 수 있고, 반드시 임차인이 계약갱신요구권을 행사할 당시에 3기분에 이르는 차임이 연체되어 있어야 하는 것은 아니다.
[2] 임차인이 계약종료 후에도 건물을 계속 사용하고 있고 임대인도 보증금을 반환하지 않은 채 거기에서 향후 임료 상당액을 공제하는 관계라면 부가가치세의 과세 대상인 용역의 공급에 해당하므로, 차임에 대한 부가가치세 상당액을 임차인이 부담하기로 하는 약정이 있었다면, 특별한 사정이 없는 한 임대차계약 종료 후의 계속 점유를 원인으로 지급되는 차임 상당 부당이득에 대한 부가가치세 상당액도 임차인이 부담하여야 한다.

Chapter

06

...

생각보다 쉬운
권리분석의 세계

01

낙찰받으면 권리가 소멸된다!
소제주의

이제 본격적으로 부동산경매의 권리분석에 대해 알아보겠습니다. 권리분석이란 쉽게 말해 어떤 부동산에 있는 권리들의 순서를 매기는 일입니다. 등기부상의 권리는 접수날짜가 빠른 권리가 우선이고, 같은 날짜에 접수되었다면 접수번호가 빠른 것이 우선순위의 권리가 됩니다. 이 내용을 기초로 권리분석에 대한 개념과 개별적인 권리들을 분석하는 요령을 공부해 보겠습니다.

채권자가 경매를 신청하고 낙찰이 되면 낙찰자가 납부한 매각대금으로 채권자들에게 배당해 주고 경매절차는 종결됩니다. 매각되는 부동산상의 권리들은 그 순서에 의해 배당받고 소멸하게 되는데, 이때 소멸 기준이 되는 권리를 '말소기준권리'라고 합니다.

즉 말소기준권리보다 순위가 느린 후순위 권리들은 매각으로 소멸된다는 원칙을 '소제주의(消除主義)'라고 합니다. 청소를 하듯이 등기부가 깨끗해진다는 의미입니다. 순위가 느려 배당금을 못 받더라도 그대로 권리가 말소됩니다.

말소기준권리로는 근저당권이 대표적이지만 그 밖에도 다양한 권리들이 있습니다. 말소기준권리는 돈을 받을 수 있는 권리라는 공통점을 갖습니다. 경매 자체가 채무자의 부동산을 돈으로 바꾸어(환가) 채권자에게 나눠주는(배당) 제도이기 때문입니다.

말소기준권리에 해당되는 권리

- 근저당권, 저당권
- 경매개시결정기입등기
- 가압류, 압류
- 일부 조건에서의 전세권
- 담보가등기

02

잘못 낙찰받으면 권리가 인수된다!
인수주의

말소기준권리보다 늦은 후순위의
권리는 소멸된다는 원칙이 소제주의라면, '말소기준권리보다 빠른 권
리는 매각으로 소멸되지 않고 낙찰자가 인수한다'라는 원칙이 '인수
주의'입니다. 그러니 권리분석에서 '말소기준권리'를 찾는 것이 얼마
나 중요한지 알 수 있습니다. 경매물건을 낙찰받았을 때 인수할 권리
가 있는지 없는지를 한눈에 파악할 수 있기 때문입니다.

인수되는 권리가 있는 경우에는 경매법원이 공고하는 매각물건명
세서(매각기일 7일 전 오픈)에 기재되므로 쉽게 확인할 수 있습니다. 늘
그렇듯이 법에는 원칙이 있으면 예외가 있습니다. 말소기준권리보다
앞선 선순위 권리라도 말소가 되는 경우가 있습니다. 개별 권리들의

분석 방법 파트에서 자세히 알려드릴 예정입니다.

○—— **말소기준권리의 구조**

선순위	인수되는 권리	인수주의	전세권, 지상권, 지역권, 임차권, 가처분, 소유권이전청구권가등기, 환매등기, 임차인

말소기준권리(근저당, 저당, 가압류, 압류, 담보가등기, 강제경매개시기입등기)
+ 일정 조건에서 전세권

후순위	소멸되는 권리	소제주의	전세권, 지상권, 지역권, 임차권, 가처분, 소유권이전청구권가등기, 환매등기, 임차인, 가압류

예고등기와 유치권은 말소기준권리와 관계없이 항상 인수된다.

○—— **매각물건명세서에 기재된 인수 권리**

> 등기된 부동산에 관한 권리 또는 가처분으로 매각으로 그 효력이 소멸되지 아니하는 것
> 매수인에게 대항할 수 있는 을구 순위 1번 임차권등기(2021. 1. 14. 등기)는 배당에서 보증금이 전액 변제되지 아니하면 잔액을 매수인이 인수함

03

남는 게 있어야
경매절차가 유효하다?
잉여주의

경매절차에 대한 내용은 민사집행법에 담겨 있습니다. 민사집행법 102조에서는 '경매신청 채권자에게까지 배당할 배당금이 없을 경우에 경매를 취소한다'라고 규정하고 있습니다. 경매신청한 채권자에게까지 배당해 줄 잉여금이 있어야 경매가 유효하다는 말입니다. 이를 '잉여주의'라고 합니다. 이런 제도를 두고 있는 이유는 선순위 채권자의 기회를 보호하기 위해서입니다.

무잉여에 해당하는 경우

. . .

무잉여란 남는 돈이 없다는 뜻인데 사례를 통해 설명해보겠습니다. 시세가 2억원인 주택에 다음과 같이 권리가 설정되어 있다고 해봅시다.

1순위: 근저당A 1억원

2순위: 근저당B 1억원

3순위: 근저당C 1억원(경매신청권자)

4순위: 임의경매C

시세가 2억원이면 통상 2억원 이하의 금액으로 입찰을 할 것입니다. 1.8억원에 입찰한다고 가정하고 대략적인 배당을 해보겠습니다.

1순위 근저당권자에게 1억원

2순위 근저당권자에게 8천만원

담보물권인 근저당권에는 우선변제권이라는 권능이 있어서 후순위 채권자보다 먼저 자기 채권 전액을 배당받을 수 있습니다. 그러고 보니 배당금액이 적어 2순위 근저당권자도 전액 배당을 못 받는 상황이 되었습니다. 경매신청 채권자인 3순위 근저당권에는 배당해 줄 돈이 없습니다. 민사집행법 102조에 있는 경매신청 채권자에게 배당할 금액이 없는 '무잉여'에 해당되는 것입니다.

이런 상황이 발생하면 경매법원은 우선 경매신청 채권자인 C에게 통지를 합니다. 경매신청채권자에게까지 배당할 금액이 안 되므로, C보다 앞선 채권금액을 모두 변제하고 C에게까지 배당될 수 있는 금액으로 이 부동산을 매수할 의사가 있는지 물어보는 것입니다. 일정 기간 안에 매수 의사를 표시하지 않으면 경매절차는 취소됩니다.

만약 매수하겠다는 의사표시를 하고 일정 금액을 법원에 납부하면 '채권자 매수청구 있음'이라고 매각물건명세서에 고지한 후 경매절차를 계속 진행하고, 매수하겠다는 의사표시가 없다면 경매절차는 취소됩니다. 상기 사례에서는 C에게까지 배당이 되도록 2억원이 넘는 금액으로 매수해야 하는 것입니다.

실제 사례(하남시 아파트)를 살펴보겠습니다.

이 사건에서 경매신청 채권자는 강제경매신청 채권자로서, 배당순위는 다음과 같습니다.

1순위: 임차인 2.5억원

○——— **물건 상세페이지(경기도 하남시 감이동 아파트)**

소재지/감정서	면석(난위:m²)	신행결과	임차관계/관리비	능기권리
(13004) [목록1] 경기 하남시 감이동 530 감일한라비발디 1205동 6층 ●●호 [감일백제로 65] 지도 등기 토지이용 [구분건물] · 본건은 경기도 하남시 감이동 소재 감일중학교 북측인근에 위치하며 주위는 아파트단지, 근린생활시설, 학교, 골프장, 공원 등이 혼재 형성된 지역으로서 제반 주위여건은 보통임. · 본건까지 차량접근 가능하며 노선버스정류장의 위치 및 운행빈도 등으로 보아 대중교통의 이용은 보통임. · 철근콘크리트구조 (철근)콘크리트지붕 29층 건물 내 6층 603호로서,외벽 : 몰탈위 페인팅 및 석재마감 등.창호 : 하이 샷시 등. · 아파트로 이용중임. (추점 내부구조도 참조) · 기본적인 위생 및 급배수설비, 화재경보 및 소화전설비, 승강기설비 및 지하주차장설비, 지역난방 등.	감정 1,110,000,000 · 대지권미등기 건물 · 84.87m² (25.67평) 총 29층 중 6층 보존등기 2019.08.02 일괄감정 1,110,000,000 감정기관 하늘감정	감정 1,110,000,000 100% 1,110,000,000 유찰 2022.11.21 70% 777,000,000 변경 2022.12.26 법원기일내역	▶법원임차조사 정●규 전입 2019.09.03 확정 2019.08.22 배당 2022.06.13 보증 2억5000만 점유 603호 전체/주거 (점유: 2019.8.30.부터 2021.8.29.까지) (김●은 배우자) ·총보증금:250,000,000 임대수익률계산 ▶전입세대 직접열람 유료 김○○ 2019.09.03 열람일 2022.11.07 ▶관리비체납내역 ·비공개 ☎ 02-449-7551 ▶관할주민센터 하남시 감이동 ☎ 031-790-6614	· 집합건물등기 소유권 백●운 이 전 2019.09.06 전소유자: 한국토지주택공사 매매(2016.12.05) 근저당 신도농협 (세술지점) 2019.09.06 360,000,000 [말소기준권리] 근저당 박●숙 2020.06.02 500,000,000 강 제 최●아 2022.04.18 (2022타경53179) 청구액 300,000,000원 [등기부채권총액] 860,000,000원 열람일 2022.11.03 집합건물등기부확인 유료

2순위: 신도농협 근저당권 3.6억원

3순위: 박○숙 근저당권 5억원 (여기까지 합계 금액이 11.1억원)

4순위: 최○아 강제경매 신청권자

그런데 이 물건의 최저경매가격은 7.7억원이고 경매신청채권자보다 선순위인 채권들의 합계금액이 11.1억원입니다. 누군가 11.1억원 이상으로 입찰한다면 경매가 유효하게 진행되겠지만, 한 번 유찰된 상태이기도 하고 최근 부동산가격 하락세로 인해 그럴 가능성이 높지 않습니다.

이런 경우, 경매법원에서는 채권자에게 다음과 같이 매수 통지서를 보냅니다. 법원 기록 중 송달처리내역에서 확인할 수 있습니다. 이 사례는 채권자가 매수하지 않아 최종 기각(=경매 취소) 처리되었습니다.

○─── **송달처리내역**(경기도 하남시 감이동 아파트)

2022.11.04	근저당권자 박○○ 매각및 매각결정기일통지서 발송	2022.11.04 송달간주
2022.11.04	교부권자 하○○ 매각및 매각결정기일통지서 발송	2022.11.04 송달간주
2022.11.04	채권자 최○○ 매각및 매각결정기일통지서 발송	2022.11.08 도달
2022.11.04	근저당권자 신○○○○○ 매각및 매각결정기일통지서 발송	2022.11.08 도달
2022.11.28	채권자 최○○ 매수통지서 발송	2022.11.28 도달

○─── **물건 상세페이지2**(경기도 하남시 감이동 아파트)

소재지/감정서	면적(단위:㎡)	진행결과	임차관계/관리비	등기권리
(13004) [목록1] 경기 하남시 감이동 530 감일한라비발디 1205동 6층 ■■■[감일백제로 65] SEE REAL 등기 토지이용 [구분건물] ·본건은 경기 하남시 감이동 소재 감일중학교 북측인근에 위치하며 주위는 아파트단지, 근린생활시설, 학교, 골프장, 공원 등이 혼성 형성된 지역으로서 제반 주위여건은 보통임.	·대지권미등기 건물 · 84.87㎡ (25.67평) 총 29층 중 6층 보존등기 2019.08.02 일괄감정 1,110,000,000 감정기관 하늘감정	감정 1,110,000,000 100% 1,110,000,000 유찰 2022.11.21 ▶종국결과 기각 2022.12.12	▶법원임차조사 정●규 전입 2019.09.03 확정 2019.08.22 배당 2022.06.13 보증 2억5000만 점유 603호 전체/주거 (점유: 2019.8.30.부터 2021.8.29.까지) (김●은배우자) *총보증금:250,000,000	*집합건물등기 소유권 백●운 이 전 2019.09.06 전소유자: 한국토지주택공사 매매(2016.12.05) 근저당 신도농협 (세슬지점) 2019.09.06 360,000,000 [말소기준권리]

채권자 매수청구

. . .

매수통지서를 받은 후, 채권자가 선순위 채권액의 합계금액(=경매신청채권자에게 배당할 금액)보다 높은 금액으로 입찰하겠다고 할 경우에는 어떻게 진행되는지도 알아보겠습니다. 우선 경매계에서는 매수신청액과 보증액을 받고 매각물건명세서에 '채권자 매수청구 있음'이라고 고지합니다.

후순위 채권자가 신청하는 채권자매수청구의 대부분은 선순위 채권자의 금액을 변제하고 남을 만큼의 금액입니다. 그러다 보니 대부분 시세 대비 또는 감정가 대비 높은 금액에 매수청구되는 경우가 많습니다. 이 경우 가격이 높아 일반 응찰자라면 입찰하지 않는 경우들이 대부분입니다. 채권자 매수청구로 인해 입찰을 해도 낙찰을 못 받는 것으로 일부 잘못 알고 있는 분들이 있는데 채권자에게는 우선매수권이 없습니다. 채권자매수청구금액 이상으로 입찰하면 누구라도 낙찰받을 수 있습니다. 다만 금액이 높아서 입찰을 안 할 뿐입니다.

채권자매수청구시 보증금액은 얼마일까?

채권자가 매수신청하는 경우에는 보증액을 납부해야 합니다. 보증액은 최저매각가격과 채권자매수신청금액의 차액입니다. 신청자가 채권자이므로 차액지급신고가 가능하기 때문에 차액만큼을 미리 받아놓는 것입니다.

(44938) [목록6] 울산 울주군 언양읍 동부리 498 신울산경남아너스빌 103동 3층 ■■호 [북문11길 9] SEEREAL 등기 토지이용 [구분건물] ·본건은 울산광역시 울주군 언양읍 동부리 소재 언양초등학교 서측 인근에 위치하는 신울산경남아너스빌 103동 3층 ■■호이며 주위는 아파트단지,학교,근린생활시설,주택 및 나지 등으로 형성되어 있습니다. ·본건까지 차량출입이 가능하며 인근으로 노선버스승강장이 소재하여 대중교통 사정은 보통입니다. ·철근콘크리트구조 아스팔트 싱글지붕 13층건중 3층 ■■호로서,외벽: 몰탈위페인트 칠마감,내벽: 벽지바름 등.창호: 샷시창. ·아파트입니다. ·위생 및 급배수시설,전기설비.소화전설비 및 승강기설비 등이 되어 있습니다. ·단지 주변 도로망상태 보통입니다.	**대 지** · 32,628.2㎡중 44.5㎡ (13.45평) **건 물** · 84.82㎡ (25.66평) 총 13층 중 3층 보존등기 2009.11.13 개별공시 145,600 감정지가 2,002,247 토지감정 89,100,000 평당가격 6,624,540 건물감정 207,900,000 평당가격 8,102,110 감정기관 태평양감정	**감정** 297,000,000 변경 2023.08.09 100% 297,000,000 유찰 2023.09.13 70% 207,900,000 진행 2023.10.25 법원기일내역	▶법원임차조사 조사된 임차내역 없음 ▶전입세대 직접열람 60 정●선 **열람일 2023.08.02** ▶관리비체납내역 ·체납액:710,000 ·확인일자:2023.07.26 ·3개월(23/4-23/6) ·전기수도포함가스 별도 ☎ 052-254-4580 ▶관할주민센터 울주군 언양읍 ☎ 052-204-4464	* 집합건물등기 소유권 정●선 이 전 2015.08.31 255,000,000 전소유자: 허●수 매매(2015.03.30) 근저당 우리은행 (구영지점) 2015.08.31 66,000,000 [말소기준권리] 근저당 우리은행 (구영지점) 2015.10.19 110,000,000 근저당 우리은행 (구영지점) 2016.01.21 39,600,000 근저당 이●철 2018.02.14 60,000,000 임 의 이●철 2023.01.13 (2023타경100300) 청구액 58,042,739원

대법원공고	**[기본내역]** 압류채권자로부터 금 232,000,000원의 매수신청의 보증이 있음. **[정정공고]** 2023.10.18 대법원 정정공고: 압류채권자로부터 금 232,000,000원의 매수신청의 보증이 있음.

이렇게라도 부동산을 인수하려는 후순위 채권자의 입장은 어떤 걸까요? 채무자에게 다른 재산이 없어서 채권 회수가 어렵다면 부동산 취득을 통해서라도 후일을 도모해 보려는 것입니다. 정비사업이 예정되어 있거나 가격 상승을 기다리거나 아무튼 이유가 있을 것입니다. 가만히 있으면 채권금액 회수가 어려운 상황이 되므로, 잘 따져보고 채권자 매수청구 여부를 결정하는 것입니다.

상기 사례에서는 후순위 채권자가 경매신청을 했고 2.32억원에 매수신청을 해 놓은 사례입니다. 앞서 설명드렸듯이 매수청구금액 이상을 쓰면 일반 응찰자도 낙찰받을 수 있습니다. 일반 응찰자 입장에서 채권자매수청구금액 이상으로 입찰했을 때 수익이 없다면, 이 물건은 채권자가 낙찰받게 될 것입니다.

. . .

본격적인 권리분석!
개별 권리들의 분석 요령

01

대표적인 담보물권인
근저당권

경매물건에서 가장 흔히 볼 수 있
는 권리가 근저당권입니다. 부동산을 살 때 대부분은 은행에서 대출
을 받기 때문입니다. 근저당권과 저당권은 대표적인 말소기준권리인
데, 최근 실무에서는 저당권을 설정하는 경우를 거의 찾아볼 수 없습
니다. 근저당권이 더 발전된 금융기법이기 때문이라고 이해하면 됩
니다. 그러면 둘의 차이에 대해 알아보겠습니다.

근저당권과 저당권

. . .

근저당권은 등기부에 채권최고액이 기재되는 반면 저당권은 채권

원금과 이자가 기재됩니다. 따라서 저당권은 등기부만 보면 채무자가 얼마를 빌렸고 이자율은 어떻게 되는지를 쉽게 알 수 있습니다. 반면 근저당권은 채권최고액으로 기재되다 보니, 채무자가 얼마를 빌렸는지 현재 대출잔액이 얼마인지를 알 수 없습니다.

근저당권의 경우, 채권최고액 한도 내에서 대출금을 상환했다가 다시 대출받는 것을 반복할 수 있습니다. 그래서 근저당권에는 '채권이 미확정

원금 상환이 다 끝나가는데 뭐가 걱정이냐고?
(추가 대출을 막는 감액등기 활용법)

전세계약을 할 때 1순위 근저당권이 있다면 당연히 계약이 꺼려집니다. 그런데 중개사무소에서는 '원금상환이 두세 달밖에 남지 않았으니 걱정하지 말라'라고 합니다. 원금 상환이 거의 끝나가는 임대인의 대출 통장을 보여주면서 2순위로 전세계약을 유도하는 것입니다.

시세가 2억원이고 1순위 근저당권(채권최고액 1.2억원)이 설정된 물건인데, 원금을 상환해 임대인 대출 통장에 상환할 금액이 2천만원 남아 있는 상황이라고 가정해 보겠습니다. 시세가 2억원, 전세금이 1억원, 대출금이 2천만원 남아 있으니 안전하다고 믿어도 될까요? 아닙니다. 근저당권의 채권최고액이 1.2억원이므로 임대인은 언제든 채권최고액 한도 내에서 대출을 받을 수 있기 때문입니다.

이러한 경우, 임차인은 임대인에게 근저당권의 채권최고액을 감액하는 감액등기를 요청할 수 있습니다. 임대인이 이를 수락하는 경우에만 임대차계약을 하는 것이 안전합니다.

되어 있다'라는 표현을 씁니다. 저당권은 원금이 변경될 수 없으므로(만기 시 전액 상환하는 구조) '채권이 확정되어 있다'라고 표현합니다.

> 근저당권 | 원금, 이자 등이 변동(채권 미확정), 채권최고액 등기
>
> 저당권 | 채권액 확정(지연이자는 1년분만), 채권액 등기

근저당권의 확정과 말소, 그리고 배당

■ ■ ■

근저당권은 채권이 미확정되어 있는 권리인데요. 그렇다면 언제 채권이 확정되는 걸까요? 먼저 근저당권자가 경매를 신청하면 그 시점에 채권자가 받을 원금과 이자를 기재하기 때문에 이때 채권이 확정되게 됩니다. 경매를 신청하지 않는 근저당권이라면 낙찰자가 대금을 납부한 때(=소유권 취득)에 채권금액이 확정됩니다. 근저당권이 경매절차에서 말소되는 근거는 민사집행법 제91조에 있습니다.

> ### 민사집행법 제91조(인수주의와 잉여주의의 선택 등)
>
> ② 매각부동산 위의 모든 저당권은 매각으로 소멸된다.

대표적인 담보물권인 근저당권과 저당권에는 우선변제권이라는 권능이 있습니다. 우선변제권이란 경매나 공매 절차에서 배당을 할 때 나보다 순위가 느린 후순위 채권자보다 먼저 내 돈을 전액 배당받을 수 있는 권리입

니다. 전액 배당이 되고 남으면 다음 순위 채권자에게 순서가 돌아갑니다.

나중에 다시 설명하겠지만, 가압류와 같은 일반채권에는 우선변제권이 없습니다. 선순위로 등기가 되어 있다 하더라도 후순위 채권자들과 같은 순위로 안분배당을 받습니다.

근저당권에 의해 배당받을 수 있는 금액(=담보권의 효력이 미치는 금액의 한도)은 채권최고액 한도 내에서만 가능합니다. 즉 이자가 많이 쌓여서 채권최고액을 초과하는 경우도 생길 수 있는데 이때 초과되는 부분은 근저당권에 의해 배당받을 수 없습니다. 초과되는 부분을 배당받으려면, 가압류 등 별도의 조치를 하고 배당요구종기일까지 배당요구를 해야 배당절차에 참여할 수 있습니다. 하지만 이러한 경우 대부분 후순위가 되어 배당받기는 어려울 것입니다.

채무자 변제 vs. 제3자 변제

근저당권을 변제할 때 채무자는 연체이자 등이 채권최고액을 초과하는 경우에도 전액 상환을 해야 합니다. 반면 제3자가 변제할 때에는 채권최고액을 초과하는 이자는 부담하지 않고 채권최고액을 한도로 변제하면 됩니다. 변제공탁으로 경매를 취소하려면, 변제일까지 밀린 이자와 원금 그리고 경매신청 채권자가 경매신청시 납부한 경매비용(채무변제일까지 경매진행에 사용된 금액)을 모두 변제해야 합니다.

02

민법이 보장하는 임차인의 권리, 전세권

전세권이란

. . .

전세권이란 부동산에 전세금을 지급하고 부동산 용도에 맞게 사용 수익하며, 그 부동산 전부에 대하여 후순위 권리자 또는 기타 채권자보다 먼저 우선변제를 받을 수 있는 물권을 말합니다. 전세권은 담보 물권적인 효력과 용익물권적인 효력을 함께 가지고 있습니다. 이게 무슨 말이냐고요?

전세권은 전세금을 지급하므로(계약 만료시에는 돌려받아야 하므로) 근 저당권과 같은 담보물권의 기능이 있고, 타인의 부동산을 사용수익 하는 권리이므로 용익물권의 기능도 가지고 있는 것입니다.

민법 제303조 2항은 농지에는 전세권을 설정할 수 없다고 나와 있습니다. 그리고 공유지분에도 설정할 수 없는데요. 원칙적으로는 공유지분 관계에서 각 지분권자는 소유하는 곳이 특정되지 않으며, 어느 부분을 사용 · 수익할지도 특정되지 않습니다. 참고로 공유지분권자들끼리 서로 소유할 위치에 대해 협의가 된 경우를 '구분소유적공유' 또는' 상호명의신탁'이라고 부릅니다.

민법 제303조(전세권의 내용)

① 전세권자는 전세금을 지급하고 타인의 부동산을 점유하여 그 부동산의 용도에 좇아 사용 · 수익하며, 그 부동산 전부에 대하여 후순위 권리자 기타 채권자보다 전세금의 우선변제를 받을 권리가 있다. 〈개정 1984. 4. 10.〉
② 농경지는 전세권의 목적으로 하지 못한다.

전세권과 주택임대차보호법상 임차인의 차이점은?

▪ ▪ ▪

우리나라에서 임차인이 자신의 보증금을 지킬 수 있는 방법은 민법의 '전세권'과 민법의 특례법인 '임대차보호법'입니다. 그러면 둘 사이에 어떤 차이가 있는지 알아봅시다.

① 전세권은 등기부에 공시가 된다

전세권은 등기사항증명서에 공시가 되므로 전입신고를 하지 않아도 순위를 확보할 수 있습니다. 반면 임대차보호법상 대항력과 확정일자로 보호받기 위해서는 전입신고(상가의 경우 사업자등록)가 필수입니다.

② 전세권 설정은 임대인의 협조가 필요

전세권 설정등기를 하기 위해서는 임대인의 인감증명서(위임시) 등이 필요합니다. 반면 임대차보호법상의 전입신고와 확정일자는 임차인이 단독으로 받을 수 있습니다. 전세권은 임차인의 요청에 따라 설정되므로, 전세권 설정비용은 통상 임차인이 부담합니다. 전세권 등기 비용은 아래와 같습니다.

등록세(전세금의 0.2%) + 교육세(등록세의 20%) + 법무사 보수 및 공과금

③ 전세권으로 임의경매 신청 가능

전세권은 담보물권의 권능과 용익물권의 권능 두 가지 모두를 가지고 있다고 했는데요. 이 중 담보물권의 효력으로 인해 임대차계약이 만료됐음에도 보증금을 돌려받지 못한 경우에는 판결문 등의 집행권원 없이도 임의경매를 신청할 수 있습니다.

반면 임대차보호법상의 임차인은 계약 만료시 임대인이 보증금을 돌려주지 않으면 '지급명령신청'을 하거나 '보증금반환청구소송'을 통해 집행권원(=판결문 등)을 얻은 다음 강제경매를 신청해야 합니다. 경매로 보증금을 돌려받아야 하는 경우, 판결문을 얻어야 하므로 임대차보호법상 임차인 입장에서는 상대적으로 긴 시간이 필요한 것입니다.

보증금반환청구 소송의 경우, 소액사건심판법을 준용하여 일반 민사소송에 비해서는 절차가 단축됩니다. 통상 법원에서는 이행권고결정을 하여 사건을 빨리 종결하고자 합니다. 또한 정식으로 소송을 제기하기 전에 지

지급명령신청 제도란?

소송에는 긴 시간이 소요됩니다. 돈을 받지 못한 채권자 입장에서는 답답하기 이를 데 없습니다. 이러한 채권자들의 숨통을 틔워주는 것이 바로 지급명령 제도입니다. 채권자가 지급명령신청을 하고 이 내용이 채무자에게 송달된 뒤 14일 이내에 이의신청을 하지 않는 경우 확정판결의 효력이 생깁니다. 채권자로서는 신속하게 집행권원을 확보할 수 있다는 장점이 있습니다. 그러나 기한 내에 채무자가 이의신청을 한다면, 정식 민사소송 절차에서 다투게 됩니다. 채권자라면 밑져야 본전이니 지급명령 신청을 해보는 것이 유리합니다.

급명령신청으로 집행권원을 받을 수도 있습니다.

④ 미배당된 전세금이 있어도 전세권은 소멸

최선순위 전세권의 경우, 미배당된 전세금이 있더라도 전세권은 소멸됩니다. 예를 들어 최선순위 전세권 금액이 2억원인데 경매절차에서 낙찰된 금액이 1.5억원일 경우, 전세권자는 낙찰자에게 미배당된 5천만원을 달라고 할 수 없다는 말입니다. 전세권은 근저당권과 같은 담보물권이기 때문에, 미배당된 금액이 있더라도 말소가 됩니다.

반면, 말소기준권리보다 선순위로서 임대차보호법상 대항력과 확정일자를 갖춘 임차인에게 미배당된 보증금이 있다면, 낙찰자가 보증금 중 미배당된 금액을 인수하게 됩니다.

여기까지 민법상 전세권의 권리와 주택임대차보호법상 임차인의 지위를 비교해봤습니다. 서로 장단점이 있다 보니, 최근에는 이 두 가지 권리를 모두 갖추려는 임차인들이 많습니다. 우리 법에서는 전세권과 임대차보호법상의 임차인의 지위를 각각의 권리로 인정해주고 있기 때문인데요. 관련 내용은 후술하도록 하겠습니다.

전세권의 성질

• • •

① 집합건물의 전세권은 말소기준권리

말소기준권리 중 '일부 조건에서의 전세권'이 있었던 것을 기억하실 겁니다. 여기서 일부 조건이란 집합건물(=구분건물, 즉 각 호수별로 소유권이 구분되어 있는 건물)에 전세권이 설정된 경우를 말합니다. 집합건물은 '전유(專有)부분'과 '대지권(공유지분)'으로 이루어져 있습니다. 그런데 집합건물에 전세권 설정 등기를 하면 전유부분에만 설정이 되고 부기등기(附記登記)로서 '전세권은 건물만에 관한 것임'이라고 나옵니다. 등기법상 공유지분에는 전세권 설정이 안 되기 때문입니다. 전세권은 용익물권으로 사용수익을 해야

○──── 등기부에 설정된 전세권

10	전세권설정	2021년2월24일
		제33482호
			2021년1월11일
			설정계약
				전세금 금380,000,000원
				범 위 건물 전부
				존속기간 2021년2월26일부터
				         2023년2월25일까지
				전세권자 ██████
				        광주광역시 북구 서강로54번길 55, 107동 ██████

10-1				10번 등기는 건물만에 관한 것임 2021년2월24일 부기

판례 | 집합건물에서 전세권 효력

대법원 2008다67217

【판시사항】
[1] 채권담보 목적으로 목적물의 인도 없이 설정한 전세권의 효력 및 기존
채권으로 전세금의 지급을 갈음할 수 있는지 여부(적극)
[2] 집합건물의 대지사용권인 공유지분에 관하여 건물부분(전유부분)과 분
리하여 처분할 수 없다는 취지의 등기, 즉 대지권인 취지의 등기가 경료된
경우, 그 집합건물의 전유부분에 설정한 전세권이 대지권에도 미치는지 여
부(적극)

하는데 공유지분에서는 사용수익할 공간이 특정되지 않기 때문입니다.

그리고 전세권 등기가 전유부분에만 효력이 있다고 하면, 전유부분과
대지권의 소유자가 달라지는 일도 생길 가능성이 있습니다. 그래서 법으
로는 인정이 안 되는 것을 대법원 판례로 보완하여 전유부분에 설정된 전
세권은 대지권에까지 효력이 미친다고 판시하고 있습니다.

이 판례에 의해 집합건물의 전세권은 전유부분과 대지권 모두에 효력을
미치게 되므로, 결국 집합건물 전체에 전세권의 효력이 발생해 말소기준
권리가 될 수 있는 것입니다.

② 단독주택이나 다가구주택의 전세권

집합건물이 아닌 단독주택은 토지와 건물이라는 두 개의 부동산으로 이루
어져 있습니다. 집합건물과 달리 호별로 소유권이 있는 것이 아니고 건물
한 동에 대해 소유권이 있습니다. 따라서 단독주택이나 다가구주택처럼

10	전세권설정	2011년6월22일 제88305호	2011년6월15일 설정계약	전세금 금40,000,000원 범 위 2층 203호 동쪽으로 약60㎡ 존속기간 2011년 6월 15일 부터 2013년 6월 　　　　　15일 까지 전세권자 ▆▆▆▆ 640704-******* 　　　　충청북도 청주시 흥덕구 수곡동 214-4 　　　　▆▆▆ ▆▆▆▆ 도면 제2011-871호

토지와 건물 등기가 각각 되어 있는 부동산에서 건물에 1개 호수를 임차해 전세권 설정을 하는 경우, 건물 일부(예를 들면 2층 201호 등)에 전세권이 설정됩니다.

이런 경우에는 전세권이 건물 일부에만 효력이 미치게 되므로, 계약 만료 후에 보증금을 돌려받지 못하더라도 건물 전체에 대해 임의경매를 신청할 수 없습니다. 보증금반환청구소송을 통해 별도로 판결문을 받아 건물 전체를 강제경매 신청하는 방법을 써야 합니다. 집합건물에 설정된 전세권과 단독주택이나 다가구주택에 설정된 전세권에는 이러한 차이점이 있습니다.

단독주택이나 다가구주택의 일부에 전세권을 설정할 때에는 건물 한 동 중 어느 호수에 설정을 할지 도면을 첨부해야 합니다. 만약 건물 전체에 전세권을 설정했다면 임의경매 신청이 가능하나 이런 경우는 많지 않을 것입니다.

③ 전세권만 설정된 경우 소액임차인 배당 불가

전세권만 설정된 경우, 보증금이 소액임차인 금액에 해당된다고 해도 소액임차인으로서 배당을 받을 수 없습니다. 소액임차인 우선 배당은 임대차보호법에 있는 내용이기 때문입니다.

전세권의 존속기간과 묵시의 갱신

...

전세권의 존속기간은 10년 이상으로 정할 수 없습니다. 10년이 넘은 경우 임대인은 전세보증금을 반환하고 명도를 구할 수 있습니다. 전세권에는 담보물권과 용익물권의 권능이 있는데, 10년이 지난 전세권은 용익물권 권능이 소멸되고 전세권의 담보물권 권능(보증금을 돌려받을 수 있는 권리)은 소멸되지 않습니다.

 판례 | 전세권 존속기간 관련

사해행위취소 [대법원 2005. 3. 25., 선고, 2003다35659, 판결]

[1] 전세권 설정 등기를 마친 민법상의 전세권은 그 성질상 용익물권적 성격과 담보물권적 성격을 겸비한 것으로서, 전세권의 존속기간이 만료되면 전세권의 용익물권적 권능은 전세권 설정 등기의 말소 없이도 당연히 소멸하고 단지 전세금 반환 채권을 담보하는 담보물권적 권능의 범위 내에서 전세금의 반환시까지 그 전세권 설정 등기의 효력이 존속하고 있다 할 것인데, 이와 같이 존속기간의 경과로써 본래의 용익물권적 권능이 소멸하고 담보물권적 권능만 남은 전세권에 대해서도 그 피담보채권인 전세금반환채권과 함께 제3자에게 이를 양도할 수 있다 할 것이지만 이 경우에는 민법 제450조 제2항 소정의 확정일자 있는 증서에 의한 채권양도 절차를 거치지 않는 한, 위 전세금반환채권의 압류ㆍ전부 채권자 등 제3자에게 위 전세보증금반환채권의 양도사실로써 대항할 수 없다.

전세권 설정자(임대인)가 전세권의 존속기간 만료 6개월 전부터 1개월 전까지 전세권자(임차인)에 대하여 전세계약 갱신 거절의 의사표시를 하지 않으면, 그 전세 기간이 만료되는 때에 이전의 전세권과 동일한 조건으로 전세권을 다시 설정하는 것으로 봅니다. 이를 전세권의 '묵시의 갱신'이라고 하고, 이때 기간은 정하지 않은 것으로 봅니다. 전세권 소멸 통보는 임대인과 임차인 모두 할 수 있고, 소멸 통보를 받은 후 6개월이 지나면 전세권은 소멸합니다.

인수냐 말소냐? 선순위 전세권의 권리분석

· · ·

① 선순위 전세권이 말소되는 경우

선순위 전세권은 다음의 두 가지 경우에 말소됩니다. 우선, 배당요구종기일까지 배당요구를 했을 때입니다(민사집행법 91조). 두 번째는 집합건물의 선순위 전세권자가 임의경매를 신청하거나 배당요구한 경우입니다.

민사집행법 제91조(인수주의와 잉여주의의 선택 등)

③ 지상권 · 지역권 · 전세권 및 등기된 임차권은 저당권 · 압류채권 · 가압류채권에 대항할 수 없는 경우에는 매각으로 소멸된다.
④ 제3항의 경우 외의 지상권 · 지역권 · 전세권 및 등기된 임차권은 매수인이 인수한다. 다만, 그중 전세권의 경우에는 전세권자가 제88조에 따라 배당요구를 하면 매각으로 소멸된다.

앞에서 설명했듯이, 집합건물의 전세권은 대지권에까지 효력이 미치므로 말소기준권리가 됩니다. 따라서 집합건물에서 최선순위 전세권이 임의경매를 신청하거나 배당요구종기일까지 배당요구한 경우에 전세권은 말소되는 것입니다. 이 두 가지에 해당되지 않는다면, 선순위 전세권은 매각으로 소멸되지 않고 낙찰자가 전세권을 인수해야 합니다.

② 선순위 전세권과 후순위 전세권

선순위 전세권이 인수되는 경우에는 매각물건명세서에 기재되므로 입찰전에 확인할 수 있습니다. 후순위 전세권은 무조건 매각으로 소멸되고 순위에 의해 배당받을 수 있을 뿐입니다.

○——— 매각물건명세서(인수되는 전세권)

등기된 부동산에 관한 권리 또는 가처분으로 매각으로 그 효력이 소멸되지 아니하는 것
을구 순위 1번 전세권설정등기(2018. 7. 31. 등기)는 말소되지 않고 매수인에게 인수됨.
매각에 따라 설정된 것으로 보는 지상권의 개요
비고란

③ 전세권과 임대차보호법상 권리를 모두 가진 임차인

최근 깡통전세 및 전세사기 등 임차인이 불안해할 뉴스들이 끊이지 않고 있습니다. 그러다 보니 보증금을 지키기 위해 민법상 전세권자의 지위와 임대차보호법상 임차인의 지위를 모두 갖춘 임차인들이 많아지고 있습니다. 전세권과 임대차보호법은 서로 장단점이 있어서 추후 경매나 공매가 진행될 때 임차인은 유리한 권리를 주장할 수 있기 때문입니다

대법원 2009다40790 판례는 전세권자의 지위와 임대차보호법상의 지

위는 각각이라는 내용으로 판시하였습니다. 임차인은 경매절차에서 두 가지 권리를 모두 행사할 수 있고 둘 중의 하나만 선택해서 행사할 수 있습니다. 경매물건에 두 가지 권리를 겸유하는 임차인이 있다면 어떤 지위에서 배당요구 또는 경매신청을 했는지를 보고 해당 권리에 맞는 권리분석을 해야 합니다.

대법원 2010마900 판례는 경매투자자들의 주의가 필요한 케이스이므로 권리분석시 유의해야 합니다.

등기상 권리가 아래 순서와 같은 집합건물이 있다고 가정해 봅시다. 최선순위 전세권자가 임의경매를 신청했으므로 전세권이 말소기준권리가 됩니다.

 판례 | 두 가지 권리를 겸유한 임차인

대법원 2009다40790
【판시사항】
[1] 주택임대차보호법상 임차인으로서의 지위와 전세권자로서의 지위를 함께 가지고 있는 자가 임차인으로서의 지위에 기하여 경매법원에 배당요구를 한 경우, 전세권에 관하여도 배당요구가 있는 것으로 볼 수 있는지 여부 (소극)

대법원 2010마900
【판시사항】
최선순위 전세권자로서의 지위와 주택임대차보호법상 대항력을 갖춘 임차인으로서의 지위를 함께 가지고 있는 사람이 전세권자로서 배당요구를 하여 전세권이 매각으로 소멸된 경우, 변제받지 못한 나머지 보증금에 기하여 대항력을 행사할 수 있는지 여부(적극)

우광연의 작심하고 시작하는 경매공부

1. 전세권A 5,000만원(임의경매 신청)

2. 임차인A 전입신고

3. 가압류

4. 압류

5. 임의A

이 사건에서 낙찰금액이 3,000만원이면 전세권으로 3천만원이 배당되고 말소기준권리가 되므로 모든 권리가 소멸됩니다. 전세권은 미배당된 금액이 있더라도 낙찰자에게 요구할 수 없다고 했습니다. 2010마900 대법원 판결이 나오기 전까지는 모두 이렇게 권리분석을 하고, 임차인에게 인도명령을 신청하여 명도를 받아냈습니다. 임차인은 전입신고도 해 놓았지만 대항력 발생 시점이 전세권보다 후순위이기 때문입니다. 그런데 이제는 이렇게 분석하면 안 됩니다.

대법원에서는 1순위인 전세권 5천만원이 등기부에 먼저 공시되어 있었으므로 후순위로 등기하는 채권자는 모두 선순위로 5천만원이 있다는 사실을 알고 등기했다고 봤습니다. 물론 경매입찰자도 마찬가지입니다. 따라서 3천만원에 낙찰이 되었더라도 3천만원을 배당받고 전세권은 말소가 되지만, 동일한 임차인이 전입신고를 하여 임대차보호법상의 대항력을 취득하였다면 이 대항력은 말소가 안 된다는 것이 판결의 내용입니다.

결국 낙찰자는 3천만원에 낙찰을 받았으나 임차인의 보증금 2천만원을 인수하게 되어 결국 5천만원에 매수한 셈이 됩니다. 이러한 조건은 전세권 등기 시점과 임대차보호법상 대항력 발생 시점 사이에 다른 권리가 없는 경우에만 유효합니다. 이미 선순위로 5천만원이 공시가 되어 있는 상황이

었으므로, 임차인에게 5천만원을 다 받게 해주어도 아무도 손해 볼 사람이 없다는 것이 대법원의 판단입니다.

사례로 분석해 보는 전세권

• • •

① 전세권이 인수되는 경우

감정가 대비 24% 정도까지 유찰된 물건입니다. 이렇게 가격이 많이 떨어진 물건은 다 이유가 있다고 생각해야 합니다. 어떤 문제가 있는지, 낙찰 후 해결이 가능한지 등을 잘 따져보고 입찰해야 합니다.

이 사례에서 등기상 최선순위는 전세권입니다. 최선순위 전세권이 있는 경우 2가지 경우에 말소가 된다고 했습니다. 먼저 경매신청한 채권자가 누

○─── **물건 상세페이지**(경기도 양평군 용문면 다세대주택)

대표소재지	[목록1] 경기 양평군 용문면 마룡리 657-1 101동 5층 ██호 [용문로 433-6] N지도 D지도 도로명주소				
대 표 용 도	**다세대**	채 권 자	국민은행 경매절에		
기 타 용 도	-	소 유 자	김●태	신 청 일	2022.06.10
감정평가액	215,000,000원	채 무 자	김●태	개시결정일	2022.06.13
최저경매가	**(24.01%) 51,622,000원**	경 매 대 상	**건물전부, 토지전부**	감 정 기 일	2022.07.05
입찰보증금	**(10%) 5,162,200원**	토 지 면 적	**38.8㎡ (11.74평)**	배당종기일	2022.09.22
청 구 금 액	22,299,467원	건 물 면 적	**44.65㎡ (13.51평)**	입찰예정일	2023.04.19
등기채권액	288,452,065원	제시외면적	-	차기예정일	미정 (36,136,000원)
물 건 번 호	1 [유찰]				

❷물건사진/위치도

소재지/감정서	면적(단위:㎡)	진행결과	임차관계/관리비	등기권리
(12515) [목록1] 경기 양평군 용문면 마룡리 657-1 101동 5층 ██호 [용문로 433-6] 지도 등기 토지이용 [구분건물] ·본건은 경기도 양평군 용문면 마룡리 소재 용문중고등학교 서측 인근에 위치하며, 부근은 다세대주택, 빌라, 근린생활시설 및 나지 등이 혼재하는 지역입니다. ·본건까지 제반 차량 접근이 가능하며, 대중교통사정은 버스정류장과의 거리 및 운행횟수 등으로 보아 양호합니다. ·철근콘크리트구조 (철근)콘크리트지붕 5층 구조(사용승인일자: 2019.11.26) 내 1개층 세대로외벽 : 치장석 붙임 등 마감내벽 : 벽지도배 및 타일붙임 등 마감창호 : 하이샤시 창호 등 입니다. ·도시형생활주택(후첨 건물개황도 참조)으로 이용 중(다락 소재)입니다. ·위생설비, 급배수설비, 난방설비, 엘리베이터설비, 화재탐지설비 등이 되어있습니다. ·본건의 동측으로 로폭 약 5미터 내외의 포장로를 통하여 접근합니다. ▶토지이용계획 ·공장설립승인지역 ·도시지역 ·제2종일반주거지역 ·배출시설설치제한지역 ·상대보호구역 ·교육환경보호구역 ·자연보전권역	대 지 · 38.8㎡ (11.75평) 건물 · 44.65㎡ (13.51평) 총 5층 중 5층 보존등기 2019.12.31 토지감정 86,000,000 평당가격 7,319,150 건물감정 129,000,000 평당가격 9,548,490 감정기관 이룸감정	감정 215,000,000 100% 215,000,000 유찰 2022.11.23 70% 150,500,000 유찰 2022.12.28 49% 105,350,000 유찰 2023.02.08 34% 73,745,000 유찰 2023.03.15 24% 51,622,000 예정 2023.04.19 법원기일내역	▶법원임차조사 조사된 임차내역 없음 ▶전입세대 직접열람 ㉾ 전입 없음 열람일 2022.11.09	▸집합건물등기 ┌────────────┐ │ 전세권 이●관 │ │ 2021.12.29 │ │ 165,000,000 │ │ (2021.12.28~) │ └────────────┘ 소유권 김●태 이 전 2021.12.29 215,000,000 전소유자: 김혜린 매매(2021.12.28) 압 류 수원세무서장 2022.02.07 [말소기준권리] 강 제 국민은행 (여신관리센터) 2022.06.13 (2022타경1997) 청구액 22,299,467원 압 류 장안구청장 2022.06.28 압 류 국민건강보험공단 (수원서부지사) 2022.07.06 가압류 한국자산관리공사 (경기지역본부) 2022.07.28 2022카단103481 부산동부지원 내용보기 55,802,101 가압류 동양자산관리대부 2022.08.01 2022카단503579 수원지방법원 내용보기 67,649,964 압 류 양평군 2022.08.11

구인지 봤더니 임의경매신청권자는 없고 국민은행에서 강제경매를 신청한 것을 확인할 수 있습니다. 두 번째로 배당요구종기일까지 전세권자가 배당요구를 했는지 여부를 확인해 보겠습니다.

이 경매사건의 배당요구종기일은 2022년 9월 22일입니다. 문건접수내역을 보니 전세권자가 배당요구신청을 했다가 철회했음을 알 수 있습니다. 민사집행법상 배당요구철회는 배당요구종기일까지 할 수 있습니다. 전세권자가 배당요구를 안 한 것이 확인되므로 낙찰자는 전세권을 인수해야 합니다.

○──── **문건접수내역(경기도 양평군 용문면 다세대주택)**

1. 문건접수내역

접수일	접수내역
2022.06.16	등기소 양○○○○ 등기필증 제출
2022.07.06	교부권자 수○○○○ 교부청구서 제출
2022.07.11	교부권자 국○○○○○○○ ○○○○○○ 교부청구서 제출
2022.07.12	집행관 여○○○ ○○○ 현황조사보고서 제출
2022.07.13	채권자 주○○○ ○○○○ 야간특별송달신청 제출
2022.07.13	감정인 이○○○ 감정평가서 제출
2022.07.15	전세권자 이○○ 권리신고 및 배당요구신청서(주택임대차) 제출
2022.07.26	전세권자 이○○ 참고자료 제출
2022.08.05	전세권자 이○○ 열람및복사신청 제출
2022.08.08	이해관계인 삼○○○ ○○○○ 권리신고 및 배당요구신청서 제출
2022.08.10	배당요구권자 주○○○ ○○○○○○○○ 권리신고 및 배당요구신청서 제출
2022.08.12	교부권자 양○○ 교부청구서 제출
2022.08.12	채권자 주○○○ ○○○○ 야간특별송달신청 제출
2022.09.01	전세권자 이○○ 권리신고 및 배당요구 철회서 제출
2022.09.06	교부권자 수○○○○ 교부청구서 제출
2022.09.13	배당요구권자 현○○○○ ○○○○ 권리신고 및 배당요구신청서 제출
2022.09.14	배당요구권자 현○○○○ ○○○○ 권리신고 및 배당요구신청서 제출
2022.09.19	채권자 주○○○ ○○○○ 보정서 제출
2022.09.22	배당요구권자 한○○○○○○○ 배당요구 및 채권계산서 제출
2022.11.15	교부권자 수○○○○ 교부청구서 제출
2022.12.07	채권자 주○○○ ○○○○ 열람및복사신청 제출

민사집행법 제88조(배당요구)

① 집행력 있는 정본을 가진 채권자, 경매개시결정이 등기된 뒤에 가압류를 한 채권자, 민법 · 상법, 그 밖의 법률에 의하여 우선변제청구권이 있는 채권자는 배당요구를 할 수 있다.

② 배당요구에 따라 매수인이 인수하여야 할 부담이 바뀌는 경우, 배당요구를 한 채권자는 배당요구의 종기가 지난 뒤에 이를 철회하지 못한다.

○────── **매각물건명세서(경기도 양평군 용문면 다세대주택)**

※ 최선순위 설정일자보다 대항요건을 먼저 갖춘 주택·상가건물 임차인의 임차보증금은 매수인에게 인수되는 경우가 발생 할수 있고, 대항력과 우선변제권이 있는 주택·상가건물 임차인이 배당요구를 하였으나 보증금 전액에 관하여 배당을 받지 아니한경우에는 배당받지 못한 잔액이 매수인에게 인수되게 됨을 주의하시기 바랍니다.	
등기된 부동산에 관한 권리 또는 가처분으로 매각으로 그 효력이 소멸되지 아니하는 것	
을구 순위 3번 전세권설정등기(2021.12.29. 등기)는 말소되지 않고 매수인에게 인수됨	
매각에 따라 설정된 것으로 보는 지상권의 개요	
해당사항없음	
비고란	

매각물건명세서를 보니 선순위 전세권은 매수인이 인수한다고 고지되어 있습니다. 최선순위 전세권이 말소되는 조건에 부합하지 않으므로, 낙찰자가 전세권 1.65억원을 인수해야 하는 물건입니다.

이렇게 전세권(전세보증금)이 인수되는 경우에 입찰을 하면 큰일이 나는 걸까요? 그렇지는 않습니다. 물건에 따라 다를 수 있고, 부동산 시장이 상승장이라면 인수되는 보증금을 감안해 갭투자를 할 수도 있습니다. 경매로 갭투자를 할 경우, 명도를 안 해도 된다는 장점이 있습니다.

② 전세권이 말소되는 사례

이번에 소개할 사례에서 말소기준권리는 경기주택도시공사의 전세권입니다. 집합건물인 아파트에서 최선순위 전세권자가 임의경매를 신청했기 때문입니다. 말소기준권리보다 앞선 권리가 없으므로 모든 권리는 매각으로 소멸됩니다. 최저경매가격이 2.758억원이고 전세권 금액은 3.2억원입니다.

이 사례에서 낙찰금액이 3억원이라면 낙찰자는 전세권자의 미배당금 2,000만원을 인수해야 할까요? 앞서 설명한 바와 같이 미배당금이 있더라도 전세권은 매각으로 소멸됩니다. 경기주택도시공사의 전세권이어서 대항력을 따질 필요가 없으므로, 인수할 권리가 없는 물건이 됩니다.

○──── **물건 상세페이지(경기도 수원시 권선구 아파트)**

소재지/감정서	면적(단위㎡)	진행결과	임차관계/관리비	등기권리
(16585) [목록1] 경기 수원시 권선구 권선동 1188 권선한양아파트 105동 13층 ▨▨호 [경수대로302번길 22] SEE REAL 등기 토지이용	감정 394,000,000 100% 394,000,000 유찰 2023.07.05 **70% 275,800,000 예정 2023.08.22** 법원기일내역	▶법원임차조사 조사된 임차내역 없음 ▶전입세대 직접열람 GO 전입 없음 열람일 2023.06.21	* 집합건물등기 소유권 이●내 이 전 2020.03.31 전소유자: 김●길 경매취득 (2020.03.31)
[구분건물] ·본건은 경기도 수원시 권선구 권선동 소재 수원버스터미널 북측 인근에 위치하여 주위는 아파트, 단독주택, 다세대주택, 점포, 근린생활시설 등이 혼재하는 지역임.	대 지 · 46.3㎡ (14.01평) 건 물 · 84.95㎡ (25.70평) 총 13층 중 13층 보존등기 1994.10.17	▶관리비체납내역 ·체납액:1,120,000 ·확인일자:2023.06.23 ·9개월(22/9-23/5) ·전기수도포함가스별도 ☎ 031-221-0575	전세권 경기주택도시공사 2020.09.14 320,000,000 (2020.09.14 ~2022.09.13) [말소기준권리]
·본건은 차량 접근이 용이하고, 인근에 노선버스 정류장 및 시외 버스터미널이 소재하여 대중 교통 사정은 양호함. ·철근콘크리트 피씨조 슬래브지붕 13층 중 13층 1301호로서외벽 : 시멘몰탈위 페인팅 마감.내벽 : 시멘몰탈위 벽지 및 일부 타일 등 마감.창호 : 샷시 이중 창호임.	감정지가 5,105,832 토지감정 236,400,000 평당가격 16,873,670 건물감정 157,600,000 평당가격 6,132,300 감정기관 수도감정	▶관할주민센터 수원시 권선구 권선2동 ☎ 031-228-6654	근저당 에스비아이저축은행 2022.04.08 145,200,000
·아파트(후첨 내부구조도 참조)로 이용 중임. ·위생설비, 급·배수설비, 난방설비, 승강기설비, 화재탐지 및 소화설비 등이 되어			임 의 경기주택도시공사 2022.12.19 (2022타경77622) 청구액 320,000,000원
			가압류 경기신용보증재단 (광명지점) 2023.01.16 2023카단500241 수원지방법원 내용보기 25,000,000

③ 전세권과 주택임대차보호법상 임차인 지위를 모두 가진 경우

이번에는 앞서 언급한 판례 '대법원 2010마900'의 사례를 분석해 보겠습니다. 동작구 사당동에 소재한 다세대주택으로 감정가 대비 가격이 많이 떨어진 것이 확인됩니다.

전세권에 말소기준권리라고 표시되어 있습니다. 경매신청권자가 집합건물의 전세권자이기 때문입니다. 따라서 전세권 이하 모든 권리는 매각으로 소멸됩니다. 법원의 임차 조사란을 보니 임차인은 전입신고도 한 상태여서 전세권과 주택임대차보호법상 임차인 지위를 모두 가지고 있습니다. 그런데 전입신고 날짜와 전세권 날짜가 같습니다. 그렇다면 어떤 권리가 더 빠를까요?

이제까지 배운 내용을 잘 따라왔다면 '전세권이 더 빠르다'라는 대답이 나왔을 것입니다. 전입신고를 하면 대항력은 다음날 0시에 발생되기 때문

○──── **물건 상세페이지**(서울 동작구 사당동 다세대주택)

대표소재지	[목록1] 서울 동작구 사당동 419-152 씨에스하우스 5층█████호 N지도 D지도 도로명주소				
대 표 용 도	다세대	채 권 자	정●림 임의경매		
기 타 용 도	-	소 유 자	박●희	신 청 일	2021.10.07
감정평가액	290,000,000원	채 무 자	박●희	개시결정일	2021.10.12
최저경매가	(26.21%) 76,022,000원	경 매 대 상	건물전부, 토지전부	감 정 기 일	2021.11.05
입찰보증금	(10%) 7,602,200원	토 지 면 적	21.1㎡ (6.38평)	배당종기일	2021.12.30
청 구 금 액	250,000,000원	건 물 면 적	29.21㎡ (8.84평)	입찰예정일	2023.04.27
등기채권액	447,123,287원	제시외면적	-	차기예정일	미정 (60,818,000원)
물 건 번 호	1 [유찰]				

❶물건사진/위치도

소재지/감정서	면적(단위:㎡)	진행결과	임차관계/관리비	등기권리
(07024) [목록1] 서울 동작구 사당동 419-152 씨에스하우스 5층■호 지도 등기 토지이용 [구분건물] ·서울특별시 동작구 사당동 소재 사당역 북서측 인근에 위치하며,주위는 아파트 및 단독주택,다세대주택,각종 근린생활시설 등이 혼재하고 있음. ·본건까지 차량출입이 가능하며,인근에 버스정류장 및 지하철 2,4호선 사당역이 소재하여 대중교통 사정은 양호함. ·철근콘크리트조(철근)콘크리트지붕 지상5층 내 제3층 제503호로서 외벽: 드라이비트 및 외장 화강석/대리석 석재붙임 마감 등,내벽: 벽지 및 일부 타일 마감 등,창호: 하이샷시 창호 등임. ·다세대주택임. ·위생 및 급배수시설,승강기설비,주차장시설,도시가스에 의한 개별난방설비 등이 되어 있음.	대 지 · 21.1㎡ (6.38평) 건 물 · 29.21㎡ (8.84평) 총 5층 중 5층 보존등기 2014.02.21 토지감정 116,000,000 평당가격 18,181,820 건물감정 174,000,000 평당가격 19,683,260 감정기관 신진감정	감정 290,000,000 100% 290,000,000 유찰 2022.09.15 80% 232,000,000 유찰 2022.10.20 64% 185,600,000 유찰 2022.11.24 51% 148,480,000 유찰 2023.01.12 41% 118,784,000 유찰 2023.02.16 33% 95,027,000 유찰 2023.03.23 26% 76,022,000 예정 2023.04.27 법원기일내역	▶법원임차조사 정●림 전입 2018.03.20 확정 2018.03.06 배당 2021.11.24 보증 2억5000만 점유 503호/주거 (점유: 2018.03.19.~) *총보증금:250,000,000 임대수익률계산 ▶전입세대 직접열람 GO 정OO 2018.03.20 열람일 2022.09.02 ▶관할주민센터 동작구 사당제1동 ☎ 02-582-8582	최종등기변동확인 ? 근저당권설정 2023.03.15 * 집합건물등기 소유권 박●희 이 전 2014.02.21 보존 전세권 정●림 2018.03.20 250,000,000 (2018.03.19 ~2020.03.18) [말소기준권리] 가압류 하●전 2019.06.27 2019카단11256 전주지방법원 내용보기 197,123,287 임 의 정●림 2021.10.12 (2021타경109159) 청구액 250,000,000원 소유권 김●가 가등기 2021.11.16 매매(2021.11.15)

입니다. 앞서 말씀드린 바와 같이 2010마900 대법원 판례가 나오기 전까지는 전세권이 말소기준권리가 되고 대항력은 그 뒤에 발생하여, 1억원 정도에 낙찰받는다면 모든 권리가 매각으로 소멸했을 것입니다.

그러나 대법원 판례의 판시내용과 같이 임대차보호법상의 대항력은 소멸되지 않으므로 1억원에 낙찰받더라도 낙찰자는 미배당된 보증금 1.5억원을 인수해야 합니다. 전입신고의 효력이 전세권보다 늦게 발생되더라도, 전세권과 전입신고의 효력이 발생되는 시점 사이에 다른 채권자가 없다면 전입신고의 효력, 즉 대항력은 소멸되지 않습니다.

전세권 2.5억원이 등기상에 선순위로 공시되어 있었으므로 이보다 후순위로 등기된 채권자들은 모두 전세권 2.5억원이 있음을 알고 등기한 것으로 보기 때문에 임차인의 보증금 2.5억원을 다 인정해 주어도 손해볼 채권자들이 없기 때문입니다.

　대항력이 먼저 발생하고 전세권이 설정되었다면 당연히 미배당된 보증금을 인수해야 한다고 분석할 것입니다. 그러나 그 반대의 경우, 즉 전세권이 먼저 설정되었을 때는 말소기준권리가 되어 이후 모든 권리가 소멸된다고 잘못 분석할 수 있으니 각별히 주의해야 합니다.

03

용익물권의 대표권리,
지상권

지상권의 특징

• • •

지상권이란 건물, 수목, 기타 공작물 등을 소유하기 위해 타인의 토지를 사용수익 할 수 있는 권리를 말합니다. 토지 소유자와 지상권 설정계약을 한 지상권자는 타인의 토지를 지상권자 임의로 사용수익(나무를 심든 건축물을 세우든) 할 수 있습니다.

지상권에는 특이한 점이 있습니다. 존속기간에 있어서 최장기가 아닌 최단기에 대한 제한 사항을 두고 있다는 점입니다. 지상권의 최단 존속기간은 5년에서 30년입니다. 다음 표에 있는 기간보다 짧게 계약했다면 법에 의해 다음 기간까지 자동 연장됩니다.

1. 석조, 석회조, 연와조 또는 이와 유사한 견고한 건물이나 수목의 소
   유를 목적으로 하는 때에는 30년
2. 전호 이외의 건물의 소유를 목적으로 하는 때에는 15년
3. 건물 이외의 공작물의 소유를 목적으로 하는 때에는 5년

지상권의 존속기간이 만료되면 지상권자는 지상 건물, 공작물, 수목 등
이 현존할 경우 계약을 갱신할 것을 토지 소유자(지상권 설정자)에게 청구할
수 있습니다. 만약 갱신을 거절한다면, 지상권자는 지상의 건물 등을 상
당한 가격으로 청구할 수 있는 '지상물 매수 청구권(강행 규정)'을 갖게 됩니
다. 민법 283조에 명시되어 있는 권리입니다.

민법 제283조(지상권자의 갱신청구권, 매수청구권)

① 지상권이 소멸한 경우에 건물 기타 공작물이나 수목이 현존한 때에는 지상권자는
   계약의 갱신을 청구할 수 있다.
② 지상권 설정자가 계약의 갱신을 원하지 아니하는 때에는 지상권자는 상당한 가액
   으로 전항의 공작물이나 수목의 매수를 청구할 수 있다.

지상권의 성질이 이러하다 보니, 실무상 개인과 개인 간에 지상권 설정
계약을 하는 경우는 극히 드뭅니다. 여러분이 토지를 갖고 있다고 생각해
보십시오. 30년간 약정한 지료만 받고 30년 이후에는 갱신해 주거나 지상
물을 매수해야 하는데 지상권 계약을 해주시겠습니까? 필자가 강의를 하

면서 이런 질문을 하면 대부분 고개를 절레절레 흔듭니다.

담보지상권이란

. . .

지상권의 이러한 특성으로 인해, 사인 간의 지상권 설정 계약은 거의 이루어지지 않습니다. 지상권을 가장 많이 활용하는 곳은 금융권입니다. 지상권의 본래 목적은 타인의 토지를 사용수익할 권리인데, 금융기관에서는 토지에 설정된 근저당권 등의 담보가치를 강화하기 위해 근저당권과 함께 지상권을 설정하고 있습니다.

이러한 지상권을 편의상 '담보지상권'이라 부릅니다. 근저당권과 담보지상권을 함께 설정해두면, 토지주가 토지 위에 건물을 신축하기 위해 건축허가를 신청할 때 지상권자의 동의가 필요하기 때문입니다.

금융기관이 지상권을 설정하는 이유

. . .

지금부터 지상권 없이 근저당권만 설정한 경우와 지상권을 함께 설정한 경우, 어떤 일이 벌어질 수 있는지 금융기관인 채권자 입장에서 생각해 보겠습니다.

먼저, 토지에 근저당권만 설정한 경우입니다.

우리나라에서 건축을 하는 경우 대부분 토지를 담보로 대출을 받아 이를 건축자금으로 활용합니다. 금융기관은 대출을 해주면서 토지를 담보로 근저당권을 설정합니다. 통상 토지에 건물 및 공작물이 없는 나대지 상태에서 대출이 나가게 되는 것입니다. 참고로 토지는 나대지 상태가 가장 비싸게 감정평가 됩니다.

대출을 받은 후 토지주는 건축허가를 받아 건물을 신축합니다. 건축허가를 받을 때 근저당권자의 동의는 필요치 않습니다. 그런데 신축 중에 부도가 나는 경우가 있습니다. 토지주는 토지 대출금에 대한 이자를 못 내게 되고 결국 토지 저당권자는 임의경매를 신청할 수밖에 없을 겁니다.

건물 신축 중에 토지만 경매가 진행되게 되므로, 매각물건명세서상에 '지상에 신축 중인 건물이 있음'이라고 고지되고, 토지에 짓다가 만 건물이 있으므로 높은 가격에 응찰하기 어려운 조건이 됩니다. 즉 채권자는 담보가치가 최고인 나대지 상태에서 담보대출을 해주었는데 신축 중인 건물로 인하여 토지는 낮은 가격에 낙찰이 될 것이고 금융기관은 손해를 보게 될 가능성이 높습니다.

다음으로, 토지에 근저당권과 지상권을 함께 설정한 경우입니다.

이 경우에는 토지주가 건축허가를 받으려면 지상권자의 동의가 있어야 합니다. 앞의 경우와 달리, 채권자가 지상권을 설정하면 토지주가 건축을 하려고 할 때 바로 알 수 있으므로 적절한 대응이 가능합니다.

예를 들어 건축허가에 동의할 때 지상에 건물이 완공되면 추가담보 설정을 하는 등의 계약조건을 걸 수도 있습니다. 이런 계약이 있다면, 건물 외관이 어느 정도 갖춰지고 준공 직전 부도가 난 경우, 금융기관은 건축주를 대위하여 소유권보존등기를 하고 건물에 근저당권 설정을 위한 가처분 등을 할 수 있게 됩니다.

근저당권 설정시 지상권을 함께 설정한다면 손해 볼 가능성이 줄어들고 대응할 방법이 생기게 됩니다. 지상권 등기가 본래 목적으로 사용되는 것이 아니라 근저당권의 담보가치를 보호하기 위한 수단으로 사용되는 것입니다.

선순위 지상권 vs. 후순위 지상권

■■■

원칙적으로 말소기준권리보다 앞선 지상권은 낙찰자가 인수해야 합니다. 하지만 선순위 지상권이 담보지상권에 해당된다면, 선순위라 하더라도 매각으로 소멸됩니다. 담보지상권 여부는 등기사항전부증명서를 통해 확인이 가능하고, 말소 여부에 대해 금융기관 담당자와 통화를 해봐도 됩니다.

말소기준권리보다 후순위인 지상권은 무조건 매각으로 소멸합니다.

경매 실무에서는 선순위 지상권이 있는 경우, 근저당권자인 지상권자

 판례 | 선순위 지상권의 소멸

대법원 2011. 4. 14. 선고 2011다6342 판결

【판시사항】
근저당권 등 담보권 설정의 당사자들이 그 목적 토지 위에 차후 용익권 설정 등으로 담보가치가 저감하는 것을 막기 위해 채권자 앞으로 지상권을 설정한 경우, 피담보채권이 변제나 시효로 소멸하면 그 지상권도 부종하여 소멸하는지 여부(적극)

가 입찰 전에 지상권 말소동의서를 미리 경매법원에 제출하는 경우가 많습니다. 최악의 경우에는 담보지상권임을 확인한다면 대법원 판례와 같이 담보지상권자와 협의가 되지 않더라도 소송 등을 통해 말소시킬 수 있습니다.

지상권 사례분석

● ● ●

말소기준권리보다 앞서 지상권이 등기되어 있는 토지입니다. 지상권자가 금융기관인 것을 보면, 앞서 설명한 담보지상권입니다.

매각물건명세서를 확인해 보니 지상권자의 말소동의서가 법원에 제출되어 있습니다. 말소기준권리보다 앞서 있지만 지상권은 말소가 되는 권

○──── **물건 상세페이지**(전북 부안군 변산면 토지)

소재지/감정서	면적(단위:㎡)	진행결과	임차관계/관리비	등기권리
(56340) [목록1] 전북 부안군 변산면 도청리 ▨▨▨ 지도 등기 토지이용 [토지] ·본건은 전라북도 부안군 변산면 도청리 소재 상록해수욕장 북동측 인근에 위치하고, 주위는 펜션, 단독주택, 농경지, 임야 등이 혼재하는 지역임. ·본건까지 차량의 접근이 가능하고, 인근에 버스승강장이 소재하는 등 일반적인 교통조건은 보통시됨. ·기호(1,2,5,7) : 부정형의 평탄한 토지이고, 휴경지 상태임. 기호(3,9) : 삼각형(기호3), 사다리형(기호9)의 평탄한 토지이고, 자연림 상태임. ·기호(1) : 서측으로 왕복2차선포장도로와 접하고, 남측으로 노폭 약6미터의 포장도로와 접함. 기호(2) : 남측으	전 · 1,353㎡ (409.28평) · (현:휴경지) 표준공시 149,000 개별공시 127,300 감정지가 421,000원/㎡ 토지감정 569,613,000 평당가격 1,391,750	감정 2,726,396,000 100% 2,726,396,000 유찰 2022.10.17 70% 1,908,477,000 유찰 2022.11.28 49% 1,335,934,000 유찰 2023.01.09 34% 935,154,000 변경 2023.02.13 34% 935,154,000 예정 2023.05.01 감정기관 통일감정 법원기일내역	▶ 법원임차조사 조사된 임차내역 없음	* 토지등기 (도청리 654-9) 지상권 부안농협 2016.10.28 (만30년) 소유권 정●희 이 전 2017.03.03 전소유자:홍승표 대물변제 (2017.02.21) 근저당 농협자산관리 2017.03.03 2,242,800,000 (부안농협의 근저이전) [말소기준권리] 가압류 전북지리산낙농농협 (서전주지점) 2018.07.16 2018카단1500 전주지방법원 내용보기 20,143,940

○──── **매각물건명세서(전북 부안군 변산면 토지)**

비고란
1.일괄매각
2.목록1,2,5,7농지취득자격증명 제출요(미제출시 보증금 몰수)
3.목록1,2,5,7 휴경지 상태임
4.목록10 지상에 건물등기사항전부증명서 및 건축물대장상 채무자소유의 건물(1층 사무소 84㎡)이 등재되어 있으나 현황은 소재불명이고 지상 일부에 수로 및 관정이 소재함
5.최선순위지상권자 2022.2.9.자 지상권말소동의서 제출

리입니다. 실무상 금융기관의 선순위 지상권은 거의 다 말소된다고 보면 됩니다. 이렇게 지상권자가 미리 말소동의서를 제출하는 경우도 있지만, 제출하지 않았다 하더라도 금융기관의 담당자와 통화해 보면 대부분 말소해 준다고 안내해줄 것입니다.

04

왠지 어렵게 느껴지는 권리,
가등기

부동산에 가등기가 되어 있다면 왠지 찜찜하고 어려울 것 같아 입찰을 피하는 경우가 많습니다. 그런데 생각보다 권리분석이 어렵지 않은 게 가등기입니다. 가등기에는 두 가지가 있는데 하나씩 알아보겠습니다.

경매에서 만나는 가등기 2종류

• • •

① 소유권이전등기청구권 가등기

부동산 매매계약을 하고 매수자가 매매대금 지급 시 소유권 이전을 바로 하지 못할 상황이 생길 수도 있습니다. 이때 가등기를 해 놓고 추후 본등기를 할 요량으로 소유권에 대한 순위 보전을 위해 활용되는 것이 가등기입니다. 등기부등본 접수 원인에는 대부분 '매매예약(또는 매매계약)'이라고 표시됩니다.

나중에 본등기를 하게 되면 가등기의 순위로 소유권이전 등기가 됩니다. 단, 소유권의 효력은 본등기를 한 날부터 발생되고 가등기에 기해 본등기를 하게 되면, 가등기 이후 설정된 등기상 권리들이 있더라도 등기소에서 직권으로 말소합니다.

② 담보가등기

소유권이전등기청구권 가등기는 나중에 소유권을 가져오려는 목적인 데 반해, 담보가등기는 채권담보의 목적으로 설정됩니다. 즉 돈을 받으려는 목적의 가등기인 셈입니다.

경매절차에서 가등기권자가 돈을 받겠다는 의사표시를 한 경우 최선순

가등기 담보등에 관한 법률

제12조(경매의 청구) ① 담보가등기권리자는 그 선택에 따라 제3조에 따른 담보권을 실행하거나 담보목적부동산의 경매를 청구할 수 있다. 이 경우 경매에 관하여는 담보가등기권리를 저당권으로 본다.

제13조(우선변제청구권) 담보가등기를 마친 부동산에 대하여 강제경매등이 개시된 경우에 담보가등기권리자는 다른 채권자보다 자기채권을 우선변제받을 권리가 있다. 이 경우 그 순위에 관하여는 그 담보가등기권리를 저당권으로 보고, 그 담보가등기를 마친 때에 그 저당권의 설정등기(設定登記)가 행하여진 것으로 본다.

우광연의 작심하고 시작하는 경매공부

2022.05.19	채무자겸소유자 조OO 개시결정정본 발송	2022.05.26 폐문부재
2022.05.19	채권자 엔OOOOOO OOOO 개시결정정본 발송	2022.05.20 도달
2022.05.19	가등기권자 장OO 최고서 발송	2022.05.20 송달간주
2022.05.19	근저당권자 이OOOOOOO 최고서 발송	2022.05.20 송달간주
2022.05.19	주무관서 성OOOO 최고서 발송	2022.05.20 송달간주

위 가등기라 하더라도 담보가등기가 되어 말소기준권리가 됩니다. 또한 등기사항증명서의 가등기 접수 원인에 '대물변제'라고 되어 있어도 담보가등기가 됩니다.

　등기부에서 확인할 수 있는 가등기는 대부분 소유권이전등기청구권 가등기로 되어 있습니다. 경매법원에서는 둘 중 어떤 권리의 가등기인지 모르므로 가등기권자에게 최고서를 보내 의사를 묻습니다. 아무런 답변이 없다면 등기상 표시되어 있는 가등기로 판단하고 경매절차를 진행합니다.

　만약 외형은 소유권이전등기청구권 가등기로 되어 있는데, 경매절차에서 '돈을 받겠다'라는 의사표시를 하면 어떻게 될까요? 말소기준권리보다 앞서 설정되어 있더라도 담보가등기가 되어 소멸합니다.

생각보다 쉬운 가등기 권리분석 요령

· · ·

① 선순위 가등기, 후순위 가등기

말소기준권리보다 앞선 선순위 가등기는 낙찰자가 인수해야 합니다. 단, 앞에서 설명했듯이 담보가등기에 해당된다면 그 가등기가 말소기준권리가 되어 소멸됩니다.

'담보가등기' 확인하는 방법

- 법원 문건접수내역에 배당요구종기일까지 선순위 가등기권자가 채권계산서를 제출하거나 배당요구를 하게 되면 담보가등기가 됩니다.
- 선순위 가등기권자가 임의경매 신청을 하면 그 가등기는 담보가등기입니다.
- 등기부등본에 가등기 접수 원인이 대물변제라고 되어 있으면 담보가등기입니다.

말소기준권리보다 후순위인 가등기는 매각으로 모두 소멸됩니다. 단, 경매신청한 채권자가 이 후순위 가등기보다 순위가 느린 경우에는 가등기에 기해 본등기를 하게 되면 경매가 취소될 수도 있습니다. 가등기에 기해 본등기를 하면 가등기 이후 등기상 권리들을 등기소에서 직권으로 말소하기 때문입니다. 그러나 낙찰 후 잔금을 납부할 때까지 본등기를 안 하는 경우 위와 같은 문제는 발생하지 않습니다. 만약 본등기에 의해 경매가 취소된다면, 낙찰을 받았더라도 입찰보증금을 돌려받을 수 있습니다.

난이도 있는 가등기 권리분석

. . .

가등기 권리분석 중에 좀 어려운 것도 있습니다. 말소기준권리보다 앞선 선순위 가등기(소유권이전등기청구권 가등기) 중에서 설정된 지 10년이 지난 경우입니다. 10년이 지난 가등기는 낙찰받은 후에 말소소송을 제기해 말소시켜야 합니다. 가등기에서 10년이란 기간은 중요합니다. 왜 그런지 지금부터 알아보겠습니다.

소유권이전등기청구권 가등기는 설정 원인에 따라 '매매예약' 가등기와 '매매계약' 가등기로 나눠집니다(등기사항전부증명서에서 확인할 수 있습니다). 매매예약 가등기는 제척기간이 10년이고 매매계약 가등기는 소멸시효 10년이 적용됩니다. 조금 어렵나요? 여기서 제척기간과 소멸시효의 차이에 대해 알아보겠습니다.

제척기간은 중단 사유 없이 10년이 지나면 효력이 소멸되고, 소멸시효는 중간에 중단 사유가 있다면 중단된 시점부터 다시 소멸시효를 계산하거나 소멸시효의 시간이 중지됩니다.

 판례 | 매매예약 가등기의 제척기간

대법원 2003. 1. 10. 선고 2000다26425 판결
[소유권이전청구권가등기말소등기] [공2003.3.1.(173),561]

【판결요지】
[2] 매매의 일방예약에서 예약자의 상대방이 매매예약 완결의 의사표시를 하여 매매의 효력을 생기게 하는 권리, 즉 매매예약의 완결권은 일종의 형성권으로서 당사자 사이에 그 행사기간을 약정한 때에는 그 기간 내에, 그러한 약정이 없는 때에는 그 예약이 성립한 때로부터 10년 내에 이를 행사하여야 하고, 그 기간을 지난 때에는 예약 완결권은 제척기간의 경과로 인하여 소멸한다.
[3] 제척기간에 있어서는 소멸시효와 같이 기간의 중단이 있을 수 없다.

소멸시효 중단에 대해서는 당사자들만 알 수 있는 경우도 있어서 제3자가 판단하기가 쉽지 않습니다. 따라서 전문 변호사 등의 자문이 필요합니다. 10년이 지난 가등기의 경우, 매매계약 가등기보다 매매예약 가등기의 말소가 더 쉽습니다. 매매예약 가등기는 제척기간이 적용되어 당사자 간 약정한 기간이 없다면 등기 후 10년이 경과하면 소멸되기 때문입니다. 10년이 지난 가등기는 어렵지만 수익을 낼 수 있는 경매투자 모델이기도 합니다.

사례로 보는 가등기 권리분석

• • •

① 등기부에 담보가등기로 등기되어 있는 물건

이 사건의 말소기준권리는 담보가등기이므로 매각으로 소멸됩니다. 등기

○——— **물건 상세페이지**(전북 완주군 구이면 토지)

소재지/감정서	면적(단위:㎡)	진행결과	임차관계/관리비	등기권리
(55363) [목록1] 전북 완주군 구이면 안덕리 SEEREAL 등기 토지이용 [토지] ·본건은 전라북도 완주군 구이면 안덕리 소재 안덕마을 북측 인근에 위치하며, 주위는 단독주택 및 주거나지, 농경지, 임야 등이 혼재하는 산간 취락지대로서, 제반주위환경은 보통시됩니다. ·본건 인근까지 차량접근 가능하고 근거리에 버스승강장이 소재하는 등 제반 교통상황 은 보통시됩니다. ·부정형의 완경사지로서, 주거나지 및 일부 도로 상태입니다. ·본건 서측으로 본건 및 인접토지 일부를 통해 개설된 노폭 약3m 정의 콘크리트 포장도로를 통해 출입합니	대 지 · 460㎡ (139.15평) · (현:일부도로) 표준공시 95,000 개별공시 13,900 감정감가 67,000원/㎡ 토지감정 30,820,000 평당가격 221,490 감정기관 경일감정	감정 30,820,000 100% 30,820,000 유찰 2023.08.21 70% 21,574,000 예정 2023.10.02 법원기일내역	▶법원임차조사 조사된 임차내역 없음	* 토지등기 (안덕리 540) 소유권 김●균 이 전 1995.01.23 매매(1985.10.10) 담 보 황●성 가등기 2021.02.09 [말소기준권리] 근저당 백●성 2021.05.17 10,000,000 임 의 황●성 2023.03.28 (2023타경32813) 청구액 25,000,000원 가압류 롯데캐피탈 2023.06.13 2023카단816689 서울중앙지방법원 내용보기 12,855,171

2	소유권이전담보가등기	2021년 2월 9일 제13879호	2021년 2월 9일 대물반환예약	가등기권자 황●성 760324-******* 전라북도 전주시 덕진구 정암길 19,105동■■호(장동,장동에코르아파트)
3	임의경매개시결정	2023년 3월 28일 제25896호	2023년 3월 28일 전주지방법원의 임의경매개시결정(2023타경328 ●)	채권자 황●성 760324-******* 전주시 덕진구 백제대로 ■■ (덕진동1가) 2층

사항전부증명서를 보면 등기원인이 '대물반환예약'입니다. 처음부터 담보
가등기로 등기된 물건임을 알 수 있습니다.

② 선순위 가등기가 말소되는 사례

최선순위로 가등기가 설정되어 있어 있는 물건을 살펴보겠습니다. 그런데
법원기록을 보면 가등기 권리자와 임의경매 신청한 사람이 같습니다. 이
런 경우도 담보가등기가 됩니다.

등기사항전부증명서에는 소유권이전청구권 가등기로 되어 있으나, 임
의경매 신청(=담보권 실행)을 했으므로 담보가등기가 되고 이것이 말소기준
권리가 되는 사례가 되는 것입니다.

혹시 이번 사례를 보고 이상하다고 생각한 분이 있을까요? 매매예약의
제척기간은 10년인데, 사례에서는 20년이 다 되었는데도 경매신청을 했으
니까요. 제척기간이란 개념은 그 시간이 지났다고 저절로 소멸되는 것이
아니라 이해관계인이 말소 신청을 해야 소멸되는 것입니다. 만약 사례에
서 가등기권자가 경매를 신청하지 않고 다른 누군가가 낙찰받았다면, 제
척기간 소멸 사유로 가등기 말소를 구했을 것입니다.

소재지/감정서	면적(단위:㎡)	진행결과	임차관계/관리비	등기권리
(32924) [목록4] 충남 논산시 성동면 원봉리 ▨▨ 지도 등기 토지이용 [토지] ·본건은 충청남도 논산시 성동면 원봉리 소재 세칭 중지마을 북동측 인근에 위치하는 토지로서, 주위일원은 농가주택, 농경지 및 임야 등이 소재하는 마을외곽 농경지대로서, 제반주위환경은 보통시 됨. ·본건 및 인근까지 소형차량 접근이 가능하며, 인근 지방도변에 버스정류장이 소재하여, 인근 면소재지까지는 차량으로 약 10분 정도 소요됨. ·기호(4) : 부정형 평지로서 답	답 · 1,121㎡ (339.1평) 표준공시 16,000 개별공시 16,000 감정가 26,000원/㎡ 토지감정 29,146,000 평당가격 85,960 감정기관 삼지감정	감정 93,794,000 100% 93,794,000 유찰 2023.03.27 70% 65,656,000 예정 2023.05.08 법원기일내역	▶법원임차조사 조사된 임차내역 없음	* 토지등기 (원봉리 ▨▨) 소유권 이●욱 이 전 2002.03.08 전소유자: 윤●병 매매(2002.02.01) 소유권 김●수 가등기 2002.03.08 매매(2002.03.07) [말소기준권리] 임 의 김●수 2022.03.04 (2022타경20067) 청구액 500,000,000원 열람일 2023.03.09 토지등기부확인 GO

3	소유권이전청구권가등기	2002년3월8일 제6096호	2002년3월7일 매매예약	권리자 김●수 560825-******* 서울 용산구 이촌동 302-48 미주아파트 비-▨▨
4	임의경매개시결정	2022년3월4일 제6440호	2022년3월3일 대전지방법원 논산지원의 임의경매개시결정(2022타경200	채권자 김●수 560825-******* 서울 서대문구 연희로37안길 19-36, ▨▨호(홍은동, 세윤빌리지)

③ 선순위 가등기가 인수되는 사례

이번 사례는 여러 차례 유찰되어 감정가 대비 가격이 많이 떨어진 물건입니다. 이런 물건은 권리 등 해당 물건에 뭔가 문제가 있을 테니 꼼꼼히 살펴봐야 합니다. 우선 최선순위로 가등기가 설정되어 있습니다. 소유권이전등기청구권 가등기입니다.

먼저 검토할 일은 담보가등기가 아닌지 확인하는 것입니다. 경매신청권자가 기술신용보증기금인 것을 보면 담보가등기가 되는 첫 번째 조건에는

대표소재지	[목록2] 전남 나주시 세지면 성산리█[신지로 938-█ 외 1개 목록 N지도 D지도 도로명주소					
대 표 용 도	**공장**	채 권 자	기술보증기금 경매진매			
기 타 용 도	공장용지	소 유 자	가바라이스영농조합법인	신 청 일	2021.05.20	
감정평가액	112,819,000원	채 무 자	가바라이스영농조합법인	개시결정일	2021.05.21	
최저경매가	(11.74%) 13,250,000원	경 매 대 상	**건물전부, 토지전부**	감 정 기 일	2021.06.13	
입찰보증금	(10%) 1,325,000원	토 지 면 적	962㎡ (291.01평)	배당종기일	2021.08.16	
청 구 금 액	125,959,718원	건 물 면 적	251.62㎡ (76.12평)	입찰예정일	2023.04.28	
등기채권액	682,111,253원	제시외면적	-	차기예정일	미정 (10,600,000원)	
물 건 번 호	1 [유찰]					

⊙물건사진/위치도

소재지/감정서	면적(단위:㎡)	진행결과		임차관계/관리비	등기권리
(58317) [목록1] 전남 나주시 세지면 성산리█ 지도 등기 토지이용		감정	112,819,000	▶법원임차조사 조사된 임차내역 없음	**· 건물등기** 소유권 가바라이스영농조합 이 전 법인
[토지]	**공장용지**	100% 유찰	112,819,000 2022.04.15		2005.11.04 전소유자: 정●호 매매(2005.11.01)
·본건은 전라남도 나주시 세 지면 성산리 소재 덕산마을 남동측 인근에 위치하고 있 는 공업용부동산으로서, 주 위는 경지정리지대와 순수 농경지대 및 야산지대 등이 혼재하여 순수농촌지역임.	· 962㎡ (291.01평) 표준공시 20,000 감정지가 47,000원/㎡ 토지감정 45,214,000 평당가격 155,370	70% 유찰	78,973,000 2022.05.27		소유권 남●정 가등기 2018.07.12 매매(2018.07.12)
		56% 유찰	63,178,000 2022.07.08		가압류 기술보증기금 (광주서기술평가센 터) 2019.01.07 2018카단52699 광주지방법원 내용보기 119,000,000 [말소기준권리]
·본건까지 제차량의 진출입 은 가능하고, 인근으로는 신 지로 등 주요도로가 지나고 있으나, 대중교통수단의 이 용편의성은 대체적으로 불 편시되는 지역임.	감정기관 한길감정	45% 유찰	50,542,000 2022.08.19		
		36% 유찰	40,434,000 2022.09.30		
		29% 유찰	32,347,000 2022.11.11		가압류 농협은행 (순천여신관리단) 2019.04.11 2019카단389 순천지원 내용보기 419,155,889
·부정형태의 자체지반 평탄 한 토지로서, 공업용부지로		23% 유찰	25,878,000 2022.12.23		
		18% 유찰	20,702,000 2023.02.03		강 제 기술보증기금 (광주기술평가센터) 2021.05.21 (2021타경68262) 청구액 125,959,718원

해당이 안 됩니다. 가등기권자 명의로 배당요구종기일까지 채권계산서 또는 배당요구를 한 접수 기록도 없습니다. 그러므로 말소가 안 되는 가등기가 됩니다. 매각물건명세서에도 인수된다고 고지되어 있습니다.

○────── **등기사항전부증명서(전남 나주시 세지면 공장)**

3	소유권이전청구권가등기	2018년7월12일 제23689호	2018년7월12일 매매예약	가등기권자 남●정 640120-******* 경기도 오산시 오산로132번길 10, ■■동

○────── **문건접수내역(전남 나주시 세지면 공장)**

1. 문건접수내역

접수일	접수내역
2021.05.24	등기소 나0000 등기필증 제출
2021.06.10	배당요구권자 농000 0000 권리신고 및 배당요구신청서 제출
2021.06.14	기타 김OO 감정평가서 제출
2021.06.14	배당요구권자 농00000000 권리신고 및 배당요구신청서 제출
2021.07.01	교부권자 국0000000 0000 교부청구서 제출
2021.07.06	교부권자 나OO 교부청구서 제출
2021.07.23	집행관 조OO 현황조사보고서 제출
2021.08.02	교부권자 나OO 교부청구서 제출
2021.08.05	채권자 기00000 주소보정서(가0000000000) 제출
2021.08.05	교부권자 담OO 교부청구서 제출
2021.08.12	가압류권자 한00000 권리신고 및 배당요구신청서 제출

○────── **매각물건명세서(전남 나주시 세지면 공장)**

비고란
-일괄매각, 제시외건물(목록(2) 건물의 증축부분 약18.8㎡)및 비닐하우스 내 양수시설 포함하여 매각(감정평가서 참조)
-지상에 소재하는 저온저장고, 비닐하우스는 매각에서 제외
-목록(2)건물은 공부상 성산리 ■■, 양 지상에 소재하고 있으나 토지합병되어 현재는 성산리 ■■ 지상에 소재함
-공부상 공장이나 현재는 운영하지 않고 방치된 상태임
-목록(1) 갑구 순위5번, 목록(2) 갑구 순위3번 소유권이전청구권가등기(2018.7.12.등기)가 담보가등기인지 순위보전가등기인지 권리신고가 없고, 위 가등기는 매각으로 소멸하지 않고 매수인이 인수함. 만약 위 가등기된 매매예약이 완결되는 경우에는 매수인이 소유권을 상실할 수 있음.

④ 인수되는 선순위 가등기가 있어도 낙찰받는다면

선순위 가등기가 말소되지 않더라도 낙찰받고 대금 납부를 하면 소유권 취득은 가능합니다. 그러나 후일 가등기에 기해 본등기가 되면 낙찰자는 소유권을 잃게 됩니다. 이렇게 소유권을 잃은 낙찰자는 경매법원에 낸 매각대금으로 배당을 받아 간 채권자들을 상대로 부당이득반환청구를 할 수 있습니다. 단, 배당을 받아 간 채권자가 일반 개인이거나 유명하지 않은 법인이라면 채권 회수가 어려울 수 있습니다. 말소기준권리보다 앞선 선순위 가등기가 있는 경우에는 입찰하지 말라는 이야기는 이런 이유 때문입니다.

'혼동'으로 인한 가등기 소멸

• • •

민법에 '혼동'이라는 개념이 있습니다. 양립할 수 없는 두 가지 권리가 부딪히는 경우 어느 하나의 권리는 소멸된다는 내용입니다. 예를 들어 임차인이 소유권을 취득하면 임차인이면서 소유자일 수는 없으므로 임차인의 권리가 소멸되는데, 이런 법리가 혼동입니다.

경매물건을 보다 보면 간혹 선순위 가등기가 있고 뒤이어 선순위 가등기권자 명의로 소유권이전등기가 되어 있는 경우들이 있습니다. 가등기권자는 가등기에 기한 본등기를 하여 소유권 이전을 할 수도 있지만 가등기에 의하지 않고 매도인과 협의하여 별도로 소유권 이전을 할 수도 있습니다. 통상 가등기권자 명의로 본등기가 아닌 매매 등 다른 원인으로 소유권 이전이 되어 있다면 가등기는 혼동으로 소멸되는 것이 원칙입니다.

'혼동'으로 가등기가 소멸된다는 의미

가등기권자가 가등기에 기한 본등기를 하지 않고 별도로 소유권이전등기를 경료하였을 때에는 가등기는 이미 혼동으로 인하여 소멸되는 것이므로 소유 명의인이 된 가등기권자 단독으로 혼동을 원인으로 한 말소 신청을 할 수 있는 것이고 또한 등기상의 이해관계인도 가등기권자의 승낙서나 이에 대항할 수 있는 재판의 등본을 첨부하여 가등기 말소를 신청할 수 있는 것인 바, 가등기 이후에 압류등기의 압류권자는 그 가등기 말소에 관한 등기상의 이해관계인이라고 할 수 있을 것이므로 압류권자는 체납 처분에 따른 공매로 인한 소유권이전등기를 촉탁할 때 가등기권자의 승낙서 또는 이에 대항할 수 있는 재판의 등본을 첨부하여 그 가등기의 말소등기 촉탁을 할 수 있다.
(1995. 9. 27. 등기 3402-707 질의회답)

그런데 앞에서 설명한 내용과 달리, 가등기권자 명의로 소유권 이전이 되어 있어도 가등기가 소멸되지 않는 경우가 있습니다. 부동산 취득시 다른 사람 명의로 소유권 이전을 해 놓은 명의신탁 케이스로서, 소유자(=명의수탁자)가 임의로 부동산을 처분하지 못하도록 가등기를 설정해 놓은 것입니다.

해당 사건에서는 가등기 설정 후에 소유자의 채권자들에 의해 가압류(또는 압류등기)가 되었고, 소유자는 가등기에 기하지 않고 별도로 소유권 이전

대법원 1995. 12. 26. 선고 95다29888 판결
[가등기에 기한 본등기] [공1996.2.15.(4),532]

【판결요지】
[1] 갑이 을과의 합의하에 제3자로부터 토지를 을의 이름으로 매수하여 매매대금을 완납하고 을의 명의로 소유권이전등기를 경료한 다음, 을에 대한 다른 채권자들이 그 토지에 대하여 압류, 가압류, 가처분을 하거나 을이 갑의 승낙 없이 토지를 임의로 처분해 버릴 경우의 위험에 대비하기 위하여 갑 명의로 소유권이전등기청구권 보전을 위한 가등기를 경료하였다면, 갑은 을에게 그 토지를 명의신탁한 것이라고 보여지고, 또한 그 가등기는 장래에 그 명의신탁 관계가 해소되었을 때 가등기에 기한 본등기를 경료함으로써 장차 가등기 경료 이후에 토지에 관하여 발생할지도 모르는 등기상의 부담에서 벗어나 갑이 완전한 소유권을 취득하기 위한 법적 장치로서 갑과 을 사이의 별도의 약정에 의하여 경료된 것이라고 할 것이므로, 위 가등기를 경료하기로 하는 갑과 을 사이의 약정이 통정허위표시로서 무효라고 할 수는 없고, 나아가 갑과 을 사이에 실제로 매매예약의 사실이 없었다고 하여 그 가등기가 무효가 되는 것도 아니라고 한 사례.

을 했습니다. 그 과정을 표현하자면 아래와 같습니다.

소유권이전 A → 가등기 B → 가압류 C → 소유권이전 B

이런 경우 '가등기 B'는 혼동으로 소멸되지 않는다는 것입니다. '가압류 C'가 없다면 혼동으로 소멸이 되지만 중간에 채권이 있다면 가등기권자를 보호해야 한다는 취지입니다.

05

받을 돈이 있다면
가압류!

법원 앞에 가면 민사소송, 형사소송이라는 단어도 넘쳐나지만, 가압류나 가처분이라는 용어도 흔히 볼 수 있습니다. 가압류와 가처분은 법률용어로서 '보전처분'이라고 부릅니다. 무언가를 보전하기 위함인데, 채권자의 금전 또는 어떤 권리가 그 대상이 됩니다.

가압류를 하는 이유

• • •

보전처분 중의 하나인 '가압류'는 채권자가 채무자에게 받을 돈이 있을 때 주로 합니다. 채권자가 채무자에게 받을 돈이 있는데 채무자가 재산을 매각하거나 다른 사람 명의로 소유권을 변경하게 되면 채권 회수에 어려움이 생깁니다. 이러한 채무자의 행위를 막기 위해, 또는 채무자를 압박하기 위해(등기부에 가압류가 설정되면 매매 및 담보 설정이 어렵고 임대하는 데도 제약이 생깁니다) 가압류를 하는 것입니다.

또한 채무자를 상대로 민사소송을 진행할 때에도 가압류를 해놓아야 합니다. 민사소송을 통해 판결문을 득하고 이로써 압류(경매신청 등)를 할 때까지 꽤 긴 시간이 소요됩니다. 채무자 입장에서는 판결이 나기 전까지 재산을 빼돌리거나 타인에게 매도할 수도 있기 때문입니다. 그러므로 민사소송 전에는 반드시 가압류를 한 후 정식 소송을 진행하는 것이 좋습니다.

이처럼 가압류는 채권자가 자신의 이익을 보전하기 위해 법원에 신청하는 제도로서, 가압류 신청 단계에서는 채무자의 의견이 들어가지 않습니다. 따라서 채권자가 가압류 등기를 한 후 정식 본안소송을 제기하고, 본안소송에서 승소하면 가압류의 효력이 확정되게 됩니다.

가압류와 배당 순서

■ ■ ■

가압류는 돈을 받기 위한 목적을 가지므로 말소기준권리에 들어갑니다. 하지만 물권이 아닌 일반 채권이기 때문에 등기부에 먼저 등기되어 있더라도 후순위 권리자들보다 먼저 배당받을 수 없습니다. '채권자 평등의 원칙'에 의해 후순위 채권자와 동순위가 되어 안분배당으로 배당받게 됩니다. 가압류 등기만 되어 있다면 채권자 측 주장만 받아들여진 상태이므로,

배당을 받기 위해서는 정식 민사소송의 판결문이 필요하고, 판결문이 제출되기 전까지 가압류 채권자의 배당금액은 법원에 공탁됩니다.

가압류 없이 민사소송을 한다면 어떤 문제가 있는 걸까요? 민사소송을 하는 동안 다른 채권자들이 선순위가 될 수 있고 부동산의 소유자가 변경될 수도 있습니다. 배당순위가 후순위가 되거나 소유자가 변경되어 경매 신청을 못 할 수도 있는 것입니다.

가압류를 한 후 판결을 받으면 가압류한 시점에 압류의 효력이 발생하므로, 배당순위도 가압류 시점이 됩니다. 안분배당이 적용되므로 후순위 채권자보다 먼저 배당을 받지는 못하지만, 그래도 순위가 밀리는 것보다는 배당을 많이 받을 수 있을 것입니다. 이러한 이유로 민사소송 등에서 보전처분은 상당히 중요합니다.

전 소유자의 가압류가 있을 경우

• • •

가압류가 되어 있는 상태에서 소유권 이전이 되었다면 매수인은 가압류를 인수해야 할까요? 경매나 공매가 아닌 일반 매매로 소유권 이전이 되는 경우, 원칙적으로 매도인의 권리가 매수인에게 승계됩니다. 이렇게 소유권이전보다 앞서 전 소유자에게 받을 돈이 있어 설정된 가압류를 '전 소유자의 가압류'라고 합니다.

과거에는 '전 소유자의 가압류'를 낙찰자가 인수하는 경우도 있어서 권리분석을 할 때 혼란이 있었습니다. 그러다가 2006다19986 대법원 판결로 특별한 경우를 제외하고는 모두 배당받고 소멸하게 되었습니다. 특별

판례 | 전 소유자의 가압류

대법원 2006다19986

【판결요지】

부동산에 대한 가압류집행 후 가압류목적물의 소유권이 제3자에게 이전된 경우 가압류의 처분금지적 효력이 미치는 것은 가압류결정 당시의 청구금액의 한도 안에서 가압류목적물의 교환가치이고, 위와 같은 처분금지적 효력은 가압류채권자와 제3취득자 사이에서만 있는 것이므로 제3취득자의 채권자가 신청한 경매절차에서 매각 및 경락인이 취득하게 되는 대상은 가압류목적물 전체라고 할 것이지만, 가압류의 처분금지적 효력이 미치는 매각대금 부분은 가압류채권자가 우선적인 권리를 행사할 수 있고 제3취득자의 채권자들은 이를 수인하여야 하므로, 가압류채권자는 그 매각절차에서 당해 가압류목적물의 매각대금에서 가압류결정 당시의 청구금액을 한도로 하여 배당을 받을 수 있고, 제3취득자의 채권자는 위 매각대금 중 가압류의 처분금지적 효력이 미치는 범위의 금액에 대하여는 배당을 받을 수 없다.

한 경우란 무엇일까요? 매각물건명세서에 '전 소유자의 가압류는 매수인이 인수한다'라는 문구가 기재된 경우라고 보면 됩니다.

위의 판례 마지막 부분을 보면 '가압류의 처분금지적 효력이 미치는 범위의 금액에 대해서는 배당을 받을 수 없다'라는 어려운 문구가 나옵니다. 가압류는 채권이라서 후순위 채권자들과 동순위로 안분배당을 받게 되지만, 전 소유자의 가압류일 경우에는 전 소유자의 가압류가 먼저 전액 배당을 받고 남는 돈으로 현 소유자(=제3취득자)의 채권자들이 배당을 받아가라는 내용입니다.

전 소유자의 가압류 사례를 하나 살펴보겠습니다. 다음의 표를 보면, 가

날짜	권리	배당순위
2022.4.1	가압류	1
2023.4.1	소유권이전	
2023.7.1	근저당	2
2023.9.1	가압류	3

압류의 처분금지적 효력에 의해 현재 소유자의 채권자보다 전 소유자의 가압류가 먼저 전액 배당을 받게 되는 것입니다.

가압류에 대해 최종 정리를 해보겠습니다. 매각 부동산에 설정된 가압류는 매각으로 모두 소멸되고(매각물건명세서에 나오는 인수 조건은 예외), 최선순위인 경우 말소기준권리가 됩니다. 가압류 배당시 정식 본안소송에서 승소한 판결문이 제출되기 전까지는 배당금이 법원에 공탁되고, 선순위로 등기가 되어 있더라도 후순위 채권자보다 먼저 배당을 받지 못하고 동순위로 안분배당을 받게 됩니다.

가압류 신청 절차

∙ ∙ ∙

이제 가압류를 어떻게 하는지 알아볼 차례입니다. 가압류는 채권자 일방의 주장만으로 시작되는 절차이므로, 남발을 막기 위해 '담보제공명령 제도'라는 것을 운용하고 있습니다. 채권자가 가압류 신청 후 결정문을 받기 전에 일정 담보를 제공해야 한다는 뜻입니다.

가압류 신청시 첨부된 채권자의 입증자료가 확실하다면, 법원에서 담보

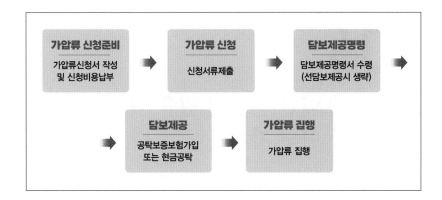

제공을 보증보험증권으로 제출하라는 명령이 나올 것입니다. 채권자의 입증자료가 좀 애매하다면, 현금 담보제공 또는 현금과 보증보험증권을 혼합해 제출하라는 명령이 나옵니다. 이는 재판장의 재량이므로 확실한 입증자료가 있을수록 좋습니다.

이렇게 해서 가압류 결정문이 나오고 이 결정문으로 집행을 할 수 있습니다. 부동산에서 하는 '집행'이란 등기를 신청하는 것입니다. 물론 채무자의 통장, 유체동산 등에도 가압류를 집행할 수 있습니다. 가압류 신청에서 결정문을 받을 때까지 통상 10~14일 정도 소요된다고 보면 됩니다. 이 절차는 다음에 나올 가처분에서도 마찬가지입니다.

06

권리에 대한 분쟁이 있을 때는
가압류 아닌 가처분

가처분은 왜 할까?

• • •

가압류와 마찬가지로 가처분도 보전처분의 하나입니다. 가처분을 법률용어로 설명하면 좀 어렵습니다. 가압류는 받을 돈이 있을 때 하는 것이고, 가처분은 돈이 아닌 어떤 권리를 주장할 때 하는 것이라고만 이해해도 좋습니다.

우리나라의 등기제도는 공신력을 인정하지 않습니다. 공시력만 있다는 표현을 씁니다. 등기제도에 공신력이 인정되면 소유권에 대한 분쟁이나 등기상 권리에 대한 분쟁(예를 들면 명의신탁 등)은 없을 것입니다. 이렇게 내가 어떤 부동산의 진정한 권리자이거나 소유자와 권리를 설정 또는 이전하기로 합의했는데 소유자 또는 매도인이 서류 등의 제공을 안 해줄 때 가처분을 활용하게 됩니다.

가압류와 마찬가지로 가처분도 채권자 일방이 신청하고 법원의 결정을 받아 등기를 할 수 있습니다. 추후 정식 본안소송을 통해 승소하면 그 권리가 확정됩니다. 결국 보전처분은 채권자가 채무자에게 받을 돈이 있는 경우(가압류)와 권리를 행사해야 하는 경우(가처분)에, 채무자가 재산을 빼돌리는 것을 방지하고 채권자의 지위를 보전하기 위해 하는 것이라 이해하면 됩니다.

가처분 분석은 등기부의 피보전권리 확인부터

• • •

가압류는 금전채권에 대한 보전처분이라 등기사항증명서에 금액이 표시되지만, 가처분은 금전채권 외의 권리에 대한 보전처분이므로 등기사항증명서에 '피보전권리'가 등기됩니다. 피보전권리의 내용을 통해, 채권

순위번호	등 기 목 적	접 수	등 기 원 인	권리자 및 기타사항
4	3번이●희지분가처분	2009년5월15일 제14291호	2009년5월13일 창원지방법원 밀양지원의 가처분결정(2009카단446)	피보전권리 사해행위취소를 원인으로 한 소유권이전등기 말소청구권 채권자 농림수산업자신용보증기금관리기관농업협동조합중앙회 110136-0027690 서울특별시 중구 충정로1가 75 (위임무수탁기관밀양산업협동조합) 금지사항 매매, 증여, 전세권, 저당권, 임차권의 설정 기타일체의 처분행위 금지

자가 어떤 권리를 보전받으려고 가처분 신청을 했는지 알 수 있습니다.

예를 들어 피보전권리가 '소유권이전등기 청구권'이면 부동산의 소유권이 내 것이라는 주장일 것이고, 피보전권리가 '근저당권설정등기 청구권'이면 근저당권을 설정하기로 하고 돈을 빌려줬는데 등기서류를 받지 못한경우일 것입니다. 이런 경우 신속하게 가처분을 하지 않으면 다른 채권자가 먼저 등기를 해서 금전적 손실을 볼 수도 있습니다.

이 사례에서 가처분의 피보전권리는 '소유권이전등기 말소청구권'입니다. 가처분 채권자인 농협에서는 현재 소유자가 아닌 종전 소유자에게 받을 돈이 있었거나 행사할 권리가 있다는 의미입니다. 가처분 이후 정식 소송을 하여 판결을 받으면, 3번 이○희의 소유권은 말소되고 종전 소유자에게 소유권이 돌아가게 됩니다. 사해행위가 인정된다면 소유권을 돌릴 필요도 없이 본안소송에서 현재 소유자에게 경매를 신청할 수 있도록 판결이 나기도 합니다.

말소기준권리보다 앞선 선순위 가처분

. . .

말소기준권리보다 선순위인 가처분은 낙찰자가 인수해야 합니다. 말소기준권리에 들어가지 않기 때문입니다. 선순위 가처분이 있는 경우, 낙찰을 받아도 가처분 등기를 말소시킬 수 없습니다. 선순위 가등기의 경우와 같이, 가처분 채권자가 본안소송에서 승소하면 소유권을 다시 빼앗길 수도 있으므로 선순위 가처분이 있을 경우에는 입찰을 피하는 것이 좋다고 하는 것입니다.

하지만 선순위 가처분이더라도 말소가 되는 경우가 있습니다.

선순위 가처분이 말소되는 경우

- 가처분의 목적이 달성된 경우
- 가처분의 본안소송 제기의 소멸시효가 지난 경우
- 본안소송에서 채권자가 패소한 경우

가처분의 목적이 달성된 경우란 피보전권리에 있는 대로 채권자에게 권리가 생긴 것을 말합니다. 가장 흔하게 볼 수 있는 사례는 피보전권리가 '근저당권설정등기 청구권'인데 본안소송을 통해 승소하여 근저당권이 설정된 경우입니다. 근저당권 설정을 위해 가처분등기를 했는데 근저당권이 설정되었다면 가처분의 목적이 달성된 것입니다.

가처분을 하고 이후에 판결을 받아 근저당권이 설정된 경우, 근저당권의 효력은 가처분 시점으로 거슬러 올라갑니다. 즉, 가처분 등기가 근저당권이 되어 채권자의 지위가 한층 더 보전되게 됩니다.

가압류·가처분의 소멸시효

■ ■ ■

가압류와 가처분에는 소멸시효가 있습니다. 채권자 일방의 신청에 의해 진행되는 사안이다 보니 빨리 정식 소송을 진행하라는 취지일 것입니다. 가압류나 가처분 등기를 해 놓고 일정 기간 안에 정식 본안소송을 제기하지 않는 경우, 제3자와 채무자에게 가압류나 가처분 등기를 말소할 수 있는 권리가 생기게 됩니다.

가압류와 가처분의 소멸시효

- 2002년 6월 30일까지 접수된 사건: 10년
- 2002년 7월 1일 ~ 2005년 7월 27일까지 접수된 사건: 5년
- 2005년 7월 28일부터 접수된 사건: 3년

채권자는 소멸시효 기간 안에 본안소송을 제기해야 본인의 권리를 지키는 데 유리합니다. 소멸시효 기간이 지난 경우에도 본안소송을 제기할 수는 있으나 이해관계가 있는 제3자나 채무자가 취소 소송을 제기해 가압류나 가처분을 말소시킬 수 있기 때문입니다.

말소기준권리보다 앞선 선순위 가처분이더라도 마찬가지입니다. 2005년 7월 28일 이후에 가처분이 설정되고 등기된 지 3년이 넘었다면, 낙찰자에게 가처분 취소 소송을 할 수 있는 권리가 생기게 됩니다. 물론 소멸시효이므로 중단 사유가 있었는지 없었는지 알아봐야 하고 본안소송이 진행 중인지도 따져야 하는 난이도 높은 권리분석입니다. 전문 변호사 등을 통해 충분한 검토 후 입찰 여부를 결정하는 것이 좋습니다.

가처분 채권자가 본안소송에서 패소한 경우에도 가처분은 효력을 상실합니다. 그런데 일반 입찰자 입장에서는 가처분 채권자가 정식 본안소송을 했는지 안 했는지 알 길이 없습니다. 이런 경우엔 대부분 경매법원에서 매각물건명세서에 본안소송 결과 등에 대해 고지를 해주므로 이를 확인하고 입찰 여부를 결정하면 됩니다.

가처분이 있는 경우 권리분석 요령

· · ·

가처분 권리분석은 피보전권리를 확인하는 것으로부터 시작합니다. 다음으로 가처분 채권자의 본안소송 결과에 따라 등기상 권리의 순서가 어떻게 바뀌는지, 권리의 변동에 따라 내가 낙찰받을 경우 어떤 결과가 생길지 등을 분석하여 입찰 여부를 검토하면 됩니다. 후순위 가처분은 원칙적으로 매각으로 소멸됩니다. 그러나 다음과 같은 경우에는 예외적으로 소멸되지 않으니 입찰시 주의가 필요합니다.

인수되는 후순위 가처분
피보전권리가 건물철거 및 토지인도청구권인 경우

피보전권리가 건물철거에 관한 것이므로 토지가 아닌 건물만 경매 진행될 때 볼 수 있는 가처분 사례입니다. 향후 건물이 철거될 수 있으므로 후순위라도 말소가 되지 않습니다.

법정지상권이 성립되지 않는 토지를 낙찰받으면 건물철거 소송을 진행하게 되는데, 이때 지상의 건물에 위와 같은 가처분을 하게 됩니다.

사례로 분석해 보는 가처분 물건

• • •

① 가처분 채권자의 말소동의서가 제출되어 있는 사례

공유물 분할을 위한 경매물건입니다. 공유물 분할을 위한 경매는 공유물 분할 소송을 거쳐 진행하므로, 본건의 경우는 아니지만 가처분(피보전권리는 공유물분할청구권)을 해 놓는 경우가 흔합니다.

말소기준권리보다 앞서 일부 공유지분에 가처분이 설정되어 있습니다. 가처분 채권자가 임의경매를 신청한 내역도 확인할 수 있습니다(공유물 분할 경매와 같은 형식적 경매는 임의경매로 진행됩니다).

○——— **물건 상세페이지(경기도 고양시 일산동구 공장)**

대표소재지	[목록4] 경기 고양시 일산동구 성석동 ■■■ [고봉로658번길 ■■-22] 외 10개 목록		N지도 D지도 도로명주소		
대 표 용 도	**공장**	채 권 자	김●환외5 현상적경매 (공유물분할을 위한 경매)		
기 타 용 도	전, 대지, 도로, 임야	소 유 자	경●숙 외 10명	신 청 일	2021.12.07
감정평가액	4,661,976,440원	채 무 자	경●숙	개시결정일	2021.12.20
최저경매가	(70%) 3,263,384,000원	경 매 대 상	**건물전부, 토지전부**	감 정 기 일	2022.01.04
입찰보증금	(10%) 326,338,400원	토 지 면 적	7,196㎡ **(2,176.79평)**	배당종기일	2022.03.14
청 구 금 액	0원	건 물 면 적	723.76㎡ **(218.94평)**	입찰예정일	2023.05.03
등기채권액	780,000,000원	제시외면적	-	차기예정일	미정 (2,284,375,000원)
물 건 번 호	1 [유찰]				

❶**물건사진/위치도**

소재지/감정서	면적(단위:㎡)	진행결과	임차관계/관리비	등기권리
(10251) [목록1] 경기 고양시 일산동구 성석동 ▨▨ 지도 등기 토지이용 [토지] ·본건은 경기도 고양시 일산동구 성석동 소재 성석삼거리 북동측 인근에 위치하며 주위는 공장 및 창고, 단독주택, 다세대주택, 아파트, 근린생활시설 등이 혼재하는 지역임. ·공히 본건 및 본건 인근까지 차량출입이 가능하며 인근에 버스정류장이 소재하는 등 제반 교통상황은 보통임. ·기호(1): 부정형의 토지로 전(휴경지)으로 이용중임. 기호(2): 부정형의 토지로 근린생활시설부지로 이용중임. 기호(3,8,11): 공히 부정형의 토지로 현황 도로로 이용중임. 기호(5): 사다리형의 토지로	전 · 738㎡ (223.25평) · (현:휴경지) 표준공시 367,000 감정지가 555,000원/㎡ 토지감정 409,590,000 평당가격 1,834,670 감정기관 태공감정	감정 4,661,976,440 100% 4,661,976,440 유찰 2022.12.07 100% 4,661,976,440 변경 2023.01.18 100% 4,661,976,440 변경 2023.02.22 100% 4,661,976,440 유찰 2023.03.29 70% 3,263,384,000 예정 2023.05.03 법원기일내역	▶법원임차조사 조사된 임차내역 없음	* 건물등기 소유권 문●혜 외8 이 전 2000.02.25 매매(1999.12.10) 가처분 문●영 2007.06.12 2007카합830 고양지원 내용보기 (문인혜지분) 근저당 경●자외1 2019.03.12 780,000,000 [말소기준권리] 임 의 문●영 2021.11.30 (2021타경71501) 임 의 김●한외5 2021.12.20 (2021타경71952) 청구액 0원

등기사항전부증명서의 피보전권리를 보면 '공유물분할 청구권'이 아니고, 일부 지분권자에 대한 '소유권이전등기 청구권'입니다. 매각물건명세서상에 선순위 가처분 내역이 고지되어 있고, 그 아래에 선순위 가처분권자가 매각시 가처분을 말소하겠다는 동의서가 제출되어 있음을 알 수 있습니다. 또한 가처분권자가 현재 경매 대상 물건의 일부 소유자라고 나와 있습니다.

이 경매사건에서 낙찰이 되면 공유자들은 지분 비율만큼 배당을 받습니

○──── **등기사항전부증명서**(경기도 고양시 일산동구 공장)

2	1번문●혜지분가처분	2007년6월12일 제68481호	2007년6월4일 의정부지방법원 고양지원의 가처분결정(2007카합830)	피보전권리 소유권이전등기청구권 채권자 문●영 경기도 고양시 일산동구 성석동 556-● 금지사항 매매, 증여, 전세권, 저당권, 임차권의 설정 기타일체의 처분행위 금지

○──── **매각물건명세서(경기도 고양시 일산동구 공장)**

[매각물건명세서]
<등기부상의 권리 또는 가처분으로 매각허가에 의해 그 효력이 소멸되지 않는 것>
- 목록 2. 내지 7. 및 9. 각 갑구 2번 가처분등기(2007년 6월 12일 접수), 목록 8. 및 10. 내지 11. 각 갑구 3번 가처분 등기(2007년 6월 12일 접수)있음.
- 일괄매각.
- 목록 1,5,6,10,11은 농지취득자격증명 요함(미제출시 보증금 미반환).
- 목록 1,5,9는 맹지임.
- 목록6.은 공부상 '전'이나 일부가 목록7.의 대지로 이용되고 있음.
- 목록8.은 공부상 '임야', 목록11.은 공부상 '전'이나 현황은 각 '도로'로 이용중임.
- 목록2~7,9는 가처분권자가 현재의 일부 지분 소유자임.
- 2023. 3. 3.자로 최선순위 가처분권자 문●영으로부터 목록2. 내지 7. 및 9. 각 갑구 2번 가처분등기(2007년 6월 1 2일 접수), 목록 8. 및 10.내지 11. 각 갑구 3번 가처분등기(2007년 6월 12일 접수)에 대하여 매수인이 대금을 납부 할 경우, 가처분을 취하하고 말소하겠다는 동의서가 제출됨.
[현황조사서]
- 현장에서 아무도 만나지 못하였으므로, 점유관계 등은 별도의 확인을 요함.

다. 선순위 가처분으로 인해 낮은 가격에 낙찰될 수 있으므로 법원에 미리 말소동의서를 제출한 사례입니다.

② 목적이 달성된 가처분 사례

최선순위로 가처분이 설정되어 있는 물건입니다. 가처분 설정 이후 등기를 보니, 가처분 채권자 이름으로 근저당권이 설정되어 있는 것이 확인됩니다.

등기부 갑구에 기재된 피보전권리는 '근저당권설정등기 청구권'입니다. 소유권보존등기는 통상적으로 건축주가 준공 후에 하는데, 이 건은 채권자가 소유자를 대위하여 신청했습니다. 보존등기가 안 되면 어떠한 권리도 설정할 수 없기 때문입니다. 이렇게 채권자가 권리 행사를 하기 위해 채권자 대위권으로 소유권보존등기를 신청하고 가처분을 하는 경우가 있습니다.

물론 신축 중인 모든 건물을 이렇게 할 수는 없습니다. 어느 정도 건물로서의 외형을 갖추고 벽, 기둥, 지붕의 형태를 갖춰야 가능합니다. 이와 유사한 경우 등기가 가능한지 여부는 등기를 전문으로 하는 법무사나 변호사 사무실을 통해 자문을 받고 진행하면 됩니다.

등기부의 을구를 보면, 가처분 채권자 명의로 근저당권이 설정되어 있습니다. 등기 목적에 '가처분에 기함'이라고 기재되어 있습니다. 가처분 채권자가 가처분에 기한 본안소송을 통해 판결을 받아 근저당권을 설정했다는 사실을 알 수 있습니다. 이 근저당권은 다른 권리보다 늦게 설정되었지만 가처분을 최선순위로 해 놓았기 때문에 가처분한 시점에 근저당권이 설정된 것으로 봅니다.

○───── **물건 상세페이지(충북 충주시 신니면 토지)**

소재지/감정서	면적(단위:㎡)	진행결과	임차관계/관리비	등기권리
(27456) [목록1] 충북 충주시 신니면 화석리 ■■-1 지도 등기 토지이용 [토지] · 본건은 충청북도 충주시 신니면 화석리 소재 장터마을 남측 인근에 위치하는 부동산(토지 및 건물)으로서, 주위는 중소규모 공장, 단독주택 및 농경지 등이 혼재되어 있음. · 본건까지 차량 접근이 가능하며, 동측 인근에 간선도로(덕고개로)가 소재하고, 인근에 버스 정류장이 소재하는 등, 제반 교통상황은 보통임. · 일련번호 1,2(일단지) : 부정형 평지로서, 기준시점 현재 공업용 건부지 로 이용중임. 일련번호 5-7 : 부정형 환경 사지로서, 기준시점 현재 도로로 이용중임. · 일련번호 1,2(일단지) : 북동측으로 노폭 약 4m 내외의 포장도로와 접함. 일련번호 5-7 : 현황 도로로 이용중임. ▶ 토지이용계획 ·계획관리지역 ·가축사육제한구역	임야 · 770㎡ (232.92평) · (현:공업용건부지) 표준공시 118,000 개별공시 76,000 감정지가 127,000원/㎡ 토지감정 97,790,000 평당가격 419,850 감정기관 삼일감정	감정 4,597,064,500 100% 4,597,064,500 유찰 2023.02.13 80% 3,677,652,000 유찰 2023.03.20 64% 2,942,122,000 예정 2023.04.24 법원기일내역	▶ 법원임차조사 조사된 임차내역 없음	* 건물등기 소유권 (주)■가 이 전 2020.05.12 보존 가처분 기술보증기금 (대전기술평가센터) 2020.05.12 2020카합527 충주지원 압 류 충주시 2020.05.26 [말소기준권리] 압 류 충주세무서장 2020.08.20 가압류 강■수 2020.10.15 2020카단3361 충주지원 내용보기 125,000,000 근저당 기술보증기금 (대전기술평가센터) 2021.05.17 2,830,000,000 임 의 기술보증기금 (대전기술평가센터) 2022.03.28

【 갑 구 】			(소유권에 관한 사항)	
순위번호	등 기 목 적	접 수	등 기 원 인	권리자 및 기타사항
1	소유권보존			소유자 주식회사●가 151111-0053143 충청북도 충주시 신니면 화석리 ■■-2 부동산처분금지가처분 촉탁으로 인하여 2020년5월12일 등기

2	가처분	2020년5월12일
		제20019호
			2020년5월11일
			청주지방법원
			충주지원의
			가처분결정(202
			0카합527)
				피보전권리 근저당권설정등기청구권
				채권자 기술보증기금 180171-0000028
				   부산광역시 남구 문현금융로 33
				   (문현동,기술보증기금)
				   (대전기술평가센터)
				금지사항 매매, 증여, 전세권, 저당권,
				   임차권의 설정 기타일체의 처분행위
				   금지

【 을 구 】			(소유권 이외의 권리에 관한 사항)	
순위번호	등 기 목 적	접 수	등 기 원 인	권리자 및 기타사항

1	근저당권설정(2020
	년 5월 12일 접수
	제20019호 가처분에
	기함)
		2021년5월17일
		제21671호
			2015년11월10일
			설정계약
				채권최고액 금2,830,000,000원
				채무자 주식회사●가
				   충청북도 충주시 신니면 화석리 ■■-2
				근저당권자 기술보증기금 180171-0000028
				   부산광역시 남구 문현금융로 33(문현동)
				   (대전기술평가센터)
				공동담보 건물 충청북도 충주시 신니면 화석리
				   ■■-1 외 1필지 제1동호
				   건물 충청북도 충주시 신니면 화석리
				   ■■-2 외 1필지

그러므로 배당시 먼저 배당을 받을 수 있습니다. 이 사건에서 가처분은 근저당권 설정을 위한 것이므로 근저당권이 설정된 후에는 목적을 달성한 가처분이 됩니다. 즉 낙찰받고 말소가 가능한 선순위 가처분인 것입니다.

가처분이 중요한 것은 본안소송의 결과에 따라 권리의 순서가 뒤바뀌기 때문입니다. 이러한 법리를 이해하고 분석한다면, 말소기준권리보다 앞선 선순위 가처분을 겁낼 필요가 없습니다. 만약 이 사건에서 가처분을 하지 않은 상태에서 판결받아 근저당권 설정을 했다면, 근저당권자는 후순위 채권자가 되어 배당액이 줄어들었거나 최악의 경우 한푼도 받지 못할 수 도 있었습니다. 이런 이유로 가압류와 가처분이 보전처분이라 불리는 것 입니다. 민사소송시 꼭 필요한 것이니 잘 알아둬야 합니다.

07

집합건물에
토지등기사항증명서는
있을까?

토지별도등기가 발생하는 이유

. . .

건물 전체가 아닌 각 호별로 소유자가 구분되어 있는 건물을 '집합
건물' 또는 '구분건물'이라고 합니다. 집합건물의 소유권 변동은 집합
건물 등기사항증명서에 기재됩니다. 아파트를 샀다면 내 소유라는
것을 '집합건물 등기사항증명서'에서 확인할 수 있는 것입니다. 그런
데 '건물 말고 토지는?'이라는 의문이 생깁니다. 아파트 건물이 깔고
앉아 있는 토지 등기부는 별도로 있을까요? 집합건물에 토지 등기사
항증명서가 있느냐는 의문입니다.

결론적으로 당연히 있습니다. 건물은 철거하면 사라지지만 토지는

영속성이 있으므로 사라지지 않습니다. 그렇다 보니 집합건물에는 '집합건물 등기사항증명서' 외에 '토지 등기사항증명서'가 존재합니다. 이렇게 집합건물 등기부가 아닌 토지등기부에만 별도로 어떤 권리가 등기되어 있는 경우를 '토지별도등기'라고 합니다.

집합건물을 신축하거나 개발사업을 할 때 순전히 자기 돈으로 하는 경우는 드뭅니다. 대부분 토지(=나대지)를 담보로 대출을 받거나 타인의 자금을 빌리게 됩니다. 그렇다 보니 집합건물 신축 과정에서 토지 부분에 근저당권, 가압류 등의 권리가 먼저 설정되고, 집합건물이 신축된 후에도 토지등기부에 계속 남아 있는 경우가 발생합니다(대부분 근저당권이지만 가압류, 가처분, 가등기, 지상권 등도 있습니다).

이렇게 토지에 등기된 채권자들이 먼저 있는 상황에서 집합건물이 완공되어 등기부가 만들어져도, 집합건물 등기사항전부증명서에 '토지별도등기 있음'이라고 기재되는 것입니다.

토지 등기사항증명서에 '소유권대지권'이라는 등기가 되어 있으면 이때부터는 토지등기부에서는 소유권 변동이 이루어지지 않습니다. 토지 소유권이 집합건물의 대지권으로 전환되었기 때문입니다. 토지등기부상에서 소유권 변동은 안 되지만 다른 채권자들의 등기는 남아 있는 상태에서 집합건물의 경매나 공매가 진행된다면 '토지별도등기 있음'이라고 고지되는 것입니다.

○──── **토지 등기사항증명서 양식**

17	소유권대지권			건물의 표시 인천광역시 계양구 병방동 92-13 2020년 8월 24일 등기

토지별도등기 확인하는 방법

■ ■ ■

토지별도등기를 확인하려면, 집합건물 등기사항증명서 표제부에서 '대지권' 부분을 보면 됩니다. 만약 '별도등기 있음'이라고 표시되어 있다면, 토지등기사항전부증명서를 열람 또는 발급하여 어떤 권리가 설정되어 있는지 보면 됩니다. 이 사례의 경우 토지등기사항증명서 을구 11번에 근저당권이 설정되어 있는 것을 확인할 수 있습니다.

○───── **집합건물 등기사항증명서 양식**

【 표 제 부 】	(전유부분의 건물의 표시)			
표시번호	접 수	건 물 번 호	건 물 내 역	등기원인 및 기타사항
1	2013년4월5일	제2층 제201호	철근콘크리트구조 16.09㎡	

(대지권의 표시)			
표시번호	대지권종류	대지권비율	등기원인 및 기타사항
1	1 소유권대지권	185분의 6.0457	2013년3월28일 대지권 2013년4월5일

표시번호	대지권종류	대지권비율	등기원인 및 기타사항
2			별도등기 있음 1토지 (을구 11번 근저당권설정등기) 2013년4월5일

| 11 | 근저당권설정 | 2013년1월11일
제1737호 | 2013년1월11일
설정계약 | 채권최고액 금216,000,000원
채무자 한석준 |

열람일시 : 2022년04월01일 13시55분41초　　　　5/11

[토지] 부산광역시 동구 초량동 1049

순위번호	등 기 목 적	접　수	등 기 원 인	권리자 및 기타사항
				서울특별시 노원구 한글비석로46가길 16, 3동 504호 (상계동, 한신아파트) 근저당권자　남부산농업협동조합 184336-0000165 부산광역시 남구 대연동 329-15 (감만지점) 공동담보　토지 부산광역시 동구 초량동 1049-1 토지 부산광역시 동구 초량동 994-366 토지 부산광역시 동구 초량동 994-368

토지별도등기의 권리분석

■ ■ ■

　매각물건명세서상에 '토지별도등기 인수'라는 문구가 없고 토지상의 권리가 돈을 받을 채권이라면 배당받고 소멸될 것입니다. 대부분의 토지별도등기는 이 케이스에 해당된다고 보면 됩니다. 그러므로 경매절차에서 토지별도등기의 발생 원인과 어떤 구조로 되어 있는지만 이해한다면 권리분석상 문제가 생기는 경우는 거의 없습니다.

판례 | 토지별도등기

대법원 2012다103325

[2] 동일인의 소유에 속하는 전유부분과 토지공유지분(이하 '대지지분'이라
고 한다) 중 전유부분만에 관하여 설정된 저당권의 효력은 규약이나 공정증
서로써 달리 정하는 등의 특별한 사정이 없는 한 종물 내지 종된 권리인 대
지지분에까지 미치므로, 전유부분에 관하여 설정된 저당권에 기한 경매절차
에서 전유부분을 매수한 매수인은 대지지분에 대한 소유권을 함께 취득하
고, 그 경매절차에서 대지에 관한 저당권을 존속시켜 매수인이 인수하게 한
다는 특별매각조건이 정하여져 있지 않았던 이상 설사 대지사용권의 성립
이전에 대지에 관하여 설정된 저당권이라고 하더라도 대지지분의 범위에서
는 민사집행법 제91조 제2항이 정한 '매각부동산 위의 저당권'에 해당하여
매각으로 소멸하는 것이며, 이러한 대지지분에 대한 소유권의 취득이나 대
지에 설정된 저당권의 소멸은 전유부분에 관한 경매절차에서 대지지분에
대한 평가액이 반영되지 않았다거나 대지의 저당권자가 배당받지 못하였다
고 하더라도 달리 볼 것은 아니다.

토지별도등기의 효력

• • •

토지별도등기가 되어 있는 집합건물의 사례를 하나 살펴보겠습니다. 토
지등기사항증명서에서 토지별도등기의 원인이 근저당권으로 확인됩니다.
그런데 우측 난을 보면, 포기할 지분과 토지상에 있는 집합건물의 호수가
표시되어 있습니다. 이것은 무슨 의미일까요?

토지에 설정된 근저당권은 당연히 집합건물보다 먼저 설정이 되었을 것
이므로 이후 토지 소유권은 대지권으로 전환되고, 집합건물이 되면 각 호

12-4	12번근저당권변경	2013년11월29일 제147313호	2013년11월29일 지분포기	목적 111분의 37. 11근저당권설정 포기할지분 111분의17. 23 (201호), 111분의19. 55 (202호), 111분의17. 23 (301호), 111분의19. 88 (302호)
12-5	12번근저당권이전	2015년11월3일 제155617호	2015년9월1일 회사합병	근저당권자 주식회사하나은행 110111-0672538 서울특별시 중구 을지로 66(을지로2가)
12-6	12번등기명의인표시 변경	2016년1월13일 제3466호	2016년1월13일 취급지점변경	주식회사하나은행의 취급지점 구리역지점
12-7	12번근저당권변경	2016년1월13일 제3467호	2016년1월13일 지분포기	목적 소유권일부(111분의19. 88)근저당권설정 포기할지분 111분의17. 23 (401호)

수의 대지권에 근저당권의 담보효력이 미치게 됩니다. 담보효력이 미치는 집합건물 중 어떤 호수가 대출금을 상환하거나 집합건물이 경매가 되어 토지 근저당권자가 배당을 받게 되면, 위와 같이 '지분포기'라는 형태로 등기가 되는 것입니다.

토지 근저당권자 입장에서는 해당 호수에 대해서는 대출금을 상환받았기 때문에 근저당권의 담보효력이 해당 호수에는 미치지 않는다는 표현을 '지분포기'라고 해 놓는 것입니다.

토지 등기사항증명서의 마지막 줄(12-7)을 보면, 401호에는 토지근저당권의 효력이 미치지 않는다는 것을 알 수 있습니다. 만약 401호가 경매에 붙여질 경우, '토지별도등기 있음'이라는 문구가 나올까요, 나오지 않을까요? 정답은 '나온다'입니다.

401호에 대해서는 근저당권의 효력이 없는 것이 맞지만, 다른 호수에는 아직 근저당권의 효력이 남아 있고 집합건물 완공 전에 토지 전체에 대해 설정된 근저당권이다 보니 집합건물의 모든 소유자가 토지근저당권의 채무를 상환하기 전까지는 어느 호수가 경매되더라도 '토지별도등기 있음'이라고 나오는 것입니다. 집합건물에서 토지소유권(=대지권)은 공유 형태로 되어 있기 때문입니다.

물론 앞서 설명한 대로 담보효력은 401호에는 미치지 않습니다. 토지별 도등기의 구조가 이렇다는 것을 잘 이해해 놓으시길 바랍니다.

토지별도등기 권리분석시 주의해야 하는 경우

● ● ●

토지별도등기가 권리분석시 문제가 되는 경우는 드물지만, 당연히 주의 해야 하는 케이스도 있습니다. 지금부터 사례를 들어 설명할 텐데, 그 전 에 토지별도등기가 있는 경우 배당시 매각대금을 토지 부분과 건물 부분 으로 나누어 배당한다는 것을 알아두어야 합니다. 그렇다면 어떤 비율로 배당금을 나눌까요? 감정평가서를 보면 토지부분과 건물부분을 나눠서 평 가를 해 놓는데 이 비율을 가지고 나누게 됩니다.

이번에 검토할 사례는 감정가 209,000,000원인 물건입니다. 토지와 건 물이 나뉘어져 있는데 토지가 31,300,000원, 건물이 177,700,000원인 것 을 알 수 있습니다. 이 감정가의 비율대로 나눠서 배당이 된다고 이해하면 됩니다. 신축건물일수록 감정평가시 건물분 금액이 큽니다.

좀 극단적인 사례를 들어보겠습니다. 감정가가 10억원인 물건인데 토지 부분이 40%, 건물 부분이 60%로 감정평가 되었다고 가정해보겠습니다. 경매에서 낙찰금액이 8억원이라면 토지 부분에 대한 배당은 3.2억원, 건 물 부분에 대한 배당할 금액은 4.8억원이 됩니다.

이때 건물에 선순위 임차인 보증금이 6억원 있다고 하면 건물 부분 배당

			토지의 표시: 전라북도 김제시 검산동 ████-1	15,341.9		
		대	대지권의 종류: 소유권			
			대지권의 비율:	33.0591 ---------- 15,341.9	33.0591	
						토지.건물의 가격 배분 토지: 31,300,000 건물: 177,700,000
	합 계					₩209,000,000.-

액에서 1.2억원이 부족합니다. 임차인에게 대항력이 있으므로 부족한 금액 1.2억원은 낙찰자가 인수하게 됩니다. 경매 응찰자는 8억원에 낙찰받으면 임차인 보증금 6억원을 배당받는 데 아무 문제가 없다고 생각할 수 있습니다.

토지별도등기가 있는 경우에는 토지채권자에게도 배당되므로, 토지채권금액에 대해서도 꼼꼼히 조사해야 합니다. 물론 앞의 사례처럼 토지의 채권금액이 큰 경우는 그렇게 많지는 않습니다. 토지 전체를 담보로 대출이 일어나고 이후 집합건물이 지어지면 토지채권금액은 각 집합건물로 나누어져 담보효력이 미치게 되기 때문입니다.

토지별도등기에서 가장 조심해야 할 것은 대항력 있는 '선순위 임차인'입니다. 그럴 때는 앞에서 설명한 방법으로 배당금액과 인수할 금액을 검토한 후 입찰에 응하면 되겠습니다. 만약 토지채권금액에 대해 알지 못하고 응찰했는데(매각물건명세서상에 기재되지 않은 경우 등), 낙찰 후 이런 내용을 알게 되어 보증금을 인수하게 되었다면 매각불허가 신청 또는 매각허가에 대한 이의신청 등의 구제 절차를 통해 입찰보증금을 돌려받아야 할 것입니다.

문제없는 토지별도등기, 구분지상권

∎∎∎

실무상 많이 보게 되는 토지별도등기 중 하나는 '구분지상권'입니다. 구분지상권은 지하철 등과 같이 토지의 지하 부분 등 토지 전체가 아닌 토지의 일정 범위에 설정하는 지상권입니다. 대부분 지하철 등 공공의 목적에 의해 설정된 경우가 대부분입니다. 이러한 경우에는 입찰해도 권리상 문제가 되지 않습니다.

○─── **토지등기사항증명서**

【 을 구 】 (소유권 이외의 권리에 관한 사항)				
순위번호	등 기 목 적	접 수	등 기 원 인	권리자 및 기타사항
1	구분지상권설정	2012년7월2일 제56196호	2012년5월9일 수용	목 적 지하철도소유 범 위 토지의 서쪽 도로를 접한 일부면을 통과하는 편입면적 6.5㎡에 대하여 기준지하 마이너스 14.170미터로부터 4.410미터로 사이로한다 존속기간 2012년 5월 9일부터 도시철도 존속시까지 지 료 금1,603,770원 지급시기 일시불 **지상권자 인천광역시** 도면 제2012-204호
1-1	1번지상권이전	2019년12월30일 제520315호	2019년12월30일 현물출자	지상권자 인천교통공사 124771-0000991 인천광역시 남동구 경인로 674 (간석동)

08

집합건물에서 전유부분만
경매에 나오는 경우
(대지권 미등기)

대지권 등기가 안 된 상태에서 경매가 진행되는 이유

. . .

집합건물에만 해당되는 '대지권 미등기'에 대해서도 공부해 보겠습니다. 단독주택은 보통 토지와 건물이라는 두 개의 부동산으로 이루어져 있고, 집합건물은 전유부분과 대지권으로 이루어져 있습니다. 그런데 집합건물 중에서 전유부분의 면적만 표시되고 대지권은 미등기로 표시되어 경매가 진행되는 물건들이 있습니다.

대지권 미등기가 발생하는 이유는 대규모 택지개발 등이 이루어진 경우에 대지권 면적에 대한 계산 또는 환지 면적에 대한 계산은 컴퓨터 등으로 금방 할 수 있지만, 개발이 안 된 토지들을 다 모아서 개발

된 후의 토지로 지적을 분할하고 각각 대지권 등기까지 지적 정리를 하는 데는 물리적으로 많은 시간이 소요되기 때문입니다.

그렇다 보니 신축 아파트의 경우, 전유부분에 대한 소유권만 등기하고 입주하게 되는 경우가 많습니다. 입주 후 몇 개월 뒤에 대지권 등기를 하라고 안내문이 아파트 단지 정문 등에 붙으면 그때 대지권등기를 하게 됩니다. 이렇게 대지권등기가 되기 전에 경매가 나오는 경우, 대지권 미등기가 되는 것입니다.

이것만 알면 된다! 대지권 미등기 권리분석 포인트

* * *

대지권 미등기 물건에서의 핵심은 최초 수분양자(제일 처음 분양받은 사람)가 '분양대금을 완납했는지' 여부입니다. 최초 수분양자가 분양대금을 완납했지만 대지권 미등기인 상태라면 낙찰자가 대지권 등기하는 데 문제가 없는 케이스가 됩니다. 입찰시 대지권 등기를 하는 비용만 감안해서 입찰가를 산정하면 됩니다.

그런데 최초 수분양자가 분양대금을 전액 완납하지 않는 상태에서 대지권 미등기로 경매가 진행되는 경우도 있습니다. 낙찰자가 대지권 등기서류를 받기 위해서는 분양자에게 미납한 분양대금을 지급해야 하므로, 이경우엔 미납대금을 감안하여 입찰가를 산정해야 합니다.

① 동시이행항변권

판례에 따르면, 대지권은 집합건물 전유부분의 종물(從物)이고, 전유부분과 대지권은 원칙적으로 분리 처분되지 않습니다(집합건물법 20조). 따라서 전유부분을 낙찰받으면 대지사용권을 취득하는 것이 원칙입니다. 그런데 판결요지의 마지막 부분을 보면, 분양자(시행사나 시공사)는 미납된 분양대금을 받을 때까지 '동시이행항변권'을 행사할 수 있다고 되어 있습니다. '동시이행항변'이라는 것은 미납된 분양대금을 줄 때까지 대지권 등기서류를 넘겨주지 않을 권리로 동시에 맞바꾸자는 의미입니다.

경매법원에서는 수분양자의 분양대금 완납 여부에 대해 사실조회 등을

판례 | 분양자의 동시이행 항변권

대법원 2004다58611

【판결요지】
집합건물의 분양자가 수분양자에게 대지지분에 관한 소유권이전등기나 대지권변경등기는 지적정리 후에 해주기로 하고 우선 전유부분에 관하여만 소유권이전등기를 마쳐 주었는데, 그 후 대지지분에 관한 소유권이전등기나 대지권변경등기가 되지 아니한 상태에서 전유부분에 대한 경매절차가 진행되어 제3자가 전유부분을 경락받은 경우, 그 경락인은 집합건물의 소유 및 관리에 관한 법률 제2조 제6호의 대지사용권을 취득하고, 이는 수분양자가 분양자에게 그 분양대금을 완납한 경우는 물론 그 분양대금을 완납하지 못한 경우에도 마찬가지이다. 따라서 그러한 경우 경락인은 대지사용권 취득의 효과로서 분양자와 수분양자를 상대로 분양자로부터 수분양자를 거쳐 순차로 대지지분에 관한 소유권이전등기절차를 마쳐줄 것을 구하거나 분양자를 상대로 대지권변경등기절차를 마쳐줄 것을 구할 수 있고, 분양자는 이에 대하여 수분양자의 분양대금 미지급을 이유로 한 동시이행항변을 할 수 있을 뿐이다.

해서 확인이 가능한 경우에는 그러한 내용을 기재해줍니다. 매각물건명세서상에 이런 언급이 없다면 수분양자가 매각대금을 완납했는지 안 했는지 시공사 및 시행사, 분양 업무에 관련된 회사 등을 탐문하여 확인한 다음 입찰에 참여해야 합니다.

② 분양대금채권의 소멸시효는 5년

대지권 미등기 물건 중 최초 수분양자가 분양대금을 내지 않은 상황에서 오랜 시간이 경과된 상황이라면, 낙찰자가 소멸시효를 주장할 수 있을까요? 최근 대법원에서는 낙찰자도 분양대금채권의 소멸시효를 원용할 수

 판례 | 분양대금채권 소멸시효

대법원2022다270613

3. 그러나 원심의 판단은 다음과 같은 이유로 받아들이기 어렵다.
가. 원고가 취득한 이 사건 아파트에 관한 대지사용권은 원래 피고와 수분양자 사이에 체결된 이 사건 분양계약의 효력에 따라 발생한 것으로, 원고는 이 사건 아파트의 전유부분을 취득하면서 집합건물법 제20조 제1항에 따라 위 대지사용권도 함께 취득한 것이다. 따라서 앞서 본 것처럼 피고가 원고에 대하여도 위 분양계약에 따른 분양대금의 미지급을 이유로 동시이행의 항변을 할 수 있다면, 그 분양대금채권의 소멸 여부는 대지사용권에 결부된 동시이행의 부담을 면할 수 있는 원고에게도 직접 영향을 미친다고 보아야 한다.
나. 결국 원고는 피고의 채권이 시효로 소멸되는 결과 직접적인 이익을 받는 사람에 해당한다고 볼 수 있으므로, 원고는 피고의 수분양자에 대한 분양대금채권의 시효소멸을 원용할 수 있다.

있다고 판시하였으므로, 소멸시효 주장을 통해 대지권을 가져올 수도 있 겠습니다. 그러나 여기에서 주의할 점이 있습니다. 소멸시효에는 중단 사 유가 있다는 것입니다. 다각적인 검토가 필요한 이유입니다. 참고로 분양 대금 채권의 소멸시효는 5년입니다.

대지권 미등기 물건 낙찰 후 대지권 등기하는 방법

...

과거 판례를 보면 '대지권변경등기'의 형태로도 대지권 등기가 가능했던 때가 있었습니다. 하지만 최근에는 분양자(=건축주)와 공동으로 '대지권이 전등기'를 신청하고, 그 후 단독으로 '대지권표시의 변경등기'를 신청할 수 있다고 판시하고 있습니다.

이러한 절차를 진행함에 있어 분양자 등과 협조가 안 된다면 소송을 통

부동산등기법 제60조(대지사용권의 취득)

① 구분건물을 신축한 자가 「집합건물의 소유 및 관리에 관한 법률」 제2조 제6호의 대지사용권을 가지고 있는 경우에 대지권에 관한 등기를 하지 아니하고 구분건물 에 관하여만 소유권이전등기를 마쳤을 때에는 현재의 구분건물의 소유명의인과 공동으로 대지사용권에 관한 이전등기를 신청할 수 있다.
② 구분건물을 신축하여 양도한 자가 그 건물의 대지사용권을 나중에 취득하여 이전 하기로 약정한 경우에는 제1항을 준용한다.
③ 제1항 및 제2항에 따른 등기는 대지권에 관한 등기와 동시에 신청하여야 한다.

대법원 2020. 8. 20. 선고 2019다30396 판결
[대지권이전등기절차이행등청구의소] [미간행]

【판시사항】
[1] 대지사용권을 가진 집합건물의 건축자가 대지권에 관한 등기를 하지 아니하고 구분건물에 관하여만 소유권이전등기를 마친 경우, 구분건물의 현 소유자가 구 부동산등기법 시행규칙 제60조의2에 근거하여 대지권변경등기 절차의 이행을 구할 수 있는지 여부(소극)
[2] 갑 등이 그 소유의 토지 위에 건물을 신축하면서 존재하지 아니하는 전유부분인 한 세대를 포함시켜 총 10세대의 전유부분에 대하여 갑 등의 공유로 소유권보존등기를 하고, 대지소유권 전부에 대하여 대지권등기를 하면서 각 전유부분에 관한 대지권 비율도 총 10세대 전유부분의 면적 비율에 따라 등기하였는데, 구분건물의 현 소유자인 을 등이 갑 등을 상대로 대지권변경등기절차이행 등을 구한 사안에서, 을 등을 포함한 구분건물의 현 소유자들은 건축자인 갑 등과 공동으로 또는 그들을 상대로 판결을 받아 이러한 해당 공유지분 중 각자 자신의 전유부분의 면적 비율에 상응하는 지분에 관하여 자신의 명의로 이전등기를 신청한 다음, 위 신청과 동시에 단독으로 각자 자신의 전유부분의 대지권비율에 관하여 대지권표시의 변경등기를 신청할 수 있음은 별론으로, 대지권변경등기절차의 이행을 소로써 구할 수는 없다고 한 사례

해 대지권등기를 해야 하므로, 소송비용을 감안하여 입찰가를 산정하면 됩니다. 소송이라고 하면 무조건 겁내는 분들이 있는데, 수분양자의 분양대금이 완납되었다면 무조건 이기는 소송이므로 비용과 시간을 감안하여 입찰가를 산정하면 됩니다.

대지권 미등기 사례분석

· · ·

일산 식사동에 있는 아파트로 2010년에 준공된 물건인데 아직도 대지권 미등기 상태인 물건입니다. 대지권미등기 물건은 대부분 신축아파트에서 많이 보게 됩니다.

매각물건명세서의 비고란을 보니 법원에서 사실조회 신청을 통해 분양 대금 완납 유무가 확인된 상태입니다. 앞서 기술한 바와 같이 이러한 물건은 대지권 등기를 하는 데 문제가 없습니다. 대지권등기 비용을 감안하여 입찰가를 산정하면 되는 쉬운 물건입니다.

○──── **물건 상세페이지**(경기도 고양시 식사동 아파트)

[식사동 - 아파트]		**고양11계 2022-2748(1)**		
N매물 D매물		조회수 : 당일조회 2 누적조회 97 관심등록 5		

●기본정보	경매11계(☎031-920-6323)			법원기본내역 법원안
대표소재지	[목록1] 경기 고양시 일산동구 식사동 1504 위시티일산자이4단지 401동 14층 ■■■호 [위시티4로 45] N지도 D지도 도로명주소			
대표용도	아파트 (49-B평형)	채 권 자	와우에셋대부 임의경매	
기타용도	-	소 유 자	이●훈	신 청 일 2022.05.19
감정평가액	1,038,000,000원	채 무 자	이●훈외1	개시결정일 2022.05.30
최저경매가	(70%) 726,600,000원	경매대상	건물전부	감 정 기 일 2022.06.21
입찰보증금	(10%) 72,660,000원	토지면적	대지권미등기	배당종기일 2022.09.14
청구금액	598,188,329원	건물면적	134.8㎡ (40.78평)	입찰예정일 2023.05.02
등기채권액	6,105,272,882원	제시외면적	-	차기예정일 미정 (508,620,000원)
물건번호	1 [유찰]			

●**물건사진/위치도**

비고란
1. 대지권 미등기이며, 대지권 유무는 알 수 없음. 최저매각가격에 대지권가격이 포함됨(더에스디삼호주식회사로 부터 분양대금완납된 사실조회회신 있음)

또 다른 사례를 살펴보겠습니다. 매각물건명세서의 비고란에서 분양대금 완납 사실이 확인되지 않습니다. 이럴 때는 반드시 분양자로부터 분양대금 완납 사실을 확인한 후 입찰에 참여해야 합니다. 그리고 집합건물이 매매될 때는 통상 전유부분과 대지권 모두를 일괄로 매매하기 때문에, 감정평가시에는 전유부분과 대지권을 함께 평가합니다.

이러한 대지권 미등기 물건들의 경우, 일반 사람들은 입찰을 꺼리므로 일반 아파트 물건들에 비해 좀 더 낮은 금액에 낙찰받을 수 있으니 눈여겨보시기 바랍니다.

○──── **매각물건명세서 비고란**(다른 사례)

비고란
1. 대지권 미등기이나 매각목적물 및 평가에 포함됨.
2. 감정서에 의하면 건축물현황도상 발코니 확장으로 표시된 부분은 확장된 것으로 조사되었다고함.
3. 임차인 박●용이 7억 8000만원 받을 돈이 있다고 권리신고서(2022.8.19.자)를 제출함.
4. 재매각으로 매수신청보증금 최저매각가격의 20%

09

대지권 미등기와 다른
'대지권 없음' 물건

대지권을 아예 취득할 수 없는 경우에는 '대지권 없음'이라고 표시됩니다. 전유부분과 대지권은 분리처분할 수 없다고 되어 있지만 법에는 항상 예외가 있기 마련입니다. 이를테면, 구분건물이 성립되기 전에 토지에 설정된 채권에 의해 토지 소유권이 변경된 경우입니다. 이렇게 대지권이 없는 물건을 취득했을 경우, 대지권 소유자가 지료 청구를 해 온다면 전유부분의 소유자는 지료를 지급해야 합니다.

대지권이 없는 물건을 낙찰받는다면 집합건물의 전유부분만 취득하게 되므로, 전유부분 임대료에서 지료를 뺀 금액이 낙찰자의 수익이 됩니다. 투자금 대비 수익이 적절한지 잘 검토해야 하는 것입니다.

집합건물의 경우, 대지권 소유자가 '구분소유권매도청구권'을 행사

집합건물관리 소유 및 관리에 관한 법률

제7조(구분소유권 매도청구권)
대지사용권을 가지지 아니한 구분소유자가 있을 때에는 그 전유부분의 철거를 청구할 권리를 가진 자는 그 구분소유자에 대하여 구분소유권을 시가(時價)로 매도할 것을 청구할 수 있다. [전문개정 2010. 3. 31.]

제20조 (전유부분과 대지사용권의 일체성)
① 구분소유자의 대지사용권은 그가 가지는 전유부분의 처분에 따른다.
② 구분소유자는 그가 가지는 전유부분과 분리하여 대지사용권을 처분할 수 없다. 다만, 규약으로써 달리 정한 경우에는 그러하지 아니하다.
③ 제2항 본문의 분리처분금지는 그 취지를 등기하지 아니하면 선의(善意)로 물권을 취득한 제3자에게 대항하지 못한다.
④ 제2항 단서의 경우에는 제3조제3항을 준용한다. [전문개정 2010.3.31]

하면 전유부분의 소유자는 시가로 매도해야 한다는 조항이 있으므로 입찰가를 산정할 때 이 부분도 신경 써야 합니다. 그렇다면 대지권 소유자에게 왜 이런 권리를 인정하는 걸까요? 구분건물 어느 한 개 호에 대해서만 철거하는 일이 불가능하기 때문입니다. 이러한 권리를 통해 전유부분과 대지권을 한 사람의 소유로 만들려는 취지라고 해석할 수 있습니다.

이런 물건들은 대부분 여러 차례 유찰이 되므로 저가에 낙찰받을 가능성이 큽니다. 임대료만 잘 받을 수 있다면 의외의 수익을 낼 수 있는 물건인 셈입니다. 특수물건만 입찰하시는 분들 중에는 분리처분 금지에 해당되는 전유부분을 낙찰받아 대지권 소유자에게 소송을 하여 대지권을 무상 취득하는 분들도 있습니다.

10

공적장부에 안 나오는
제시외건물

제시외건물이란?

• • •

어떤 경매물건에서는 매각물건명세서에 '제시외건물 포함' 또는 '제
시외건물 매각 제외'라는 문구를 발견할 수 있습니다. 제시외건물이
란 현장에는 있는데 공부(공적장부)상에는 등재되어있지 않은 건물을
말합니다.

경매 신청이 되면 경매법원에서는 감정인에게 감정평가 명령을 내
립니다. 감정인이 법원에서 '제시한' 부동산목록을 들고 현장에 나갔
는데 부동산목록에 없는 건물이 있을 경우에 '제시외건물'이라고 말
합니다.

'제시외건물'이 있을 경우, 가장 먼저 해야 할 일은 감정평가가 제시외건물을 포함해 이루어졌는지를 확인하는 것입니다. 만약 제시외건물 가격까지 포함된 가격으로 경매가 진행된다면, 공부상에 등재되어 있지 않는 건물이라도 낙찰자가 취득하게 됩니다.

제시외건물 권리분석 사례

∎ ∎ ∎

양평에 있는 전원주택 물건입니다. 제시외건물을 포함한 감정평가금액과 최초 매각기일의 최저경매가격이 똑같습니다. 감정평가에 포함되어 최저경매가격에 반영되었다는 것은 해당 제시외건물을 주물에 대한 종물이거나 부합물로 판단했다는 의미입니다. 이 사례에서 약 8평 정도인 제시외건물은 낙찰자가 취득하게 됩니다.

○─── **감정평가서(경기도 양평군 양평읍 전원주택)**

	공부(公簿)(의뢰)		사　정		감　정　평　가　액	
	종　류	면적(㎡) 또는 수량	종　류	면적(㎡) 또는 수량	단　가	금　액
감정평가내용	토지	660	토지	660	474,000	312,840,000
	건물	172.13	건물	105.63	583,000	61,582,290
			건물	66.50	-	감정평가 외
	(제시외건물)	(2식)	제시외건물	2식	-	3,000,000
	합　계					₩377,422,290

대표소재지	[목록1] 경기 양평군 양평읍 신애리 ■■-5 [애곡길 ●-5] 외 1개 목록 N지도 D지도 도로명주소				
대 표 용 도	단독주택	채 권 자	동작새마을금고 [임의경매]		
기 타 용 도	대지	소 유 자	(주)생보부동산신탁	신 청 일	2023.01.11
감정평가액	377,422,290	채 무 자	주식회사하임에스씨엠	개시결정일	2023.01.12
최저경매가	(70%) 264,196,000	경 매 대 상	건물전부, 토지전부	감 정 기 일	2023.01.26
입찰보증금	(10%)26,419,600	토 지 면 적	660㎡ (199.65평)	배당종기일	2023.04.17
청 구 금 액	231,861,540	건 물 면 적	105.63㎡ (31.95평)	입찰예정일	2023.11.22
등기채권액	12,000,000	제시외면적	27.2㎡ (8.23평)	차기예정일	미정 (184,940,000)

민법 제100조(주물, 종물)

① 물건의 소유자가 그 물건의 상용에 공하기 위하여 자기 소유인 다른 물건을 이에 부속하게 한 때에는 그 부속물은 종물이다.
② 종물은 주물의 처분에 따른다.

민법 제256조(부동산에의 부합)

부동산의 소유자는 그 부동산에 부합한 물건의 소유권을 취득한다. 그러나 타인의 권원에 의하여 부속된 것은 그러하지 아니하다.

감정평가서에서 제시외건물은 점선으로 표시되고, 공부상에 등재된 건물은 실선으로 표시가 되어 있으므로 구분할 수 있습니다. 감정인이 이러한 제시외건물을 감정평가금액에 포함하는 이유는 제시외건물이 독립적인 건물로서 효용가치가 없기 때문입니다.

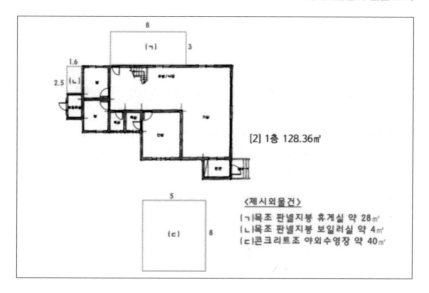

[2] 1층 128.36㎡

〈제시외물건〉
(ㄱ)목조 판넬지붕 휴게실 약 28㎡
(ㄴ)목조 판넬지붕 보일러실 약 4㎡
(ㄷ)콘크리트조 야외수영장 약 40㎡

판례 | 제시외건물의 판단

대법원 1999. 8. 9.자 99마504 결정
[낙찰불허가] [공1999.11.1.(93),2154]

【결정요지】
등기부에 등재되지 않은 제시외건물이 존재하는 경우에는 소유자가 건축하
여 소유하는 것으로 판명되어 경매신청인이 대위에 의한 보존등기를 하여
일괄경매신청을 하거나 그것이 경매 대상 부동산의 종물이거나 부합물임이
명백한 경우가 아닌 한 입찰물건에 포함시켜서는 안 된다.

제시외건물인데 '입찰외' 표시가 되어 있다면?

제시외건물 중 '입찰외'라고 표시되어 있는 물건은 매각 대상이 아닙니다. 이 경우 낙찰자는 제시외건물을 취득할 수 없습니다. '입찰외'가 되는 이유는 제시외물건에 포함되는 경우와는 반대로 독립적인 건물로 효용가치가 있는 경우입니다. 제시외 건물이 '입찰외'인 경우에는 낙찰로 인해 토지소유자와 제시외건물 소유자가 달라 질 수 있으므로 법정지상권 문제가 발생하게 됩니다.

토지 위의 수목과 농작물의 소유권은?

. . .

토지 위에 있는 나무는 누구의 소유일까요? 원칙적으로는 토지소유자의 것입니다. 원칙이 있다면 예외도 있기 마련인데요. 다음에 보실 판례와 같이 토지상의 수목이 「입목(立木)에 관한 법률」에 의해 등기가 되어 있거나 명인방법(명백하게 인식시키는 방법)을 갖춘 경우, 또는 식재권원(토지임대차 계약 또는 사용대차계약 등)을 가지고 수목을 심었다면 토지 낙찰시 낙찰자는 수목을 취득할 수 없습니다.

여기서 입목등기가 된 경우와 식재권원으로 수목을 심은 경우엔 차이가 있으니 알아두실 필요가 있습니다. 우선 입목등기가 되어 있다면, 입목에 대해 법정지상권이 성립할 수도 있습니다. 반면 식재권원으로 수목을 심었다면 채권계약인 임대차계약에 의한 것이므로 법정지상권은 성립하지

판례 | 토지상 수목의 권리

대법원 1998. 10. 28.자 98마1817 결정
[낙찰허가] [공1998.12.15.(72),2825]

[4] 경매의 대상이 된 토지 위에 생립하고 있는 채무자 소유의 미등기 수목은 토지의 구성 부분으로서 토지의 일부로 간주되어 특별한 사정이 없는 한 토지와 함께 경매되는 것이므로 그 수목의 가액을 포함하여 경매 대상 토지를 평가하여 이를 최저경매가격으로 공고하여야 하고, 다만 입목에관한법률에 따라 등기된 입목이나 명인방법을 갖춘 수목의 경우에는 독립하여 거래의 객체가 되므로 토지 평가에 포함되지 아니한다.

....

대법원 1990. 1. 23.자 89다카21095 결정
[동산인도] [공1990.3.15.(868),514]

【판결요지】
토지의 사용대차권에 기하여 그 토지상에 식재된 수목은 이를 식재한 자에게 그 소유권이 있고 그 토지에 부합되지 않는다 할 것이므로 비록 그 수목이 식재된 후에 경매에 의하여 그 토지를 경락받았다고 하더라도 경락인은 그 경매에 의하여 그 수목까지 경락취득하는 것은 아니라고 할 것이다.

않고 취거소송 대상이 됩니다. 이런 경우, 낙찰시 수목을 취득할 수 없지만 지료 청구와 취거소송을 통해 해결할 수 있습니다.

그렇다면 수목이 아닌 경작 중인 농작물의 소유권은 어떻게 될까요? 미분리의 천연과실에는 압류의 효력이 미치게 되는데, 원물로부터 분리된 경우에는 수확자의 것이 됩니다(민법 102조1항). 1개월 내 수확이 가능한 경우의 천연과실은 유체동산경매 대상이 되고, 경매로 소유권을 취득시 수

확기가 1개월 이상 남았다면 낙찰자가 취득하게 됩니다.

채무자가 아닌 제3자가 식재권원으로 경작을 하였거나 무단으로 경작한 경우에는 경작한 사람에게 농작물 과실의 소유권이 있습니다. 과실의 소유권만 있을 뿐 토지 낙찰자에게 대항할 수 있는 것은 아닙니다. 지료 청구시에는 지료도 지급해야 합니다.

그 밖에 토지의 정착물로 취득이 가능한 것들

정원수, 정원석, 축대, 교량, 돌담, 도로의 포장, 도랑, 지하배수구 등은 종속 정착물이 되어 토지의 소유자가 취득하게 됩니다. 다만 정원석 등은 토지에 견고하게 부착되어 있어야 합니다.

11

말만 들어도
무서운 유치권!

하나씩 알아보자! 유치권이란?

• • •

길을 가다가 건물에 '유치권 행사중'이라고 쓰인 현수막이나 팻말을
본 경험이 있을 것입니다. 정확히는 모르지만 뭔가 불편하고 무섭다
는 느낌은 여기서 시작되었을 것입니다.

유치권이란 타인의 물건(또는 유가증권)을 점유하는 자가 그 물건(또
는 유가증권)에 대한 채권 전부를 변제받을 때까지 그 물건(유가증권)을
유치(留置)할 수 있는 '법정담보물권'입니다. 민법 제320조부터 328조
까지 유치권에 대한 내용이 담겨 있습니다.

부동산경매에서는 부동산 공사를 한 업체가 건축주 또는 소유자로

부터 공사대금을 못 받았을 때 행사하는 권리가 되겠습니다. 경매절차에서 유치권자는 낙찰자로부터 공사대금을 전액 변제받을 때까지 그 목적물의 인도를 거절할 수 있는 권리를 갖고 있습니다. 유치권이 성립하는 경매 물건이라면, 유치권자에게 공사대금과 지연이자까지 지불해야 점유를 받아올 수 있는 것입니다. 유치권에는 물권임에도 우선변제권이라는 배당을 받을 수 있는 법적 권능이 없지만, 사실상 돈을 받을 때까지 점유권 반환을 거절함으로써 채권을 회수할 수 있습니다.

유치권은 법에서 정한 일정한 요건만 갖추면 법률상 당연히 생기는 법정 담보물권입니다. 그런데 다른 물권들처럼 등기사항전부증명서에 공시되지 않습니다. 그렇다면 유치권이 있는지 없는지 어떻게 알 수 있을까요? 유치권의 공시방법은 '점유'입니다. 경매법원에 유치권 신고가 안 되어 있어도 성립할 수 있으므로 집행관 현황조사서 또는 현장조사를 통해 파악해야 합니다.

각 권리들의 공시방법

- 등기되는 권리: 등기사항증명서에 공시
- 임차인: 주민등록(주택임차인), 사업자등록(상가임차인)
- 유치권: 점유

경매법원은 유치권 신고서가 접수되었을 때 진위 여부를 가려주지 않습니다. 그러니 진성 유치권인지 허위 유치권인지 분석하는 일은 낙찰자의 몫입니다. 낙찰받은 부동산에 가짜 유치권자가 점유하고 있더라도 낙찰 후 명도 과정에서 인도명령제도 등을 활용해 해결해야 합니다.

아하 그렇구나! 유치권의 성질 3가지

● ● ●

① 불가분성不可分性

불가분성이라는 것은 나눌 수 없다는 뜻입니다. 예를 들어보겠습니다. 건설사가 아파트 10세대를 10억원에 공사하고 유치권을 행사 중이라고 해봅시다. 만약 여러분이 그중 1세대를 낙찰받았다고 하면, 낙찰자는 유치권자에게 얼마를 변제해야 할까요?

유치권 피담보채권의 불가분성에 의해, 유치권자가 점유하고 있는 세대를 낙찰받았다면 원칙상 10세대를 공사한 금액을 모두 변제해야 합니다. 실무상 유치권자와 협의가 된다면 해당 호수에 대한 금액만 변제하고 해결할 수도 있습니다. 만약 협의가 안 된다면 다음의 판례와 같이 전액 변제해야 합니다.

 판례 | 유치권 피담보채권의 불가분성

대법원 2005다16942

[2] 다세대주택의 창호 등의 공사를 완성한 하수급인이 공사대금채권 잔액을 변제받기 위하여 위 다세대주택 중 한 세대를 점유하여 유치권을 행사하는 경우, 그 유치권은 위 한 세대에 대하여 시행한 공사대금만이 아니라 다세대주택 전체에 대하여 시행한 공사대금채권의 잔액 전부를 피담보채권으로 하여 성립한다고 본 사례

② 부종성附從性

유치권의 피담보채권(=공사대금 채권)이 소멸하면 담보물권도 성립하지 않는다는 것이 부종성입니다. 유치권은 부종성이 강한 물권입니다. 공사대금채권이 변제되거나 소멸시효로 소멸하면 유치권은 당연히 성립하지 않습니다.

③ 수반성隨伴性

유치권의 피담보채권(=공사대금 채권)의 이전이 있으면 목적물의 점유도 같이 이전되어야 한다는 뜻입니다. 종종 유치권의 피담보채권이 양도되는 경우가 있습니다. 이 경우, 유치권이 이전되려면 채권 양도양수만 하면 되는 것이 아니라 유치권자의 점유도 수반해서 이전되어야 한다는 성질이 수반성입니다.

유치권의 성립요건 5가지

· · ·

① 견련성이 있어야 한다

견련성(牽連性)이란 유치권을 행사하기 위한 공사대금채권이 유치권을 행사하려는 목적물과 '관련하여' 생긴 채권이어야 한다는 뜻입니다. 견련성이 없는데도 유치권을 신고하는 경우도 많습니다.

예를 들어 성남시에서 아파트 공사를 하고 공사대금을 못 받은 채권자가 채무자의 부동산 중 용인시에 있는 아파트가 경매 진행되는데 이 경매절차에 유치권 신고를 한 경우를 들 수 있습니다. 이 경우 견련성이 없으

판례 | 유치권의 견련성

대법원 2011다96208

'자재납품대금은 부동산에 대해서 생긴 채권이 아니라 매매대금 채권에 불과하며 납품된 자재는 해당 부동산에 부합이 되었다'라고 판단

므로 유치권은 성립하지 않습니다. 유치권 신고는 할 수는 있으나(경매법원은 민사집행법에 의한 절차대로 무조건 접수를 받습니다) 허위 유치권이 되는 것입니다.

견련성과 관련하여 대법원에서는 공사 현장에 납품한 자재 납품대금 채권은 부동산에 관해 생긴 채권이 아니라고 판시하였습니다. 즉 견련성이 없으므로 유치권이 인정되지 못한다는 판결입니다.

② 채권이 변제기에 있어야 한다

공사 계약은 대개 공정율에 따라 공사비가 지급됩니다. 또는 언제까지 공사대금을 지급하기로 약정할 수도 있는데 약정한 공사대금의 변제기(지급시기)가 도래하기 전에는 공사대금채권으로 유치권을 주장할 수 없다는 말입니다. 공사대금을 지급하기로 한 시기가 지나야만 못 받은 돈이 되는 것이므로 비로소 유치권을 행사할 수 있는 것입니다.

뒤에서 다시 언급하겠지만, 임차인은 필요비(임차물의 사용수익과 관련된 비용)와 유익비(임차물의 가치를 높이는 비용)로 유치권을 행사할 수 있습니다. 이 중 유익비는 임대차가 종료된 경우에만 상환을 청구할 수 있습니다. 임대차계약에서 변제기가 지났다는 것은 임대차계약 기간이 만료된 후라는

의미입니다.

③ 유치권은 타인의 물건을 점유해야 한다

당연한 말이지만 유치권은 자신의 부동산에 대해서는 성립하지 않습니다. 다른 사람의 부동산을 점유할 때 성립하는 물권입니다. 유치권자의 공시방법은 '점유'이기 때문에 목적물의 점유를 잃으면 유치권은 소멸합니다. 이때의 점유는 직접점유이든 간접점유이든 상관이 없습니다.

직접점유란 유치권자가 직접 점유하는 것이고, 간접점유는 유치권자가 아닌 다른 사람이 점유하는 것입니다. 간접점유에서는 '점유매개관계'라는 개념이 나옵니다. 만약 용역업체에 대신 점유해 달라고 의뢰했다면 계약서가 있을 것입니다. 이 계약서가 점유매개관계가 됩니다.

유치권 신고가 된 물건을 보러 갔더니 비어 있는 경우가 있을 수 있습니다. 이런 경우라도 유치권자가 주기적으로 방문한다든지 열쇠를 가지고 있든지 해서 유치권자가 점유하고 있음이 입증된다면 점유로 인정될 수

 판례 | 점유의 판단

대법원 95다8713

점유라 함은 사회통념상 어떤 사람의 사실적 지배에 있다고 보이는 객관적 관계를 말하는 것으로서, 사실상의 지배가 있다고 하기 위해서는 반드시 물건을 물리적 현실적으로 지배하는 것만을 의미하는 것이 아니고, 물건과 사람과의 시간적 공간적 관계와 본권 관계, 타인 지배의 가능성 등을 고려하여 사회통념에 따라 합목적적으로 판단하여야 한다.

판례 | 간접점유의 경우 점유매개관계

대법원 2019. 8. 14. 선고 2019다205329 판결

【판결요지】
유치권의 성립요건인 유치권자의 점유는 직접점유이든 간접점유이든 관계 없다. 간접점유를 인정하기 위해서는 간접점유자와 직접점유를 하는 자 사이에 일정한 법률관계, 즉 점유매개관계가 필요한데, 간접점유에서 점유매개관계를 이루는 임대차계약 등이 해지 등의 사유로 종료되더라도 직접점유자가 목적물을 반환하기 전까지는 간접점유자의 직접점유자에 대한 반환청구권이 소멸하지 않는다. 따라서 점유매개관계를 이루는 임대차계약 등이 종료된 이후에도 직접점유자가 목적물을 점유한 채 이를 반환하지 않고 있는 경우에는, 간접점유자의 반환청구권이 소멸한 것이 아니므로 간접점유의 점유매개관계가 단절된다고 할 수 없다.

있습니다. 그러니 공실인 경우에도 주변 탐문 등을 통해 누가 관리하고 있는지 등 유치권 성립 여부를 꼼꼼히 따져 봐야 합니다.

④ 불법행위에 의한 점유가 아니어야 한다

진성 유치권은 대부분 신축 중인 곳에 많습니다. 공사 중이므로 공사업체가 점유를 하고 있고, 변제기가 지났다면 자연스럽게 유치권자로서 점유하게 되는 것입니다. 그런데 공사대금을 받지 못했으나 건축주(또는 다른 사람)가 먼저 점유를 시작해버리는 경우가 있습니다.

이때 점유할 공간이 없어진 유치권자가 경매가 진행되는 것을 보고 물리적으로 점유자를 몰아내고 유치권을 행사하는 경우도 있습니다. 공사대금을 못 받았다 하더라도 불법행위에 의해 점유를 시작했으므로 이런 경우

323
Chapter 07 본격적인 권리분석! 개별 권리들의 분석 요령

에는 유치권이 성립되지 않습니다.

오래전에 안성의 한 공장에 경매절차가 진행되자 유치권자가 창문을 깨고 들어가서 열쇠를 바꾸고 창문과 잠금장치를 새로 만들어 달았던 일도 있었습니다. 당연히 불법행위에 의한 점유가 인정되어 유치권은 인정받지 못했습니다.

⑤ 당사자 간 유치권 배제특약이 없어야 한다

당사자들의 특약으로 유치권의 성립을 배제할 수 있습니다. 예를 들어 금융기관에서 대출을 받으면서 시공업체로부터 '유치권을 주장하지 않는다'라는 포기각서를 미리 받는다면 미지급 공사대금이 있어도 유치권은 성립되지 않게 되는 것입니다.

또한 임대차계약서에 '계약만료시 원상복구하기로 한다'라는 조항도 유치권 배제특약으로 봅니다. 이때는 두 가지 경우가 있을 수 있습니다. 통상적인 계약서에 부동문자로 인쇄되어 있는 경우, 그리고 특약사항에 별도로 기재한 경우입니다. 부동문자인 경우에는 경우에 따라서 효력이 인정되지 않을 수 있으니 유의해야 합니다. 임대차계약서상 특약사항에 별도로 기재된 내용은 통상 계약시 공인중개사가 당사자와 함께 내용을 읽어주기 때문에 배제특약이 인정된다고 보면 됩니다.

부동산경매에서 유치권자의 지위

■ ■ ■

유치권자가 경매법원에 유치권 신고를 하게 되면 해당 사건의 이해관계인이 되는 의미가 있고, 유치권 성립 여부와는 무관합니다. 유치권의 공시 방법은 점유이기 때문입니다.

① 유치물 사용권

유치권자는 유치물의 보존에 필요한 범위 내에서만 유치물을 사용할 수 있습니다. 즉 유치권자는 임대차계약 등의 관리행위를 할 수 없고, 만약 채무자의 승낙 없이 유치물을 타인에게 임대한 경우 유치권은 소멸됩니다. 부동산에는 처분행위, 관리행위, 보존행위가 있는데 유치권자는 이중 보존행위만 할 수 있습니다.

　보존행위는 부동산의 유지를 위한 최소한의 행위를 말합니다. 예를 들

 판례 | 유치권자의 보존행위

대법원 2009. 9. 24. 선고 2009다40684 판결

【판결요지】
민법 제324조에 의하면, 유치권자는 선량한 관리자의 주의로 유치물을 점유하여야 하고, 소유자의 승낙 없이 유치물을 보존에 필요한 범위를 넘어 사용하거나 대여 또는 담보제공을 할 수 없으며, 소유자는 유치권자가 위 의무를 위반한 때에는 유치권의 소멸을 청구할 수 있다고 할 것인 바, 공사대금채권에 기하여 유치권을 행사하는 자가 스스로 유치물인 주택에 거주하며 사용하는 것은 특별한 사정이 없는 한 유치물인 주택의 보존에 도움이 되는 행위로서 유치물의 보존에 필요한 사용에 해당한다고 할 것이다. 그리고 유치권자가 유치물의 보존에 필요한 사용을 한 경우에도 특별한 사정이 없는 한 차임에 상당한 이득을 소유자에게 반환할 의무가 있다.

어 추운 겨울 동파 방지 등의 조치가 보존행위에 해당한다고 보면 됩니다. 비록 공사대금은 못 받았더라도 유치권자는 타인의 부동산이 파손되지 않도록 최소한의 행위는 해야 하는 것입니다. 또한 보존행위를 위해 유치권자가 거주하는 등의 형태로 점유하는 경우에는 부당이득이 성립될 수 있습니다.

유치권자는 유치물의 과실을 수취하여 다른 채권자보다 먼저 그 채권의 변제에 충당할 수 있으며, 수취한 과실로는 이자부터 충당하고 다음으로 원금을 충당하게 됩니다. 유치권자는 보존행위만 할 수 있다고 말씀드렸습니다. 만약 유치권자가 소유자의 동의를 얻어 임대를 하고 임대료를 받는 경우라면 변제 충당이 가능합니다.

② 유치권자의 선관주의 의무

민법 324조는 '유치권자는 선량한 관리자의 주의 의무를 다하여 유치물을 점유하여야 한다'라고 명시하고 있습니다. 앞에서 말했듯이 유치권자는 채

 판례 | 선관주의 의무 위반시 유치권 소멸

대법원 2022. 6. 16. 선고 2018다301350 판결

【판시사항】
[2] 하나의 채권을 피담보채권으로 하여 여러 필지의 토지에 대하여 유치권을 취득한 유치권자가 그중 일부 필지의 토지에 대하여 선량한 관리자의 주의의무를 위반한 경우, 위반행위가 있었던 필지의 토지에 대하여만 유치권 소멸청구가 가능한지 여부(원칙적 적극)

무자의 승낙 없이 유치물의 사용, 대여, 담보제공 등을 할 수 없으며 보존행위에 필요한 행동만 할 수 있습니다. 이를 어길 경우, 소유자 및 낙찰자는 유치권자에게 유치권의 소멸을 청구할 수 있습니다.

선관주의(선량한 관리자의 주의) 의무가 있으므로 유치권자가 보존행위를 하지 않아 부동산에 문제가 생긴다면 선관주의 의무 위반을 이유로 유치권이 소멸될 수 있습니다.

유치권은 언제 어떻게 소멸될까?

■ ■ ■

유치권의 소멸 사유는 일반물권의 소멸 사유와 동일합니다. 즉 피담보채권의 소멸, 목적물의 멸실, 수용, 혼동, 포기 등에 의해 소멸될 수 있습니다.

피담보채권(공사대금채권)이 전액 변제되었다면 당연히 유치권은 소멸됩니다. 목적물의 멸실(건물의 철거)은 유치권자가 점유할 목적물이 사라지므로 유치권이 소멸되는 것이고, 수용이 되면 해당 법령 절차에 의해 보상을 받게 될 것입니다.

'혼동'은 양립할 수 없는 두 개의 권리가 충돌할 경우 하나가 소멸한다는 법리입니다. 예를 들어 유치권자가 소유권을 취득한다면 당연히 유치권은 소멸합니다. 포기는 유치권자 스스로 유치권을 포기하겠다는 의사표시를 한 경우입니다.

채권에는 '소멸시효'라는 것이 있는데, 공사대금채권의 소멸시효는 3년입니다. 민법에서는 유치권자가 점유를 통해 유치권을 주장한다고 해도

	[기본내역] • 1. 별도등기 있음. • 2. 홍기종합건설 주식회사의 2022.06.14.자 권리(유치권)신고서에 의하면, 위 신고인은 2017.12.18.(2019.04.04. 계약내용 일부 변경) 이 사건 채무자 겸 소유자 김●명과 울산 북구 신현동■■공동주택과 관련하여 총 공사대금 2,431,000,000원의 공사계약을 체결하였고, 위 김부명은 현재까지 위 총 공사대금 중 1,490,059,330원을 지급하지 않고 있다는 취지의 유치권신고서를 제출하였으나, 그 성립여부는 불분명함. • 3. 경매신청채권자인 울산동부신용협동조합의 2022.06.28.자 보정서에 의하면, "유치권신고인의 유치권은 존재하지 않는다. 유치권신고인은 유치권포기확약서를 작성하였다."는 취지의 문서가 제출되어 있음(상세한 내용은 별첨 보정서 참조). • 4. 유치권신고인 홍기종합건설 주식회사로부터 2023. 4. 3.자로 '권리(유치권)취하신고서'가 제출되어 있음(별첨 권리(유치권)취하신고서 참조).
대법원공고	

피담보채권(=공사대금채권)의 소멸시효는 중단되지 않고 계속 진행된다고 되어 있습니다. 유치권자가 소멸시효를 중단하기 위해서는 민법 등에서 정한 소멸시효 중단에 대한 조치 중 하나를 취해야 합니다. 중단 사유에는 청구, 압류, 가압류, 가처분, 승인 등이 있습니다.

피담보채권의 소멸시효(민법 326조)

유치권의 행사는 피담보채권의 소멸시효의 진행에 영향을 미치지 아니한다.

소멸시효 중단 사유(민법 168조)

1. 청구   2. 압류 또는 가압류, 가처분   3. 승인

유치권이 있는 물건에 입찰하려는 제3자 입장에서는 당사자 간에 채권 소멸시효 중단 사유가 있었는지 없었는지를 파악하는 것은 쉬운 일이 아니겠지만 경우에 따라서는 건물 보존등기 후 3년 이상, 즉 상당 기간이 지났다면 유치권 공사대금의 소멸시효 도과로 유치권을 소멸시킬 수 있을 것입니다.

유치권 권리분석 체크리스트

∙ ∙ ∙

유치권이 설정된 물건의 권리분석을 한다는 것은 거창한 일이 아닙니다. 지금까지 공부했던 유치권의 성질, 성립요건, 소멸사유 등에 위반되는 내용이 없는지 꼼꼼하게 따져 보는 것이니까요. 경매법원의 현황조사서에서 힌트를 얻을 수도 있고, 채권자 측과의 전화 통화를 통해 유치권이 성립되지 않는 이유 등을 알게 될 수도 있습니다.

대부분의 채권자는 법원기록을 복사해서 가지고 있고 유치권 신고서 내용에 대해서도 잘 알고 있을 것입니다. 이를 바탕으로 유치권배제신청이나 유치권부존재소송까지 하는 경우도 많습니다. 그러므로 집행관 현황조사 기록과 채권자와의 통화를 통해 파악한 내용을 가지고 현장조사를 나가면 됩니다. 현장에서 유치권자 또는 이해관계인들을 직접 만나 다시 한번 내용을 확인하고 입증자료들을 수집하여 유치권 성립 여부에 대한 검토를 마무리하는 수순으로 분석하시면 됩니다.

① 점유는 적법한가?

가장 기본적이고 중요한 포인트입니다. 유치권의 점유는 압류의 효력 발생(=경매개시결정기입등기) 이전부터 적법해야 합니다. 대법원 판례를 보면, 압류의 효력 이후 점유한 경우에는 실제 공사를 하고 대금을 못 받았다 하더라도 유치권이 인정되지 않습니다. 이러한 경우까지 유치권을 인정한다면 경매절차에서 매수인의 지위가 불안해지기 때문입니다.

경매개시가 되고 가장 먼저 현장에 가보는 사람은 집행관입니다. 유치권자의 점유 여부에 대해서는 집행관 현황조사서에 답이 나와 있는 경우도 꽤 많습니다.

판례 | 유치권 점유 시점

대법원 2005. 8. 19. 선고 2005다22688 판결

【판시사항】
채무자 소유의 부동산에 강제경매개시결정의 기입등기가 경료되어 압류의 효력이 발생한 이후에 채무자가 부동산에 관한 공사대금 채권자에게 그 점유를 이전함으로써 유치권을 취득하게 한 경우, 점유자가 유치권을 내세워 경매절차의 매수인에게 대항할 수 있는지 여부(소극)

....

대법원 2017. 2. 8.자 2015마2025 결정
[부동산인도명령] [미간행]

【판시사항】
[1] 부동산인도명령 신청 사건에서 매수인은 상대방의 점유 사실만 소명하면 되는지 여부(적극) 및 점유가 매수인에게 대항할 수 있는 권원에 의한 것임은 이를 주장하는 상대방이 소명하여야 하는지 여부(적극)

[2] 부동산에 관하여 경매개시결정등기가 된 후 점유를 이전받아 유치권을 취득한 사람이 경매절차에서 유치권을 주장할 수 있는지 여부(소극) / 소유자의 승낙 없는 유치권자의 임대차에 의하여 유치권의 목적물을 임차한 자의 점유가 민사집행법 제136조 제1항 단서에서 규정하는 '매수인에게 대항할 수 있는 권원'에 기한 것인지 여부(소극)

관련 사례를 하나 살펴보겠습니다. 다음은 인테리어 업체로부터 유치권 신고가 들어와 있는 물건의 매각명세서입니다. 그런데 집행관이 작성한 부동산의 현황 및 점유관계조사서를 보면 소유자가 점유하고 있음을 알 수 있습니다. 그렇다면 유치권 신고는 있으나 유치권자가 점유할 공간은 없을 것입니다.

더군다나 압류의 효력이 발생한 후 법원 집행관이 만난 사람은 소유자

○────── **매각물건명세서 비고란**

등기된 부동산에 관한 권리 또는 가처분으로 매각으로 그 효력이 소멸되지 아니하는 것
매각에 따라 설정된 것으로 보는 지상권의 개요
비고란 2021.06.14.자 ████인테리어로부터 공사미수금 425,600,000원에 대하여 유치권신고서가 제출되었으나, 그 성립 여부는 불분명함

○────── **부동산의 현황 및 점유관계 조사서**

[부동산의 현황 및 점유관계 조사서]

1. 부동산의 점유관계

소재지	1 서울특별시 서초구 바우뫼로7길 51, 102동 2층███호 (우면동,대림아파트)
점유관계	채무자(소유자)점유
기타	채무자(소유자)의 배우자 면담결과 채무자(소유자) 및 가족이 거주하고 다른 임차인 없음.

가족입니다. 설령 낙찰받는 시점에 유치권자가 점유하고 있더라도 압류의 효력 발생 이후에 점유한 것이 되므로 유치권은 성립하지 않습니다.

만약 낙찰 후에 유치권자가 점유하고 있다면, 인도명령신청서에 집행관 현황조사서를 입증자료로 첨부해 압류의 효력 발생 이후부터 점유하였음을 입증하면 됩니다. 낙찰자에게 대항할 수 없는 유치권 사례입니다.

현황조사서에 '폐문부재'라고 되어 있다면 실제 점유자가 누구인지 알 수 없습니다. 이럴 때는 관리사무소나 인근 호수 거주자 탐문, 채권자 측과의 통화, 우편함 등을 통해 점유자에 대한 정보를 얻어 분석해야 합니다.

② 견련성이 있고 실제로 공사를 했는가?

다음으로 해야 할 일은 채권이 해당 물건에서 생긴 채권인지 아닌지를 조사하는 것입니다. 견련성은 해당 부동산에 관련해서 생긴 채권이어야 한다고 했습니다. 신축된 지 오래된 부동산의 경우 실제 공사를 하지 않았으면서 유치권을 신고하는 경우가 있습니다. 아파트라면 관리사무소(요즘은 인테리어 공사시 관리사무소에 신고하고 진행하는 경우가 많습니다), 또는 옆집 등을 탐문해 최근에 실제 공사를 했는지 등을 알아보면 됩니다.

③ 임차인이 유치권을 주장하는가?

임차인이 유치권을 주장하는 경우 계약서상 원상복구 등의 조항에 의하여 필요비, 유익비의 경우를 제외하고는 성립되는 경우가 없다고 보면 됩니다. 임차인은 임차보증금, 상가권리금, 건물의 부속물 설치비, 임차인이 자신의 편익이나 영업을 위해 지출한 비용(인테리어 비용) 등으로 유치권을

판례 | 임차인의 권리금과 유치권

대법원 1994. 10. 14. 선고 93다62119 판결

【판결요지】
(다) 임대인과 임차인 사이에 건물명도시 권리금을 반환하기로 하는 약정이
있었다 하더라도 그와 같은 권리금반환청구권은 건물에 관하여 생긴 채권
이라 할 수 없으므로 그와 같은 채권을 가지고 건물에 대한 유치권을 행사
할 수 없다.

주장할 수 없습니다.

④ 피담보채권의 소멸시효가 중단되었는가?

공사대금채권의 소멸시효는 공사 완공일(또는 목적물 인도일)로부터 3년입니
다. 피담보채권의 소멸시효가 중단되어 있는지(즉 가압류 등의 중단 사유가 있
는지) 등을 조사합니다. 단, 양 당사자만 알 수 있는 경우도 있으므로 다른
요건들도 함께 검토해야 합니다.

⑤ 채무자의 승낙 없이 임대차했는가?

유치권자는 보존행위에 해당하는 행위만 할 수 있다고 했습니다. 만약 채
무자의 승낙 없이 타인에게 임대하면 유치권은 소멸됩니다. 예를 들어 현
장조사에서 점유자를 만났는데 소유자가 아닌 유치권자를 통해 임대를 얻
었다는 말을 들었다면 유치권 소멸 사유가 되는 것입니다.

⑥ 채권의 변제기가 지났는가?

공사대금을 지급할 시기가 아직 도래하지 않은 경우라면 이 채권으로는
유치권을 주장할 수 없습니다.

⑦ 터파기 공사대금에 기한 유치권이 있는 토지인가?

건물 신축을 위한 터파기 공사를 한 경우, 토지에 유치권을 행사할 수 있
을까요? 기초 터파기 공사는 건물에 대한 공사이므로 토지에 대해서는 견
련성이 없어 유치권이 성립하지 않는다는 판례가 있습니다. 토지의 부합
물로 본 것입니다.

　그런데 무조건 성립이 안 된다고 단정해서는 안 됩니다. 건물 신축공사
이지만 토지의 형질변경을 수반한 공사인 경우에는 유치권이 인정된 사례

 판례 | 터파기 공사와 토지 유치권

대법원 2013. 5. 9. 선고 2013다2474판결

건물의 신축공사를 한 수급인이 그 건물을 점유하고 있고 또 그 건물에 관
하여 생긴 공사대금채권이 있다면 수급인은 그 채권을 변제받을 때까지 건
물을 유치할 권리가 있는 것이지만, 건물의 신축공사를 도급받은 수급인이
사회통념상 독립한 건물이라고 볼 수 없는 정착물을 토지에 설치한 상태에
서 공사가 중단된 경우에 그 정착물은 토지의 부합물에 불과하여 이러한 정
착물에 대하여 유치권을 행사할 수 없는 것이고, 또한 공사 중단시까지 발
생한 공사대금채권은 토지에 관하여 생긴 것이 아니므로 그 공사대금채권
에 기하여 토지에 대하여 유치권을 행사할 수도 없는 것이다(대법원 2008.
5. 30.자 2007마98 결정 등 참조).

판례 | 토지에 대한 유치권이 인정된 사례

대법원 2007. 11. 29. 선고 2007다60530판결

이 사건 공사는 공부상 지목이 과수원, 전, 하천 등으로 잡다하게 구성된 토지를 대지화하여 아파트 3개 동이 들어설 단지로 조성하기 위한 콘크리트 기초파일공사로 볼 여지가 있고, 위 공사의 전제로 토지에 관한 형질변경 허가도 있었으리라 추측된다. 이러한 경우에는 토목공사를 각 '토지'에 관한 공사로 볼 수 있으므로 그 공사대금채권은 토지에 관하여 발생한 채권으로서 각 토지와 견련성, 유치권의 성립이 인정될 수 있다.

가 있기 때문입니다. 결국 공사업체가 건물 신축만을 도급받았는지 형질변경까지 수반된 내용으로 도급받았는지를 검토해야 합니다. 이러한 내용은 매각물건명세서 등에는 상세히 기재되지 않는 경우들이 많으므로, 채권자 측에 문의하여 최대한 관련 정보를 얻어 분석을 해야겠습니다.

⑧ 유치권 배제신청이 있는가?

경매가 신청되었거나 경매 신청 직전 단계의 근저당권은 원금과 이자를 변제하지 못한 부실채권입니다. 금융기관들은 자산 건전성을 위해 부실채권을 자산유동화회사 등에 매각합니다. 부실채권을 양수받은 자산유동화회사 및 대부업체 등의 입장에서는 은행의 근저당권을 최대한 싸게 사서 최대한 비싸게 제3자에게 매각하거나 경매절차에서 최대한 높은 금액으로 매각이 되면 이를 배당받아 수익을 창출합니다. 그러려면 해당 부동산에 문제가 있으면 안 되겠지요.

따라서 최근에는 유치권 신고가 있는 경우, 채권자는 유치권이 성립하

○——— **매각물건명세서(유치권 배제신청)**

- 신청채권자 에이치에프엔구이유동화전문유한회사로부터 2022.6.23.자 유치권배제신청서{최●민의 유치권 신고서
  를 보면 도급계약서의 공사대상이 이 사건 부동산이 아닌 타 건물(용도: 견사)에 대한 것이고, 도급계약서의 견사건
  축에 대한 총 공사대금 110,289,000원은 전액 지급되어 공사대금 미수금 채권은 존재하지 않는다는 내용임}가 제출
  되어 있음/신청채권자가 제출한 유치권 배제신청서에는 보나하우징의 나●철이 가평읍 대곡리 584-2(건축주 최●
  진)와 584-5(건축주 김●훈)에 소재한 견사 신축공사 2건에 대한 도급계약을 유치권 신고인 최●민에게 2016.8.1.자
  로 양도하기로 하는 도급계약 양도계약서가 첨부되어 있으며, 첨부된 금융거래내역 확인증을 보면 나●철과 최●민
  에게 건축주이자 소유자인 최●진이 2016.7.1.~2017.1.20.까지 보낸 금액은 최●진과 최●민 사이의 도급계약서에
  기재된 공사금액인 110,289,000원이 맞지만 위 금액이 공사금액 전부인지는 알 수 없음

지 않는다는 내용으로 '유치권 배제신청서'를 제출하거나 유치권자를 상대로 '유치권부존재소송'을 제기하여 승소한 후 경매절차를 진행시키는 경우들이 많습니다.

그러므로 유치권 신고가 있거나 현장에 유치권자가 있는 경우 채권자에게 먼저 전화를 해서 채권자가 파악하고 있는 유치권에 대해 먼저 들어보고, 어떤 사유로 성립이 안 되는지 알아보면 권리분석이 훨씬 쉬워질 것입니다.

위의 매각명세서는 유치권배제신청이 있는 사례로 채권자가 배제신청을 한 내용이 상세하게 나와 있습니다. 보통은 이렇게까지 상세하게는 나오지 않으므로 채권자 측에 연락해 유치권배제신청을 한 이유에 대해 알아보는 것으로 권리분석을 시작하면 됩니다.

⑨ 유치권부존재 소송 판결문이 있는가?

채권자가 유치권부존재 소송을 통해 유치권이 존재하지 않는다는 판결을 받았다면, 좀 더 쉽게 유치권 물건에 접근할 수 있습니다. 판결문은 채권자로부터 직접 받아볼 수 있으면 그렇게 하시고, 받아볼 수 없다면 대법원 홈페이지에서 유치권부존재 소송 사건번호로 검색해서 보면 됩니다.

대법원공고	**[기본내역]** • 2021.04.02.자 이●배(상호: 삼성공조)로부터 유치권신고서(금1,028,610,000원)가 제출되었으나 성립여부는 불분명함. 이에 대해 채권자 장위2동새마을금고에서 유치권부존재확인소송을 제기하여 유치권이 존재하지 아니한다는 확정판결(고양지원 2021가합76463)이 제출됨. **[문건/송달내역]** • (접수일:2021.04.02)유치권자 이OO 유치권신고서 제출 • (접수일:2021.09.14)채권자 장OOOOOOOO 유치권배제신고서 제출

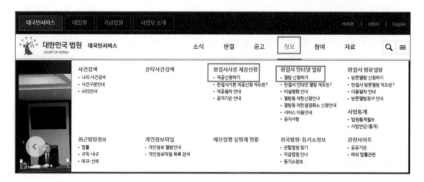

대법원 홈페이지에서 대국민서비스(좌측 상단) 〉 정보 메뉴 〉 판결서사본 제공신청(또는 판결서 인터넷 열람) 순서로 들어가면 판결문을 확인할 수 있습니다.

⑩ 정비사업 등 조합이 행사하는 유치권인가?

조합이 분양자 및 조합원을 상대로 받아야 하는 징수금채권에 기해 점유를 한 경우 유치권이 성립됩니다. 특히 신축 아파트의 경우라면 이러한 내용이 있는지 경매기록 및 현장 확인을 통해 확인하고 입찰해야 합니다. 다음 사건은 대법원까지 가서 조합이 승소한 사례입니다(대법원 2010다2459참조).

판례 | 조합의 유치권 행사

서울중앙지법 2009. 9. 4. 선고 2009가합49365 판결

【판시사항】
[1] 주택개량재개발조합은 조합원에 대하여 갖는 재개발사업의 시행으로 신축·분양한 아파트와 관련한 징수금채권 등을 상환받을 때까지 아파트를 유치할 권리를 갖는다고 한 사례
[2] 유치권 행사 중인 아파트를 강제경매절차에서 취득한 자가 아파트 소유자를 상대로 법원에 인도명령을 신청하여 아파트를 인도받아 점유하고 있는 경우, 유치권자가 점유물반환청구권을 행사하지 않고 유치권 상실에 대한 손해배상으로 미변제 피보전채권액 상당을 구하는 것은 허용되지 않는다고 한 사례

⑪ 허위 유치권자라면

경매사건의 유치권은 성립되지 않는 경우들이 꽤 많습니다. 그러다 보니 명도 과정에서 유치권자와의 다툼이 발생하는 일도 빈번합니다. 허위 유치권자에게는 민형사상의 책임을 물을 수 있으므로 경매방해죄부터 사기

부동산경매 필수상식

허위 유치권자에게 물을 수 있는 책임

- 사기 미수죄
- 업무방해죄
- 위계에 의한 경매방해죄
- 강제집행면탈죄
- 사문서위조 및 행사죄
- 손해배상 등

판례 | 허위 유치권자에 대한 손해배상

부산고등법원 2008나801

허위 유치권으로 인해 낙찰가격이 낮아져서 채권자에게 손해가 발생함을 인정하여 유치권자에게 유치권 신고금액의 30%를 손해배상액으로 인정함

미수죄 등 사안에 따라 활용할 수 있습니다. 단 유치권자가 큰 회사가 아닌 경우라면 형사로 진행하더라도 '증거불충분' 등으로 끝나는 경우들이 많습니다.

유치권자의 경매신청

• • •

유치권자는 점유를 통해 공사대금을 받을 수도 있고, 경매를 신청해 배

민사집행법 제274조(유치권 등에 의한 경매)

① 유치권에 의한 경매와 민법 · 상법, 그 밖의 법률이 규정하는 바에 따른 경매(이하 '유치권등에 의한 경매'라 한다)는 담보권 실행을 위한 경매의 예에 따라 실시한다.
② 유치권 등에 의한 경매절차는 목적물에 대하여 강제경매 또는 담보권 실행을 위한 경매절차가 개시된 경우에는 이를 정지하고, 채권자 또는 담보권자를 위하여 그 절차를 계속하여 진행한다.
③ 제2항의 경우에 강제경매 또는 담보권 실행을 위한 경매가 취소되면 유치권 등에 의한 경매절차를 계속하여 진행하여야 한다.

당을 통해 받을 수도 있습니다. 유치권자가 경매를 신청하면 임의경매에 준해 진행됩니다.

2010년에 나온 대법원 판례를 보면 유치권에 의한 경매사건에서 유치권자는 배당을 받을 수 있으나 일반채권자와 동순위로서 가장 늦은 순위로 배당이 가능하다고 판시하였습니다. 아울러 경매법원이 유치권 인수 여부에 대한 매각조건을 결정할 수 있다고 했으므로, 유치권자가 신청한 경매사건이라면 매각물건명세서를 확인하여 인수주의인지 소멸주의인지를 확인하면 됩니다. 만약 소멸주의로 경매가 진행된다면 유치권자에게 미배당된 공사대금채권이 있더라도 유치권은 소멸됩니다.

그런데 유치권에 의한 경매가 신청된 후에 다른 채권자에 의해 경매가 중복으로 신청될 때가 있습니다. 이때 유치권에 의한 경매는 정지되고 다

 판례 | 유치권 신청에 의한 임의경매

대법원 2011. 6. 15.자 2010마1059 결정
[유치권신청에의한임의경매결정에대한즉시항고] [공2011하,1437]

【판시사항】
[1] 민법 제322조 제1항에 따른 유치권에 의한 경매가 목적부동산 위의 부담을 소멸시키는 것을 법정매각조건으로 하여 실시되는지 여부(적극)와 유치권자의 배당순위(=일반채권자와 동일한 순위) 및 집행법원이 매각조건 변경 결정을 통해 목적부동산 위의 부담을 매수인이 인수하도록 정할 수 있는지 여부(적극)
[2] 유치권에 의한 경매에서 집행법원은 매각기일 공고나 매각물건명세서에 목적부동산 위의 부담이 소멸하지 않고 매수인이 이를 인수하게 된다는 취지를 기재하여야 하는지 여부(원칙적 소극)

판례 | 유치권 경매와 다른 채권자의 경매신청

대법원 2011. 8. 18. 선고 2011다35593 판결
[건물명도] [미간행]

【판시사항】
[2] 유치권에 의한 경매절차가 정지된 상태에서 목적물에 대한 강제경매 또
는 담보권 실행을 위한 경매절차가 진행되어 매각이 이루어진 경우, 유치권
이 소멸하는지 여부(소극)

른 채권자에 의한 경매절차가 진행됩니다. 앞서 진행된 유치권자의 경매
는 형식적 경매이기 때문입니다.

이 경우 주의할 점이 있습니다. 유치권에 대해 소멸주의 적용이 안 된다
는 점입니다. 유치권이 소멸되지 않으므로, 낙찰자는 유치권자의 공사대
금을 변제해야 점유를 가져올 수 있습니다.

유치권 경매사례분석

• • •

① 유치권이 성립하는 사례

서초구 반포동에 위치한 고급 주택 중 11채가 경매 진행된 사례입니다. 그
런데 이상한 점이 있습니다. 왜 전체 호수가 아닌 일부 호수에 대해서만
유치권이 신고되어 있을까요? 소송 과정에서 유치권자가 8개 호에 대해서
만 승소 판결을 받았기 때문입니다.

대표소재지	[목록2] 서울 서초구 반포동 88-4 서래아르드빌 1층 ▇▇호 N지도 D지도 도로명주소				
대표용도	아파트	채 권 자	한국자산관리공사 임의경매		
기타용도	-	소 유 자	아시아자산신탁	신 청 일	2010.08.23
감정평가액	1,770,000,000	채 무 자	신OOOOOO	개시결정일	2010.08.24
최저경매가	(51%) 906,240,000	경 매 대 상	건물전부, 토지전부	감 정 기 일	2018.10.26
낙찰 / 응찰	959,800,000원 / 3명	토 지 면 적	86.73㎡ (26.24평)	배당종기일	2010.11.15
청 구 금 액	9,171,676,370원	건 물 면 적	200.4㎡ (60.62평)	낙 찰 일	2019.03.12
등기채권액	14,280,000,000원	제시외면적	-	종 국 일 자	2020.03.20
물 건 번 호	1 [배당] 2 [배당] 3 [배당] 4 [배당] 5 [배당] 6 [배당] 7 [배당] 8 [배당] 9 [배당] 10 [배당] 11 [배당]				

❯물건사진/위치도

○──── 매각물건명세서(서울 서초구 반포동 아파트)

대법원공고	**[매각물건명세서]** • 2018. 11. 29.자 아주건설산업(주)로 부터 102호, 201호, 202호, 203호, 302호, 303호, 501호, 601호에 대해 공사대금 38억원, 지연손해금 44억원의 유치권신고서가 제출되었으나, 그 성립 여부는 **불분명함** **[현황조사서]** • (유)우진종합건설, 박●구, 박●규

    과거 원고(은행) 측이 유치권부존재확인의 소를 제기했으나 패소하여 다음과 같은 판결을 받았습니다. 유치권자는 이 판결에 의해 유치권이 인정된 호수에 대해서 유치권 신고를 한 것입니다. 유치권이 인정된 호수에 입찰해 낙찰받은 사람이 유치권자를 상대로 인도명령을 신청했으나 기각되었습니다. 이후 명도소송까지 진행했는데 최근 대법원에서 원고 패소 취지로 파기환송하였습니다(대법원 2021다253710).

유치권부존재확인의 소 판결문

4) 소결론

따라서 피고는 별지 목록 제2, 3, 4, 6, 9항 기재 각 부동산에 관하여 G에 대한 683,093,736원의 공사대금채권을 가지고 있고, 위 각 부동산을 점유하고 있으므로, 피고에게 위 683,093,736원의 공사대금채권을 피담보채권으로 하는 위 각 부동산에 관한 유치권이 존재한다. 그러나 별지 목록 제1, 5, 7, 8, 10, 11항 기재 각 부동산에 관하여는 피담보채권이 인정되지 아니하거나 피고의 점유사실이 인정되지 아니하므로, 피고의 유치권은 존재하지 않는다.

판례 | 파기환송된 유치권 소송 판결

대법원 2022. 12. 29. 선고 2021다253710 판결

(중략)

경매개시결정 전후로 유치권자가 부동산을 계속 점유하면서 유치권을 신고하였고 현황조사보고서에 이러한 사정이 기재된 점, 유치권의 존재를 확인하는 판결까지 확정되어 매수인 등이 유치권의 존재를 알고 있었던 것으로 보이고 달리 거래당사자가 유치권을 자신의 이익을 위하여 고의로 작출하였다는 사정을 찾아볼 수 없는 점을 종합하면 유치권의 행사를 허용하더라도 경매절차의 이해관계인에게 예상하지 못한 손해를 주지 않고 집행절차의 법적 안정성을 해치지 않아 유치권의 행사를 제한할 필요가 없으므로, 갑 회사가 경매절차의 매수인인 을에게 유치권을 주장할 수 있다고 봄이 타당한데도, 변제기 유예 전에 공사대금채권의 변제기가 도래하여 갑 회사가 경매개시결정등기 전에 유치권을 취득한 적이 있고 경매개시결정 이후 변제기가 재차 도래함으로써 다시 유치권을 취득한 것인지 등을 더 심리하지 아니한 채, 변제기 유예로 경매개시결정 당시 갑 회사의 공사대금채권이 변제기에 있지 않았다는 이유만으로 갑 회사가 유치권을 주장할 수 없다고 본 원심 판단에 법리 오해 등의 잘못이 있다고 한 사례.

유치권자가 판결문을 제출하는 경우 무변론 판결이거나 소유자와 짜고 했을 가능성이 높지만, 이 사건과 같이 진성 유치권일 경우도 있어 주의해야 합니다. 유치권에 대한 소송 결과가 있다면 대법원 '나의사건검색', 또는 앞서 소개한 대법원 사이트 등을 통해 판결문 내용을 검토하고 입찰 여부를 결정해야 합니다.

경매를 막 시작한 분이라면 이러한 물건보다는 앞서 공부한 유치권부존재소송이 확정된 사건, 유치권배제신청이 들어온 사건, 압류의 효력발생 이후에 유치권자가 점유를 하고 있는 사건 위주로 물건을 찾아보는 게 좋겠습니다.

현장에서 보면 최근 유치권 신고 물건이 많이 줄었음을 알 수 있습니다. 부실채권을 양수한 채권자 측에서 유치권배제신청 또는 유치권부존재소송 등을 적극적으로 진행하고 있어서, 무의미한 유치권 신고가 줄어든 것으로 보입니다.

② 임차인이 영업 중이었던 유치권 사례

유치권이 성립하지 않는 향남신도시 내 물건을 보겠습니다. 감정가 대비 절반 정도 가격까지 유찰된 상태였는데요. 임차인이 영업 중인 장소 중 1개 호수가 경매에 나오자 직접 낙찰받아 최고가매수신고인이 되었으나, 입찰보증금을 잘못 넣어 입찰 무효가 된 사례입니다. 입찰보증금이 15,631,000원이었는데, 천원이 모자란 15,630,000원만 넣은 것입니다.

입찰보증금 부족으로 무효가 되어 2등 입찰자였던 지인이 낙찰받게 되었습니다. 권리분석과 물건분석도 중요하지만 입찰 관련한 절차도 꼼꼼히 체크해야 한다는 교훈을 가르쳐주는 사례입니다.

○───── 물건 상세페이지(경기도 화성시 향남읍 상가)

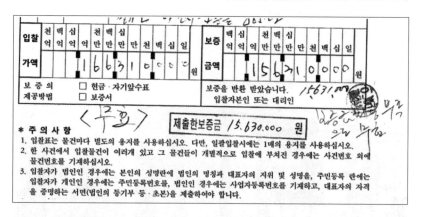

대표소재지	경기 화성시 향남읍 행정리 474-3 정메디프라자농협정프라자 ⬛⬛⬛ [발안로 101] N지도 D지도 도로명주소				
대 표 용 도	근린상가	채 권 자	(주)에스비아이2저축은행(변경전상호:(주)현대스위스2저축은행) 임의경매		
기 타 용 도	-	소 유 자	정⬛정	신 청 일	2012.10.04
감정평가액	319,000,000	채 무 자	정⬛정	개시결정일	2012.10.05
최저경매가	(49%) 156,310,000	경 매 대 상	건물전부, 토지전부	감 정 기 일	2012.10.15
낙찰/응찰	160,100,000원 / 2명	토 지 면 적	24.68㎡ (7.47평)	배당종기일	2012.12.31
청 구 금 액	5,571,570,362	건 물 면 적	97.62㎡ (29.53평)	낙 찰 일	2014.03.19
등기채권액	7,771,600,000	제시외면적	-	종 국 일 자	2014.09.18
물 건 번 호	1 [배당] 2 [배당] 3 [배당] 4 [배당] 5 [배당] 6 [배당] 7 [배당] 8 [배당] 9 [배당] 10 [배당] 11 [배당] 12 [배당] 13 [배당] 14 [배당] 15 [배당] 16 [배당] 17 [배당] 18 [배당]				

○───── 무효가 된 입찰표(경기도 화성시 향남읍 상가)

입찰 가액	천억	백억	십억	억	천만	백만	십만	만	천	백	십	일	원	보증 금액	백억	십억	억	천만	백만	십만	만	천	백	십	일	원
				1	6	6	3	1	0	0	0	0					1	5	6	3	1	0	0	0	0	

보 증 의 제공방법 ☐ 현금 · 자기앞수표 ☐ 보증서

보증을 반환 받았습니다. 15,631,000
입찰자본인 또는 대리인

〈 무효 〉

제출한보증금 15,630,000 원

＊주의사항
1. 입찰표는 물건마다 별도의 용지를 사용하십시오. 다만, 일괄입찰시에는 1매의 용지를 사용하십시오.
2. 한 사건에서 입찰물건이 여러개 있고 그 물건들이 개별적으로 입찰에 부쳐진 경우에는 사건번호 외에 물건번호를 기재하십시오.
3. 입찰자가 법인인 경우에는 본인의 성명란에 법인의 명칭과 대표자의 지위 및 성명을, 주민등록 란에는 입찰자가 개인인 경우에는 주민등록번호를, 법인인 경우에는 사업자등록번호를 기재하고, 대표자의 자격을 증명하는 서면(법인의 등기부 등·초본)을 제출하여야 합니다.

　이 물건에는 공사대금 9,100만원으로 유치권이 신고되어 있었습니다. 집행관 현황조사서서상으로는 점유자가 유치권자인지 임차인인지 확인하기 어려웠으나, 필자가 직접 현장에 가보았더니 임차인이 열심히 영업을 하고 있었습니다. 필자는 노래방에서 노래 한 곡을 부르고 왔는데요. 노래를 부르고 싶어서가 아니라 내부에 유치권자가 점유한 곳이 있는지, 유치권자가 간접점유를 해 놓은 것이 있는지 확인하기 위해서였습니다. 304호

대법원공고	**[기본내역]** 303호 및 304호에 대하여 유치권자 이강석으로부터 공사대금 9천 1백만원에 대하여 유치권신고가 있으나 유치권성립 여부는 불분명함.

❖감정평가서 요약/진행결과/임차관계/등기권리   감정평가서 법원기일내역 등기(집합)

소재지/감정서	면적(단위:㎡)	진행결과		임차관계/관리비	등기권리
(445-926) 경기 화성시 향남읍 행정리 474-3 정메디프라자농협정프 라자 3층 ▦호 [발안로 101] 지도 등기 토지이용	대지 · 672㎡중 24.68/672 =24. 6832㎡ (7.47평) 건물 · 97.62㎡ (29.53평) 총 7층 중 3층 보존등기 2008.11.19	감정	319,000,000	▶법원임차조사 홍●덕(타파노래방) 사업 - 확정 - 배당 - 보증 - 점유 점포 (현황서상)	*집합건물등기 소유권 정●정 보 존 2008.11.19
		100% 유찰	319,000,000 2013.10.15		
		70% 유찰	223,300,000 2013.11.12		근저당 현대스위스2저축은 행 2008.11.26 6,704,800,000 (농협중앙회의근저 이전) [말소기준권리]
[건물] · 공히 경기도 화성시 향남읍 행정리 소재·향남읍사무 소·동측 도로월편에 위치한 정메디프라자농협정프라자 내에 소재하며, 본건 주변은 아파트단지, 근린생활시설, 관공서 등이 혼재하는 지대 로 주변환경은 보통시 됨.		49% 변경	156,310,000 2013.12.10		
		100% 유찰	319,000,000 2014.01.09		
	토지감정 95,700,000 평당가격 12,811,250	70% 유찰	223,300,000 2014.02.19		소유권 이공회외1 가등기 2008.11.28
· 본건소재건물까지 차량접근 이 가능하며, 인근에 노선버 스 정류장이 위치하여 대중 교통편의 이용은 보통시됨.	건물감정 223,300,000 평당가격 7,561,810	49% 낙찰	156,310,000 2014.03.19 160,100,000 (50.19%) 이●민 응찰 2명		근저당 신용보증기금 (수원지점) 2012.08.31 765,000,000
· 철근콘크리트구조, (철근)콘 크리트지붕의 지상7층/지하	감정기관 하일감정				근저당 경기신용보증재단 (화서지점)

○——— **임차인이 영업 중인 노래방 내외부**

전체를 임차인이 영업하고 있었으므로 유치권자가 점유할 공간이 없다는
내용과 현장 사진을 첨부해, 임차인과 유치권자 각각을 상대로 인도명령
을 신청했습니다.

인도명령 신청 결과는 당연히 '인용'이었습니다. 사실 유치권자와는 한 번도 만나거나 연락을 한 적 없이 명도를 끝냈습니다. 유치권자가 낙찰자에게 연락을 한 번 해오긴 했지만, 낙찰자는 명도 대행 변호사 사무실에 연락하라고 안내했고 이후 아무 연락도 없었습니다. 유치권 성립이 되지 않는다는 것을 본인도 잘 알고 있었을 것입니다. 유치권자는 이후 인도명령 절차에도 대응하지 않았습니다.

인도명령 결정문을 송달받지 않아 공시송달로 최종 송달이 완료되었습니다. 2014년 5월에 인도명령을 신청했는데, 약 5개월 만에 결정을 받은 것입니다. 꽤 긴 시간이 걸렸는데 어떤 사정이 있었을까요? 이 사건은 하

○──── **인도명령 나의사건 검색 내역(유치권자 대상)**

나의 사건번호에 16개의 물건이 있었던 사건이었습니다.

이렇게 하나의 사건번호에 여러 개의 물건번호가 있는 물건에서 임차인이 있는 경우, 통상적으로 경매법원은 모든 물건이 매각되고 매각대금이 완납된 후 배당기일을 잡는데 그때서야 인도명령의 인용을 결정합니다. 배당기일 이전에 인도명령 결정을 하면 임차인은 보증금 회수도 못 한 채 이사를 가야 할 수도 있기 때문입니다.

그런데 이 사건의 경우, 임차인은 배당을 한 푼도 받지 못합니다. 이런 경우라면 인도명령을 미리 내줘도 될 것 같은데, 법원 실무상 해주는 곳도 있고 안 해주는 곳도 있습니다. 점유자와 명도 협의가 되지 않는다면 강제집행 신청을 해야 하는데, 인도명령 결정문이 늦게 나오면 시간이 소요될 수밖에 없습니다.

임차인에게 대항력이 있는지 없는지에 따라서도 대응이 달라질 수 있습니다. 만약 대항력이 없는 임차인이라면 낙찰자는 매각대금을 납부하여 소유권을 취득한 시점부터 임대료를 청구할 수 있습니다. 대항력 있는 임차인이라면 배당기일부터 임대료 청구가 가능하나, 대항력 있는 임차인 중 월차임을 지급하는 경우에는 소유권 취득시부터 임대료 청구가 가능합니다.

이 사건의 낙찰자는 약 1.6억원에 낙찰받았습니다. 이후 보증금 2천만원에 월 110만원(부가세 별도)으로 노래방 임차인과 재계약을 하여 수년간 높은 수익률을 냈습니다. 앞에서 입찰보증금이 천원 모자라 입찰 무효가 된 사람은 바로 노래방 임차인이었습니다. 영업 중인 노래방 1개 호실이 경매에 나와 직접 입찰하려 했는데 일이 꼬였던 것입니다. 재계약 확률이 매우 높았던 상황이라 볼 수 있겠습니다.

유치권 관련 주요 판례 분석

. . .

① 경매개시 이후 공사대금채권 취득

경매개시 전부터 점유를 하고 있었다 해도, 공사대금채권을 취득한 시기가 경매개시 이후라면 유치권으로 낙찰자에게 대항할 수 없다는 판례입니다.

판례 | 압류의 효력 발생 이후 공사대금채권 취득

대법원 2011. 10. 13. 선고 2011다55214 판결
[유치권부존재확인] [공2011하,2348]

【판시사항】
채무자 소유의 건물에 관하여 공사를 도급받은 수급인이 경매개시결정의 기입등기가 마쳐지기 전에 채무자에게서 건물의 점유를 이전받았으나 경매개시결정의 기입등기가 마쳐져 압류의 효력이 발생한 후에 공사를 완공하여 공사대금채권을 취득함으로써 유치권이 성립한 경우, 수급인이 유치권을 내세워 경매절차의 매수인에게 대항할 수 있는지 여부(소극)

② 세금체납으로 압류된 경우

세금 체납으로 인해 압류등기가 된 경우는 '경매개시결정등기의 효력인 압류의 효력과는 다르다'라는 내용입니다. 세금 체납으로 압류등기가 된 이후라도 유치권자는 유치권을 행사할 수 있습니다.

판례 | 세금 체납으로 인한 압류등기와 유치권

대법원 2014. 3. 20. 선고 2009다60336 전원합의체 판결
[유치권부존재확인] [공2014상,897]

【판결요지】
[다수의견] 부동산에 관한 민사집행절차에서는 경매개시결정과 함께 압류
를 명하므로 압류가 행하여짐과 동시에 매각절차인 경매절차가 개시되는
반면, 국세징수법에 의한 체납처분절차에서는 그와 달리 체납처분에 의한
압류(이하 '체납처분압류'라고 한다)와 동시에 매각절차인 공매절차가 개시
되는 것이 아닐 뿐만 아니라, 체납처분압류가 반드시 공매절차로 이어지는
것도 아니다. 또한 체납처분절차와 민사집행절차는 서로 별개의 절차로서
공매절차와 경매절차가 별도로 진행되는 것이므로, 부동산에 관하여 체납처
분압류가 되어 있다고 하여 경매절차에서 이를 그 부동산에 관하여 경매개
시결정에 따른 압류가 행하여진 경우와 마찬가지로 볼 수는 없다.
따라서 체납처분압류가 되어 있는 부동산이라고 하더라도 그러한 사정만으
로 경매절차가 개시되어 경매개시결정등기가 되기 전에 부동산에 관하여
민사유치권을 취득한 유치권자가 경매절차의 매수인에게 유치권을 행사할
수 없다고 볼 것은 아니다.

③ 제3자의 유치권 포기

대법원 2016.5.12. 선고 2014다52087 판례는 유치권 포기는 포기의 의사
표시 상대방뿐 아니라 제3자도 주장할 수 있다는 내용입니다.

④ 간접점유 관련 판례

다음은 유치권자의 점유와 관련된 판례입니다. 경비용역계약이 체결되
어 간접점유가 된 사례로서, 점유매개관계가 인정된 사례입니다.

판례 | 유치권 간접점유 인정

대법원 1996. 8. 23. 선고 95다8713 판결
[공사대금] [집44(2)민,127;공1996.10.1.(19),2809]

[2] 공장 신축공사 공사잔대금채권에 기한 공장 건물의 유치권자가 공장 건물의 소유 회사가 부도가 난 다음에 그 공장에 직원을 보내 그 정문 등에 유치권자가 공장을 유치 · 점유한다는 안내문을 게시하고 경비용역회사와 경비용역계약을 체결하여 용역경비원으로 하여금 주야 교대로 2인씩 그 공장에 대한 경비 · 수호를 하도록 하는 한편 공장의 건물 등에 자물쇠를 채우고 공장 출입구 정면에 대형 컨테이너로 가로막아 차량은 물론 사람들의 공장 출입을 통제하기 시작하고 그 공장이 경락된 다음에도 유치권자의 직원 10여 명을 보내 그 공장 주변을 경비 · 수호하게 하고 있었다면, 유치권자가 그 공장을 점유하고 있었다고 볼 여지가 충분하다는 이유로, 유치권자의 점유를 인정하지 아니한 원심판결을 파기한 사례.

⑤ 임대차계약서의 원상복구 조항

다음은 임대차계약서상 원상복구 조항이 유치권 포기 특약이라는 것을 확인해준 판례입니다.

판례 | 원상복구 조항과 유치권 포기 특약

대법원 1975. 4. 22. 선고 73다2010 판결
[가옥명도등] [공1975.6.15.(514),8432]

【판결요지】
건물의 임차인이 임대차관계 종료시에는 건물을 원상으로 복구하여 임대인에게 명도하기로 약정한 것은 건물에 지출한 각종 유익비 또는 필요비의 상환청구권을 미리 포기하기로 한 취지의 특약이라고 볼 수 있어 임차인은 유치권을 주장할 수 없다.

12

토지와 건물 중 하나만 경매에?
법정지상권

법정지상권이란?

• • •

지상권이면 지상권이지 '법정지상권'은 무엇일까요? 별다른 행위를 하지 않더라도 일정 조건만 갖추면 법에 의해 '저절로' 성립되는 지상권을 말합니다. 민법상 지상권의 성질이 그대로 적용됩니다. 유치권과 달리, 당사자 간의 특약으로 성립을 배제할 수도 없습니다(이를 강행 규정이라고 표현합니다).

그렇다면 우리 민법은 왜 이런 제도를 만들었을까요? 우리 민법에서는 토지와 건물을 각각의 부동산으로 보고 있기 때문인데요. 매매, 경매, 상속, 증여 등으로 인해 토지와 건물 중 어느 한쪽만 소유권이 바뀌는 경우, 이때 법정지상권이 성립하는지 여부가 문제의 핵심입니다.

이 제도의 존재 목적은 이 제도가 없다면 어떤 일이 벌어질지 상상해보시면 될 텐데요. 만약 토지와 건물의 소유자가 다르다면 토지주는 건물주를 상대로 무조건 철거소송을 진행할 것입니다. 그러므로 이러한 제도를 통해 경제적 가치가 있는 건물이 헐리는 사회적 비용도 막고 분쟁을 줄이는 데 목적이 있다 하겠습니다.

법정지상권의 성립요건

■ ■ ■

법정지상권이 성립되는 경우는 민법과 판례에 명시되어 있습니다. 경매나 공매 사건에서 흔히 보게 되는 법정지상권은 '민법 366조의 법정지상권'과 '관습법상의 법정지상권'입니다

법정지상권의 종류

1. 민법 366조 법정지상권
저당물에 의한 경매로 인해 토지와 그 지상건물이 다른 소유자에 속하게 된 때에 토지소유자는 건물소유자에 대해 지상권을 설정한 것으로 본다.
2. 관습법상의 법정지상권
3. 민법 305조 전세권
토지와 건물이 동일 소유인 경우에서 건물에만 전세권을 설정한 때에, 토지의 특별승계인은 전세권 설정자에 대해 지상권을 설정한 것으로 본다.
4. 가등기담보등에 관한 법률 10조
5. 입목에 관한 법률 6조

① 민법상 법정지상권 vs. 관습법상 법정지상권

민법 366조의 법정지상권 성립요건 중 첫 번째는 토지에 저당권이 설정될 당시 건물이 있어야 한다는 점입니다. 우리나라에서는 대개 건물을 신축할 때 토지(나대지)를 담보로 대출을 받기 때문에 성립되는 경우가 드물긴 하지만, 저당권 설정 당시에 건물이 있었는지를 확인하는 일은 매우 중요합니다.

'민법 366조의 법정지상권'과 '관습법상의 법정지상권'은 토지소유자와 건물소유자가 변경된 원인이 임의경매인지 아닌지에 의해 구분됩니다. 그러나 권리분석에 있어서는 구분의 실익이 거의 없습니다.

○──── **법정지상권의 성립요건**

민법 366조 법정지상권	관습법상의 법정지상권
• 토지에 저당권 설정 당시 건물이 존재할 것 • 토지와 건물의 소유자가 동일인일 것 • 임의경매로 인하여 토지와 건물의 소유자가 달라질 것	• 토지와 건물의 소유자가 동일인일 것 • 강제경매, 공매, 상속, 증여, 매매, 공유물분할로 토지와 건물의 소유자가 달라질 것 • 건물철거의 특약이 없을 것

관습법상의 법정지상권에도 민법 366조의 법정지상권과 같이 저당권 설정 당시 건물이 있어야 한다는 판례가 있습니다. 대법원92다20330 판례인데, 대법원98다43601 전원합의체 판례에 의해 일부 내용은 변경되었으니 유의하시길 바랍니다(전원합의체 판례가 나오면 기존의 대법원 판례가 변경되는 경우가 많습니다).

우광연의 작심하고 시작하는 경매공부

판례 | 저당권 설정 후 건물 건축

대법원 1993. 6. 25. 선고 92다20330 판결
[건물철거등] [공1993.9.1.(951),2098]

【판결요지】
(라). 민법 제366조의 법정지상권은 저당권 설정 당시부터 저당권의 목적되
는 토지 위에 건물이 존재할 경우에 한하여 인정되며 건물 없는 토지에 대
하여 저당권이 설정된 후 저당권 설정자가 그 위에 건물을 건축하였다가 임
의경매절차에서 경매로 인하여 대지와 그 지상건물이 소유자를 달리하였을
경우에는 위 법조 소정의 법정지상권이 인정되지 아니할 뿐만 아니라 관습
상의 법정지상권도 인정되지 아니한다.

....

대법원 1995. 12. 11.자 95마1262 결정
[부동산임의경매신청기각] [공1996.2.1.(3),348]

【결정요지】
[2] 건물 없는 토지에 저당권이 설정된 후 저당권 설정자가 그 위에 건물을
건축하였다가 담보권의 실행을 위한 경매절차에서 경매로 인하여 그 토지와
지상건물이 소유자를 달리하였을 경우에는, 민법 제366조의 법정지상권이
인정되지 아니할 뿐만 아니라 관습상의 법정지상권도 인정되지 아니한다.

② 관습법상의 법정지상권에서 '동일 소유자' 판단 시점

다음에 소개할 2가지 판례로부터 관습법상의 법정지상권에서 동일 소유자
였던 시점에 대한 판단 기준을 알 수 있습니다. 과거에는 토지소유자와 건
물소유자가 다른 상태였더라도 낙찰자가 대금 납부를 하기 전에 어느 한
쪽이 토지나 건물을 매수하여 토지와 건물소유자가 동일인이 되었다면 법

정지상권이 성립되었습니다.

그런데 누군가 이러한 법의 틈새를 악용하여 경매개시 후에 법정지상권이 성립되는 것으로 만든 사례가 있어 대법원 2010다52140 판례가 나오게 되었습니다. 판례의 내용처럼 이제는 가압류나 압류의 효력 발생시, 그리고 근저당권이 먼저 있었다면 근저당권 설정 시점에 토지소유자와 건물소유자가 같아야지만 관습법상의 법정지상권이 성립합니다.

 판례 | 관습법상 법정지상권 성립 요건

대법원 2013. 4. 11. 선고 2009다62059 판결
[건물명도등] [공2013상,837]

【판시사항】
강제경매의 목적이 된 토지 또는 그 지상건물에 관하여 강제경매를 위한 압류나 그 압류에 선행한 가압류가 있기 이전에 저당권이 설정되어 있다가 강제경매로 저당권이 소멸한 경우, 건물 소유를 위한 관습법상 법정지상권의 성립 요건인 '토지와 그 지상건물이 동일인 소유에 속하였는지'를 판단하는 기준 시기(=저당권 설정 당시)

 판례 | 동일인 소유의 판단 기준 시기

대법원 2012. 10. 18. 선고 2010다52140 전원합의체 판결
[토지인도등] [공2012하,1877]

【판시사항】
[1] 동일인의 소유에 속하고 있던 토지와 그 지상 건물이 강제경매 등으로

소유자가 다르게 된 경우, 건물 소유를 위한 관습상 법정지상권이 성립하기 위하여 토지와 그 지상 건물이 원시적으로 동일인 소유에 속하였을 것이 요구되는지 여부(소극)

[2] 강제경매의 목적이 된 토지 또는 그 지상 건물의 소유권이 강제경매로 인하여 그 절차상 매수인에게 이전된 경우, 건물 소유를 위한 관습상 법정지상권의 성립 요건인 '토지와 그 지상건물이 동일인 소유에 속하였는지'를 판단하는 기준 시기(=압류 또는 가압류의 효력 발생 시)

법정지상권이 성립되면 어떤 권리가 생길까?

. . .

법정지상권이 성립하면 토지소유자는 일정 기간 동안 건물을 철거할 수 없습니다. 참고로, 건물 등의 소유를 위한 지상권의 최단기간은 30년입니다. 별도로 등기를 하지 않아도 법정지상권은 성립하지만, 처분하기 위해서는 등기가 필요합니다.

법정지상권의 성립은 건물의 대지에만 한정되는 것이 아닙니다. 건물의 유지 및 사용에 필요한 범위 내에서 건물 대지 외의 부분에도 미친다고 봐야 합니다. 즉 법정지상권이 성립되는 창고는 창고가 소재하는 토지의 바닥 부분은 말할 것도 없고, 그 창고를 사용하고 유지하는 데 필요한 부분에까지 효력이 발생하는 것입니다.

토지 낙찰자에게 중요한 법정지상권과 지료

. . .

　토지소유자는 건물소유자에게 법정지상권이 성립하면 지료를, 성립하지 않는다면 임료 상당의 부당이득반환청구를 할 수 있습니다. 쌍방 합의로 지료 문제가 해결되지 않는다면 법원에 청구할 수 있습니다. 토지소유자는 당연히 많이 달라고 할 것이고 건물소유자는 조금 주려고 할 것이니 쉽게 합의되기는 어렵습니다. 그러니 토지소유자라면 대금 납부 후 바로 지료청구소송 등을 제기하는 것이 현명합니다.

　통상적으로 주택부지보다 상업용부지의 지료가 더 비싸게 책정됩니다. 또한 지료 산정시의 토지 가격은 토지상에 아무런 제한을 받지 않는 나대지를 기준으로 합니다.

　토지가 경매 진행되는 경우, 감정평가사는 나대지 상태일 경우의 가격과 지상의 건물로 인해 제약받는 상태의 가격, 2가지를 경매 감정평가금액으로 제시합니다. 법원에서는 2가지 가격 중 하나를 임의로 선택합니다. 따라서 지상에 건물 등이 있는데 토지만 경매 진행되는 물건이라면 필히

 판례 | 지료 산정 기준

대법원 1989. 8. 8. 선고 88다카18504 판결
[지료] [공1989.10.1.(857),1346]

【판시사항】
법정지상권의 지료 산정에 있어서 건물에 의하여 토지 소유권이 제한받는 사정의 참작 여부(소극)

감정평가서를 보고 어느 금액을 기준으로 경매가 진행되는지 확인해야 합니다. 지상건물로 인해 감가된 가격으로 경매가 진행된다면 좀 더 저렴하게 낙찰받는 셈이 되기 때문입니다.

지금부터 두 가지 실제 사례를 살펴보겠습니다.

① 일반 가격으로 경매 진행

첫 번째 물건은 서울 관악구의 대지인데, 저감된 가격이 아닌 일반 토지 가격으로 경매가 진행되고 있습니다. 일반 감정평가금액은 209,100,000원, 토지 이용 제한을 감안한 평가금액은 143,370,000원(= 8,610,000원 × 17㎡)으로 되어 있습니다.

○────── **물건 상세페이지**(서울 관악구 봉천동 대지)

대표소재지	[목록1] 서울 관악구 봉천동 622-● N지도 D지도 도로명주소				
대 표 용 도	대지	채 권 자	서울보증보험 강제경매		
기 타 용 도	-	소 유 자	오●주	신 청 일	2022.09.01
감정평가액	209,100,000	채 무 자	오●주	개시결정일	2022.09.01
최저경매가	(64%) 133,824,000	경 매 대 상	토지전부	감 정 기 일	2022.09.21
입찰보증금	(10%)13,382,400	토 지 면 적	17㎡ (5.14평)	배당종기일	2022.11.16
청 구 금 액	9,201,648원	건 물 면 적	-	입찰예정일	2023.05.23
등기채권액	12,837,668원	제시외면적	-	차기예정일	미정 (107,059,000)
물 건 번 호	1 [유찰]				

○────── **감정평가서**(서울 관악구 봉천동 대지)

Page. 1

일련번호	소재지	지번	지목 또는 용도	용도지역 또는 구조	면 적 (㎡) 공 부	면 적 (㎡) 사 정	감 정 평 가 액 단가(원/㎡)	감 정 평 가 액 금 액(원)	비 고
1	서울특별시 관악구 봉천동	622-●	대	2종일반 주거지역	17	17	12,300,000	209,100,000	토지이용제한 감안한 단가: 8,610,000 원/㎡
	합 계			< 이 하 여 백 >				₩209,100,000.-	

② 저감된 가격으로 경매 진행

두 번째 물건은 경북 영주시 소재의 대지인데, '제시외건물'로 인해 감가된 가격으로 경매가 진행 중입니다. 일반 감정평가금액은 336,243,000원, 제시외건물을 감안한 평가금액은 234,498,000원입니다. 감정평가서상 지료(임료)의 경우 나대지 기준으로 임료를 산정하므로, 감정평가금액을 잘 따져 본다면 지료로도 짭짤한 수익을 낼 수 있습니다.

법정지상권이 성립되는 경우, 지료가 2기 연체되면 법정지상권은 소멸됩니다. 지료는 연간 단위로 판결이 나므로 1년이 1기입니다(소 제기시 월 단위로 청구할 수 있습니다). 지료는 연속 개념이 아니라 합산하여 2기분 연체

○──── **물건 상세페이지(경북 영주시 영주동 대지)**

대표소재지	[목록1] 경북 영주시 영주동 178-● N지도 D지도 도로영주소				
대표용도	대지	채 권 자	정●수 형식적경매 (공유물분할을위한경매)		
기타용도	-	소 유 자	김●영 외 10명	신 청 일	2021.11.12
감정평가액	234,498,000	채 무 자	김●영	개시결정일	2021.12.29
최저경매가	(70%) 164,149,000	경 매 대 상	**토지전부**	감 정 기 일	2022.01.20
입찰보증금	(10%)16,414,900	토 지 면 적	969㎡ (293.12평)	배당종기일	2022.03.21
청 구 금 액	0원	건 물 면 적	-	입찰예정일	2023.05.22
등기채권액	0원	제시외면적	-	차기예정일	미정 (114,904,000)
물 건 번 호	1 [유찰]				

○──── **감정평가서(경북 영주시 영주동 대지)**

일련번호	소재지	지번	지목 및 용도	용도지역 및 구조	연 적 (㎡)		감 정 평 가 액		비 고
					공부	사정	단가	금액	
1	경상북도 영주시 영주동	178-●	대	제2종 일반주거지역	969	969	347,000	336,243,000	현황 일부 도로감안 제시외건물 감안시 가격: 234,498,000
	합 계							₩336,243,000.-	

판례 | 지료 연체와 지상권소멸청구

대법원 2001. 3. 13. 선고 99다17142 판결
[건물철거등] [공2001.5.1.(129),860]

【판시사항】
[1] 법정지상권에 관한 지료가 결정되지 않은 경우, 지료 지급이 2년 이상 연체되었다는 이유로 지상권소멸청구를 할 수 있는지 여부(소극) 및 지료에 관한 당사자 사이의 약정 혹은 법원의 결정이 제3자에게도 효력이 미치기 위한 요건
[2] 토지의 양수인이 지상권자의 지료 지급이 2년 이상 연체되었음을 이유로 지상권소멸청구를 함에 있어서 종전 소유자에 대한 연체기간의 합산을 주장할 수 있는지 여부(소극)

시 소멸청구가 가능합니다.

다만, 지료의 등기가 없으면 새로운 소유자에게 대항하지 못합니다. 즉 2년이 거의 다 되어가는 시점에서 건물소유자가 변경된다면, 지료에 대한 등기가 없는 경우 종전 소유자와 현재 소유자의 연체기간이 합산되지 않는다는 뜻입니다. 따라서 지료 수익이 목적이라면, 바로 지료 판결을 받고 등기를 해 놓는 것이 좋습니다.

법정지상권 성립 후 30년이 지났다면

...

법정지상권이 성립된 후 30년이 지나면 법정지상권자는 토지소유자에

게 계약갱신을 요구할 수 있습니다. 이때 토지소유자가 계약갱신을 거절한다면 법정지상권자는 지상물매수청구권을 행사할 수 있습니다. 그러나 이렇게까지 가는 경우는 거의 없다고 보면 됩니다. 토지와 건물 중에 토지가 경매(공매) 진행된다면, 법정지상권이 성립된다 하더라도 건물소유자는 경제적 여유가 없을 가능성이 높습니다. 여유가 있었다면 토지가 경매되도록 놔두지 않았을 것이기 때문입니다.

법정지상권의 소멸 사유

■■■

첫 번째 사유는 2기(2년) 이상의 지료 연체입니다. 지료를 정한 적이 없다면 법정지상권의 소멸을 청구할 수 없으므로, 앞서 기술한 바와 같이 대금 납부 후에는 바로 지료청구소송을 진행하는 것이 좋습니다. 두 번째 사

 판례 | 건물·토지 소유자 사이의 임대차계약과 법정지상권 포기

대법원 1992. 10. 27. 선고 92다3984 판결
[토지인도등] [공1992.12.15.(934),3255]

【판결요지】
동일인 소유의 토지와 그 토지상에 건립되어 있는 건물 중 어느 하나만이 타에 처분되어 토지와 건물의 소유자를 각 달리하게 된 경우에는 관습상의 법정지상권이 성립한다고 할 것이나, 건물소유자가 토지소유자와의 사이에 건물의 소유를 목적으로 하는 토지 임대차계약을 체결한 경우에는 관습법상의 법정지상권을 포기한 것으로 봄이 상당하다.

유는 토지의 수용, 혼동, 목적물의 멸실 등입니다. 법정지상권이 소멸하면 지상물매수청구권 등도 효력을 잃습니다.

관습법상의 법정지상권이 성립한 후에 건물소유자와 토지소유자 사이에 토지 임대차계약이 된다면, 관습법상의 법정지상권을 포기한 것으로 보아 이 경우에도 법정지상권이 소멸됩니다.

법정지상권이 성립할 때의 투자 원칙

∎∎∎

① 토지를 낙찰받았을 때

입찰 전 토지만 분석할 것이 아니라 향후 건물 취득도 가능하므로 건물도 권리분석을 합니다. 채권자들이 많다면 건물도 곧 경매 진행될 가능성이

법정지상권 성립 토지 낙찰자를 위한 어드바이스

1. 잔금 납부와 함께 발생하는 건물지료청구권으로 건물에 가압류를 진행합니다(지료 판결 후 지료 연체시 가압류를 해도 됩니다).
2. 지료청구의 소를 제기하여 지료를 결정받습니다(매월 받는 것으로).
3. 지료 연체시 건물 경매신청이 가능합니다.
4. 지료 2기 연체시 법정지상권 소멸청구가 가능합니다.
5. 입찰 전, 건물에 대해서도 분석합니다.

높을 것이고, 만약 건물에 채권자가 없다면 지료를 가지고 직접 경매신청하는 전략도 구상할 수 있습니다. 앞서 언급한 바와 같이 법정지상권이 성립하더라도 건물 소유자에게는 돈이 없을 가능성이 높습니다.

② 건물 낙찰시

건물 낙찰자를 위한 어드바이스

1. 입찰 전 철저한 임대수익 분석이 필요합니다. 토지소유자에게 지료를 납부하더라도 수익이 남는다면 입찰할 수 있습니다.
2. 30년이 지나면 계약갱신을 요구하고 토지소유자가 이에 응하지 않으면 지상물 매수청구권을 행사할 수 있습니다.
3. 통상 건물만 경매되는 경우보다 토지만 경매되는 경우들이 많습니다.

법정지상권이 성립하지 않을 때의 투자 원칙

∎ ∎ ∎

우선 건물등기부 분석을 통해 채권자가 많은지 적은지 알아봅니다. 채권자가 적거나 없다면 부당 이득금 등으로 건물에 경매신청을 할 계획을 세우고, 채권자가 많다면 그 채권자들에 의해 건물이 경매 진행될 때 입찰하면 됩니다.

법정지상권이 성립하지 않으므로, 토지소유자가 철거 판결을 받아 놓거

법정지상권 불성립 토지 낙찰자를 위한 어드바이스

1. 잔금 납부 후 건물철거 및 토지 인도를 피보전권리로 하는 가처분과 임료 상당의 부당이득반환청구를 합니다(가압류도 같이).
2. 건물철거, 부당이득반환청구를 같이 제기하여 건물주를 압박합니다.
3. 1심 판결이 나면 가집행이 가능하므로 철거 및 건물 경매신청이 가능합니다.
4. 입찰 전, 건물에 대해서도 분석하고 철거 판결문을 받은 후에는 건물 경매시 법원에 판결문을 제출합니다.

나 철거에 대한 가처분등기를 미리 해 놓는다면 건물 경매시 입찰할 사람은 거의 없을 것입니다. 따라서 토지소유자가 저렴한 가격에 낙찰받기 쉽습니다. 철거 판결을 받았다면 건물 경매가 진행되는 경매법원에 철거 판결문을 제출하여 더욱 수월하게 낙찰받을 수 있습니다.

다음 사례는 건물만 매각되는 다가구주택입니다. 토지소유자가 철거 판결을 받고 건물이 경매로 진행된 케이스입니다.

토지소유자로부터 건물철거 판결을 받은 바 있다는 서면이 제출되어 있습니다. 누군가 낙찰받는다면 토지소유자는 새로운 건물소유자를 상대로 철거소송을 할 것이므로, 아무도 입찰을 못 하는 것입니다.

법정지상권 성립이 안 된다면, 건물에 건물철거에 대한 가처분을 해 놓거나 철거 판결문을 받은 다음 건물이 경매될 때 경매법원에 제출하면 됩니다. 제3자 입장에서는 낙찰받아도 향후 철거가 될 가능성이 있어 입찰하지

대표소재지	[목록1] 서울 강북구 수유동 ●-1●3 [인수봉로●가길 ●-4] N지도 D지도 도로명주소					
대표용도	다가구	채권자	전●호 강제경매			
기타용도	-	소유자	조●희	신청일	2021.03.12	
감정평가액	145,079,000	채무자	조●희	개시결정일	2021.04.30	
최저경매가	(10.74%) 15,578,000	경매대상	건물전부	감정기일	2021.05.17	
입찰보증금	(20%)3,115,600	토지면적	-	배당종기일	2021.07.13	
청구금액	25,616,438	건물면적	135.27㎡ (40.92평)	입찰예정일	2023.07.25	
등기채권액	89,182,920	제시외면적	-	차기예정일	미정 (12,462,000)	
물건번호	1 [유찰]					

매각에 따라 설정된 것으로 보는 지상권의 개요
법정지상권 불분명
비고란
1. 건물만 매각
2. 부동산현황조사보고서 상 2층 창문에 "유치권 행사중" 현수막이 부착되어 있음
3. 재재매각 [특별매각조건] 매수신청보증금 최저매각가격의 20%
4. 토지소유자가 매각목적물에 대한 건물철거판결을 받은 바 있다는 취지의 서면이 제출됨[2023.03.03. 매각목적물의 토지소유자 명의로 우편제출]

않을 것이고, 결국 토지소유자가 건물을 저렴하게 낙찰받을 수 있습니다.

1심에서 받은 철거 판결문의 주문을 보면, 근저당권 설정 당시에 건물이 없었다는 것이 핵심입니다. 마지막으로 '법정지상권 없는 건물을 낙찰받아도 될까요?'라는 질문이 남습니다. 토지소유자와 아는 사이가 아니라면 철거 위험을 무릅쓰고 낙찰받을 이유가 없습니다.

철거 판결문 중 주요 내용

(3) 전제사실에서 본 바와 같이 이 사건 건물(3층 다가구주택)의 신축허가일이 2011. 11. 23.인데, 위 허가일로부터 23일 정도 남짓 지난 이 사건 근저당권등기의 설정계약일인 2011. 12. 15.에 위 건물의 규모, 종류가 외형상 예상할 수 있는 정도까지 건축이 진전되어 있었다고 볼 만한 아무런 증거가 없는 이상 이 사건 건물을 위한 법정지상

권이 성립할 수 없고, 이는 위 근저당권자의 동의가 있더라도 변함이 없으므로, 피고 조○희의 주장은 받아들이지 않는다.

결론

그렇다면 원고들의 피고들에 대한 청구는 이유 있어 인용하기로 하여 주문과 같이 판결한다.

1. 피고 조○희는

　가. 원고들에게 별지 목록 제2항 기재 건물을 철거하고, 별지 목록 제1항 기재 대지를 인도하고,

　나. 각 원고에게 5,046,550원과 이에 대한 2017. 11. 2.부터 다 갚는 날까지 연 15%의 비율로 계산한 돈 및 2017. 10. 20.부터 위 대지인도완료일까지 월 468,190원의 비율로 계산한 돈을 각 지급하라.

2. 피고 임○권은 가.의 (1)항 건물에서 퇴거하라.

3. 소송비용은 피고들이 부담한다.

4. 제1항은 가집행할 수 있다.

다양한 법정지상권 판례분석

■ ■ ■

① 토지의 지분이 경매되는 경우

토지소유자가 A, B, C 3인이고 지상의 건물소유자가 A인 물건이 있다고 가정해 봅시다. 토지 공유지분 중 A의 지분이 경매 진행되어 D가 낙찰받은 경우, 토지소유자와 건물소유자가 동일인이었다가 한쪽이 바뀐 것처럼 볼 수 있습니다. 하지만 이러한 경우까지 법정지상권을 인정한다면 다른 토지 공유자에게 손해가 발생할 수 있으므로 법정지상권 성립을 인정하지

판례 | 토지 공유자의 법정지상권

대법원 1993. 4. 13. 선고 92다55756 판결
[건물철거등] [공1993.6.1.(945),1393]

【판결요지】
토지 공유자의 한 사람이 다른 공유자의 지분 과반수의 동의를 얻어 건물을
건축한 후 토지와 건물의 소유자가 달라진 경우 토지에 관하여 관습법상의
법정지상권이 성립되는 것으로 보게 되면 이는 토지 공유자의 1인으로 하여
금 자신의 지분을 제외한 다른 공유자의 지분에 대하여서까지 지상권 설정
의 처분행위를 허용하는 셈이 되어 부당하다.

판례 | 토지 단독 소유자가 건물의 일부 공유자인 경우

대법원 2011. 1. 13. 선고 2010다67159 판결
[건물철거등] [공2011상,334]

【판시사항】
[2] 건물 공유자의 1인이 그 건물의 부지인 토지를 단독으로 소유하면서 그
토지에 관하여만 저당권을 설정하였다가 위 저당권에 의한 경매로 토지소유
자가 달라진 경우에도 민법 제366조의 법정지상권이 성립하는지 여부(적극)

않고 있습니다.

B와 C의 입장에서는 단지 A의 소유권이 변경된 것뿐인데, 만약 건물에
법정지상권이 성립된다면 건물 철거도 할 수 없고 30년 동안 소유권 행사
가 어렵게 되는 어이없는 일이 발생하게 되기 때문입니다.

앞에서 든 사례와 반대의 경우도 생각해 봅시다. 토지소유자가 A이고 건

물은 A와 B가 공유한 경우, 토지소유권이 변경된다면 법정지상권은 성립할까요?

토지가 단독 소유자 명의이고 토지소유자가 건물에 일부 공유자인 경우에는 법정지상권이 성립합니다. 이때에는 건물지분을 소유한 누구에게도 피해가 가지 않기 때문입니다.

② 미등기 무허가건물이 있는 경우

경매물건을 보다 보면 미등기 무허가 건물들이 종종 눈에 띕니다. 미등기 건물은 누구에게 소유권이 있을까요? 등기된 건물은 등기부에 소유권이 공시되는데, 등기가 되지 않은 미등기 건물은 소유권을 어떻게 인정하고

 판례 | 소유권 원시취득

대법원 2002. 4. 26. 선고 2000다16350 판결
[소유권보존등기등말소] [공2002.6.15.(156),1234]

【판결요지】
[1] 건축허가는 행정관청이 건축행정상 목적을 수행하기 위하여 수허가자에게 일반적으로 행정관청의 허가 없이는 건축행위를 하여서는 안 된다는 상대적 금지를 관계 법규에 적합한 일정한 경우에 해제하여 줌으로써 일정한 건축행위를 하여도 좋다는 자유를 회복시켜 주는 행정처분일 뿐 수허가자에게 어떤 새로운 권리나 능력을 부여하는 것이 아니고, 건축허가서는 허가된 건물에 관한 실체적 권리의 득실 변경의 공시방법이 아니며 추정력도 없으므로 건축허가서에 건축주로 기재된 자가 건물의 소유권을 취득하는 것은 아니므로, 자기 비용과 노력으로 건물을 신축한 자는 그 건축허가가 타인의 명의로 된 여부에 관계없이 그 소유권을 원시취득한다.

있을까요? 우리 법에서는 자신의 비용과 노력으로 건물을 신축한 사람에게 '원시취득'이라는 형태로 소유권을 인정하고 있습니다.

지금부터 미등기 건물 관련한 3가지 케이스를 소개하겠습니다. 미등기 건물 매매 후 토지만 경매되는 경우, 미등기 건물이 상속되는 경우, 미등기 건물이 있는 토지만 매매되는 경우입니다.

🔵 미등기 건물 매매 후 토지만 경매되는 경우

법정지상권 물건에서 종종 볼 수 있는 사례입니다. 건물이 미등기인 경우 토지와 건물을 매매계약한 경우 건물은 소유권 이전이 불가능하고, 토지만 소유권이 이전됩니다. 민법 186조는 소유권과 같은 물권변동의 효력은 등기를 해야 발생한다고 규정하고 있기 때문입니다.

그러므로 미등기건물(또는 미등기 무허가건물)과 토지를 매매한 다음 토지만 경매 진행되는 경우에는 건물을 위한 법정지상권이 성립되지 않습니다. 지상에 오래된 주택이 있는데 토지만 경매에 나오는 시골집 등에서 흔히 볼 수 있습니다.

판례 | 미등기 건물의 법정지상권

대법원 2002. 6. 20. 선고 2002다9660 전원합의체 판결
[건물등철거] [집50(1)민,479;공2002.8.1.(159),1669]

【판시사항】
[1] 미등기건물을 대지와 함께 매수하였으나 대지에 관하여만 소유권이전
등기를 넘겨받고 대지에 대하여 저당권을 설정한 후 저당권이 실행된 경우,
민법 제366조 소정의 법정지상권이 성립하는지 여부(소극)
[2] 미등기건물을 대지와 함께 매도하였으나 대지에 관하여만 매수인 앞으
로 소유권이전등기가 경료된 경우, 관습상의 법정지상권이 성립하는지 여부
(소극)

 판례 | 미등기건물의 처분권과 소유권

대법원 1998. 4. 24. 선고 98다4798 판결

【판결요지】
[1] 미등기건물을 그 대지와 함께 양수한 사람이 그 대지에 관하여서만 소유
권이전등기를 넘겨받고 건물에 대하여는 그 등기를 이전받지 못하고 있는
상태에서 그 대지가 경매되어 소유자가 달라지게 된 경우에는, 미등기건물
의 양수인은 미등기건물을 처분할 수 있는 권리는 있을지언정 소유권은 가
지고 있지 아니하므로 대지와 건물이 동일인의 소유에 속한 것이라고 볼 수
없어 법정지상권이 발생할 수 없다.

● 미등기 무허가건물이 상속되는 경우

앞에서 토지와 미등기건물을 매매한 다음 경매가 진행되더라도 법정지
상권이 성립되지 않는다는 내용을 보았습니다. 그런데 매매가 아닌 상속

일 경우에는 법정지상권이 성립됩니다. 민법 187조에 의해 상속은 등기 없이도 소유권을 취득할 수 있기 때문입니다. 그러므로 위와 같이 미등기 건물이 상속된 후, 토지에 저당권이 설정되었다가 토지만 낙찰되면 법정 지상권이 성립하는 것입니다.

● 미등기건물이 있는 토지만 매매되는 경우

토지와 지상의 미등기건물이 함께 매매되거나 상속되는 경우가 아니라, 등기가 가능한 토지만 매매되거나 경매, 증여 등으로 소유권이 변경된다 면 법정지상권이 성립됩니다.

③ 철거 후 건물 신축한 사례

유명한 판례 하나를 소개하겠습니다. 토지와 건물에 공동저당권이 설정 되었다가, 그 이후 건물소유자가 건물을 철거하고 신축을 했습니다. 이런 경우 철거된 건물과 신축된 건물은 서로 다른 건물이므로, 철거된 건물

우광연의 작심하고 시작하는 경매공부

등기부에 설정되어 있던 근저당권은 목적물이 멸실되어 효력을 상실하게 됩니다.

그 결과 근저당권자의 권리는 토지에만 미치므로, 토지만 경매를 신청할 수 있습니다. 토지만의 경매절차가 진행된다면, 토지 위에 제시외(입찰외) 건물이 있으므로 낮은 가격에 낙찰될 것이므로 근저당권자는 손해를 입게 될 것입니다.

이 판례는 건물주의 임의 철거 및 신축으로 인해 근저당권자가 담보가치 훼손이라는 손해를 입게 되었으므로 근저당권자를 보호해야 한다는 다수의견으로 판시되었습니다. 토지소유자와 신축 건물의 소유자는 같은 사람이고 근저당권 설정 당시 구 건물이 있었으므로, 토지만의 경매로 한쪽의 소유자가 변경되면 외형적으로는 법정지상권 성립이 되는 것으로 볼 수도 있습니다. 그러나 건물소유자는 근저당권자의 동의 없이 철거가 가능하므로, 이런 경우까지 법정지상권 성립을 인정해준다면 건물소유자에게만 이득이 생기게 되므로 법정지상권 성립은 안 된다는 취지로 판시하였습니다.

 판례 | 공동 저당권 설정 후 건물이 철거되고 신축되는 경우

대법원 2003. 12. 18. 선고 98다43601 전원합의체 판결
[건물철거등] [집51(2)민,315;공2004.1.15.(194),134]

【판시사항】
[1] 동일인 소유의 토지와 그 지상건물에 관하여 공동저당권이 설정된 후 그 건물이 철거되고 다른 건물이 신축된 경우, 저당물의 경매로 인하여 토지와 신축건물이 서로 다른 소유자에게 속하게 되면 민법 제366조 소정의 법정지상권이 성립하는지 여부(소극)

④ 토지 저당권자의 일괄경매청구권

경매에는 '일괄경매청구권'이라는 제도가 있습니다. 저당권 설정 당시에 건물이 없었는데 저당권 설정 후에 건물이 신축된 경우, 토지 저당권자가 사용할 수 있는 권리입니다. 토지 저당권자 입장에서 보면, 토지와 건물은 별개의 부동산이므로 건물이 나중에 신축되는 경우 건물에는 담보효력이 미치지 않습니다. 지상에 건물이 있는 상태에서 토지만 경매 진행되는 경우 높은 가격에 낙찰되기 어려우므로 토지 저당권자는 대출원금에 손해가 발생할 가능성이 큽니다.

'일괄경매청구권'은 신축된 건물소유자와 토지소유자와 동일인이어야 사용할 수 있습니다. 제3자가 건물 소유권을 갖고 있다면 불가능하다는 뜻입니다. 당연한 말이지만, 일괄경매를 하더라도 토지 저당권자는 건물분에 대해서는 배당받을 수 없고 건물이 등기 가능한 경우에만 적용됩니다.

> ### 민법 제365조(저당 지상의 건물에 대한 경매청구권)
>
> 토지를 목적으로 저당권을 설정한 후 그 설정자가 그 토지에 건물을 축조한 때에는 저당권자는 토지와 함께 그 건물에 대하여도 경매를 청구할 수 있다. 그러나 그 건물의 경매대가에 대하여는 우선변제를 받을 권리가 없다.

⑤ 예전 건물이 철거된 후 허가 없이 신축된 상태에서 진행되는 경매

구 건물이 철거되고 허가 없이 건물이 신축된 사례를 보겠습니다. 토지만 매각되는 경매물건인데, 물건 사진을 보면 지상에 멀끔한 건물이 있습니다. 건물등기부에도 근저당권이 말소되지 않고 살아 있는 상태입니다. 등기사항증명서에는 '목조스레트지붕 단층주택과 축사'로 나와 있습니다. 등기부상의 건물과 현황(사진 참조) 건물이 다르다는 것을 확인할수 있습니다.

그런데 법원 기록을 보면, 채권자인 농협이 토지와 건물을 함께 경매신

○────── **물건 상세페이지(경기도 양평군 양서면 대지)**

대표소재지	[목록1] 경기 양평군 양서면 대심리 ▧ N지도 D지도 도로명주소					
대표용도	대지	채 권 자	농협자산관리 (임의경매)			
기 타 용 도	-	소 유 자	김●자	신 청 일	2022.03.30
감정평가액	1,164,800,000	채 무 자	김●자	개시결정일	2022.03.31
최저경매가	(46%) 536,256,000	경 매 대 상	**토지전부**	감 정 기 일	2022.04.20
낙찰 / 응찰	777,700,000원 / 6명	토 지 면 적	1,600㎡ (484평)	배당종기일	2022.07.07
청 구 금 액	407,316,024원	건 물 면 적	-	낙 찰 일	2023.01.11
등기채권액	520,000,000원	제시외면적	-	종 국 일 자	**2023.03.28**
물 건 번 호	1 [배당]					

❯물건사진/위치도

○────── **등기사항증명서(경기도 양평군 양서면 대지)**

3		경기도 양평군 양서면 대심리 ▧ [도로명주소] 경기도 양평군 양서면 대심길35번길	목조스레트지붕 단층주택 56.88㎡ 세멘브럭조 스레이트지붕 단층축사 38.50㎡	도로명주소 2012년8월1일 등기

【 을   구 】 (소유권 이외의 권리에 관한 사항)

순위번호	등 기 목 적	접 수	등 기 원 인	권리자 및 기타사항
1	근저당권설정	2009년10월19일 제43657호	2009년10월19일 설정계약	채권최고액 금520,000,000원 채무자 김●자 서울특별시 강남구 대치동 902 포스코더샵아파트 101-▧ 근저당권자 양서농업협동조합 134336-0000173 경기도 양평군 양서면 양수리 559-5 공동담보 토지 경기도 양평군 양서면 대심리

청했었는데(공동담보이기 때문입니다), 건물은 취하한 것을 알 수 있습니다. 이렇게 공부상 건물과 현황 건물이 다른 경우에, 법원에서는 같은 건물로 보지 않기 때문에 토지만 경매가 진행됩니다. 이러한 유형의 토지를 낙찰받으면 판례(대법원98다43601)에 의해 법정지상권은 성립하지 않습니다.

그렇다면 이런 경우에 지료로 인한 가압류나 건물 철거에 대한 가처분으로서 지상에 허가 없이 신축된 건물에 채권자가 자기의 권리 행사를 위해 소유권보존등기를 대위 등기할 수 있을까요? 현행 법령에서는 불가능합니다. 무허가로 신축된 건물을 사후에 등기가 가능하도록 해준다면 무허가 건물이 난립할 것이기 때문입니다.

이런 유형의 경우 토지를 낙찰받은 사람이 건물을 가져오려면 건물소유자(=원시취득자)와 계약을 하는 방법밖에 없습니다. 그러나 앞서 설명했듯이 계약서를 쓰더라도 소유권이 아닌 처분 권한만 가지고 오게 됩니다. 협의가 안 된다면 건물을 철거하고 낙찰자가 새로 짓는 방향으로 가야 할 것이고, 지료에 의한 가압류도 다른 부동산이나 재산을 찾아 진행해야 합니다.

이러한 무허가건물의 경우, 복잡하긴 하지만 해결이 안 되는 것은 아닙

○──── **물건내역(경기도 양평군 양서면 대지)**

물건내역

물건번호	1	물건용도	대지		감정평가액 (최저매각가격)	1,164,800,000원 (536,256,000원)		
물건비고	제시외건물 및 창고 매각제외. 제시외건물로 인해 제한받는 가격임.							
목록1	경기 양평군 양서면 대실리				목록구분	토지	비고	미종국
물건상태	매각준비 → 매각공고 → 매각 → 매각허가결정 → 대금납부							
기일정보	2023.01.11				최근입찰결과	2023.01.11 매각(777,700,000원) 2023.01.18 최고가매각허가결정		

목록내역

목록번호	소재지	목록구분	비고
1	경기 양평군 양서면 대실리	토지	미종국
2	경기 양평군 양서면 대실길35번길	건물	취하

니다. 다만 건물등기가 있는 경우보다 해결하는 데 시간이 좀 더 걸릴 수 있다는 점을 감안하고 입찰에 참여하면 되겠습니다.

⑥ 구분소유적 공유관계(=상호명의신탁)

토지를 공유형태로 소유하고 있지만 소유자들끼리 협의하여 토지의 사용 공간을 서로 특정한 경우를 구분소유적 공유관계라고 부릅니다. 이 경우 등기상 소유권 형태는 지분으로 되어 있더라도 그중 한 소유자의 지분이 경매되어 토지와 건물소유자가 달라지게 되면 법정지상권이 성립합니다.

　건물이 깔고 앉아 있는 토지의 일부 지분이 경매되는 경우, 다음의 판례와 같이 구분소유적 공유관계에 있다면 감정평가서에 기재되어야 합니다. 기재 없이 경매가 진행된다면, 구분소유적 공유관계는 소멸되고 낙찰자는 토지를 원래의 공유지분 형태로 취득하게 됩니다. 이런 경우 구분소유적 공유의 토지소유자는 매각이 진행되기 전 감정평가를 구분소유적 형태로 다시 해 달라고 요청할 수 있습니다.

 판례 | 구분소유적 공유관계에서의 법정지상권 등

대법원 2004. 6. 11. 선고 2004다13533 판결
[건물철거및토지인도등] [공2004.7.15.(206),1163]

【판시사항】
[1] 구분소유적 공유관계에 있는 토지의 공유자들이 그 토지 위에 각자 독자적으로 별개의 건물을 소유하면서 그 토지 전체에 대하여 저당권을 설정

하였다가 그 저당권의 실행으로 토지와 건물의 소유자가 달라지게 된 경우, 법정지상권의 성립 여부(적극)

....

대법원 2008. 2. 15. 선고 2006다68810,68827 판결
[임대차보증금 · 손해배상] [공2008상,388]

【판시사항】
[2] 구분소유적 공유관계에 있는 토지지분에 대한 강제경매절차에서 그 공유지분이 토지의 특정 부분에 대한 구분소유적 공유관계를 표상하는 것으로 취급되어 감정평가와 최저경매가격 결정이 이루어지고 경매가 실시되었다는 점이 입증되지 않은 경우, 위 공유지분의 매수인은 1필지 전체에 대한 공유지분을 적법하게 취득하고 이 부분에 관한 상호명의신탁관계는 소멸한다고 본 사례

⑦ 비닐하우스와 법정지상권

토지상에 비닐하우스가 있는 경우 법정지상권이 성립할까요? 다음에 소개하는 판례와 같이 철거가 용이한 비닐하우스라면 법정지상권이 성립되지 않습니다. 다만 비닐하우스에 농작물이 심어져 있다면 수확시까지 기다려야 한다는 사실은 알아두세요.

 판례 | 비닐하우스의 법정지상권 성립 여부

대법원 2021. 10. 28. 선고 2020다224821 판결
[토지인도] 〈가설건축물인 창고에 대해서도 법정지상권이 성립하는지 쟁점이 된 사건〉 [공2021하,2264]

【판시사항】

가설건축물에 관하여 민법 제366조의 법정지상권이 성립하는지 여부(원칙적 소극)

【판결요지】

민법 제366조의 법정지상권은 저당권 설정 당시 동일인의 소유에 속하던 토지와 건물이 경매로 인하여 양자의 소유자가 다르게 된 때에 건물의 소유자를 위하여 발생하는 것으로서, 법정지상권이 성립하려면 경매절차에서 매수인이 매각대금을 다 낸 때까지 해당 건물이 독립된 부동산으로서 건물의 요건을 갖추고 있어야 한다.

독립된 부동산으로서 건물은 토지에 정착되어 있어야 하는데(민법 제99조 제1항), 가설건축물은 일시 사용을 위해 건축되는 구조물로서 설치 당시부터 일정한 존치기간이 지난 후 철거가 예정되어 있어 일반적으로 토지에 정착되어 있다고 볼 수 없다. 민법상 건물에 대한 법정지상권의 최단 존속기간은 견고한 건물이 30년, 그 밖의 건물이 15년인 데 비하여, 건축법령상 가설건축물의 존치기간은 통상 3년 이내로 정해져 있다. 따라서 가설건축물은 특별한 사정이 없는 한 독립된 부동산으로서 건물의 요건을 갖추지 못하여 법정지상권이 성립하지 않는다.

⑧ 토지상에 수목이 있는 경우 법정지상권이 성립될까?

'제시외건물' 부분에서 이미 언급한 내용인데요. 다시 한번 정리하자면, 토지상에 있는 수목은 원칙적으로 토지의 부합물입니다. 토지 낙찰시 같이 취득할 수 있다는 뜻입니다. 그러나 원칙이 있으면 항상 예외가 있으니 예외 사항도 알아둬야 합니다.

첫 번째 예외는 나무에 입목등기가 되어 있는 경우입니다. 나무에 등기가 되어 있다는 것이므로, 건물이 있는 경우와 마찬가지로 법정지상권 성립 여부를 따져봐야 합니다.

두 번째 예외는 식재권원이 있는 사람이 나무를 심는 경우입니다. 토지주와 임대차계약 또는 사용대차계약을 한 사람이 나무를 심었다면 나무의 소유권은 그 사람한테 있습니다. 그런데 토지임대차계약 등은 채권계약이고, 낙찰로 소유권이 변경되면 물권변동이 되는 것이므로, 이렇게 물권과 채권이 부딪치면 물권인 소유권이 이깁니다.

따라서 토지에 식재권원을 갖고 있더라도 나무를 다른 곳으로 옮겨야 합니다. 만약 옮기는 등의 조치를 하지 않으면 지료청구와 수목수거 및 토지인도소송을 제기하면 됩니다. 이사비 등을 받을 목적으로 묘목(금액이 얼마안 되므로)을 잔뜩 심어놓는 경우가 있습니다. 이런 경우에도 다 해결할 수있습니다. 단, 법적인 조치를 통해 해결될 수도 있으므로 시간적인 부분을 감안해 입찰하면 됩니다.

법정지상권이 성립되지 않으면 차지권을?

● ● ●

토지와 건물의 소유자가 처음부터 쭉 다른 사람이었다면 법정지상권은 성립하지 않습니다. 그러나 예외가 있습니다. 바로 '차지권(借地權)'입니다. 민법 622조에는 차지권에 의해 대항력이 발생할 수 있다고 규정하고 있습니다. 여기서 '차지권'이란 토지를 임대차하여 건물을 신축하고 토지임차인 명의로 소유권보존등기한 경우 발생하는 권리입니다.

건물 신축을 위해 토지 임대차계약을 하고 임차인 명의로 건물보존등기를 했는데, 이후 토지소유권이 변경된 경우를 가정해 봅시다. 외형상 건물소유자와 토지소유자가 다르므로 법정지상권은 성립되지 않는 것으로 되

우광연의 작심하고 시작하는 경매공부

제622조 (건물등기 있는 차지권의 대항력)

① 건물의 소유를 목적으로 한 토지임대차는 이를 등기하지 아니한 경우에도 임차인
이 그 지상건물을 등기한 때에는 제삼자에 대하여 임대차의 효력이 생긴다.
② 건물이 임대차기간 만료 전에 멸실 또는 후폐한 때에는 전항의 효력을 잃는다.

지만, 차지권이 성립될 수 있는 것입니다.

다만, 차지권이 성립되기 위해서는 다음 사항에 해당되지 않아야 합니
다. 토지 임차인이 건물에 대해 소유권보존등기를 하기 전에, 토지에 대하
여 물권 취득의 등기(소유자 변경이나 담보권 설정)가 된 경우입니다. 토지 임
대차계약은 채권계약이라 물권에 대항할 수 없기 때문입니다. 결론적으로
토지 임대차계약 후 가능한 한 빨리 임차인 명의의 건물 소유권보존등기
를 해야 합니다. 그 사이에 물권이 설정되거나 물권변동의 효력이 발생하
면 안 된다는 뜻입니다.

 판례 | 차지권 성립 여부

대법원 2003. 2. 28. 선고 2000다65802, 65819 판결
[건물등철거 · 매매대금] [공2003.4.15.(176),912]

【판시사항】
[1] 건물 소유를 목적으로 하는 토지 임차인이 그 지상 건물을 등기하기 전
에 제3자가 토지에 관하여 물권취득의 등기를 한 경우, 그 이후에 그 지상
건물을 등기한 임차인의 제3자에 대한 임대차의 효력 발생 여부(소극)

사례로 분석해보는 법정지상권

■ ■ ■

① 지상에 신축 아파트가 있는데 토지만 경매로 나온 사례

오래된 사건이긴 하나 전형적인 법정지상권 투자 사례여서 소개합니다. 토지가 임의경매로 나왔는데 지상에 신축된 아파트 2동이 있습니다. 법정지상권을 따질 때, 가장 중요한 것은 저당권 설정 당시에 건물이 있었는지 여부입니다.

근저당권 설정일자는 2004년 6월 15일입니다. 저당권 설정 당시 건물이 있었는지에 대해 영천시 건축 담당 공무원과 통화도 해보고, 근저당권자와도 통화를 해서 저당권 설정 당시 건물이 있었는지 여부를 확인해야 합니다. 이때 건축허가일자보다 착공일자를 확인해야 하는데요. 착공일자를 보는 이유는 낙찰자가 대금을 납부하기(소유권 취득) 전에 벽, 기둥, 지붕이

○──── **물건 상세페이지(경북 영천시 망정동 토지)**

대표소재지	경북 영천시 망정동 　2	Ｎ지도 Ｄ지도 도로명주소			
대 표 용 도	전	채 권 자	엠에스저축은행(구상호:(주)조일저축은행) 임의경매		
기 타 용 도	-	소 유 자	우원종합건설 　、	신 청 일	2008.12.26
감정평가액	1,246,875,000	채 무 자	유호종합건설	개시결정일	2008.12.29
최저경매가	(70%) 872,813,000	경 매 대 상	토지전부	감 정 기 일	2009.01.05
낙찰 / 응찰	1,061,900,000원 / 2명	토 지 면 적	6,250㎡ (1,890.63평)	배당종기일	2009.06.05
청 구 금 액	984,000,000원	건 물 면 적	-	낙 찰 일	2010.03.02
등기채권액	7,984,000,000원	제시외면적	-	종 국 일 자	**2010.05.13**
물 건 번 호	1 [배당]				

◘물건사진/위치도

소재지/감정서	면적(단위:m²)	진행결과	임차관계/관리비	등기권리
(770-110) 경북 영천시 망정동 ■-2 [지도] [토지이용] ·포은초등학교남동측인근 ·학교,기존주택,빌라및나지등 형성 ·인접지통과일반차량출입가능 ·대중교통이용보통 ·부정형평지 ·남측,남서측및동측인접지보다다소고지,등고평탄 ·신축중단된아파트영천우원리더스부지이용중 ·북동측25m포장도로접합함,도로보다고지 ·차량출입불가능,북서측인접지통해차량출입가능 ·도시계획시설대로3류,소로2류,소로3류접함	전 · 6,250m² (1,890.62평) · (현:대) 입찰외 제시외건물소재 표준공시 250,000 감정지가 199,500원/m² 감정기관 태창감정	감정 1,246,875,000 100% 1,246,875,000 유찰 2010.02.02 70% 872,813,000 낙찰 2010.03.02 1,061,900,000 (85.16%) 에코개발(주) 응찰 2명 허가 2010.03.09 납부 2010.03.17 ▶종국결과 배당 2010.05.13	▶법원임차조사 (주)태송산업 외 사업 - 확정 - 배당 - 보증 - 점유 - (점유자) (유치권주장) 우원종합건설 유치공사 채권단 전입 미전입 확정 - 배당 - 보증 - 점유 - (점유자) (유치권주장)	* 토지등기 근저당 조일저축은행 (영업부) 2004.06.15 100,000,000 [말소기준권리] 근저당 조일저축은행 (영업부) 2004.06.18 520,000,000 근저당 조일저축은행 (영업부) 2004.06.30 104,000,000 근저당 조일저축은행 (영업부) 2004.07.28 260,000,000 근저당 황●도 2004.09.15 2,000,000,000 근저당 황●도 2005.04.01 5,000,000,000 압류 영천시 2005.10.07 소유권 우원종합건설 이전 2005.10.27 전소유자: 유호종합건설 매매(2005.10.26) 임의 엠에스저축은행 2008.12.29 청구액 984,000,000원

갖춰졌다면 법정지상권이 성립될 수도 있기 때문입니다.

이 사례의 낙찰자는 담당 공무원 및 채권자 등을 통해 저당권 설정 당시에 건물이 없었다는 사실을 확인한 후 입찰에 참가했습니다. 대금 납부 후에 건물철거 소송을 진행하였는데, 철거 위기에 빠진 건물소유자 쪽에서 토지를 매입하게 되었습니다. 낙찰가는 10억 6천만원이었는데 건물소유자 측과 협의된 금액은 35억원으로 낙찰자는 큰 수익을 남겼습니다.

만약 협의가 안 되어 철거 판결까지 받으면 어떻게 해야 할까요? 실무상

철거까지 가는 경우는 많지 않습니다. 다른 채권자에 의해 건물이 경매될 가능성도 있고, 토지소유자의 지료 채권으로 건물 경매를 신청할 수도 있습니다. 건물이 경매에 붙여질 경우 경매법원에 철거판결문을 제출한다면 매각물건명세서에 철거 판결을 받았다는 내용이 고지될 것이므로, 토지소유자는 낮은 가격에 건물을 취득할 수 있습니다.

 판례 | 건축 중인 건물의 법정지상권

대법원 2004. 6. 11. 선고 2004다13533 판결
[건물철거및토지인도등] [공2004.7.15.(206),1163]

【판결요지】
[3] 민법 제366조의 법정지상권은 저당권 설정 당시 동일인의 소유에 속하던 토지와 건물이 경매로 인하여 양자의 소유자가 다르게 된 때에 건물의 소유자를 위하여 발생하는 것으로서, 토지에 관하여 저당권이 설정될 당시 토지소유자에 의하여 그 지상에 건물을 건축 중이었던 경우 그것이 사회관념상 독립된 건물로 볼 수 있는 정도에 이르지 않았다 하더라도 건물의 규모·종류가 외형상 예상할 수 있는 정도까지 건축이 진전되어 있었고, 그후 경매절차에서 매수인이 매각대금을 다 낸 때까지 최소한의 기둥과 지붕 그리고 주벽이 이루어지는 등 독립된 부동산으로서 건물의 요건을 갖추면 법정지상권이 성립하며, 그 건물이 미등기라 하더라도 법정지상권의 성립에는 아무런 지장이 없는 것이다.

○──── **등기부에 기재된 거래가액**(경북 영천시 망정동 토지)

[토지] 경상북도 영천시 망정동■■-2				고유번호 1747-2003-001915
순위번호	등 기 목 적	접 수	등 기 원 인	권 리 자 및 기 타 사 항
899	소유권이전	2012년7월19일 제24452호	2012년6월19일 매매	소유자 주식회사피지디 174711-0031893 경상북도 영천시 망정1길■■ (망정동) 거래가액 금3,500,000,000원

② 지상에 단독주택이 있는데 토지만 경매로 나온 사례

최선순위 근저당권자가 임의경매를 신청한 사건이므로 저당권 설정 당시에 건물이 있었는지 확인이 필요합니다. 이번에는 '건축행정시스템 세움터' 사이트에서 확인하는 방법에 대해 알려드리겠습니다.

포털사이트에서 '세움터'를 검색해 들어갑니다. 로그인한 후(반드시 로그인을 해야 이용할 수 있습니다) 스크롤해서 페이지 아래로 내려가면 '유용한 서비스' 메뉴가 나옵니다. 그중 '건축정보지도조회'를 클릭합니다. 이어서 '허가신고현황조회'에서 주소로 검색하면, 해당 지역 건축허가 목록을 엑셀로 다운로드 받을 수 있습니다.

이렇게 확인한 결과, 상기 경매물건의 실제 착공일은 2016년 12월 30일로 확인됩니다. 앞에서 보았듯이, 근저당권 설정일은 2016년 4월 21일이므로 저당권 설정 당시에 건물이 없었다는 것이 입증될 수 있습니다.

○——— **물건 상세페이지(경기도 양평군 옥천면 토지)**

소재지/감정서	면적(단위:㎡)	진행결과	임차관계/관리비	등기권리
(12507) [목록1] 경기 양평군 옥천면 옥천리 ▦-91 지도 등기 토지이용 23.02.08 09:10 발급등기확인 [토지] ·본건은 경기도 양평군 옥천면 옥천리 소재 옥천초등학교 남동측 인근에 위치하며 주위는 전원주택, 주거나대지, 임야 등이 혼재하는 지역으로 제반 주위환경 보통임. ·본건까지 제반 차량 접근 가능하며 인근에 노선버스정류장이 소재하는 등 교통여건 보통수준임. ·세장형의 토지로서 복하향완경사지에 자체 지반 평탄하게 부지 조성하였으며, 주거용 건부지로 이용중임. ·북측으로 노폭 약 6미터의 세로에 접함.	대 지 · 281㎡ (85평) 입찰외 1층(주택) 62.6㎡ 2층(주택) 45.9㎡(이상 16 3,804,800원) =법정지상권성립여부불 분명 표준공시 352,500 감정지가 434,000원/㎡ 토지감정 121,954,000 평당가격 1,434,760 감정기관 우민감정	감정 121,954,000 70% 85,424,000 낙찰 2023.02.08 135,770,000 (111.33%) 양광진 응찰 22명 2위 응찰가 135,210,000 허가 2023.02.15 납부 2023.02.23 ▶종국결과 배당 2023.03.22	▶법원임차조사 이●선 전입 2018.12.27 확정 2018.12.27 배당 2022.12.13 보증 2억2000만 점유 전부/주거 (점유: 2018.9.28.부터20 20.9.27.까지) *총보증금:220,000,000 임대수익률계산	*토지등기 (옥천리 344-91) 근저당 이●순 2016.04.21 60,000,000 (오산영의 근저이전) [말소기준권리] 소유권 허니하우징(주) 이 전 2016.07.07 500,000,000 매매(2016.05.31) 근저당 유●회 2016.07.07 300,000,000 근저당 이●형 2018.02.02 169,000,000 근저당 김●일 2018.04.12 225,000,000

변화된 분묘기지권에 대한 분석

■ ■ ■

우리나라의 장묘문화는 매장 방식이 주된 방법이다 보니 관습상으로 분묘기지권을 인정하고 있습니다. 분묘기지권이 성립될 경우, 토지소유자는 분묘를 어찌할 방법이 없었는데요.

2001년 1월 13일 「장사등에 관한 법률」이 시행되면서, 이후에 만들어진 분묘는 분묘기지권 대상이 되지 않게 되었습니다. 2001년 법에 따르면 개인 묘의 경우 최초 15년간 설치할 수 있고 이후 3회 연장이 가능하여, 최장 60년간 설치한 후에는 화장하거나 봉안하도록 법이 개정되었습니다.

그러다가 2015년 8월 30일 법이 개정되어 최초 30년에 1회 연장으로 법이 바뀌었습니다. 60년도 짧은 기간은 아니지만 2001년 이전에 분묘기지권이 성립한 경우는 분묘를 수호봉사하는 기간 동안 권리가 인정되었었습니다.

최근 대법원에서는 분묘에 대해 전원합의체 판결을 했는데요. 2001년 이전에 설치된 시효취득형 분묘기지권이 성립된 경우라도 토지소유자가 청구한 시점부터 지료를 인정했습니다. 국토의 면적은 한정적인데 분묘가 점점 많아지다 보니 이러한 판결을 내리게 된 것입니다.

 판례 | 분묘기지권자에 대한 지료 청구

대법원 2021. 4. 29. 선고 2017다228007 전원합의체 판결
[지료청구] [공2021상,1018]

【판시사항】
구 「장사등에 관한 법률」의 시행일인 2001년 1월 13일 이전에 타인의 토지에 분묘를 설치하여 20년간 평온·공연하게 분묘의 기지를 점유함으로써 분묘기지권을 시효로 취득한 경우, 분묘기지권자는 토지소유자가 지료를 청구하면 그 청구한 날부터의 지료를 지급할 의무가 있는지 여부(적극)

이렇게 변화가 있다 보니 이런 물건만 찾아 입찰하는 사람들도 생겼습니다. 낙찰받은 후에 지료 청구가 가능하므로 분묘 수호자와 협상해 되팔거나 공유물분할소송 등을 통해 수익을 내는 것입니다. 만약 입찰하려는 토지에 무연고 분묘가 있다면 무연고 분묘 개장을 전문적으로 해주는 업체를 통해 몇 군데 견적을 받아 개장 절차를 진행하시면 되겠습니다.

Chapter

08

...

경매의 마지막 절차,
배당

01

누가 배당에
참여할 수 있나?

최고가매수신고인이 매각대금을 완납하면 경매법원은 마지막 경매절차를 향해 달려갑니다. 즉 배당을 준비하는 것입니다. 우선 배당받을 채권자들에게 '채권계산서'를 제출하라고 고지합니다. 즉 자신이 배당기일까지 받아야 할 원금과 이자를 계산해서 법원에 신고하라는 것입니다.

배당기일은 통상 매각대금 납부일로부터 4~5주 뒤에 잡힙니다. 법원에서는 배당기일 3일 전에 배당표를 비치하여 채권자들에게 확인시켜 주도록 되어 있습니다. 하지만 실무상 3일 전에 배당표가 안 나와 있는 법원들도 종종 있습니다. 정확히는 배당표는 만들어져 있지만 판사님 결제가 안 되어서 그렇습니다.

채권자는 배당표가 나와 있다면 배당표를 확인하고, 나와 있지 않더라도 경매계장과 통화하여 자신의 배당액이 얼마가 되는지 확인하고 만약 배당금액이 잘못되었다면 배당기일에 참석해 '배당이의'를 할 수 있습니다.

그렇다면 배당기일에는 반드시 출석해야 할까요? 그렇습니다. 채권자는 배당기일에 반드시 출석해서 문제가 있을 경우 직접 배당이의를 해야 합니다. 반면 채무자는 배당기일에 출석하면 위험할(?) 수도 있으므로 서면으로도 배당이의가 가능합니다. 배당이의를 한 채권자나 채무자는 7일 이내에 배당이의소송을 제기하고, 소제기증명원을 경매법원에 제출해야 합니다. 그래야 배당이의가 된 금액이 공탁되기 때문입니다. 이 시기를 놓쳤다면 부당이득반환청구 소송을 통해 배당액을 바로잡을 수 있지만 승소 후에 상대방에게 집행할 재산 등이 없다면 돈을 못 받을 수도 있습니다.

경매법원이 모든 채권자를 배당절차에 포함시키는 것은 아닙니다. 배당 절차에 참여할 수 있는 채권자는 둘로 나뉘는데, 배당요구를 하지 않아도 당연히 배당절차에 참여할 수 있는 채권자와 배당요구를 꼭 해야만 참여할 수 있는 채권자로 나뉩니다.

배당요구를 하지 않아도 배당받는 채권자(당연배당권자)

* * *

당연배당권자의 공통점은 압류의 효력 발생 전에 등기된 채권자란 것입니다. 다음 페이지 표의 마지막 줄을 보면 압류의 효력 발생 전에 임차권 등기를 한 임차인이 있습니다. 주택임대차보호법 파트에서 설명했듯이, 임차권등기를 한 경우 경매법원에서는 임대차계약의 해지 의사표시로 보게 됩니다. 주의할 점은 압류의 효력 발생 이후에 임차권등기를 한 경우에는 당연배당권자가 안 된다는 점입니다. 이때는 별도로 배당요구종기일까지 배당요구를 해야 합니다.

- 선행경매의 배당요구종기일까지 경매신청한 이중경매(중복) 신청인
- 경매개시결정등기 전에 등기된 가압류권자
- 경매개시결정등기 전에 등기된 압류권자
- 경매개시결정등기 전에 등기된 최선순위가 아닌 전세권자
- 경매개시결정등기 전에 등기된 저당권자
- 경매개시결정등기 전에 임차권등기명령제도에 의해 임차권등기를 한 임차인

배당요구를 꼭 해야 배당받는 채권자

■ ■ ■

배당요구를 꼭 해야만 하는 대표적인 채권자는 '임차인'입니다. 압류의 효력 발생 이후 등기부에 등기된 채권들은 반드시 배당요구를 해야 배당절차에 참여할 수 있습니다. 만약 배당요구를 하지 않는다면 등기 비용만 날리게 됩니다. 그러니 배당요구종기일을 확인한 후 등기 여부를 결정해야 할 것입니다. 이는 조세채권도 마찬가지입니다. 배당요구종기일이 지나면 어떤 채권자들이 배당절차에 참가하는지, 또는 배당요구를 했더라도 배당에 참가할 수 없는 채권자 등에 대해 입찰 전에 알 수 있으므로 입찰 전 권리분석이 가능한 것입니다.

- 집행력 있는 정본을 가진 채권자(판결문, 인낙조서, 화해조서, 조정조서 등)
- 경매개시결정등기 후에 등기된 가압류권자
- 경매개시결정등기 후에 등기된 압류권자
- 경매개시결정등기 후에 등기된 저당권자
- 경매개시결정등기 후에 등기된 전세권자
- 민법, 상법 기타 법률에 의하여 우선변제청구권이 있는 채권자
  (확정일자 임차인, 소액보증금 임차인 등)
- 담보가등기권자, 최선순위 전세권자

02

배당요구를
철회할 수 있을까?

　　　　　　　　　　　　　　배당요구종기일까지는 배당요구
를 했다가 철회할 수 있습니다. 물론 모든 임차인이 그런 것은 아닙
니다. 배당요구를 철회했을 때 최고가매수신고인의 부담이 바뀌게
되는 대항력 있는 임차인(또는 선순위 전세권자)에 한해서 그렇습니다.
대항력 없는 임차인은 이후에도 배당요구 철회를 할 수 있다는 뜻이
지만, 대항력이 없으므로 배당금을 전액 손해 보게 되는데 철회하는
임차인은 아마도 없을 것입니다(민사집행법 88조 2항).

　대항력 있는 임차인이 확정일자를 선순위로 받아놓았거나 전세권
자의 경우, 경매절차에서 배당요구하여 배당금을 배당받고 이사할
수도 있지만 대항력이 있으므로 배당요구를 하지 않더라도 낙찰자에

게 계약기간 만료시 보증금을 돌려 달라고 할 수 있으므로 둘 중에 자기에게 유리한 방법을 선택할 수 있습니다.

배당요구종기일 이후에 매각기일을 잡는 이유

민사집행법이 아닌 민사소송법에 의해 경매가 진행되었던 시기에는 '매각기일'이 바로 '배당요구종기일'이었습니다. 그러다 보니 부작용이 발생하게 되었습니다. 매각기일에 입찰하는 사람들은 보통 입찰일 전날까지 배당요구한 대항력 있는 선순위 임차인을 확인하는데, 매각기일 당일에 배당요구를 철회하는 경우가 많았기 때문입니다.

매각기일 당일 대항력 있는 임차인이 배당요구를 철회하여 임차인의 보증금을 인수하게 된 낙찰자는 매각불허가신청을 할 수밖에 없고, 경매법원은 업무 폭주에 시달렸습니다. 매각기일 전 채무자들에게 경매가 진행되는 것을 지연시켜 주는 일들을 했던 컨설팅업자들이 임차인과 협의하여 이런 일을 진행했었습니다.

그리하여 민사집행법이 제정되면서 배당요구종기일을 매각기일보다 앞선 날짜로 하게 되었습니다. 입찰 전에 어떤 채권자들이 배당절차에 참여할 수 있는지 미리 파악하고 입찰할 수 있게 된 것입니다.

03

채권자 간
배당순위

다음에 보시는 표는 담보권이 있는 경우에 해당하는 배당순위표입니다. 담보권이 없는 경우엔 이와 조금 다르지만, 이 순서로 권리분석을 해도 큰 문제는 없습니다. 이 배당순위는 절대적이어서, 등기부상 접수날짜 등과 관련 없이 이 배당순위에 의해 배당을 하게 됩니다.

임차인의 소액보증금과 임금채권 중 일부 조건의 금액은 순위가 빠릅니다. 그다음 당해세가 배당받고 난 후에, 앞에서 기술한 권리들이 순서에 따라 배당받게 됩니다. 말소기준권리가 되는 등기상 권리 또는 임차인의 확정일자가 1순위라 하더라도, 그보다 앞선 순위의 채권이 있을 수 있다는 점을 명심해야 합니다.

순위	권리의 종류
0	• 경매예납비용 • 필요비, 유익비(민법 325조, 367조, 626조)
1	• 소액보증금 • 근로기준법 최종 3개월분 임금과 최종 3년간의 퇴직금 • 재해보상금
2	• 당해세와 가산금
3	• 임차인의 확정일자 • 조세채권의 법정기일 • 납부기한이 빠른 공과금 • 담보채권(근저당, 전세권, 담보가등기)
4	• 최우선변제 임금을 제외한 임금 및 기타 근로관계 채권
5	• 담보물권보다 법정기일이 늦은 국세, 지방세 및 이에 관한 체납처분비, 가산세, 가산금 등의 징수금
6	• 납부기한이 늦은 공과금(산재보험료, 건강보험료, 고용보험료 등)
7	• 일반채권

최근 전세사기와 관련하여, 임대차계약 전이나 임대차계약 직후 임차인이 임대인의 체납 여부를 확인할 수 있도록 법이 개정되었습니다. 이 내용을 정확히 해석하기 위해서는 조세채권의 배당 관계에 대해서 알아두셔야 할 것입니다. 이렇게 경매 공부는 내 재산을 지키는 공부이기도 합니다.

0순위: 경매비용 등

■ ■ ■

경매신청 채권자가 경매 신청시 납부한 비용을 0순위로 제일 먼저 배당해 줍니다. 부동산의 점유자 또는 임차인이 지출한 필요비·유익비도 배당요구하여 배당받을 수 있습니다. 여기서 필요비는 부동산의 유지보수에 필요한 비용, 유익비는 부동산의 가치를 높이는 데 들어간 비용을 말합니다.

1순위: 최우선변제권

· · ·

주택 및 상가 임차인이 소액임차인에 해당되면 1순위로 배당받아 갑니다. 배당할 금액의 1/2 한도 내에서 배당이 된다는 점, 기억하고 계시죠?

경매에서 가끔 문제가 되는 것이 바로 '임금채권'입니다. 체불된 임금채권 중에서 최종 3개월의 임금과 최종 3년간의 퇴직금은 우선 배당받습니다. 이 금액은 소액임차인 배당과 같이 1/2 한도 제한이 없습니다. 따라서 이 조건에 해당되는 금액이 크다면 다른 채권자들에게 갈 배당액이 없을 수도 있으니 주의해야 합니다.

그러면 임금채권이 있는지 없는지 어떻게 확인해야 할까요? 소유자가 법인이라면 일단 주의해야 합니다(개인사업자의 경우에도 임금채권이 있을 수 있으나 법인에 비해서는 소액일 것입니다). 등기상 근로복지공단이 압류한 내역이 있든지 문건접수내역에 근로복지공단이 배당요구한 내역이 있다면 임금채권이 있다고 보면 됩니다.

임금 체불시 근로복지공단은 체당금 제도를 통해 사업주를 대신해 임금을 지불한 후 사업주가 상환하지 못하면 구상권 청구의 형태로 경매절차에서 배당을 받아 갑니다. 또한 소유자가 법인이면서 문건접수내역에 '선정당사자 OOO, 임금채권자 OOO, 공익법무관 OOO'라고 되어 있다면

대항력 있는 임차인이 있을 경우 주의! 임금채권

소유자가 법인이고 그 물건에 대항력 있는 선순위 임차인이 있다면 주의해야 합니다. 대항력 있는 임차인이 없다면 임금채권이 있어도 배당받고 경매절차는 종료되므로 낙찰자와는 아무 상관이 없습니다. 그런데 만약 대항력 있는 임차인이 있다면, 외형상 확정일자를 1순위로 받아 놓았다 하더라도 임금채권자가 먼저 배당받게 되므로, 임차인에게 배당금이 없을 수도 있습니다. 즉 미배당금 발생시 낙찰자가 보증금을 인수해야 하는 것입니다.

문제는 경매법원에서 먼저 배당받아가는 임금채권 금액이 얼마인지 알려주지 않는다는 것입니다. 만약 매각물건명세서에 이러한 고지가 없는 상태에서 잘못 낙찰받았을 경우에는 매각불허가신청 등을 통해 구제받아야 할 것입니다. 압류재산 공매에서는 입찰 전 담당자에게 문의하면 알 수 있습니다.

임금채권이라고 봐도 무방합니다.

2순위: 당해세

• • •

경매 배당절차에 참가하는 체납세금에는 '당해세'와 당해세가 아닌 '조세채권'이 있습니다. 당해세란 매각 부동산 자체에 부여된 세금으로 먼저 배당되는 세금이고, 일반 조세채권은 법정기일에 의해 순위 배당되는 세금을 말합니다. 미납된 조세채권이 당해세에 해당된다면 2순위로 배당이 되는 것입니다.

체납세금은 무조건 우선해서 받아가는 걸로 잘못 알고 계시는분들이 계시는데 아마 이 당해세 때문에 그런 얘기들이 나온 것 같습니다. 뒤에 상세한 내용이 나오지만, 조세채권이라고 해서 무조건 먼저 배당되는 것은 아닙니다. 당해세에는 재산세, 종합부동산세, 일부 조건에서의 상속세와 증여세가 있습니다. 기타 다른 세금도 있지만 이 4가지가 대표적입니다.

재산세가 '당해세'에 해당되려면 '그 부동산에 대해서 발생한 재산세'여야 합니다. 가령 성남시 아파트가 경매 중이라면 성남시에 미납된 재산세여야 당해세가 됩니다. 종합부동산세의 경우도 마찬가지입니다.

우리나라에서 종부세를 내는 분들은 다주택자가 많은데, 다주택자의 체

○─── **국세청 질의회신 내용**

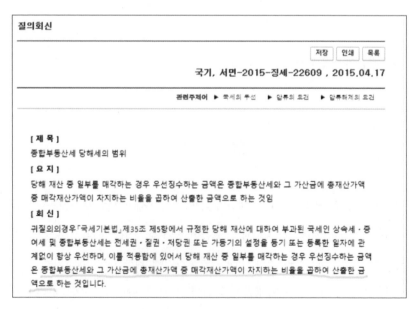

질의회신

저장　인쇄　목록

국기, 서면-2015-징세-22609 , 2015.04.17

관련주제어　▶ 조세의 우선　　▶ 압류의 요건　　▶ 압류해제의 요건

[제 목]
종합부동산세 당해세의 범위
[요 지]
당해 재산 중 일부를 매각하는 경우 우선징수하는 금액은 종합부동산세와 그 가산금에 총재산가액 중 매각재산가액이 차지하는 비율을 곱하여 산출한 금액으로 하는 것임
[회 신]
귀질의의경우「국세기본법」제35조 제5항에서 규정한 당해 재산에 대하여 부과된 국세인 상속세 · 증여세 및 종합부동산세는 전세권 · 질권 · 저당권 또는 가등기의 설정을 등기 또는 등록한 일자에 관계없이 항상 우선하며, 이를 적용함에 있어서 당해 재산 중 일부를 매각하는 경우 우선징수하는 금액은 종합부동산세와 그 가산금에 총재산가액 중 매각재산가액이 차지하는 비율을 곱하여 산출한 금액으로 하는 것입니다.

납된 종부세가 모두 당해세로 먼저 배당되는 것이 아닙니다. 체납자의 소유 부동산 중 해당 물건에 부과된 종부세만 당해세에 해당됩니다. 따라서 여러 채의 부동산 중 해당 부동산에 대한 부분을 안분 계산해서, 그 주택에 해당하는 종부세만 당해세로 배당받는 것입니다. 당해세에 해당되지 않는 종부세는 법정기일에 의해 순위배당을 받게 됩니다.

또한 증여세가 당해세에 해당되려면 그 부동산을 증여하여 발생한 증여세여야 합니다. 만약 자녀의 부동산 취득을 돕기 위해 현금을 증여한 경우라면 해당되지 않는다는 뜻입니다. 또한 근저당권 설정 이전에 증여로 소유권 이전이 된 상태여야 당해세로 인정받을 수 있습니다.

상속세 역시 저당권 설정자가 상속세가 나올 만한 사정을 미리 알 수 있었던 경우에 한하여 당해세로 인정되고 있습니다. 따라서 상속세와 증여세는 제한적으로 당해세로 인정되고 있다고 알아두시면 됩니다.

 판례 | 증여세의 당해세 해당 여부

대법원 2001. 1. 30. 선고 2000다47972 판결

【판시사항】
[2] 근저당권 설정 당시 이미 등기부상 증여를 원인으로 하여 근저당설정자 명의로 소유권이전등기가 마쳐져 있었던 경우, 이에 대하여 부과된 증여세가 국세기본법 제35조 제1항 제3호 단서에서 말하는 '그 재산에 대하여 부과된 국세', 즉 이른바 당해세에 해당하는지 여부(적극)

판례 | 상속세의 당해세 해당 여부

대법원 2003. 1. 10. 선고 2001다44376 판결

【판결요지】

[1] 국세기본법 제35조 제1항 제3호는 공시를 수반하는 담보물권과 관련하여 거래의 안전을 보장하려는 사법적(私法的) 요청과 조세채권의 실현을 확보하려는 공익적 요청을 적절하게 조화시키려는 데 그 입법의 취지가 있으므로, 당해세가 담보물권에 의하여 담보되는 채권에 우선한다고 하더라도 이로써 담보물권의 본질적 내용까지 침해되어서는 아니 되고, 따라서 같은 법 제35조 제1항 제3호 단서에서 말하는 '그 재산에 대하여 부과된 국세'라 함은 담보물권을 취득하는 사람이 장래 그 재산에 대하여 부과될 것을 상당한 정도로 예측할 수 있는 것으로서 오로지 당해 재산을 소유하고 있는 것 자체에 담세력을 인정하여 부과되는 국세만을 의미하는 것으로 보아야 한다.

[2] 부동산등기부 기재상 상속재산임이 공시되어 있지 아니한 부동산의 경우, 담보물권자가 당해 부동산에 상속세가 부과되리라는 점을 예측할 수 없었다는 이유로 상속세가 당해세에 해당하지 아니한다고 한 사례.

3순위: 임차인의 확정일자 등

• • •

3순위에 이르러서야 지금까지 나왔던 권리들이 대거 등장합니다. 말소기준권리에 들어가는 권리들, 임차인의 우선변제권(=확정일자), 당해세가 아닌 조세채권 등입니다. 같은 3순위 내에서는 어떻게 순위를 정할까요? 당연히 날짜가 빠른 권리가 우선하고, 등기상 날짜까지 같다면 접수번호가 빠른 권리가 우선합니다. 만약 임차인의 확정일자 효력발생일과 근저

당권 설정일이 같다면 동순위가 됩니다.

당해세가 아닌 조세채권은 압류날짜가 아닌 법정기일 날짜로 배당순위가 정해집니다. 만약 근저당권 설정일과 조세채권의 법정기일이 같은 날이면 조세채권이 먼저 배당을 받아 갑니다. 근저당권 설정일, 확정일자 효력발생일이 조세채권의 법정기일보다 빠르면 이들 권리가 먼저 배당을 받습니다.

납부기한이 빠른 건강보험, 국민연금 등의 공과금채권도 3순위입니다. 공과금채권도 압류등기가 되어 있는 경우가 있고 배당요구종기일까지 배당요구를 하는 경우도 있습니다. 공과금채권은 납부기한일을 기준으로 다른 채권들과 날짜를 비교합니다. 단, 공과금채권은 조세채권에 대해서는 항상 후순위입니다. 그렇다 보니 저당권 등보다 납부기한이 빠른 공과금이 있는데 저당권 등의 순위가 조세채권의 법정기일보다 빠르다면 서로 순환관계가 발생하게 됩니다.

04

세금은 무조건 우선 배당받는다?
조세채권의 배당

전세사기 사건으로 인해 최근 관
심이 폭증한 단어가 바로 '임대인의 미납세금'입니다. 이 세금에 대해
잘못 알고 계시는 분들이 많으니 이번 기회에 정확히 공부해놓으시
길 바랍니다. 조세채권의 배당은 크게 나눠 당해세와 당해세 아닌 일
반 세금이라고 말씀드렸습니다. 그리고 경매에서의 조세채권은 압류
등기가 되어 있거나 '교부청구'라는 형태로 표시됩니다.

다시 한 번 말씀드리지만, 교부청구한 조세채권이 당해세에 해당되
면 등기상 권리들보다 먼저 배당받고, 당해세에 해당되지 않으면 법
정기일에 따라 배당받습니다. 교부청구된 세금과 경매개시 후 압류
등기가 된 세금은 배당요구종기일까지 교부청구를 해야 배당절차에
참여할 수 있습니다.

1. 문건접수내역

접수일	접수내역
2021.10.08	등기소 시〇〇〇〇 등기필증 제출
2021.10.19	감정인 신〇〇〇〇〇〇〇〇 감정평가서 제출
2021.10.22	교부권자 국〇〇〇〇〇〇〇〇〇 교부청구서 제출
2021.10.25	이해관계인 월〇〇〇〇〇 〇〇〇〇 권리신고 및 배당요구신청서 제출
2021.10.28	집행관 권〇〇 부동산현황조사보고서 제출
2021.10.28	교부권자 시〇〇〇〇 교부청구서 제출
2021.10.29	채권자 주〇〇〇〇〇〇 열람및복사신청 제출
2021.11.05	교부권자 시〇〇 교부청구서 제출

당해세에 해당되지 않으면 법정기일에 따라 배당받는다고 했으니, 경매나 공매에서 자주 보이는 세금들의 법정기일에 대해서는 숙지하고 있어야합니다. 간략히 정리하자면 신고납부하는 세금은 '신고납부일', 고지서가발송되는 조세채권은 '고지서 발송일'로 알아두면 됩니다. 이렇게 조세채권의 법정기일과 등기상 권리들의 접수날짜, 임차인의 확정일자 효력발생일 등을 비교하여 배당순위가 정해지는 것입니다.

조세채권의 법정기일

- 과세표준과세액의 신고에 의하여 납세의무가 확정되는 국세(중간 예납하는 법인세와 예정신고 납부하는 부가가치세 및 소득세 포함)에서 신고한 당해세액에 대하여는 그 신고일
- 과세표준과 세액을 정부가 결정·경정 또는 수시 부과 결정하는 경우에 고지한 해당 세액에 대하여는 그 납세고지서의 발송일
  (출처: 부동산용어사전, 2020. 09. 10., 장희순, 김성진)

05

교부청구서 등
그 밖의 조세채권

　　　　　　교부청구서에 대해 좀 더 자세히 알아보겠습니다. 이 사례에서 세금의 종류는 종합소득세로 당해세에 해당되지 않습니다. 교부청구서 중간쯤에서 '법정기일'이란 항목을 확인할 수 있습니다.

　조세채권들 간에만 적용되는 개념이 하나 있는데 바로 '압류선착주의'입니다. 조세채권들끼리는 원칙적으로 동순위인데, 먼저 압류등기를 한 세금이 있다면 우선 배당해 준다는 의미입니다. 만약 압류등기 한 일반 조세채권과 압류등기가 안 되어 있는 당해세가 있다면 무엇이 우선할까요? 이 경우에는 압류선착주의의 예외로서, 당해세가 먼저 배당을 받습니다.

미납국세 열람제도

• • •

전세사기 사건이 사회적 문제로 부각하자 '미납국세 열람제도'가 시행되고 있습니다. 2023년 4월 1일부터 효력이 발생한 이 제도는 임대인의 미납국세를 임차인이 열람할 수 있도록 한 것입니다. 임대차계약 전에는 임대인의 동의가 있어야 하고, 임대차계약 후에는 임차인이 단독으로 신청할 수 있습니다. 그러므로 임대차계약시 '임차인의 보증금보다 빠른 임대인의

국세징수법 제109조(미납국세 등의 열람)

① 「주택임대차보호법」 제2조에 따른 주거용 건물 또는 「상가건물 임대차보호법」 제 2조에 따른 상가건물을 임차하여 사용하려는 자는 해당 건물에 대한 임대차계약을 하기 전 또는 임대차계약을 체결하고 임대차 기간이 시작하는 날까지 임대인의 동의를 받아 그 자가 납부하지 아니한 다음 각 호의 국세 또는 체납액의 열람을 임차할 건물 소재지의 관할 세무서장에게 신청할 수 있다. 이 경우 열람 신청은 관할 세무서장이 아닌 다른 세무서장에게도 할 수 있으며, 신청을 받은 세무서장은 열람 신청에 따라야 한다. 〈개정 2022. 12. 31.〉
1. 세법에 따른 과세표준 및 세액의 신고기한까지 신고한 국세 중 납부하지 아니한 국세
2. 납부고지서를 발급한 후 지정 납부기한이 도래하지 아니한 국세
3. 체납액

② 제1항에도 불구하고 임대차계약을 체결한 임차인으로서 해당 계약에 따른 보증금이 대통령령으로 정하는 금액을 초과하는 자는 임대차 기간이 시작하는 날까지 임대인의 동의 없이도 제1항에 따른 신청을 할 수 있다. 이 경우 신청을 받은 세무서장은 열람 내역을 지체 없이 임대인에게 통지하여야 한다. 〈신설 2022. 12. 31.〉

③ 제1항에 따른 열람신청에 필요한 사항은 대통령령으로 정한다. 〈개정 2022. 12. 31.〉
[시행일: 2023. 4. 1.] 제109조

미납국세가 있는 경우 계약을 해제할 수 있다'라고 특약사항으로 넣는 것이 좋습니다. 물론 계약 전에 미납 여부를 확인하는 게 가장 좋습니다.

대통령령으로 정하는 금액(1,000만원) 이하에 해당하는 소액임차인은 현행 제도상 조세채권보다 먼저 배당받게 되어 있으므로, 임대인의 미납국세

를 사전에 열람할 수 없습니다. 계약 전에 유용하게 활용할 만한 제도로 공인중개사가 임대인의 동의를 받아 임대인의 신용조회를 할 수 있도록 중개사협회와 신용정보회사가 협약을 맺었습니다. 금액은 알 수 없으나 세금체납 여부 등은 확인 가능하니 공인중개사에게 문의해보시기 바랍니다.

당해세(국세)의 배당순위 변경

• • •

전세사기 사태 발생 전에는 당해세는 무조건 임차보증금보다 먼저 배당

국세기본법 35조

⑦ 제3항에도 불구하고 「주택임대차보호법」 제3조의2 제2항에 따라 대항요건과 확정일자를 갖춘 임차권에 의하여 담보된 임대차보증금반환채권 또는 같은 법 제2조에 따른 주거용 건물에 설정된 전세권에 의하여 담보된 채권(이하 이 항에서 '임대차보증금반환채권등'이라 한다)은 해당 임차권 또는 전세권이 설정된 재산이 국세의 강제징수 또는 경매 절차를 통하여 매각되어 그 매각금액에서 국세를 징수하는 경우 그 확정일자 또는 설정일보다 법정기일이 늦은 해당 재산에 대하여 부과된 상속세, 증여세 및 종합부동산세의 우선 징수 순서에 대신하여 변제될 수 있다. 이 경우 대신 변제되는 금액은 우선 징수할 수 있었던 해당 재산에 대하여 부과된 상속세, 증여세 및 종합부동산세의 징수액에 한정하며, 임대차보증금반환채권등보다 우선 변제되는 저당권 등의 변제액과 제3항에 따라 해당 재산에 대하여 부과된 상속세, 증여세 및 종합부동산세를 우선 징수하는 경우에 배분받을 수 있었던 임대차보증금반환채권등의 변제액에는 영향을 미치지 아니한다. 〈신설 2022. 12. 31.〉

[전문개정 2019. 12. 31.] [시행일: 2023. 4. 1.] 제35조

을 받아 갔습니다. 당해세는 2순위, 임차보증금은 3순위였기 때문입니다. 전세사기 사건이 진정될 기미를 보이지 않자 관련 법이 개정되어 2023년 4월 1일부터는 당해세라 하더라도 당해세의 법정기일이 임차인의 확정일 자 그리고 전세권 설정일보다 후순위라면 임차인이 먼저 배당을 받게 되 었습니다. 다만 이 조항은 근저당권과 최우선변제금액에는 영향을 미치지 않습니다.

o——— **배당표**(당해세보다 임차인이 먼저 배당받은 사례)

채 권 자	양▨	양▨	
채권금액 원 금	16,335,651	192,000,000	0
이 자	0	0	0
비 용	0	0	0
계	16,335,651	192,000,000	0
배 당 순 위	1	2	
이 유	우선변제충당금(동안산세무서, 당해세)	신청채권자겸확정일자부임차인(전입일 2020.9.4.)	
채 권 최 고 액	0	0	0
배 당 액	16,335,651	170,609,834	0
잔 여 액	170,609,834	0	0
배 당 비 율	100 %	88.86 %	
공 탁 번 호 (공 탁 일)	금제 호 (. . .)	금제 호 (. . .)	금제 호 (. . .)

2024. 4. 23.

사법보좌관

우광연의 작심하고 시작하는 경매공부

06
중간에 소유자가
변경된 경우의 배당순위

만약 경매절차의 중간에 소유자가 변경된다면 배당순위는 어떻게 되는 걸까요? 판례에 따르면, 특별한 사정이 없는 한 이전 소유자에게 설정된 저당권이 현재 소유자의 임금채권 또는 당해세보다 먼저 배당되어야 합니다. 이 판례들로 유추해석을 해보자면, 임대차계약을 하고 소유자가 변경된 경우에 현재 소유자의 채권자들보다 전 소유자와 계약하고 입주한 임차인이 먼저 배당을 받을 수 있습니다.

 판례 | 소유자 변경시 임금채권 순위

대법원 2004. 5. 27. 선고 2002다65905 판결
[배당이의] [공2004.7.1.(205),1041]

[1] 근로기준법 제37조 제2항은 근로자의 최저생활을 보장하고자 하는 공익적 요청에서 일반 담보물권의 효력을 일부 제한하고 임금채권의 우선변제권을 규정한 것으로서, 그 규정의 취지는 근로자가 최종 3월분의 임금과 최종 3년간의 퇴직금, 재해보상금에 관한 채권을 질권, 저당권에 의하여 담보된 채권, 조세공과금 및 다른 채권과 동시에 사용자의 동일재산으로부터 경합하여 변제받는 경우에, 그 각 채권의 성립의 선후나 질권 또는 저당권의 설정 여부에 관계없이 그 임금, 퇴직금 등을 우선적으로 변제받을 수 있는 권리가 있음을 밝힌 것이며 사용자가 재산을 특정승계 취득하기 전에 설정된 담보권에 대하여까지 그 임금채권의 우선변제권을 인정한 것은 아니다.

 판례 | 소유자 변경시 당해세 순위

대법원 2005. 3. 10. 선고 2004다51153 판결
[배당이의] [공2005.4.15.(224),545]

【판시사항】
저당부동산이 저당권설정자로부터 제3자에게 양도되면서 양도인, 양수인 및 저당권자 등 3자의 합의에 의해 저당권설정계약상의 양도인이 가지는 계약상의 채무자 및 설정자로서의 지위를 양수인이 승계하기로 하는 내용의 계약인수가 이루어진 경우, 양수인인 제3자에 대하여 부과한 국세 또는 지방세를 법정기일이 앞선다거나 당해세라 하여 위 저당권부채권에 우선하여 징수할 수 있는지 여부(소극)

07

배당 연습문제를
풀어보자!

　　　　　　　　　지금부터 배당표를 보면서 어떻게
배당되는지 5가지의 연습 문제를 풀어보겠습니다. 우선 배당표가 어
떻게 생겼는지 확인해보시기 바랍니다. 배당표의 윗부분은 배당할
금액이 어떻게 구성되는지를 보여주고, 아랫부분은 배당금액을 누구
에게 얼마씩 나눠줄지를 보여줍니다.

　배당표에서 배당할 금액은 낙찰금액, 지연이자, 절차비용, 전 경매
보증금, 매각대금이자, 항고보증금을 모두 더한 다음 집행비용을 빼
서 계산합니다. 여기서 조금 낯선 용어인 전 경매보증금, 항고보증
금, 집행비용은 다음과 같으니 알아두세요. 물론 전 경매보증금이나
항고보증금은 있을 수도 있고 없을 수도 있습니다.

- **전 경매보증금**: 낙찰받은 최고가매수신고인이 대금을 미납하여 몰수된 입찰보증금
- **항고보증금**: 매각허가에 대한 항고시 매각대금의 10%를 항고보증금으로 공탁해야 하는데 항고가 기각된 경우 배당재단에 편입
- **집행비용**: 경매신청 채권자가 경매신청시 예납한 금액

○——— **배당표 사례**

의정부지방법원
배 당 표

사 건 ▮▮▮▮▮▮▮▮▮▮

	배 당 할 금 액	금	5,225,230,075		
명	매 각 대 금	금	5,177,990,000		
	지연이자 및 절차비용	금	46,800,071		
세	전경매보증금	금	0		
	매각대금이자	금	440,004		
	항고보증금	금	0		
	집 행 비 용	금	12,603,702		
	실제배당할 금액	금	5,212,626,373		

매각부동산	별지 기재와 같음		
채 권 자	의정부시	●농업협동조합	●광역시중구
채권금액 원 금	25,082,400	958,881,727	24,104,400
이 자	0	120,161,589	0
비 용	0	0	0
계	25,082,400	1,079,043,316	24,104,400
배 당 순 위	1	2	3
이 유	당해세	신청채권자 겸 근저당권자	압류권자(●●●)
채 권 최 고 액	0	1,295,000,000	0
배 당 액	25,082,400	1,079,043,316	24,104,400
잔 여 액	5,187,543,973	4,108,500,657	4,084,396,257
배 당 비 율	100 %	100 %	100 %
공탁번호 (공탁일)	금제 호 (. .)	금제 호 (. .)	금제 호 (. .)

2-1

위는 입 니 다
서기 20   년 7월 일
의 정 부 지 방 법 원

① 연습1: 근저당권만 있는 경우

날짜	내용	배당액(총 1억원)	비고
2024. 1. 1	근저당A 5천만원	?	
2024. 2. 1	근저당B 5천만원	?	
2024. 3. 1	근저당C 5천만원	?	

이 경우 말소기준권리는 근저당A가 됩니다. 배당할 금액이 1억원이면 근저당A와 B가 각 5천만원씩 배당받고 C는 배당받지 못합니다. 담보물권인 근저당권에는 '우선변제권'이 있어서 후순위 채권자에 앞서 전액을 먼저 배당받을 수 있습니다. 만약 배당금액이 9천만원이라면 근저당B는 4,000만원만 배당받게 됩니다.

- **정답**: 근저당A 5천만원, 근저당B 5천만원

② 연습2: 대항력 있는 임차인이 있는 경우(배당액 3천만원)

날짜	내용	배당액 (총 1억원)	비고
2020. 1. 1	임차인A 2천만원(전입 있고 확정일자 없음)	?	김포시 최우선변제금(보증금 6000만원에 2,000만원까지 변제)
2020. 2. 1	근저당B 3천만원	?	
2020. 3. 1	강제경매 임차인A		

김포 소재의 주택으로, 근저당권 B가 말소기준권리가 됩니다. 임차인은 대항력을 갖고 있으므로, 배당절차에서 보증금이 전액 변제가 안 되면 낙찰자가 보증금을 인수해야 합니다.

제일 먼저 해야 하는 분석은 임차인이 최우선변제금액에 해당되는지부터 확인하는 것이 필수입니다. 근저당권 설정일인 2020년 2월 1일 김포시

의 최우선변제금액을 보니, 보증금 6,000만원에 2,000만원까지입니다. 임차인의 보증금이 2,000만원이니 전액 배당이 되는 것일까요? 그렇지 않습니다. 최우선변제금액은 배당액의 1/2 한도 내에서 배당되기 때문입니다. 배당할 금액이 3,000만원이니 1,500만원만 최우선변제권에 의해 배당이 됩니다.

남은 500만원은 확정일자(=우선변제권)가 있다면 확정일자 순위에 의해 배당받을 수 있겠지만, 이 사례의 임차인은 확정일자를 받지 않았습니다. 그러므로 1500만원만 배당되고, 대항력을 갖고 있으므로 미배당된 보증금 500만원은 낙찰자가 인수하게 됩니다.

- **정답**: 임차인A 1,500만원 배당에 낙찰자 500만원 인수, 근저당B 1,500만원

③ 연습3: 가압류가 선순위로 있는 경우

날짜	내용	배당액(총 5천만원)	비고
2023. 1. 1	가압류 3천만원	?	
2023. 2. 1	근저당A 3천만원	?	
2023. 3. 1	근저당B 4천만원	?	
2023. 5. 1	근저당B 임의경매		

가압류가 말소기준권리가 되는 사례입니다. 가압류 파트에서 배웠듯이 가압류는 채권입니다. 물권에는 '우선변제권'이라는 권능이 있지만 채권에는 없습니다. 선순위로 등기되어 있더라도 채권은 후순위 채권자보다 먼저 배당을 받아갈 수 없다는 뜻입니다. 채권은 모두 동순위로 배당되므로, 모든 채권자에게 전액 배당이 된다면 문제가 없지만 전액 배당이 안 된다

면 안분배당으로 배당을 받게 됩니다.

안분배당 공식에 따라 각 얼마씩 배당되는지 계산해 보겠습니다. 안분배당은 비율에 의한 배당이라 채권금액이 클수록 배당액이 커집니다.

> 안분배당 공식: 배당액 × (각 채권액 / 배당받을 채권액 합계)
> • 가압류: 5천만원 × (3천만원/1억원) = 1,500만원
> • 근저당A: 5천만원 × (3천만원/1억원) = 1,500만원
> • 근저당B: 5천만원 × (4천만원/1억원) = 2,000만원

그런데 여기서 배당이 끝나지 않습니다. 근저당A는 물권이어서 우선변제권을 갖고 있기 때문입니다. 근저당B에 앞서 3천만원 전액을 먼저 배당받을 권리가 있으므로 한 번 더 흡수배당을 하게 됩니다. 근저당A는 안분배당 후 남은 채권액인 1,500만원을 한도로 근저당B의 금액을 흡수하게 되어 결국 근저당A는 3,000만원 전액을 배당받고 근저당B는 500만원만 배당이 됩니다.

• **정답**: 가압류 1,500만원, 근저당A 3,000만원, 근저당B 500만원

④ 연습4: 이전 소유자의 가압류가 있는 경우

날짜	내용	배당액(총 4천만원)	비고
2023. 1. 1	가압류 3천만원	?	
2023. 2. 1	소유권 이전		
2023. 3. 1	근저당A 4천만원	?	
2023. 5. 1	가압류 강제경매		

중간에 소유권이 이전된 사례입니다. 즉 소유권이 이전되기 전의 채권은 현재 소유자의 것이 아닙니다. 가압류가 채권이긴 하지만 이전 소유자의 채권이므로 먼저 전액 배당이 됩니다. 그 후 남는 금액으로 현재 소유자의 채권자들이 배당을 받게 되는 것입니다.

- **정답**: 가압류 3천만원, 근저당A 1천만원

⑤ 연습5: 배당순위가 서로 물려 있는 경우의 순환흡수배당

날짜	내용	배당액(총 6천만원)	비고
2022. 1. 1	가압류 2천만원	?	
2022. 2. 1	조세채권A 1천만원	?	당해세
2022. 3. 1	근저당A 2천만원	?	
2022. 5. 1	근저당B 4천만원	?	
2022. 7. 1	조세채권B 2천만원	?	법정기일
2022. 8. 1	임의경매 근저당A		

좀 복잡한 사례를 소개하려고 합니다. 경매에서는 종종 순환배당을 해야 되는 경우가 발생하기도 합니다. 채권자들의 순위가 서로 물리고 물리는 관계일 때입니다. 이 사례에서 가장 먼저 배당되는 채권은 당해세인 조세채권A입니다.

- 당해세: 1천만원

그다음 가압류가 선순위이므로 안분배당을 합니다. 당해세 1천만원을 제외한 배당액은 5천만원이고 채권금액의 합계는 1억원이므로, 안분배당 공식에 따라 다음과 같이 계산됩니다.

우광연의 작심하고 시작하는 경매공부

- 가압류: 1천만원
- 근저당A: 1천만원
- 근저당B: 2천만원
- 조세채권B: 1천만원(근저당권보다 법정기일이 늦음)

그러나 여기서 배당이 끝나지 않습니다. 근저당권이 있으므로 흡수배당이 시작됩니다. 근저당A보다 후순위인 채권자가 2명입니다. 이럴 경우에는 가장 열후한 채권자의 배당액부터 흡수합니다. (만약 근저당B 순위에 가압류가 들어가 있다면 안분해서 흡수당했을 것입니다.) 근저당A는 1차 안분배당에서 총 2천만원 중 1천만원을 배당받았기 때문에 흡수할 한도는 1,000만원입니다. 조세채권B의 금액만 흡수하면 흡수 한도가 채워집니다.

근저당B도 흡수를 할 수는 있지만 후순위인 조세채권에 배당금액이 남아 있지 않습니다. 그래서 1차 흡수배당 후 배당금액은 아래와 같습니다.

- 가압류: 1천만원
- 근저당A: 2천만원
- 근저당B: 2천만원
- 조세채권B: 0원

그런데 아직도 배당이 끝나지 않습니다. 조세채권은 항상 일반채권에 우선하기 때문입니다. 조세채권이 일반채권인 가압류의 배당액을 흡수할 수 있는 것입니다. 조세채권은 가압류에 우선하고, 근저당권은 조세채권의 법정기일보다 순위가 빠르고, 가압류는 근저당권과 동순위이다 보니 우열을 가리기 힘든 관계라서 이렇게 순환흡수배당이 일어나게 됩니다.

순환흡수배당은 경매 배당에서 좀 어려운 경우에 해당됩니다. '이런 배당 사례도 있구나' 정도로 알아두시고 배당전문가를 통해 자문을 받아보시기 바랍니다.

- **정답**: 가압류 0원, 조세채권A 1천만원, 근저당A 2천만원, 근저당B 2천만원, 조세채권B 1천만원

08

배당 관련
사례분석

압류의 효력 발생 이후 임차권 등기가 된 사례

∙∙∙

감정가 대비 가격이 많이 내려간 상태의 아파트입니다. 여러 번
유찰된 물건에는 뭔가 문제가 있다는 뜻입니다. 해결 가능한 문제인
지 검토를 해 봐야겠지요. 이 사건의 배당요구종기일은 2021년 11월
1일입니다.

경매정보지를 보니 좀 이상한 점이 보입니다. 근저당권 3개에 모두
말소기준권리 표시가 되어 있습니다. 등기사항증명서에서 그 이유를
확인할 수 있습니다. 근저당권 3건의 접수번호가 동일하기 때문입니
다. 이럴 경우 근저당권들은 모두 동순위가 되어 전액배당이 안 된다

○────── **물건 상세페이지**(경기도 용인시 수지구 아파트)

대표소재지	[목록1] 경기 용인시 수지구 성복동 789 성복역롯데캐슬골드타운 103동 6층 ███호 [성복2로 10] N지도 D지도				
	도로명주소				
대 표 용 도	아파트 (34평형)	채 권 자	문●국 임의경매		
기 타 용 도	-	소 유 자	김●현	신 청 일	2021.08.13
감정평가액	1,400,000,000원	채 무 자	김●현	개시결정일	2021.08.17
최저경매가	(24%) 336,140,000원	경 매 대 상	건물전부, 토지전부	감 정 기 일	2021.08.25
입찰보증금	(10%) 33,614,000원	토 지 면 적	18.2㎡ (5.51평)	배당종기일	2021.11.01
청 구 금 액	253,698,630원	건 물 면 적	85㎡ (25.71평)	입 찰 일	2023.01.31(화)10:30
등기채권액	1,200,000,000원	제시외면적	0㎡	차기예정일	미정 (235,298,000원)
물 건 번 호	1 [진행]				

❯**물건사진/위치도**

○────── **물건 상세페이지2**(경기도 용인시 수지구 아파트)

소재지/감정서	면적(단위:㎡)	진행결과	임차관계/관리비	등기권리
(16847) [목록1] 경기 용인시 수지구 성복동 789 성복역롯데캐슬 골드타운 103동 6층 ███호 [성복2로 10] 지도 등기 토지이용 [구분건물] ·본건은 경기도 용인시 수지구 성복동 소재 성복역 동측 인근에 위치하고 있으며 주위는 아파트단지, 각급학교, 근린생활시설 등이 혼재하는 지역으로 제반 주위환경은 무난함. ·본건 단지까지 차량접근 용이하며 인근에 노선버스정류장 및 성복역(지하철)이 소재하여 대중교통여건 무난함. ·철근콘크리트구조 (철근콘크리트지붕 34층 건물내 6층 604호로서(사용승인일 : 2019.06.28)외벽: 몰탈위 페인팅마감 및 하단부 화강석붙임 마감내벽: 몰탈위 벽지등 마감창호 : 하이새시 이중창호임. ·아파트(방3, 거실, 주방/식당, 펜트리, 화장실2, 발코니등)로 이용중임.	감정 1,400,000,000 대 지 · 18.2㎡ (5.5평) 건 물 · 84.9979㎡ (25.71평) 총 34층 중 6층 보존등기 2019.08.27 토지감정 560,000,000 평당가격 101,818,190 건물감정 840,000,000 평당가격 32,672,120 감정기관 신화감정	감정 1,400,000,000 100% 1,400,000,000 유찰 2022.06.10 70% 980,000,000 낙찰 2022.07.20 1,011,001,000 (72.21%) 이경란 응찰 2명 2위 응찰가 992,000,000 불허 2022.07.27 100% 1,400,000,000 유찰 2022.09.02 70% 980,000,000 유찰 2022.10.11 49% 686,000,000 유찰 2022.11.10 34% 480,200,000 유찰 2022.12.13 24% 336,140,000 낙찰 2023.01.31 341,180,000 (24.37%) 전진호 응찰 2명	▶법원임차조사 **윤●우** 전입 2020.02.07 확정 - 배당 - 보증 6억 점유 604호/주거 (점유: 2020.02-현재) (현황서상) *총보증금:600,000,000 임대수익률계산 ▶전입세대 직접열람 go 윤○○ 2020.02.07 열람일 2022.05.27 ▶관리비체납내역 ·체납액:0 ·확인일자:2022.05.26 ·'22년3월까지미납없음 ☎ 031-266-8801 ▶관할주민센터 용인시 수지구 성복동 ☎ 031-324-8764	*집합건물등기 소유권 김●현 이 전 2019.11.14 전소유자: (주)하나자산신탁 매매(2015.12.05) 근저당 문●국 2021.07.07 300,000,000 [말소기준권리] 근저당 강●규 2021.07.07 171,600,000 [말소기준권리] 근저당 김●훈 2021.07.07 128,400,000 [말소기준권리] 임 의 문●국 2021.08.17 (2021타경65455) 청구액 253,698,630원 임차권 윤●우 2022.04.08 600,000,000 (전입:2020.02.07 확정:2020.01.14)

3	(1) 근저당권설정	2021년7월7일 제109209호	2021년7월2일 설정계약	채권최고액 금300,000,000원 채무자 김●현 　전라남도 여수시 소호로 658, 102동 ■■호 　(학동, 부영아파트) 근저당권자 문●국 891210-******* 　서울특별시 영등포구 도신로62길 ■ 　(신길동)
3	(2) 근저당권설정	2021년7월7일 제109209호	2021년7월2일 설정계약	채권최고액 금171,600,000원 채무자 김●현 　전라남도 여수시 소호로 658, 102동 ■■호 　(학동, 부영아파트) 근저당권자 강●규 851029-******* 　경상남도 진주시 사들로 13, 905동 ■■호 　(충무공동, 혁신도시엘에이치아파트9단지)
3	(3) 근저당권설정	2021년7월7일 제109209호	2021년7월2일 설정계약	채권최고액 금128,400,000원 채무자 김●현 　전라남도 여수시 소호로 658, 102동 ■■호 　(학동, 부영아파트) 근저당권자 김●훈 851123-******* 　전라남도 순천시 해룡면 좌야로 159-14, 　907동 ■■호 (중흥에스-클래스 9단지)

면 안분배당을 해야 합니다.

다시 경매사건으로 돌아가 봅시다. 말소기준권리보다 앞서 전입신고 되어 있는 대항력 있는 임차인(윤○우)이 배당요구 없이 임의경매개시등기 이후에 임차권등기를 했습니다. 임차권등기상 전입신고 날짜가 2020년 2월 7일이고 확정일자는 2020년 1월 14일로 확인됩니다.

임차인에겐 대항력이 있고 확정일자도 말소기준권리보다 앞서 있습니다. 임차권등기를 했으므로 임대차계약의 해지 의사표시로 보게 되지만, 문제는 임차권등기 시점이 압류의 효력 발생 이후이기 때문에 당연배당권자가 안 되는 상황입니다. 앞에서 배웠듯이, 임차권등기가 되어 있더라도 임차인이 배당을 받으려면 배당요구종기일까지 별도로 배당요구를 해야 합니다.

문건접수내역을 살펴봐도 임차인이 배당요구종기일(2021년 11월 1일) 안에 배당 요구한 내역이 없습니다. 따라서 임차인의 보증금 6억원을 낙찰자가 인수해야 하는 상황이어서 아무도 입찰을 하지 못했던 것입니다. 임차인의 보증금을 떠안고 매수해야 하므로 갭투자가 가능한 물건입니다.

결국 이 물건은 약 3.41억원에 낙찰이 되었는데요. 임차인 보증금을 인수해야 하니 결과적으로 9.41억원에 낙찰받은 셈입니다. 임차인의 보증금이 인수된다고 무조건 피할 필요는 없습니다. 인수할 보증금액을 감안해 권리분석을 해서 입찰에 참여하면 되니까요. 이런 물건들은 낙찰 후 명도의 수고를 하지 않아도 된다는 것이 장점입니다.

○──── **문건접수내역(경기도 용인시 수지구 아파트)**

1. 문건접수내역

접수일	접수내역
2021.08.19	등기소 용○○○○ 등기필증 제출
2021.08.26	감정인 이○○ 감정평가서 제출
2021.08.26	기타 이○○ 접수증명
2021.08.27	감정인 신○○○○○○○○○ 감정서 제출
2021.08.31	근저당권자 김○○ 채권계산서 제출
2021.08.31	근저당권자 강○○ 채권계산서 제출
2021.08.31	채권자 문○○ 법무사기록열람신청서 제출
2021.09.01	집행관 김○○ 현황조사보고서 제출
2021.09.06	채권자 문○○ 주소보정서(김○○) 제출
2021.10.19	채권자 문○○ 주소보정서(김○○) 제출
2021.10.21	교부권자 용○○ 미체납교부청구서 제출
2021.11.05	채권자 문○○ 주소보정서(김○○) 제출

배당요구종기 후 대항요건을 갖췄지만 최우선변제금을 받은 사례

• • •

법원기록을 보니 임차인이 있고, 임차인의 전입신고가 임의경매 개시일자보다 늦습니다. 임차인의 보증금이 2천만원인데 최우선변제금을 받을 수 있을까요? 주택임대차에서 최우선변제금을 받기 위해서는 압류의 효력 발생 이전에 대항요건을 갖추고 있어야 합니다.

이 물건의 임차인은 확정일자는 먼저 받았지만 전입신고가 늦어 최우선 변제 대상이 되지 않고, 확정일자에 의한 우선변제권으로 순위배당은 가능합니다. 그런데 배당요구를 했지만 대항력이 늦게 발생해 확정일자 순위가 밀려 실제적으로는 배당이 어려운 상황이었습니다.

이 물건을 낙찰받은 후 명도를 위해 임차인을 만나러 갔습니다. 임차인은 목소리가 큰 중국 동포 아주머니셨는데 거의 싸우자는 식의 말투였습

○──── **물건 상세페이지**(서울 강동구 고덕동 주택)

니다. 당연히 첫 마디는 "보증금을 다 받지 못하면 절대 못 나간다"였습니다. 명도를 하다 보면 점유자를 도와주는 경우들이 생길 수 있습니다. 경매하는 사람들이 임차인보다는 아무래도 법과 판례를 많이 알기 때문입니다.

왜 확정일자를 받은 후 전입신고를 늦게 했냐고 물었습니다. 비자 문제로 중국에 다녀올 일이 있었고, 통상 국내에서 하는 거소신고를 여행사에서 대행해주고 있어서 맡겼는데 문제가 생긴 것이었습니다. 여행사 직원이 고덕동(경매사건 주소지)에 거소신고를 해야 하는데 고척동에 해 놓은 것입니다. 임차인은 경매가 되고 나서야 이 사실을 알게 되었고 경매개시 후 거소신고를 정정한 것이었습니다.

그러던 중 임차인이 남편과 통화하는 것을 보게 되었습니다. 그래서 남편분은 어디에 있느냐고 물었지만 자꾸 다른 얘기를 하며 둘러대기만 했습니다. 도움을 드리려고 그런다고 몇 번을 설득한 끝에 남편의 거소신고가 경매물건 주소지로 되어 있다는 사실을 알게 되었습니다. 남편은 당시 비자 갱신을 안 해 불법체류자 신분이어서 얘기를 못 하고 둘러댔던 것입니다.

경매법원에서는 불법체류자 단속은 하지 않으므로, 두 분이 부부임을 입증할 수 있는 서류를 중국에서 받아서 경매법원에 제출하자고 조언했습니다. 남편의 거소신고가 압류의 효력 발생 이전이므로 최우선변제로 배당을 받을 수 있는 지위가 된다는 내용으로 서류를 접수했습니다.

앞서 임대차보호법 파트에서 말씀드렸듯이 외국인도 거소신고를 하면 주민등록을 한 것과 동일하게 봅니다. 또한 가족 중 한 명이라도 그 주소에 남아 있다면 종국적인 주민등록의 이탈이 아니라고 한 대법원 판례도 공부한 바 있습니다.

이 임차인은 최우선변제로 1,600만원을 배당받고 이사를 했습니다. 명도는 대항력이 없는 임차인이나 점유자를 무조건 쫓아내는 과정이 아닙니다. 물론 강제집행을 해야 하는 경우도 있지만, 상대방의 얘기를 듣다 보면 자연스럽게 명도가 되기도 합니다. 명도할 때 상대방에게 꼭 강하게만 할 필요는 없습니다. 권리분석만 제대로 했다면 키는 낙찰자가 쥐고 있기 때문입니다.

보증금을 증액해 연장계약했는데 증액분보다 앞선 조세채권이 있는 사례

■ ■ ■

임대차계약을 연장 또는 갱신할 때 보증금을 증액하는 경우가 많습니다. 임차인 입장에서 연장 계약시 보증금을 증액한다면 등기상 권리가 있는지 확인하고 임대인의 미납세금도 알아봐야 합니다.

이번 사례를 보면 전세권이 1순위로 등기되어 있습니다. 임차인은 전입신고도 되어 있어 주택임대차보호법상 임차인의 지위도 가지고 있습니다. 임차인은 최초 계약 이후 2회 연장계약을 하면서 보증금이 증액된 상태입니다.

계약이 만료되었는데 임대인이 보증금을 돌려주지 않자, 임차인이 직접 경매를 신청했습니다. 그리고 직접 낙찰받아 상계처리한 후, 소유권을 취득한 후 매도하여 이사했습니다. 그런데 전세권이 등기상 1순위라 하더라도 그보다 앞서 배당받을 수 있는 채권들이 있을 수 있으므로 상계처리가

○────── **물건 상세페이지(경기도 성남시 분당구 오피스텔)**

소재지/감정서	면적(단위:㎡)	진행결과	임차관계/관리비	등기권리
(13590) [목록1] 경기 성남시 분당구 서현동 255-1 분당풍림아이원플러스오피스텔 [서현로 17길] SEE REAL 등기 토지이용 **[구분건물]** ·본건은 경기도 성남시 분당구 서현동 소재 이매고등학교 남측 인근에 위치하며, 주위는 대단위아파트, 근린생활시설 및 업무시설, 병원, 백화점, 관공서,공원 등이 혼재하는 지역으로서 제반 주위환경은 양호한 편임. ·본건까지 차량출입이 용이하며, 인근에 지하철 서현역 및 버스정류장이 소재하여 제반 교통사정은 양호한 편임. ·철근콘크리트구조 철근콘크리트 평스라브지붕 25층 건물중 ████로서,외벽 : 알루미늄 복합판넬 및 돌붙임.내벽 : 벽지도배 및 타일붙임.창 호 : 알루미늄샷시창호임. ·오피스텔로 이용중임. ·급배수 및 위생설비, 화재탐지 설비, 승강기, 소화전 설비, 주차설비, 중앙 공급식 난방설비, 스프링쿨러설비 등 되어있음.	감정 316,000,000 대지 · 9.8㎡ (2.97평) 건물 · 68㎡ (20.57평) 총 25층 중 ██ 보존등기 2004.04.23 감정지가 9,673,469 토지감정 94,800,000 평당가격 31,919,200 건물감정 221,200,000 평당가격 10,753,530 감정기관 우리감정	감정 316,000,000 100% 316,000,000 유찰 2019.10.14 70% 221,200,000 낙찰 2019.11.18 255,000,000 (80.70%) 김●정 응찰 1명 허가 2019.11.25 납부 2020.01.16 ▶종국결과 배당 2020.01.16	▶법정임차조사 김●정 전입 2012.11.12 확정 2016.03.15 배당 2019.03.04 보증 2억6000만 점유 2422호 전부/주거 (점유: 2012.03.15.부터) *총보증금:260,000,000 임대수익률계산 ▶전입세대 직접열람 90 김OO 2012.11.12 열람일 2019.09.30 ▶관할주민센터 성남시 분당구 서현1동 ☎ 031-729-7744	* 집합건물등기 소유권 윤재희 이 전 2004.05.07 전소유자: 풍림산업(주) 매매(2003.04.27) 전세권 김●정 2012.03.15 200,000,000 (~2013.03.14) [말소기준권리] 압 류 성남시분당구 2018.02.20 임 의 김●정 2018.12.24 (2018타경12294) 청구액 200,000,000원 가압류 하나은행 (여신관리부) 2019.02.14 2019카단802115 서울중앙지방법원 내용보기 61,617,626 가압류 하나은행 (여신관리부) 2019.03.06 2019카단803311 서울중앙지방법원 내용보기 21,841,920

○────── **매각물건명세서(경기도 성남시 분당구 오피스텔)**

대법원공고	**[매각물건명세서]** · 김●정 : 김●정은 전세권자로서 전세권설정등기일은 2012.3.15.임. · 김●정 : 임차인 김●정은 보증금 2억 6천만원중 5천만원(2억->2억5천만원)은 2016.3.15.증액되었으며 증액된 부분에 대한 확정일자는 2016.3.15.이며 추가증액된 1천만원(2억5천만원->2억6천만원)은 2017.2.25.증액되었으며 증액된 부분에 대한 확정일자는 2017.2.27.임.

가능한 금액 등을 확인하기 위해서는 문건접수내역을 봐야 합니다.

이 사건의 배당요구종기일은 2019년 3월 8일입니다. 이 날짜까지 등기상 권리 외에 배당요구 및 교부청구가 들어온 내역을 살펴봤더니 조세채권들이 꽤 보입니다. 압류등기된 성남시 채권 외에도 압류등기 없이 교부청구로 들어온 세금들이 여럿 있었던 것입니다. 이 세금들의 법정기일이

○───── **문건접수내역(경기도 성남시 분당구 오피스텔)**

1. 문건접수내역

접수일	접수내역
2018.12.28	등기소 분○○○○ 등기필증 제출
2019.01.07	기타 김○○ 감정평가서 제출
2019.01.08	감정인 우○○○○○○ 감정평가서 제출
2019.01.08	압류권자 수○○○○○○ 교부청구서 제출
2019.01.10	교부권자 기○○○○ 교부청구서 제출
2019.01.11	교부권자 역○○○○ 교부청구서 제출
2019.01.11	교부권자 국○○○○○○○ ○○○○○○ 교부청구서 제출
2019.01.11	채권자대리인 일○ 보정서 제출
2019.01.11	집행관 성○○○ ○○○ 현황조사보고서 제출
2019.01.31	채권자대리인 일○ 야간송달신청 제출
2019.02.21	가압류권자 주○○○ ○○○○ 권리신고 및 배당요구신청서 제출
2019.02.26	교부권자 용○○ 교부청구서 제출
2019.02.27	압류권자 성○○ ○○○ 교부청구서 제출
2019.02.27	배당요구권자 주○○○ ○○○○ 권리신고 및 배당요구신청서 제출
2019.03.04	임차인 김○○ 권리신고 및 배당요구신청서(주택임대차) 제출
2019.03.08	임차인 김○○ 보정서 제출
2019.03.08	가압류권자 주○○○ ○○○○ 권리신고 및 배당요구신청서 제출

○───── **교부청구서(경기도 성남시 분당구 오피스텔)**

교부청구에 관계된 국세 체납액의 내용					
세목코드	관리번호	법정기일	연도.기분	내 국 세	농어촌특별세
세 목 명		납부기한	계	교육(방위)세	가산금
201512-6-10	70436896	2015.12.01	201512 수시분고지	926,620	0
종합소득세		2015.12.31	1,041,470	0	114,850
201608-5-10	74881169	2016.05.31	201608 정기분고지	224,080	0
종합소득세		2016.08.31	230,800	0	6,720
		합 계	2 건	1,150,700	0
			1,272,270	0	121,570

429

Chapter 08 경매의 마지막 절차, 배당

임차인의 증액된 보증금의 확정일자보다 순위가 빠르다면, 임차인 입장에서는 낙찰 후 상계신청할 금액이 줄어들게 됩니다.

앞에서 교부청구서 샘플로 나왔던 서류가 바로 이 사건의 자료였는데요. 임차인이 첫 번째로 증액한 보증금 5천만원의 확정일자는 2016년 3월 15일이고, 두 번째로 증액한 보증금의 확정일자는 2017년 2월 25일입니다. 당해세를 제외하고, 교부청구 들어온 세금들을 확인해보니 기흥세무서의 종합소득세 법정기일만 빠르고 나머지는 임차인의 확정일자보다 후순위였습니다.

다행히 법정기일이 빠른 조세채권의 금액이 크지 않았습니다. 임차인은 낙찰받고 상계신청을 했는데 입찰시 제출한 입찰보증금액에서 법정기일이 빠른 금액만큼 차감되었고 상계처리 후 남은 돈은 돌려 받고 사건은 종결되었습니다.

이 사건에서 임차인이 쓴 금액은 선순위 배당세금 등을 고려한 2.55억원

임차인이 낙찰받을 때 입찰금액은 어떻게 정해야 할까?

낙찰받고 바로 매도할 계획이라면, 단기 매도시엔 양도소득세율이 높으므로 보증금액 전체를 상계처리할 생각으로 입찰금액을 정해야 합니다. 만약 소유권 취득 후 계속 거주할 계획이고 1세대 1주택 비과세 요건이 가능하다면, 낮은 금액으로 낙찰받아 취득세를 줄이는 방안도 생각해 볼 필요가 있습니다.

이었습니다. 이 금액보다 높은 금액을 쓴 사람이 있다면 임차인은 더 많은 돈을 배당받을 수 있을 것입니다. 하지만 이번 사례에서는 아무도 입찰하지 않아 임차인이 단독으로 낙찰받았습니다. 낙찰 후 조금 더 거주하다가 3억원 정도에 매도해서 자본이득도 약간 볼 수 있었던 사례입니다.

Chapter
09

...

낙찰 후 점유자를
내보내는 방법은?

01

경매에만 있는
인도명령

　　　　　　　　　　　'명도(明渡)'란 내가 낙찰받은 부동
산의 점유자를 내보내는 일입니다. 명도를 어려워하거나 지레 겁내
는 분들이 많은데 꼭 그렇지는 않습니다. 상대방도 자신이 처한 상황
에서 최선의 선택이 무엇인지 미리 알아보고 준비해 놓은 경우들이
대부분이기 때문입니다. 명도는 결국 돈 문제라고 보는 게 맞습니다.
낙찰자 입장에서는 법원에 강제집행을 신청해서 내보낼지, 강제집행
할 돈으로 적정 이사비용을 지급하고 내보낼지 선택하면 되는데, 권
리분석을 잘하셨다면 칼자루는 낙찰자가 쥐고 있게 되므로 결과는
낙찰자의 생각대로 진행됩니다.

　낙찰 후 점유자들을 만나보면 언제까지 이사를 가겠다고 하고 약속

을 안 지키는 경우들이 많으므로, 명도는 이사 협상과 인도명령을 통한 법적인 절차 진행 두 가지를 동시에 진행해야 합니다. 이사를 간다고 했다가 안 가서 그제서야 법적 절차인 인도명령을 신청한다면 그만큼 시간이 늘어지기 때문입니다. 명도에서 시간은 수익과 직접적인 연관이 있습니다. 대금 납부 후 본격적인 명도가 시작되므로 명도 기간이 길어지게 되면 대출받은 경우 대출이자도 더 내야 하는 등 비용이 들어가기 때문입니다.

내가 낙찰받은 부동산에 점유하고 있는 사람이 이사 협상에 응하지 않고 계속 버티고 있거나 법적으로도 해결이 어렵다면 난감한 일이 될 겁니다. 즉 명도에 어려움이 있다면 경매에 입찰하는 사람들이 많지 않을 것이므로 2002년 7월 1일 민사집행법이 개정되면서 인도명령 제도가 낙찰자에게 더욱 유리한 제도로 거듭나게 되었습니다.

말소기준권리보다 앞서 전입신고가 되어 있지만 위장 임차인인 경우, 허위 유치권자가 점유하는 경우 등 낙찰자에게 대항할 수 없는 점유자라

부동산경매 필수상식

인도명령 신청은 언제까지 해야 하나?

경매에서는 매각대금을 납부하면 소유권 취득이 됩니다(민법 187조, 민사집행법 135조). 인도명령은 매각대금납부일(소유권 취득일)로부터 6개월 이내 신청해야 합니다. 6개월이 지나서 점유자 명도를 위해 집행권원을 얻으려면 명도소송을 제기하는 수밖에 없습니다.

면 인도명령 결정문을 받아낼 수 있는 것입니다.

인도명령제도는 오로지 경매에만 있는 제도입니다. 공매나 일반 매매에는 없습니다. 인도명령이 좋은 것은 소송에 비해 시간과 비용을 대폭 줄일 수 있기 때문입니다. 일반 매매나 공매에서 강제집행을 하기 위해서는 명도소송을 제기해 판결문을 받아야 합니다. 명도소송은 정식 소송 절차라 시간도 오래 걸리고 비용도 많이 발생합니다.

인도명령을 신청할 수 있는 오직 한 사람

■ ■ ■

인도명령을 신청할 수 있는 사람은 낙찰받고 대금을 납부한 사람입니다. 그렇다면 낙찰받고 소유권을 이전했다면 어떻게 될까요? 대금납부일로부터 6개월 이내라 하더라도 소유권을 이전받은 자는 인도명령 신청을 할 수 없습니다. 오로지 낙찰받은 사람에게만 권리가 있는데 이런 권리를 '일신전속권'이라고 합니다(상속인 등 일반 승계인만 가능).

민사집행법 제136조(부동산의 인도명령 등)

① 법원은 매수인이 대금을 낸 뒤 6월 이내에 신청하면 채무자·소유자 또는 부동산 점유자에 대하여 부동산을 매수인에게 인도하도록 명할 수 있다. 다만, 점유자가 매수인에게 대항할 수 있는 권원에 의하여 점유하고 있는 것으로 인정되는 경우에는 그러하지 아니하다.

인도명령 신청부터 인용 결정까지

• • •

인도명령 신청은 보통 서면으로 진행합니다. 서류를 직접 작성해 경매 법원에 등기우편으로 보내거나 직접 법원에 가서 제출해도 되고, 대한민국 전자소송 홈페이지에서 온라인으로도 신청이 가능합니다.

신청서가 접수되면, 경매사건의 소유자에게는 거의 대부분 심문 절차 없이 바로 결정이 나오고 임차인에게는 통상 심문서가 발송됩니다. 대항력이 있든 없든 임차인에게 임차인의 지위에 대해 소명하도록 하고 있습니다. 대부분은 이 단계에서 절차가 끝납니다. 간혹 대항력이 없지만 외형상 대항력이 있는 것으로 보이는 임차인이 강력하게 대항력을 주장한다면, 법원으로 불러 대질심문을 하는 경우도 있습니다.

이러한 절차를 거쳐 인도명령 결정이 나오는 데까지 걸리는 시간은 대체로 소유자는 1주일, 임차인은 1개월 이내로 보시면 됩니다. 명도소송보다 결과가 빠르게 나옵니다. 인도명령 신청이 인정되면 '인용', 인도명령 신청이 인정되지 아니하면 '기각'이라고 나오니 알아두세요.

그렇다면 인도명령 결과는 어디서 확인할 수 있을까요? 먼저 인도명령

○──── **법원 경매정보 사이트 관련사건내역**

관련법원	관련사건번호	관련사건구분
서울중앙지방법원	2023타인 152	인도명령
서울중앙지방법원	2023타인 153	인도명령
서울중앙지방법원	2023타인 154	인도명령
서울중앙지방법원	2023타인 155	인도명령
서울중앙지방법원	2023타인 156	인도명령

사건번호를 경매법원 또는 대법원 경매정보 관련사건내역을 통해 확인한 후, 대법원 사이트 '나의사건 검색'에서 인도명령 사건번호로 확인할 수 있습니다. 대법원 '나의 사건검색'에서는 결과뿐 아니라 진행 상황도 알 수 있습니다. 대한민국 전자소송 홈페이지에서 신청한 사람은 홈페이지에서도 확인 가능합니다. 참고로 인도명령 사건부호는 과거에는 '타기'였는데 최근 '타인'으로 변경되었습니다.

부동산 인도명령 신청

신 청 인   이 ○ 환
　　　　　서울특별시 강북구 ○○○ 159길 8, ○○동 ○○○호(수유동, 래미안○○○
　　　　　아파트)
　　　　　　　　: 서울특별시 강남구 ○○○ 27, 507호(도곡동,우성리빙텔)

피신청인   신 ○ 원
　　　　　서울특별시 노원구 ○○○ 139, ○○○동 ○○○호(공릉동, ○○○)

신청취지

피신청인은 별지목록 기재 부동산에 대한 점유를 해제하고, 신청인에게 인도하라.
라는 재판을 구합니다.

신청원인

1. 신청인은 귀원 2017타경○○○○호 부동산임의경매사건의 경매절차에서 별지 목록 기재 부동산에 관하여 2019. 5. 20. 최고가매수인으로 선정되어, 2019. 7. 10. 매각대금을 전부 완납하였습니다.
2. 피신청인은 별지목록 기재 부동산을 점유, 사용하고 있는데 전 소유자로서 낙찰자에게 대항할 수 없는 점유자입니다
3. 피신청인은 위 부동산을 점유할 아무런 법적권원 없이 무단점유를 하고 있어 신청인은 피신청인에게 별지 목록 기재 부동산의 인도를 구하였으나, 피신청인이 이를 거절하고 있어 부득이 이 건 신청에 이른 것입니다.

첨부서류

1. 매각대금완납 증명서 사본　　　1통

2023.　.　.

위 신청인　이 ○ 환　(인)

서울북부지방법원 경매9계 귀중

02

인도명령 신청시 비용은?
송달료와 인지대

송달료는 대법원 전자소송 홈페이지에서 계산할 수 있습니다. 여기서 신청인은 낙찰자이고 피신청인은 낙찰받은 부동산의 점유자를 말합니다. 피신청인이 2인 이상이면 해당 인원을 기입하면 됩니다. 2023년 하반기의 송달료는 1회 기준 5,200원으로, 인도명령 송달료는 다음과 같이 계산해서 20,800원이 나옵니다. 명도소송에 비해 송달료도 꽤 저렴한 편입니다.

> 5,200원 × 당사자수 2인(신청인 1인, 피신청인 1인) × 2회분

인도명령시 '송달료 규칙의 시행에 따른 업무처리요령'에서는 3회

분을 납부하는 것으로 나와 있으나 실무상 2회분만 지급해도 진행이 되는 법원들도 있습니다. 3회분을 지급하더라도 남는 송달료는 나중에 돌려받을 수 있습니다.

　수입인지는 1,000원인데 전자소송 홈페이지에서 신청할 경우 10% 할인되어 900원이 됩니다. 전자소송 홈페이지에서 신청하는 경우엔 안내에 따라 송달료와 인지액을 납부하면 됩니다. 등기우편으로 접수하실 분은 인터넷뱅킹의 법원 공과금 납부 메뉴에서 인지송달료를 납부한 후 영수증을 출력하여 인도명령 신청서에 동봉하면 됩니다.

03

인도명령 결정
(인용 또는 기각)

인도명령에서 '인용' 결정이 나왔다면 법적으로 상대방을 내보낼 집행권원이 생긴 것입니다. 만약 '기각' 결정이 났다면 패소한 것입니다. 기각 결정시 즉시항고로 불복할 수 있습니다.

결정문이 나오면 관할 집행관 사무소에 가서 강제집행을 신청할 수 있습니다. 단, 강제집행을 신청하기 위해서는 인도명령 결정문이 상대방에게 송달이 되어야 합니다. 상대방에게 송달되었는지 여부는 대법원 '나의 사건검색'에서 확인 가능합니다.

명도 절차를 방해하기 위해 일부러 송달을 안 받는 점유자들도 종종 있습니다. 최초 등기우편으로 가는 송달을 받지 않는다면, 주말이나 저녁 등 점유자가 해당 부동산에 있는 시간에 특별송달 등을 신청하여 2차 송달을 시도할 수 있습니다.

특별송달도 안 된다면 공시송달을 신청해 송달이 완료되도록 하면 되고 송달이 완료되면 인도명령 결정문을 지참하고 경매법원에 방문해서 송달증명원과 집행문을 부여받은 후, 집행관 사무실에 가서 강제집행 신청서를 작성하면 됩니다.

○——— **송달증명원 양식**

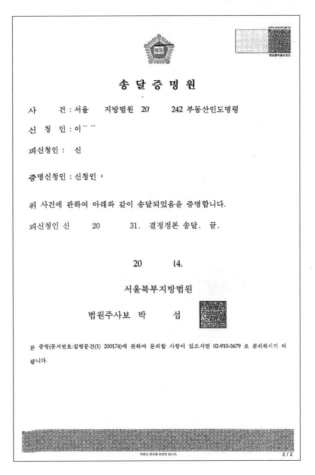

○───── **집행문 양식**

집 행 문

사   건 : 서울 지방법원 20   242 부동산인도명령

이 정본은 피신청인 신   에 대한 강제집행을 실시하기
위하여 신청인 이   에게 내어 준다.

20 8. 14.

서울북부지방법원

법원주사보   박   섭

◇ 유 의 사 항 ◇

1. 이 집행문은 판결(결정)정본과 분리하여서는 사용할 수 없습니다.

2. 집행문을 분실하여 다시 집행문을 신청한 때에는 재판장(사법보좌관)의 명령이 있어야만 이를 내어줍니다
   (민사집행법 제35조 제1항, 법원조직법 제54조 제2항). 이 경우 분실사유의 소명이 필요하고 비용이 소요
   되니 유의하시기 바랍니다.

3. 집행문을 사용한 후 다시 집행문을 신청한 때에는 재판장(사법보좌관)의 명령이 있어야만 이를 내어줍니
   다(민사집행법 제35조 제1항, 법원조직법 제54조 제2항). 이 경우 집행권원에 대한 사용증명원이 필요하고
   비용이 소요되니 유의하시기 바랍니다.

4. 집행권원에 채권자·채무자의 주민등록번호(주민등록번호가 없는 사람의 경우에는 여권번호 또는 등록번호,
   법인 또는 법인 아닌 사단이나 재단의 경우에는 사업자등록번호·납세번호 또는 고유번호를 말함. 이하
   '주민등록번호등'이라 함)가 적혀 있지 않은 경우에는 채권자·채무자의 주민등록번호등을 기재합니다.

1 / 2

서 울 북 부 지 방 법 원

결   정

정본입니다.

)7.15

사보 박영섭

사   건   20   242 부동산인도명령
신 청 인   서울   :
          송달장소 :
피 신 청 인 신
          서울

주 문

피신청인은 신청인에게 별지목록 기재 부동산을 인도하라.

이 유

이 법원 20   부동산임의경매 사건에 관하여 신청인의 인도명령 신청이 이유
있다고 인정되므로 주문과 같이 결정한다.

7. 15.

판사   정 경

※ 각 법원 민원실에 설치된 사건검색 컴퓨터의 발급번호조회 메뉴를 이용하거나, 담당 재판부에 대한 문의를 통
하여 이 문서 하단에 표시된 발급번호를 조회하시면, 문서의 위, 변조 여부를 확인하실 수 있습니다.

변조 방지용 바코드 입니다.   1 / 2

04
인도명령의 효력은
어디까지 미칠까?

인도명령을 신청할 때 주의해야 할 점 하나가 '점유자 특정'입니다. 예를 들어 점유자가 '홍길동'인 줄 알고 인도명령 신청하여 인용 결정을 받은 후 강제집행을 실시했는데, 강제집행시 점유자를 확인해 보니 '전우치'가 있었다면 강제집행은 불능 처리됩니다. 모든 절차를 처음부터 다시 시작해야 하는 사태가 벌어집니다. 처음부터 점유자를 정확히 특정하는 것은 매우 중요합니다.

인도명령 결정을 받았는데 가족 중 일부가 나가지 않겠다고 하면 어떻게 될까요? 세대주를 상대로 인도명령을 받았다면 그 효력은 세대원에게도 미칩니다. 만약 점유자가 법인이고 법인의 대표이사를 상대로 인도명령 결정을 받았다면, 그 법인의 임직원에게까지 효력이 미치게 됩니다.

 판례 | 인도명령의 효력

대법원 1998. 4. 24. 선고 96다30786 판결
[건물명도등] [공1998.6.1.(59),1434]

【판결요지】
[1] 부동산의 인도명령의 상대방이 채무자인 경우에 그 인도명령의 집행력은 당해 채무자는 물론 채무자와 한 세대를 구성하며 독립된 생계를 영위하지 아니하는 가족과 같이 그 채무자와 동일시되는 자에게도 미친다.
[2] 근저당권의 채무자인 처에 대한 적법한 부동산 인도명령의 집행 당시 대항력을 갖춘 임차권자가 아니고 또한 처와 같은 세대를 구성하면서 그 부동산을 공동점유하고 있었던 남편의 공동점유를 본인의 의사에 반하여 배제하였다고 하여 이를 곧 점유의 위법한 침탈이라고 할 수는 없다.

05

집행관 사무소에
강제집행 신청하기

법원의 도장이 날인된 인도명령
결정문이 상대방에게 송달되면, 이 시점에서 협의가 되는 경우들도
많습니다. 만약 이때까지도 협의가 안 되다면 강제집행 신청을 통해
더욱 압박하면 됩니다. 강제집행 신청은 관할 집행관 사무소에서 합
니다.

인도명령결정문 원본, 송달증명원, 집행문을 지참하고 강제집행 신
청서를 작성하면 강제집행 사건번호가 부여됩니다. 사건번호는 '2024
본1234' 이런 식으로 나옵니다. 신청서를 접수하면 집행관 사무실에
서 예납비용을 알려줍니다. 예납비용을 납부하면 통상 7일 이내에 강
제집행 계고일자를 잡아줄 것입니다.

강제집행 신청서 작성과 예납비용 납부

■■■

강제집행 신청서를 쓰는 것은 어렵지 않습니다. 채권자란에는 낙찰자 이름을, 채무자란에는 명도 대상(상대방)의 인적사항을, 집행권원에는 인도 명령 사건번호를 기입하면 됩니다. 만약 명도소송에 의한 강제집행이라면 명도소송 사건번호를 기재하면 됩니다. '집행의 목적물 및 집행 방법'은 '부동산인도'에 체크하고, 인도명령 결정문과 송달증명원, 집행문을 첨부하여 제출하면 끝입니다.

○── 강제집행 신청서 양식

집행관사무소				
접 수 증 (집행비용 예납 안내)				
사건번호	20●본3021	사 건 명		부동산인도
구 분	신규 예납	담 당 부		2부
채권자	성 명	이●아	주민등록번호 (사업자등록번호)	●0315-*******
	주 소	서울특별시 ●● 한천로159길 *****(수유동, ●●●아파트)		
채무자	성 명	신●원	주민등록번호 (사업자등록번호)	661014-*******
	주 소	서울특별시 노원구 섬밭로 *****(공릉동, 공릉풍림아파트)		
대리인	성 명	우●연	주민등록번호 (사업자등록번호)	●228-*******
	주 소	경기도 성남시 분당구 야탑로 *****(야탑동, ●●●아파트)		
	사무원			
납부금액	77,900 원			
납부항목	금액	납부항목		금액
수수료	15,000 원	송달수수료		원
여비	40,000 원	우편료		22,900 원
숙박비	원	보관비		원
노무비	원	기 타		원
감정료	원			
납부장소	농협은행(농협중앙회)			

위 당사자간   부동산인도   사건에 대해 당일 신규 예납 접수되었으므로
위 금액을 지정 취급점에 납부하시기 바랍니다.

20● 년 08 월 14 일

서울북부지방법원 집행관사무소

집 행 관 곽승주

문의전화 : 집행관사무소 02-972-2605
담당자 : 한진수   010-●●●-8259

법원경매정보(http://www.courtauction.go.kr)에서 회원 가입 후 "나의경매 > 나의부동산집행정보"
에서 비밀번호 ●●● 를(을) 이용하여 추가하시면, 자세한 사건내용을 조회하실 수 있습니다.

※ 납부금액을 당일내에 납부하지 않을 경우, 접수된 사건은 취소될 수도 있습니다.
※ 예납금은 위 납부장소에서만 납부할 수 있습니다.
※ 채권자의 주소가 변동될 때에는 2주 이내에 반드시 신고하여야 합니다.
※ 집행권원 : 서울북부지방법원 2019타인●●●

　　강제집행 신청서의 아래쪽에 예금계좌란이 있습니다. 집행을 취하하거
나 집행 후 남는 돈이 있는 경우 환불받을 계좌를 입력하는 곳입니다.
　　최초 접수시에 집행관 사무소에 예납비용을 납부하고, 본집행 전에 노
무비 등 추가금액을 납부하면 됩니다. 최초 예납비용 납부시 노무비까지
모두 납부하는 집행관 사무소도 있습니다.

강제집행 계고하기

• • •

강제집행을 하기 전에 '계고'라는 절차를 진행하게 됩니다. '예고'라고 이해해도 무리가 없습니다. 집행관 사무소에서는 본 집행을 하기 전에 점유자에게 '낙찰자와 협의해 이사를 가거라, 언제까지 이사하지 않으면 불시에 강제집행하러 온다'라는 내용을 고지해줍니다. 계고는 임의 규정이어서 이렇게 해주는 법원도 있고 안 해주는 법원도 있지만, 요즘은 거의 다 해주고 있습니다.

또한 계고시 낙찰자의 참석을 원치 않는 법원도 있습니다(이 경우는 계고장만 붙여놓거나 현관문 틈새에 꽂아놓습니다). 강제집행 계고시, 집행관 사무소와 협의하여 강제 개문할 수도 있습니다. 강제개문시 필요한 비용은 낙찰자가 부담합니다.

빈집일 경우 낙찰자 외 성인 2명의 증인이 필요하므로 지인 2명과 같이 가셔야 합니다. 이 단계에서 문을 열었을 때 공실이면 명도는 끝난 것입니다. 그러므로 사전에 점유자가 있는지 이사를 갔는지를 잘 조사해 놓으셔야 합니다. 강제집행 계고에는 여러 가지 의미가 있습니다. 강제집행 대상이 되는 점유자를 집행관 사무실에서 본 집행 전에 확인하는 의미, 강제집행할 짐이 어느 정도가 되는지 등에 대한 사전점검의 의미 등이 있다고 보시면 됩니다.

계고일로부터 2~4주 정도 뒤까지 명도가 안 되면 집행관 사무실과 협의하여 본 집행 날짜를 잡고 본 집행을 실시하게 됩니다.

06

협상이 안 된다면
본 집행 실시

법적 절차가 이 정도까지 진행되었는데도 협상이 안 된다면 본 집행을 할 수밖에 없습니다. 본 집행일에는 이삿짐 보관업체에서 트럭이 옵니다. 보관업체의 트럭은 보통 5톤 트럭 위에 컨테이너가 실려 있는 형태입니다. 경우에 따라서는 1톤 트럭이나 2.5톤 트럭이 오기도 합니다.

본 집행과 동산경매하기

■ ■ ■

본 집행시에 점유자가 없다면 계고 때와 마찬가지로 강제개문을 하게 되는데, 이때에도 성인 2명의 증인이 필요합니다. '강제집행'이란 타인의 짐을 대신 이사해주는 절차입니다. 문이 열리면 인부들이 들어가서 짐을 가지고 나오는데 타인 소유 물건이다 보니 조심스럽게 작업합니다. 파손시 손해배상청구가 들어올 수도 있기 때문입니다.

강제집행이 완료되면, 짐은 집행관 사무소에 등록된 보관업체에 보관되고 보관료는 낙찰자가 부담합니다. 가끔 채무자가 짐을 안 찾아가는 경우가 있습니다. 강제집행 후 2주가 지나도 짐을 찾아가지 않으면 동산 경매를 진행합니다.

채무자의 주민등록초본을 발급받은 후 집행관 사무소를 통해 유체동산 매각허가 신청을 하면 됩니다. 매각허가 신청 전에 내용증명 발송내역을 요구하는 법원도 있으므로 미리 알아보시고 절차대로 진행하면 됩니다.

채무자 주민등록초본 발급시 필요 서류

- 집행비용 예납안내접수증
- 집행비용 납부영수증
- 최고가매수신고인 신분증
- 등초본 교부신청서

채무자의 초본을 신청할 때는 강제집행을 했다는 증빙이 필요합니다. 초본이 발급되면 송달료와 인지액를 납부한 후 집행관 사무소에 제출합니다. 유체동산 매각허가가 나오면 경매신청이 가능해지는 것입니다. 집행 목적물이 아닌 유체동산 경매신청을 하고 비용을 납부하면 유체동산 경매가 진행됩니다.

동산 경매시 제3자가 낙찰받으면 채권자는 배당을 받게 되고, 아무도 낙찰받지 않는다면 낙찰자가 낙찰받고 강제집행 비용 등 점유자로부터 받을

강제집행 비용, 어떻게 계산하나?

강제집행에 들어가는 비용은 집행관사무실 수수료, 노무비, 자재비, 상하차비 및 창고보관료로 구성이 되어 있습니다. 노무비는 1인당 12만원(2023년 7월 기준)으로 84제곱미터 아파트의 경우 10~13명 정도가 투입됩니다.

상하차비는 5톤차 기준으로 70만원을 받는데 여기에는 창고 보관료 1개월치가 포함입니다. 통상 창고 측에서는 3개월치로 견적을 주고 있고 컨테이너 1대당 보관료는 1개월에 20만원입니다. 그러므로 5톤차 1대 상하차비에 3개월 보관료까지 하면 110만원 정도가 소요됩니다. 84제곱미터 면적의 아파트를 강제집행한다면, 대략 350~400만원 정도 들어간다고 보시면 됩니다. (짐이 많을수록 더 나옵니다.)

돈이 있으니 이 금액으로 상계신청하여 취득한 후 폐기물 및 중고로 처리합니다. 이것으로 사건이 종료됩니다. 실제 동산경매까지 가는 경우는 그리 흔치 않습니다.

강제집행에 드는 비용은 30평대(84㎡) 아파트 기준으로 대략 350~400만원 정도 됩니다. 당연히 짐이 많을수록 비용이 늘어납니다. 집행 당일 어떤 사유로 인해 집행을 못 하거나 연기하게 되는 경우, 노무비의 30%를 지급해야 한다는 사실도 알아두세요.

접수비		약 100,000원 * 명도접수건수
운반 및 보관료		2,200,000원 5톤 컨테이너 2대 .보관기간 3개월
노무비	인원	5평 미만 : 2 ~ 4명
		5평이상 ~ 10평미만 : 5 ~ 7명
		10평이상 ~ 20평미만 : 8 ~ 10명
		20평이상 ~ 30평미만 : 11 ~ 13명
		30평이상 ~ 40평미만 : 14 ~ 16명
		40평이상 ~ 50평미만 : 17 ~ 19명
		50평 이상 : 매 10평 증가시마다 2명 추가
	임금등	노무자 1인당 120,000원
		공휴일 또는 야간명도, 집행불능시 노무자 1인당 20%~30% 추가
		사다리차등 특수인력 및 포크레인등 장비동원 - 별도비용추가

07
점유이전금지 가처분 활용법

　　　　　　　　　가처분 중에 점유이전금지 가처분이라는 것이 있습니다. 명도소송에서는 필수 절차이므로 알아두면 좋습니다. 점유이전금지 가처분이 필요한 이유는 A를 상대로 명도소송을 신청하여 판결받은 후 강제집행하러 갔더니, B가 점유하고 있는 경우가 생길 수 있기 때문입니다. 이런 경우가 발생하면 점유자를 상대로 처음부터 명도소송을 다시 해야 되는 사태가 벌어지게 됩니다.

　만약 점유이전금지 가처분을 한 후에 위와 같은 상황이 발생했다면, 점유자가 변경되더라도 점유이전금지 가처분 이후에 변경된 점유자에게 승계집행문을 받아 강제집행 절차를 속행할 수 있습니다.

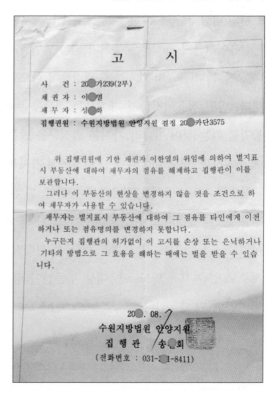

이러한 이유로 인해 민사소송의 하나인 명도소송 진행시 가처분 파트에서 말씀드린 대로 보전처분을 하셔야 하는데 이때 하는 가처분을 '점유이전금지 가처분'이라고 합니다.

경매에서도 물건 규모가 크거나 금액이 큰 경우 명도시 점유이전금지 가처분을 해 놓는 것이 좋습니다. 상대방도 누군가로부터 컨설팅을 받고 있을지 모르기 때문입니다. 명도시 낙찰자가 가장 애먹는 것이 바로 점유자 특정이므로, 점유이전금지 가처분을 활용하는 게 좋습니다. 최근 인도 명령에 대해서는 인도명령 승계집행문을 받아 집행할수 있어 점유이전금지가처분이 기각되기도 하니 사전에 법률전문가 등을 통해 상담을 받아 보시기 바랍니다.

점유이전금지 가처분은 등기가 되는 일반 가처분과 집행 방법이 다릅니다. 부동산 처분금지 가처분은 결정문이 나오면 통상 등기부에 등기가 됩니다. 반면 점유이전금지 가처분은 점유를 이전하지 말라는 내용이므로 등기를 하는 것이 아니라 가처분 결정문을 받은 후에 관할 집행관 사무소에 신청하면, 명도 대상 부동산 현장에서 가처분 집행을 하게 됩니다.

집행관 사무소에서는 점유자를 확인한 후 점유이전금지 가처분 내용을 점유자에게 설명하고 부동산 내부에 고시문을 부착하는 것으로 집행을 마무리합니다. 가처분 집행시에 고시문은 상대방이 잘 안 보이는 곳에 부착해주고 있습니다. 명도소송 대상 부동산이 영업장이라면 영업에 방해가 될 수도 있기 때문입니다.

○──── **점유이전금지 가처분 기각**(인도명령 승계집행이 가능하므로)

┌───┐
│   이   유   │
│   │
│   채권자는 경매절차의 매수인으로서 이미 민사집행법 제136조에 따라 부동산 인도명   │
│ 령을 받아 집행권원을 확보하였고, 집행에 착수하기 전에 점유자가 바뀐 경우에는 승   │
│ 계집행문을 부여받아 승계인을 상대로 인도 집행을 할 수 있다. 그렇다면 이 사건 신   │
└───┘

우광연의 작심하고 시작하는 경매공부

08
점유자와의
협상 포인트 4가지

앞서 설명했듯이 명도시에는 법적인 절차와 명도 협의를 동시에 진행합니다. 명도 협의를 하는 과정에서 인도명령 심문서라든가 결정문 등이 상대방에게 도달하면 압박이 되는 효과가 있어, 거의 대부분 강제집행 전에 마무리가 됩니다. 강제집행 당일 협상이 되는 경우도 있습니다. 권리분석상 하자 없이 취득한 경우라면 명도시 주도권은 낙찰자가 쥐고 있으므로 상대방과의 협상에서 끌려다닐 필요가 없습니다.

점유자와의 첫 접촉은 언제가 좋을까?

. . .

초보 경매 투자자들이 자주 하는 질문이지만 정답은 없습니다. 통상 매각허가결정이 난 후에 만나보는 것이 좋습니다. 가끔 "소유권 취득 전이니 대금납부하고 오세요"라면서 만나주지 않는 사람도 있습니다. 그렇다 하더라도 낙찰자 연락처 및 향후 명도 과정에 대한 내용을 간략히 적은 편지를 준비해서 전달하고 오시는 것도 괜찮은 방법 중의 하나입니다.

직접 만나는 게 부담된다면

. . .

직접 만나는 방법도 있지만, 점유자 가족을 만나거나 하면서 마음이 약해질 수 있는 분들이라면 낙찰자의 대리인이라고 하면서 접촉하거나 대리인을 통해 명도를 하는 게 좋습니다. 대리인이기 때문에 상대가 제안을 하더라도 그 자리에서 결정을 할 필요도 없고 당사자 간 직접 만나는 것이 아니므로 한결 대화가 더 잘되는 경우들이 많습니다.

이사비는 얼마를 줘야 할까?

. . .

낙찰자 입장에서는 협상이 안 될 경우 강제집행을 하면 되기 때문에 이사 협상시 기준금액은 강제집행비용±α입니다. 예를 들어 전용면적 84㎡의 아파트라면 3개월치 창고 보관료를 포함하여 통상 400만원이 넘지 않

우광연의 작심하고 시작하는 경매공부

으므로, 이사비용은 300~400만원 정도 생각하면 됩니다. 이 기준에서 낙찰가격에 따라 이사를 빨리 간다면 이사비를 더 줄 수 있고, 시간이 걸린다면 덜 줄 수도 있는 것입니다.

명도확인서 & 명도합의각서를 주고받는 시점은?

· · ·

만약 임차인이 점유를 하고 있다면, 임차인은 배당을 받기 위해 낙찰자로부터 '명도확인서'와 '인감증명서'를 받아 법원에 제출해야 합니다. 그러므로 임차인과 협의가 되었다면, 이사 가기로 한 날 이삿짐이 차에 다 실리는 것을 확인한 후 명도확인서를 교부해주면 됩니다.

그리고 명도확인서와는 별도로 명도 협의를 한 날이나 이사하는 날 '명도합의각서'를 받아 놓는 것이 좋습니다. 이사 후에도 내부에 잡다한 짐들이 남아 있을 수 있기 때문입니다. 명도시 합의각서를 만들어 놓으면 상대방에게 압박이 되므로 명도가 좀 더 수월하게 될 수 있습니다. 명도합의각서는 따로 정해진 양식은 없습니다. 명도 완료 후 내부에 있는 물건들의 소유권에 대한 내용과 이사와 관련해 합의된 내용을 적고 서로 날인하거나 상대방의 날인을 받아놓으면 됩니다.

○——— **법원 제출용 명도확인서 양식**

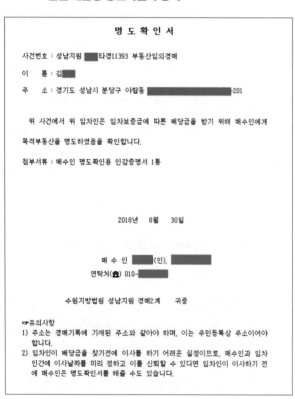

명 도 확 인 서

사건번호 : 성남지원 ███타경11393 부동산임의경매

이　　름 : 김███

주　　소 : 경기도 성남시 분당구 야탑동 ███████████-201

　위 사건에서 위 임차인은 임차보증금에 따른 배당금을 받기 위해 매수인에게 목적부동산을 명도하였음을 확인합니다.

첨부서류 : 매수인 명도확인용 인감증명서 1통

2018년　8월　30일

매 수 인 ██████(인), ██████
연락처(☎) 010-██████

수원지방법원 성남지원 경매2계　　귀중

☞유의사항
1) 주소는 경매기록에 기재된 주소와 같아야 하며, 이는 주민등록상 주소이어야 합니다.
2) 임차인이 배당금을 찾기전에 이사를 하기 어려운 실정이므로, 매수인과 임차인간에 이사날짜를 미리 정하고 이를 신뢰할 수 있다면 임차인이 이사하기 전에 매수인은 명도확인서를 해줄 수도 있습니다.

명도합의서

부동산의 주소 : 서울특별시 ▮▮▮▮▮▮▮▮▮▮ 109동 101호

갑 : ▮▮

을 : ▮▮▮▮▮▮

갑과 을은 다음과 같은 내용으로 합의한다.

- 다 음 -

1. 갑은 을이 이사하는데 이사비용 금삼백만원을 이사완료일인 25일에 지급 하기로 한다. 갑과 을은 합의하에 을이 이사할 곳의 임대차계약서가 확인 되면 합의된 금액의 50%를 미리 지급하기로 한다.

2. 을은 이사일까지 관리비를 완납하고 완납영수증을 보여주기로 한다.

3. 이사완료일은 ▮▮▮▮▮9월 25일까지로 하며 을은 이 날짜 이후에 상기 부 동산내에 남아 있는 집기류 및 짐의 소유권을 모두 포기하기로 하고 갑이 임의처분 및 폐기하여도 을은 이의를 제기하지 않기로 한다.

4. 이사일까지 이사를 못했을 경우 이사일까지 을은 연대하여 월 200만원의 임차료를 지급하기로 하고, 이사일까지 을이 약속을 이행할시에는 갑은 소유권취득일로부터 이사완료일까지의 임대료를 청구하지 않기로 한다.

20▮▮년 9월 20일

갑 : ▮▮▮▮

을 : ▮▮▮▮▮▮

▮▮▮▮▮▮

우편 1005-502~▮▮▮▮▮▮

09

명도시 공과금이
밀려 있다면?

집합건물에서의 체납관리비 정리 방법

. . .

아파트와 같은 집합건물에는 항상 체납관리비가 따라다닌다고 생각하면 됩니다. 아파트, 지식산업센터, 신도시에 많은 구분상가(보통 ○○프라자라고 불립니다), 오피스텔 등이 이에 해당됩니다. 관리비는 공용부분과 전유부분으로 나뉘는데, 대법원 판례에서는 공용부분에 한해서 낙찰자가 부담하는 것으로 되어 있습니다.

그러나 실무에서는 해당 건물 또는 아파트의 관리소장과 협의를 하게 되는데 공용부분과 전유부분을 분리해서 안내해주는 경우는 많지 않습니다. 밀린 금액을 최대한으로 받아내려 하기 때문입니다.

우광연의 작심하고 시작하는 경매공부

사실 체납관리비는 입주자대표회의에서 결정될 사안이라 관리소장이 결정할 권한은 없습니다. 그래도 관리소장이 입주자대표회의 쪽에 가서 합의를 받아 오려면 낙찰자도 어느 정도는 양보하는 것이 좋습니다. 전용부분 관리비에 비해 상대적으로 공용부분 관리비는 대부분 크지 않으므로, 예를 들어 300만원의 관리비가 체납되었다면 150~200만원 정도로 협의를 하는 것입니다. 낙찰자가 부담해야 할 금액보다 더 지급하겠다고 하면서 서로 양보를 하는 것이지요.

또한 체납관리비에는 소멸시효가 적용되므로, 소멸시효 중단 사유가 없

입찰 전에 체납관리비 알아보는 요령 3가지

1. 경매정보사이트에 체납관리비가 나오는 경우도 있지만, 그렇지 않다면 관리사무소에 방문하거나 전화해서 문의해야 합니다. 이때 체납관리비를 문의한 다른 사람들이 있었는지, 상가건물이라면 건물 내 공실은 어느 정도인지 등도 같이 파악하시기 바랍니다.
2. 집행관 현황조사서상 장기간 공실로 파악되거나 폐문부재인 경우에는 언제부터 공실이었는지를 확인해봐야 합니다. 오랜 기간 공실이었다면 전유부분 관리비가 거의 없고 대부분 공용부분 관리비만 부과되었을 것이므로 부담할 금액이 클 수 있습니다.
3. 평당 관리비나 평균 관리비를 파악해 상가의 경우 관리비가 과다한 곳은 피하는 것이 좋습니다. 특별한 혜택 없이 관리비만 비싸다면 임대료를 받는 데 지장이 있습니다. 대표적 사례가 테크노ㅇㅇ입니다.

다면 3년 이내의 공용부분만 부담하면 됩니다. 체납관리비 금액이 크고 협의가 안 된다면 민사소송으로 해결해야 할 수도 있습니다. 낙찰자에게 유리한 소송이므로 체납금액에 따라서는 소송도 고려할 만한 선택지입니다.

지인이 용인시 수지구 소재의 아파트를 낙찰받아 명도를 대신해 준 적이 있었습니다. 체납관리비가 120만원 정도여서 큰 금액은 아니었지만, 협상을 위해 관리소장을 만나러 갔습니다. 관리소장은 체납관리비가 얼마 안 되니 전액을 내고 입주하라고 고집을 부렸습니다. 결국 체납관리비 120만원은 다 내는 걸로 하고 그해 겨울의 관리비 중 난방비는 안 받는 것으로 합의가 되어, 지인은 그해 겨울 매우 덥게 지낸 사례도 있었습니다.

여러분이 낙찰받은 아파트의 관리소장은 '공용부분 관리비만 낙찰자에게 인수된다'라는 사실을 이미 알고 있을 것입니다. 입주자대표회의에서 면을 세우기 위해서든 관리소장으로서 관리비 미납금액을 최대한 회수하려는 입장이든, 관리소장의 입장을 생각하면서 양보하면 충분히 협의가 가능합니다.

체납관리비에 대한 가장 유명한 대법원 판례를 소개합니다. 협의가 잘 안 될 경우, 이 대법원 판례를 활용하여 관리사무소에 내용증명을 보내는 것도 방법입니다. 체납관리비에 붙은 연체료는 낙찰자가 부담하지 않는다는 내용, 단전·단수가 되는 경우 원칙적으로 불법이라는 내용, 관리비 징수를 위해 관리사무소에서 점유자의 이사를 못 가게 막거나 낙찰자의 이사를 막는 등의 불법행위가 있다면 그 기간 동안 발생한 관리비는 낙찰자가 부담하지 않는다는 내용 등 체납관리비에 대해서 매우 구체적으로 규정한 판례입니다.

판례 | 체납관리비 관련

대법원 2006. 6. 29. 선고 2004다3598,3604 판결
[채무부존재확인및손해배상 · 채무부존재확인등] [공2006.8.15.(256),1397]

【판시사항】
[1] 집합건물의 소유 및 관리에 관한 법률 제18조의 입법 취지 및 전(前) 구분소유자의 특별승계인에게 전 구분소유자의 체납관리비를 승계하도록 한 관리규약의 효력(=공용부분 관리비에 한하여 유효)
[2] 집합건물의 전(前) 구분소유자의 특정승계인에게 승계되는 공용부분 관리비의 범위 및 공용부분 관리비에 대한 연체료가 특별승계인에게 승계되는 공용부분 관리비에 포함되는지 여부(소극)
[3] 상가건물의 관리규약상 관리비 중 일반관리비, 장부기장료, 위탁수수료, 화재보험료, 청소비, 수선유지비 등이 전(前) 구분소유자의 특별승계인에게 승계되는 공용부분 관리비에 포함된다고 한 사례
[4] 집합건물의 관리단이 전(前) 구분소유자의 특별승계인에게 특별승계인이 승계한 공용부분 관리비 등 전 구분소유자가 체납한 관리비의 징수를 위해 단전 · 단수 등의 조치를 취한 사안에서, 관리단의 위 사용방해행위가 불법행위를 구성한다고 한 사례
[5] 집합건물의 관리단 등 관리주체의 불법적인 사용방해행위로 인하여 건물의 구분소유자가 그 건물을 사용 · 수익하지 못한 경우, 구분소유자가 그 기간 동안 발생한 관리비채무를 부담하는지 여부(소극)

각종 공과금 정리 방법

• • •

집합건물에서는 전기 · 수도 · 가스 요금이 관리비에 포함되는 경우들이 많습니다. 가스요금만 별도인 곳도 있고요. 다가구주택이나 연립, 다세대

판례 | 전기·수도 요금 체납

대법원 1992. 12. 24. 선고 92다16669 판결
[부당이득금] [공1993.2.15.(938),591]

【판시사항】

가. 신수용가가 구수용가의 체납전기요금을 승계하도록 규정한 한국전력공
사의 전기공급규정이 일반적 구속력을 갖는 법규로서의 효력이 있는지 여
부(소극)

나. 전기사업법 제17조 제1항 소정의 "전기요금 기타 공급조건"의 의미와 구
수용가가 체납한 전기료 납부의무의 승계에 관한 사항이 이에 포함되는지
여부(소극)

다. 수도법 제17조에 의하여 건물의 구소유자의 체납수도요금 납부의무가
당연히 신소유자에게 승계되는지 여부(소극)

등과 집합건물이 아닌 상가에서는 대부분 별도로 징수하고 있습니다. 집
합건물을 경매로 낙찰받았을 때, 전 점유자가 체납한 공과금은 체납관리
비처럼 낙찰자가 인수해야 할까요? 결론부터 말씀드리면 'No'입니다.

전 점유자가 체납한 전기·수도 요금에 대한 판례가 있습니다. 전기·
수도 요금이 체납된 경우 전기공급규정, 수도법에 새로운 소유자가 승계
하도록 되어 있다 하더라도 효력이 없다고 판시하고 있습니다.

다음은 모 지역의 도시가스 공급회사의 공급규정 중 일부입니다. 대부
분의 지역 가스공급업체 공급규정에는 미납요금이 승계되지 않는다고 되
어 있습니다. 공과금은 전 점유자, 즉 사용수익한 사람이 납부하도록 되어
있으므로(수익자 부담의 원칙), 점유자에게 명도하는 날까지 공과금을 전액
납부한 영수증을 가져오라고 하거나 미납금액만큼 이사협상비에서 공제

하고 지급하면 됩니다.

가스공급업체 공급규정

4. 가스공급 및 사용시설이 속한 건축물이 매매 · 임대 · 경매 · 공매 등의 사유로 가스 사용자가 변경된 경우, 변경된 가스 사용자는 문서(전자문서 포함) 또는 전화로 회사에 가스 사용자 변경 신청을 하여야 하며, 회사는 이전 가스 사용자의 미납 확인 등 필요한 조치를 취하여야 합니다. 이 경우 이전 가스 사용자의 미납요금은 변경된 가스 사용자에게 승계되지 않습니다.

10

명도 후 리모델링이나
인테리어 팁

명도라는 과정은 법적으로는 인도명령신청과 강제집행신청을 하면서 앞서 말씀드린 바와 같이 동시에 점유자와 계속 협상을 시도하는 것입니다. 명도할 때는 상대방 입장에서 생각해 보는 것이 중요한데요, 상대방도 앞으로 어떤 일이 일어날지 미리 알아보고 나름 대비를 하고 있을 테니, 최대한 정중하게 그러나 때로는 단호하게 대화를 이끌어가면 됩니다.

이사 날짜와 이사비용, 공과금 정산 등이 협의되면 명도합의각서를 작성하는 것이 좋고, 낙찰자가 상대방에게 도움을 줄 수 있는 경우도 있으므로 하나씩 대화로 풀어나가면 생각보다 쉬운 게 명도입니다.

그리고 강제집행까지 신청했는데 중간에 협의가 되어 명도가 완료되었다면, 강제집행 취하신청을 하고 예납비용 중 남은 비용을 돌려받으면 됩니다. 점유자가 이사를 나간 후에는 현관 도어락을 교체하면 명도가 마무리됩니다. 주택의 경우들이라면 이 정도 선에서 거의 명도가 될 것입니다. 공장이나 대형상가 등의 경우는 강제집행 비용이 생각보다 많이 나올 수도 있고 폐기물 등 변수가 있을 수 있으므로 전문가와 상의 후 현장조사를 꼼꼼히 하시고 입찰하셔야 명도시 어려움이 없습니다.

가성비 있게 리모델링 하는 법

. . .

명도 후의 관심사는 리모델링이나 인테리어일 것입니다. 주거용이든 상업용이든 예쁘게 해놔야 임대나 매매가 잘되기 때문입니다. 실거주나 실사용 목적이더라도 인테리어 공사는 필요합니다. 인터넷 경매 카페나 블로그 등을 보시면 낙찰 전후(Before & After) 사진들이 많이 올라와 있습니다. 간단한 수리와 공사는 직접 하시는 분도 있고요. 최근 동향은 업체에 턴키로 맡기기보다는 화장실 따로, 도배 따로, 페인트칠 따로, 이렇게 부분별로 공사 견적을 받아 진행합니다. 그래야 조금이라도 저렴하게 인테리어 공사를 할 수 있기 때문입니다.

인테리어 공사 비용 중에서, 양도소득세 신고시 자본적 지출액으로 공제받을 수 있는 항목이 있습니다. 일반 도배공사나 씽크대 교체 등은 해당되지 않지만 '비디오폰'은 공제가 가능합니다. 화장실 리모델링 공사도 공제받을 수 있다는 조세심판원의 해석이 있으니 참고하시기 바랍니다.

조세심판원의 필요경비 해석

[사건번호] 조심2017중2254 (2017.09.08)
[세 목] 양도 [결정유형] 경정
[제 목] 장판 교체, 화장실 수리 비용 등을 필요경비에 산입할 수 있는지 여부 등

[결정요지] 이 건에서 청구인은 쟁점 아파트를 2014년 1월 ○○천만원에 취득하여 2015년 10월 ○○○천만원에 매도하였는데, 청구인의 쟁점 아파트 보유기간 동안 아파트 가격이 40%나 올랐음에도 달리 가격이 급등할 만한 특별한 사정이 제시되지 않았으므로 쟁점 공사도 그 가격상승의 주된 원인 중 하나가 되었을 것으로 보이는 점, 등기부상 면적이 40.63㎡인 쟁점 아파트의 화장실 수리비용이 ○○○백만원인 것을 보면, 이 건 화장실 수리는 단순한 일부 기기의 교체를 넘어 화장실을 전반적으로 개량하여 쟁점 아파트의 가치를 현실적으로 증가시키는 정도에 이르렀을 것으로 보이는 점 등에 비추어볼 때, 화장실 전체 수리비용은 '자본적 지출'에 해당하는 것으로 보이므로 이를 필요경비에 산입하여 과세표준 및 세액을 경정하는 것이 타당하다고 판단됨.

욕실 수리의 경우 '리폼'과 '리모델링'이라는 두 가지 방법이 있습니다. 리폼은 바닥 줄눈, 변기와 세면대 교체 등 현재 상태에서 보수공사를 하여 깨끗하게 한다는 개념이고, 리모델링은 보통 타일을 덧방 쳐서 전체적으로 공사한다는 개념입니다. 욕실 리모델링 비용은 1개소당 250~350만원 정도입니다.

리모델링 사례

• • •

① 단독주택 리모델링

같은 공간의 사진은 아니지만 상당히 노후된 단독주택을 낙찰받아 전체 리모델링을 하여 일부는 거주하고 나머지 공간은 임대를 준 단독주택 인테리어 사례입니다.

▎*Before*

▎*After*

② 다세대주택 욕실 리폼

낡은 욕실을 새것처럼 변신시켰습니다. 욕실 리모델링을 한 것이 아니라 욕실 리폼을 통해 변신한 사례입니다.

▎*Before*

▎*After*

③ 소형 아파트 리모델링

소형아파트 낙찰 후 주방 리모델링을 한 사례입니다.

▌Before

▌After

11

명도 실전
사례분석

짐이 많은 아파트

• • •

분당구 구미동의 전용면적 12평 소형 아파트를 강제집행한 적이 있습니다. 채무자 부부는 건강이 좋지 않아 강원도에 거주 중이었고, 채무자의 아들과 강제집행 당일까지도 협상을 이어갔지만 과도한 이사비를 요구해 결국 강제집행에 이르게 된 사건입니다. 채무자와의 마지막 통화에서 채무자가 한 말이 계속 귀에 맴돌았던 사건이었는데요. "너, 내 김치 건들면 죽을 줄 알아?"였습니다. 김치로 협박당하기는 처음이었습니다. 강제집행일에 강제 개문을 하고 나서야 채무자가 왜 그런 말을 했는지 알게 되었습니다.

아래의 왼쪽 사진은 집행관사무실에 등록된 열쇠업체가 강제 개문을 하는 모습이고, 그 옆이 베란다 사진입니다. 항아리가 너무 많아 1차로 걷어낸 사진이 이 정도입니다. 항아리 안쪽에 있는 세탁기를 어찌 사용했는지가 의문입니다. 강제집행 전에 집을 보지 못하면 짐이 어느 정도인지 알기 어렵습니다.

성남지원 집행관 사무소에서는 전용면적 12평 아파트이니 1톤 트럭 3대 정도면 될 것 같다는 의견이었는데 예상외로 짐이 많았습니다. 결국 총 6대의 차량으로 집행을 끝냈습니다. 김치 협박을 당했던 터라, 김치냉장고의 김치는 정성스럽게 따로 담아서 냉장창고에 보관을 맡겼고 얼마 안 있어 채무자가 찾아갔다는 소식을 들었습니다.

○──── **강제개문 현장**

강제집행 비용은 전용면적 × 15만원

강제집행 비용에는 3개월치 보관료가 포함되는 경우가 많습니다. 집합건물(주택)의 경우, 전용면적에 15만원을 곱한 금액이라고 생각하면 됩니다. 전용면적 25평 아파트라면 350~400만원 정도 나온다고 보면 됩니다. 예전보다 금액이 조금 올랐습니다. 넓은 마당이 있는 단독주택이라면 집합건물보다 비용이 좀 더 들어갈 것입니다. 단독주택의 경우, 집 내부뿐 아니라 외부에도 짐이 있는지 살펴야 합니다.

강제집행을 하면 점유자 대부분은 짐을 바로 찾아가므로 3개월치 보관료를 선납하지 말고 1개월씩 계약을 하는 것이 비용 절감에 좋습니다. 보관창고에서는 동산경매까지 간다고 생각하고 3개월치를 미리 받아 놓으려는 심산입니다.

낙찰받은 부동산의 점유자가 이사 간 경우

• • •

종종 낙찰받은 부동산에 점유자가 없는 경우가 있습니다. 만약 법원기록에 공실인 것으로 나오거나 낙찰 후 현장 방문한 결과 또는 관리사무실을 통해서 점유자가 없는 것이 확실시된다면, 바로 강제로 개문해도 될까요?

원칙적으로는 인도명령을 신청하여 이 결정문으로 강제집행을 신청한 후, 계고할 때 강제개문하는 것이 맞습니다. 원칙은 그렇지만 위에 언급한 바와 같이 이사 간 것이 확실하다면 대금 납부하여 소유권 취득한 다음에 강제개문을 해도 무리는 없습니다.

강남구 도곡동 소재의 오피스텔을 명도한 사례입니다. 임차인이 점유하고 있었는데, 주변 공인중개사 사무실을 탐문해 보니 임차인이 이사 간 것이 확실시되었습니다. 강제집행 신청시 집행관 사무소에 얘기해서 계고 절차에서 강제개문 후 명도를 완료한 사건입니다. 소파가 하나 있어서 임차인에게 가져가라고 통지했고, 실내의 모든 수납공간을 열어 다른 짐이 없었다는 것을 증빙하기 위해 사진을 찍어 보관했습니다. 귀중품이 있을 수도 있고, 상대방이 어떤 주장을 할지 모르기 때문입니다.

○—— **수납공간 내부 사진**

법원기록에 없는 점유자가 점유하고 있을 때

■ ■ ■

점유자의 인적사항을 알아낼 수 없다면, 일단 소유자를 상대로 인도명령을 신청하여 집행을 해봐야 합니다. 이럴 경우 강제집행을 하더라도 소유자가 아닌 사람이 있으니 '집행불능'이 될 것입니다. 하지만 이때 집행관은 현장 점유자의 인적사항을 물어 집행불능조서에 기록해 놓고 협조가 안 될 경우 집행관은 경찰이나 군의 지원을 받을 수도 있습니다. 이렇게 파악된 점유자를 상대로 승계집행문을 받아 강제집행을 하든가 새로 인도명령을 신청해 명도를 진행하시면 됩니다.

Chapter

10

. . .

경매물건 조사는
어떻게 해야 할까?

01
지역분석,
이렇게 해보자

　　　　　　　　　지역분석은 물건의 미래가치를 판단하는 일입니다. 입찰하려는 물건 인근에 대규모 개발사업이 있는지, 큰 기업체가 들어올 예정이 있는지, 철도나 지하철, 도로 등의 개설계획이 있는지, 정비사업 등이 진행 중인지 등을 파악해 보는 것입니다.

　부동산 가격이 높은 지역들의 특징은 좋은 일자리가 많은 곳에 인접해 있거나 좋은 일자리가 있는 곳까지 지하철이나 도로로 접근이 용이하다는 것입니다. 강남 3구, 용산구, 과천시, 성남시 등의 아파트 가격이 높은 이유입니다.

　이런 곳들은 상가의 임대료도 높습니다. 같은 서비스업을 하더라도 소득 수준이 높은 곳에 임차하려는 수요가 많기 때문입니다.

도시기본계획 찾아보기

• • •

온라인상으로도 어떤 도시의 향후 발전계획을 검토해 볼 수 있습니다. 바로 도시기본계획이라는 것이 있기 때문입니다. 지방자치단체 중 인구 10만 이하의 도시는 예외라 없는 곳도 있습니다.

도시기본계획은 지자체 홈페이지에 게시되어 있는 경우들이 많으므로

도시기본계획이란?

도시기본계획은 국토종합계획 또는 광역도시계획 등 상위계획의 내용을 수용하여 도시가 지향하여야 할 바람직한 미래상을 제시하고 장기적인 발전방향을 제시하는 도시계획의 최상위 법정계획입니다(군의 경우 군기본계획으로 명칭).

도시기본계획은 도시의 물리적 · 공간적 측면뿐만 아니라 환경 · 사회 · 경제적인 측면을 모두 포괄함으로써 주민의 생활환경 변화를 예측하고 대비하는 종합계획의 성격을 지닙니다. 또한, 도시행정의 바탕이 되는 주요 지표와 토지의 개발 및 보전, 기반시설의 확충 및 효율적인 도시관리 전략을 제시함으로써 하위계획인 도시관리계획 등의 바탕이 됩니다.

출처: 서울특별시 알기 쉬운 도시계획 용어, 2020. 12., 서울특별시 도시계획국

지자체 홈페이지에서 검색을 해보거나, 담당자에게 전화를 해서 어디서 어떻게 찾아볼 수 있는지 문의하면 됩니다. 도시기본계획은 구체적이지 않은 방대한 계획입니다. 도시를 어떻게 발전시키겠다는 큰 그림이므로 방향성만 보는 것입니다.

평택시를 예로 들어보겠습니다. 평택시의 경우 시청 홈페이지에서 '도시기본계획'을 검색하면 바로 링크가 나옵니다.

○───── **평택시청 홈페이지의 '도시정보알리미'**

우광연의 작심하고 시작하는 경매공부

현재 평택시에서 볼 수 있는 최신 버전은 2018년에 수립된 '2035 평택시 도시기본계획'입니다. 먼저 목차를 보고 필요한 부분으로 이동해서 상세히 살펴보면 되는데, 도로 및 철도에 대한 내용들도 볼 수 있습니다. 지금은 선계획 후개발 시대이므로 도시기본계획 등을 통해 향후 도시의 발전상을 점쳐볼 수 있고, 미래에 대한 계획이므로 각각의 개별사업들이 어떻게 진행되고 있는지, 실행 가능성은 어떤지 등에 대해 하나씩 검토해 나가시면 됩니다.

지역에 대한 정보 얻는 법

. . .

아파트 모델하우스나 상가 분양하는 곳에 자주 가보면 좋습니다. 분양을 해야 하므로 인근에 호재가 될 만한 내용들을 다 모아서 알려주기 때문입니다. 분양 블로그들이나 유튜브도 도움이 될 것입니다. 네이버나 다음에서 관심 가는 지역의 카페에 가입해 놓는 것도 큰 도움이 됩니다. 이러한 지역 카페에서는 지역의 소식들을 빠르게 접할 수 있습니다.

이러한 정보를 바탕으로 지속적으로 관련 내용을 모니터링하다 보면, 지역의 호재와 실현 가능성 등이 가늠될 것입니다. 부동산 관련 내용에 대해 메일링 서비스를 해주는 카페도 있으니 이를 활용해도 좋습니다. 이러한 소식들을 발 빠르게 전해주는 블로그도 꾸준히 보시기 바랍니다. 요즘은 권리분석보다 이러한 지역분석을 꾸준히 공부하는 분들이 더 많아 보입니다.

부동산은 수요가 있으면 오르기 마련입니다. 좋은 일자리가 많은 곳과 빠르게 출퇴근이 가능한 곳, 기업체가 들어갈 곳, 도로 철도 등이 개설될 곳 등은 수요가 몰릴 지역이므로 이를 선점하는 것이 투자의 성공 포인트입니다. 이렇게 수요가 몰릴 지역에 경매나 공매로 좀 더 저렴하게 투자를 해 놓는다면 수익은 더 커질 것입니다.

우광연의 작심하고 시작하는 경매공부

02
재개발·재건축 등 정비사업 분석하기

정비사업과 관련한 자료들 또한 지자체 홈페이지에 잘 정리되어 있습니다. 서울시의 경우 정비사업 정비몽땅(https://cleanup.seoul.go.kr) 사이트에서 자치구별로 정비사업 진행현황을 볼 수 있습니다. 각 구청 홈페이지에도 대부분 내용이 게시되어 있습니다.

경기도는 추정분담금시스템(https://gres.gg.go.kr), 또는 경기도청 홈페이지에서(정보공개〉사전정보공표〉정비사업) 검색이 가능합니다. 인천광역시 역시 추정분담금시스템(https://renewal.incheon.go.kr/ires/index.do) 홈페이지가 있어 진행 중인 정비사업에 대해 알아볼 수 있습니다.

서울시의 경우 최근 공공재개발, 신통기획 등 정비사업에 대한 종류가 늘어난 상태이고, 사업 종류에 따라 분양자격에 대한 조건들이 다를 수 있습니다. 어떤 사업 형태로 정비사업이 진행되는지, 권리산정기준일(지분 쪼개기 금지의 기준이 되는 날)은 언제인지 등을 파악해야 합니다.

특히 서울시 도시 및 주거환경정비조례 중 2010년 7월 16일부터 시행되는 내용이 있는데, 여기에 중요한 내용이 담겨 있습니다. 이날 이후 기본계획이 새로 수립되는 정비구역에서는 권리산정 기준일 개념이 들어가게 되기 때문입니다. 이 날짜를 기준으로 구 조례를 따라가는 정비사업구역인지 신 조례를 따라가는 정비사업구역인지에 따라 분양자격도 달라질 수 있습니다. (구 조례가 적용되는 구역들은 2003년 12월 30일이 중요한 기준점이 됩니다. 이날 도정법과 조례가 만들어졌기 때문입니다.)

서울이 아닌 다른 지역도 '도시 및 주거환경정비조례'에 분양자격에 대한 내용이 나와 있으며, 이러한 조례들은 국가법령정보센터에서 검색할 수 있습니다. 메뉴에서 자치법규를 클릭한 후 조례를 검색하면 됩니다. 현행법령 메뉴에서는 현재 시행 중인 법과 시행령 등을 바로 검색할 수 있습니다.

○────── **국가법령정보센터 홈페이지**

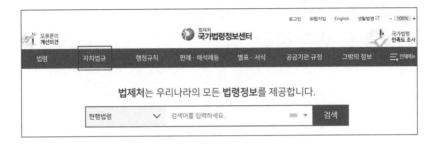

03

현장 가기 전 온라인으로
시세 분석하는 법

프롭테크 데이터 활용하기

• • •

부동산 시장 흐름이나 시세를 확인하기 위해 무조건 현장에 나가야
했던 시절도 있었지만, 최근에는 그 흐름이 크게 달라지고 있습니다.
우선 실거래가 등 기본 데이터가 공개되어 있고, 부동산에 IT 기술을
접목해 서비스하는 기업들이 많아졌기 때문입니다.

프롭테크(Proptech) 기업이라는 말을 한 번은 들어보았을 것입니다.
부동산(Property)과 테크놀로지의 합성어로, 부동산 서비스에 정보기
술을 결합한 분야라 할 수 있습니다. 프롭테크 데이터를 활용하면 집
이나 사무실에 앉아서도 다양하고 질 높은 정보를 얻을 수 있습니다.

우광연의 작심하고 시작하는 경매공부

프롭테크 사이트(앱) 활용하기

프롭테크 사이트로는 호갱노노, 아실, 밸류맵, 부동산디스코, 부동산플래닛 등이 대표적입니다. 사이트마다 특징이 있으므로 자신에게 필요한 곳을 찾으면 됩니다. 아파트 실거래가를 기반으로 서비스하는 곳도 있고, 상업용부동산과 토지만 서비스하는 곳도 있습니다. 예를 들어 연립이나 다세대주택에 대한 실거래가 정보는 '부동산디스코'를, 상업용건물 및 토지에 대한 정보는 '밸류맵'이라는 사이트를 이용하시면 더 편리하실 겁니다.

국토부 실거래가 사이트에 들어가면 누구나 실거래가를 확인할 수 있습니다. 그런데 프롭테크 기업 사이트들에서는 이를 기반으로 추가 콘텐츠들을 생성해 투자자들에게 도움을 주고 있는 것입니다.

프롭테크 데이터 등을 통해 최신 거래내역을 확인했다면, 온라인 매도 물건을 살펴봅니다. 온라인 매물은 네이버, 블로그, 유튜브 등을 통해 검색하면 됩니다. 이렇게 온라인을 통해 대략적인 시세를 파악한 후, 현장조사를 나갑니다. 경매 물건지 인근 부동산 사무실에 들러 다시 한 번 시세 파악을 하는 것입니다.

현장에서 공인중개사를 만나기 전에 어느 정도 지역에 대한 호재들이나 가격에 대한 내용을 알고 상담을 한다면 공인중개사 입장에서는 지역에 대해 관심이 있는 사람이 왔으니 상담을 더 잘해 주실 겁니다. 또한 현장에는 온라인에 올리지 않는 물건들이 따로 있을 수 있으므로 한 군데만 들르지 말고 최소 2~3군데 들러 가격 및 시장동향, 임대수요 등을 파악해야 합니다.

부동산 사무실에 들렀을 때는, 경매물건 조사차 왔다고 하면서 상담도 해보고, 매도인 입장이나 매수인 입장이 되어 상담해보고, 또한 임차인 입장에서 상담하는 등 다각도로 탐문하는 게 좋습니다. 이런 경험들이 쌓이면 여러분만의 현장조사 노하우가 생기게 되고, 최종 가격에 대한 부분은 이러한 조사를 토대로 여러분이 직접 판단하시면 됩니다.

감정평가금액 확인하기

■ ■ ■

2000년대 중반 '묻지마 경매' 시절이 있었습니다. 서브프라임 모기지 사태 이전에 아파트 물건은 현장을 가보지도 않고 입찰하는 분들이 많았습니다. 당시 필자가 경험한 사례를 소개합니다.

고양시 소재 아파트로 감정가는 주변 아파트와 비슷했는데 1회 유찰 후 낙찰이 되었으나 대금을 미납한 사건이 있었습니다. 그런데 이 아파트는 주변 아파트에 비해 브랜드가 떨어지고 아파트 전문 시공사가 지은 아파트가 아니다 보니, 감정가보다 시세가 낮았던 물건이었습니다.

현장조사시 엘리베이터를 탔는데 이런 문구가 붙어 있었습니다. '우리 아파트 32평 제발 저렴하게 팔지 맙시다. 32평 팔아서 인근 아파트 25평을 갈 수는 없지 않습니까?' 경매물건 감정평가시 가격을 후하게 평가하는 경향이 있으므로(이해관계인의 이의가 들어올 수 있기 때문입니다) 입찰 전 시세 파악 및 현장조사는 필수라 하겠습니다.

과거에는 감정 시점의 평가금액이 제대로 시세를 반영하지 못한 사례도 있었지만, 최근에는 감정평가 데이터가 방대하게 쌓여서 거의 시세를 반영하고 있다고 보면 됩니다. 그렇다 하더라도 감정평가 시점과 입찰 시점은 수개월 차이가 나므로 감정평가금액은 참고만 하고 입찰 시점 시세를 기준으로 분석하고 입찰해야 합니다.

해당 경매물건에 최근 실거래가가 없다면, 경매정보 사이트 등을 통해 인근 유사한 물건의 실거래가나 경매 감정평가금액을 알아보고 이마저도 없다면 현장조사를 통해 확인해야 할 것입니다. 결국 여러분들 스스로가 입찰할 물건에 대해 감정평가사가 되어야 하는 것입니다.

이렇게 개별적인 물건의 가격동향을 조사한 후에는 향후 부동산 흐름에 대해서도 분석을 해봐야 합니다. 향후 금리 동향, 향후 2~3년 내 공급물량, 매매가 대비 전세가비율 및 동향 등도 체크해야 하는 것입니다. 이런 내용을 제공해주는 프롭테크 앱들이 많이 있으니 이를 활용하면 됩니다.

소위 전문가들이 하는 "어디가 앞으로 어떻게 된다더라, 앞으로 집값이 어떻게 된다더라' 같은 의견도 참고만 하시기 바랍니다. 결국 판단은 본인의 몫입니다. 온라인에서 매물조사를 하고, 오프라인으로 시세파악을 하는 등의 경험과 데이터가 쌓이면 여러분들은 이미 전문가가 되어 있으실 겁니다. 혼자 다니시는 것보다는 2~3명이 같이 다니면 더 효율적으로 물건조사도 할 수 있고 의견도 나눌 수 있어 더 좋습니다.

04

물건별
조사 · 분석 요령

아파트 등 주거용부동산 체크리스트

● ● ●

① 교통(지하철, 도로 등), 학군, 생활인프라가 잘 확보되어 있는지 분석합니다. 가격이 높은 지역일수록 모든 조건들이 갖추어져 있을 가능성이 큽니다.

② 재개발 · 재건축 등 정비사업이 진행되는 물건은 관할 지자체 또는 조합, 추진위원회 사무실을 방문하여 조합원 지위 양도에 문제가 없는지, 낙찰 후 추가로 부담할 금액은 없는지, 사업 진행이 원활한지에 대해 조사합니다.

③ 조망, 채광, 단지 내에서 인기 동인지 아닌지 등을 조사합니다.

또 올 수리된 물건인지 수리한 지 오래되었는지 등 시세를 나눠서 파악합니다.

④ 연립이나 다세대주택은 같은 동이라도 여러 개의 구조가 나오므로 내부구조(채광, 방과 화장실 개수, 주차공간)에 대해 숙지하고, 이와 유사한 주택의 시세를 파악해야 합니다.

⑤ 연립, 다세대, 다가구주택은 옥상부터 외관까지 전체적인 건물 상태를 점검합니다. 누수 우려가 있기 때문입니다. 현장 방문시 물이 샌 흔적이나 크랙 등을 발견했다면 사진을 찍어 공사업체나 인테리어 전문가에게 조언을 구합니다. 경우에 따라서는 아래층 주민을 만나볼 필요도 있습니다.

⑥ 아파트가 아닌 주거용부동산은 시세 파악이 쉽지 않으므로 매도인과 매수인, 반대 입장에서 각각 가격조사를 합니다. 임대일 경우도 마찬가지입니다.

부동산경매 필수상식

부동산 매매사업자로 절세하기

현장조사를 통해 매매가 잘될 곳으로 판단된다면 '부동산 매매사업자'로 낙찰받아 바로 매도하는 전략도 고려할 만합니다. 주거용부동산을 개인 명의로 취득해 단기 양도할 때는 양도세율(1년 미만 보유 70%)이 적용되지만, 매매사업자로 취득해 즉시 매도할 때는 종합소득세율(양도차익에 따라 6~45%)이 적용되기 때문입니다. 부동산 매매사업자 요건에 대해서는 따로 공부를 하거나 세무사 등을 통해 자문을 받아보시길 바랍니다.

주거용 부동산 입찰전략

. . .

권리상 문제가 없다면 경매정보 사이트에서 동일 지역에서 최근 낙찰된 사례 등을 통해 입찰가를 분석할 차례입니다. 사례를 들어 설명해보겠습니다. 1차 경매(최저경매가격이 감정가 대비 80%)가 유찰되었고, 2차 경매(최저경매가격이 감정가 대비 64%)가 진행되었는데, 1차 경매의 최저경매가격을 넘기는 금액에 낙찰이 된 것입니다.

아파트의 경우에는 이런 일이 드물지 않습니다. '첫 입찰이니까 이 가격에 해보고, 안 되면 다른 거 하면 되지'라고 생각한다면 낙찰받기는 좀 어려울 것입니다. 권리분석에 문제가 없는 아파트들의 최근 낙찰가격과 시세를 분석해보면, 입찰자들이 대략 어느 정도 금액으로 입찰하는지 눈치챌 수 있습니다.

그리고 가격 상승장에서는 시세보다 저렴하게 낙찰받는 것이 큰 의미가 없습니다. 미래가치를 보고 투자하는 사람들이 입찰하기 때문입니다. 시

○──── **물건 상세페이지**(서울시 서대문구 홍제동 아파트)

소재지/감정서	면적(단위:㎡)	진행결과	임차관계/관리비	등기권리
(03730) [목록1] 서울 서대문구 홍제동 469 인왕산한신휴플러스 1층 ■■■■호 [통일로 397] SEE:REAL 등기 토지이용 [구분건물] ·본건은 서대문구 홍제동 무악재역 북측 인근에 위치하며, 부근은 아파트단지와 상업 및 업무용 건물 등이 혼재하여 형성되어 있으며, 인근 간선도로변으로 각종 근린생활시설과 점포 및 상가 등이 위치하고, 근거리에 각급학교와 근린공원, 시장등이 위치하고 있어 제반 입지여건은 비교적 양호한 편임. ·본건까지 차량출입 용이하며, 시내버스정류장이 도보로 약 1-2분 거리에 위치하	대지 · 5,857.4㎡ 중 26.5㎡ (8.02평) 건물 · 84.93㎡ (25.69평) 총 15층 중 11층 보존등기 2009.12.28 감정지가 24,135,849 토지감정 639,600,000 평당가격 79,750,630 건물감정 426,400,000 평당가격 16,597,900 감정기관 한울감정	감정 1,066,000,000 100% 1,066,000,000 유찰 2023.05.23 80% 852,800,000 유찰 2023.06.27 64% 682,240,000 낙찰 2023.08.01 878,990,000 (82.46%) 김●덕 응찰 17명 2위 응찰가 840,000,000 법원가일내력	▶법원임차조사 조사된 임차내역 없음 ▶전입세대 직접열람 GO 이○○ 2012.05.02 열람일 2023.05.09 ▶관리비체납내역 ·체납액:0 ·확인일자:2023.05.09 ·'23년3월까지미납없음 ☎ 02-723-0011 ▶관할주민센터 서대문구 홍제제1동 ☎ 02-330-8292	최종등기변동확인 ❓ 압류기입 2023.07.24 * 집합건물등기 소유권 이●명 이 전 2010.02.17 전소유자: 대한토지신탁(주) 매매(2007.05.01) 근저당 하나은행 2010.02.17 273,600,000 [말소기준권리] 근저당 하나은행 (홍제역지점) 2016.04.15 117,600,000

연립, 다세대주택은 상대적 블루오션?

연립과 다세대주택의 투자 포인트 3가지는 정비사업, 월세, 실거주입니다. 정비사업과 관련 없는 곳이라면 월세 목적의 수익형부동산으로 접근하는 것이 좋습니다. 최근 전세사기 사건으로 연립과 다세대주택의 인기가 사그라들고 있습니다. 경매물건을 보면 선순위 임차인들이 있어서 입찰하기 어려운 물건들이 대부분입니다. 그런데 역설적으로 생각하면 경쟁이 덜 치열한 시장이라는 말도 됩니다. 일단 정비사업이 진행(예정)되는 곳 위주로 찾아보고, 정비사업과 관련 없는 물건이라면 월세나 매매 목적으로 접근하면 됩니다.

세에 근접한 금액, 자신의 예상을 벗어난 높은 금액에 낙찰받는 분을 보고 '왜 저러지?'라고 의아해하는 분들이 있는데, 낙찰자에게도 다 생각이 있는 것입니다.

상업용부동산 조사하기

• • •

상업용부동산은 무엇보다 임대가 잘되는지, 장사가 잘되는지를 봐야 합니다. 결국 같은 이야기이긴 합니다. 온라인으로 전용면적 평당 임대료 수준이나 매출 추이도 분석할 수 있습니다.

지역상권에 대해 잘 모른다면 소상공인진흥원(https://sg.sbiz.or.kr)의 상권분석시스템을 통해 다양한 정보를 얻을 수 있습니다. 최근에는 신용카드사와 연계한 빅데이터를 통해 상권분석을 해주는 앱(오픈업, 마이프차 등)도 있으니 참고하면 됩니다.

상가에서 가장 중요한 것은 접근성입니다. 사람들이 잘 다니는 길목인지, 출근길 라인인지 퇴근길 라인인지, 상권의 배후인구가 주로 다니는 동선인지 등을 점검해야 꾸준하게 공실 없이 임대사업을 이어갈 수 있습니다. 입지조건이 좋지 않다면 임대사업으로 큰 수익을 내기 어렵고 오히려 공실로 곤란한 상황이 생길 수 있기 때문입니다.

'상업용부동산'을 '수익형부동산'이라고도 합니다. 당연히 수익률에 맞춰 가격이 변동되므로 임대료가 높다면 추후 매매가도 높아질 것입니다(금리도 매매가에 변수가 될 수 있습니다). 집합건물이 아닌 일반 근생건물은 지가 상승에 따른 시세차익도 바라볼 수 있으나, 지금처럼 금리가 높고 가격이 많이 올라 있는 상태에서는 추가 상승 여력이 부족할 수 있습니다.

신도시 상가에 투자할 때도 주의가 필요합니다. 1기 신도시처럼 상권이 안정적으로 검증된 곳은 괜찮지만, 이제 막 시작하는 신도시 상가들은 수익성을 예측하기 어렵습니다. 더구나 최근 부동산가격 상승으로, 분양이든 임대든 모두 비싼 상태입니다. 상권이 검증되지 않았으므로 입지, 조건 등이 유사한 상권들과 비교해서 향후 전망에 대해 분석해봐야 합니다. 신도시 상가들은 대부분 선임대 후 분양하는데, 선임대 시 책정된 임대료를 계속 받기 어려운 곳도 많기 때문입니다.

상업용부동산에서 직영사업과 수익율분석

∙ ∙ ∙

최근에는 상가를 낙찰받아 직접 사업을 하려는 분들도 늘어나는 추세입니다. 경매와 사업 아이템을 결합해 고수익을 내는 경우도 많습니다. 스터디카페, 무인 아이스크림점, 비즈니스센터 등 부동산의 입지와 특성에 맞는 아이템을 찾으면 임대수익보다 큰 수익을 낼 수 있습니다. 이런 경우 권리분석은 기본이고 다른 지식이나 경험들도 상당히 중요할 것입니다.

임대료를 받는 수익형부동산에 입찰할 때는 주먹구구식으로 하지 말고, 다음에 예시한 것과 같은 수익률 분석표를 작성해보는 것이 큰 도움이 됩니다.

항목 중 ①입찰예상가는 입찰 전이므로 3개 구간으로 나눠 검토하여 어느 정도 수익률로 입찰할지 결정할 수 있습니다. ②입찰보증금에는 입찰할 물건의 보증금을 넣고, ③잔금대출은 상가의 경우 최근 RTI 규제로 높은 한도로 대출을 받으려면 미리 알아보고 입찰하시는 게 좋습니다. 낙찰가의 최대 90%까지 대출이 가능합니다. 좋은 대출상품을 찾아주는 대출상담사 인맥을 만들어두는 것도 중요합니다.

④잔금은 입찰예상가에서 입찰보증금과 잔금대출을 뺀 금액입니다. ⑤취득세의 경우, 보통 잔금대출을 받는 경우 은행 법무사에게 소유권 이전 업무를 맡기게 되므로 법무사 비용과 같이 넣어 계산하면 됩니다. 통상 취득세율 + 0.4~0.7% 정도 하면 취득세와 소유권 이전시 들어가는 비용이 됩니다. 법무사 비용 견적을 받았는데 이 금액을 많이 초과한다면 어딘가에서 비용 청구가 더 들어온 것일 가능성이 높으니, 견적 내용을 꼼꼼히 검토할 필요가 있겠습니다.

다음으로 ⑥명도비용부터 ⑨체납관리비까지는 예상 비용을 넣으면 됩니다. 입찰보증금, 잔금, 취득세 등 소유권 이전비용에 명도 비용부터 체납관리비까지 더하면 ⑪초기투자금액이 되는 것입니다.

○──── **수익률 분석표 양식**

항목	금액		비고
① 입찰예상가			
② 입찰보증금			
③ 잔금대출			
④ 잔금			
⑤ 법무사&취득세			
⑥ 명도비용			
⑦ 중개수수료			
⑧ 리모델링			
⑨ 체납관리비			
⑪ 초기투자금액			
⑫ 임대보증금			
⑬ 월세			
⑭ 월이자			
⑮ 월수익			
⑯ 실투자금			
⑰ 수익률			

이제 예상 수익을 계산해 볼 차례입니다.

현장조사를 통해 파악된 임대 시세에 맞게 ⑫임대보증금과 ⑬월세를 넣습니다. ⑭월이자는 ③잔금대출에서 대출금리를 곱한 금액을 12개월로 나눠서 입력하면 됩니다. ⑮월수익은 월세에서 월이자를 뺀 금액이고, ⑯실투자금은 초기투자금액에서 임대보증금을 뺀 금액입니다.

상가 입찰시 '건축물 용도' 체크 필수!

상가는 건축물 용도에 따라 업종 제한이 있을 수 있으므로, 토지이음 사이트에서 토지이용계획확인원을 확인해서 건축법 시행령 별표1에 나와 있는 건축물 용도 등에 대해서 미리 검토해야 합니다. 경우에 따라서는 건축물 용도변경이 필요하거나 입점 제한 대상이 있을 수도 있기 때문입니다.

예를 들어 교육환경보호구역의 제한을 받는 곳이라면 노래연습장, PC방 등의 허가 시 교육청 승인이 필요할 수 있습니다. 지구단위계획구역 안의 상가도 업종 제한이 있을 수 있으므로 지구단위계획 내용의 검토도 필요합니다. 담당 공무원에게 전화해서 내용을 어디서 볼 수 있는지 문의하면 안내해줍니다.

경매투자자들은 보증금을 투자금 회수로 보고 계산하므로 똑같이 하면 됩니다. 참고로 부동산학의 관점에서 본다면, 보증금은 투자금 회수가 아닙니다. 은행에 정기예금으로 맡겼을 경우 이자율로 따로 계산하여 임대수익율에 더하라는 것입니다. 하지만 실무에서는 보증금을 투자금 회수로 보는 분들이 많으므로 우리도 같은 방식으로 분석해야겠습니다.

마지막으로 ⑰수익률(세전)을 계산하는 산식은 (월수익×12) / 실투자금 × 100입니다. 이렇게 계산을 미리 해보면 보유세와 종합소득세 등의 세금을 납부하기 전의 세전수익이 나오게 됩니다.

오피스텔 분석하기

...

오피스텔은 무조건 업무용 시설로 취득이 됩니다. 물론 취득 후에는 업무용으로도 주거용으로도 사용할 수 있습니다(일부 오피스텔은 바닥난방 시설이 되어 있지 않아 업무용으로만 사용되기도 합니다). 그러므로 취득 전에 오피스텔의 입지가 주거용으로 적합한지 업무용으로 적합한지를 잘 파악하여, 이미 보유 중인 부동산들과 취득할 오피스텔과의 세금 문제 등을 검토한 후 매수해야 합니다.

개인적으로 전용면적이 8평 미만인 경우에는 업무용으로 부적합하다고 보고 있습니다. 이렇게 작은 평형은 강남권 등 일부 지역을 제외하고는 업무용 임대수요가 거의 없기 때문입니다. 소형 오피스텔은 철저히 수익형 부동산으로 보고 분석해야 하고, 방이 2개 이상인 다소 면적이 넓은 오피

오피스텔 입찰, 잘못하면 다주택자가 될 수도!

오피스텔은 취득시 업무시설이므로 기보유 주택 등과 상관없이 4.6%의 취득세를 납부하게 됩니다. 만약 취득 후 주거용으로 사용한다면 다른 주택 취득시 이 오피스텔이 주택 수에 포함될 수 있고(2020년 8월 12일 이후 취득시부터 적용, 시가표준액 1억원 미만인 경우에는 예외사항 있음), 양도시에도 주거용으로 세금이 과세되어 본의 아니게 다주택자가 될 수 있습니다. 반대의 경우도 있습니다. 무주택자가 오피스텔을 주거용으로 사용한다면 1세대 1주택 비과세도 받을 수 있는 것입니다.

스텔들은 아파트 가격 상승시 대체상품으로 따라 오르는 경향이 있으므로 시장 분위기에 맞게 분석하면 되겠습니다.

공장 & 창고 분석하기

． ． ．

공장이나 창고도 경매로 나옵니다. 공장이나 창고는 실수요자들의 입찰이 대부분이었으나, 금리도 낮고 대출한도도 잘 나오던 시절에는 임대용으로 낙찰받는 사례도 많았습니다. 그렇다면 공장이나 창고는 어떤 부분을 유의해서 검토해야 할까요? 7가지 포인트를 알려드리겠습니다.

① 층고

공장이나 창고는 층고가 꽤 중요합니다. 공장의 층고가 좀 낮더라도 수요가 많은 곳이라면 괜찮지만, 지역 특성상 층고 높은 공장을 선호하는 임차인들이 많다면 낙찰을 받아도 임대가 원활치 않을 수 있습니다. 층고는 건축물대장에 나와 있으니 먼저 대장을 확인하고, 현장에 가서 층고 및 임대수요를 확인해보시면 됩니다.

② 진입로

공장, 창고에 있어서는 진입로도 중요합니다. 대형차량이 드나들 수 있는지, 진입하는 중간 도로에서 차량들이 좌우로 회전할 때 문제가 없는지 등에 따라 임대료 차이가 날 수도 있습니다.

③ 감정평가금액

공장은 공장저당법에 의해 근저당권 설정시 기계기구까지 포함하여 담보 설정을 하므로, 경매 감정평가시 토지, 건물, 기계기구까지 감정평가가 됩니다. 입찰자 입장에서 채무자의 기계기구가 나한테 꼭 필요한 것일 확률은 매우 낮기 때문에 통상 중고로 팔거나 고철로 처리되므로 기계기구 감정가격이 얼마인지 꼭 확인해야 합니다. 어떻게 처리할지에 따라 시세분석시 기계기구 감정평가액만큼 감안하여 입찰가격 산정을 해야 합니다.

다음 사례를 보면 감정가 중 약 3억원 정도가 기계기구입니다. 낙찰 후 경락잔금대출을 알아볼 때도 기계기구를 뺀 감정평가금액을 기준으로 대출 한도가 계산되는 경우가 많으니, 사전에 자금계획도 잘 세워두셔야 합니다.

○——— **공장 감정평가금액 양식**

2. 감정평가액

구 분	사정면적(㎡), 수량	단가(원/㎡)	감정평가액(원)	가액구성비율
토지	5,885.4	-	3,464,884,400	56.3%
건물	4,295.26	-	2,154,331,330	35.0%
기계기구	12	-	302,880,000	4.9%
제시외건물	714.75	-	234,103,050	3.8%
합 계			₩6,156,198,780	100.0%

④ 임대료

경매로 진행되는 공장이나 창고가 신축인지 아닌지를 보고 평당 시세를 파악해보시면 됩니다. 공장이나 창고에는 제시외건물이 많이 있는데 제시외건물 부분은 임대료 산정시 면적 합산이 어려울 수 있으므로 시세 파악 시 지역 공인중개사 사무실을 통해 제시외건물도 포함이 되는지 등 적정 임대료를 잘 알아보셔야 합니다.

⑤ 폐기물 및 명도

폐기물이 야적되어 있다면 눈으로 확인이 되지만 가끔 땅속에 매립된 경우도 있으므로 주의해야 합니다. 경매사건에서 점유자의 업종이 무엇이었는지, 바닥 포장이 안 되어 있는 곳이 있는지 등을 조사해야 되는 이유입니다. 폐기물은 거의 소각 대상인데, 수도권 소각장은 대기 시간이 길어 대부분 지방으로 보내 처리하고 있다고 보시면 됩니다. 이럴 경우 추가로 운반비용이 들어갑니다.

또한 부피가 큰 물건들과 기계기구까지 강제집행해야 하는 경우라면 시간과 비용이 꽤 들어갈 수 있으므로 강제집행 비용을 넉넉히 감안해야 합니다.

⑥ 인허가 및 입점 제한

공장이나 창고가 어떤 땅 위에 세워졌는지도 매우 중요합니다. 자연녹지인지 계획관리지역인지에 따라 허가받을 수 있는 공장의 용도가 달라지기 때문입니다. 특정 산업단지는 입점할 수 있는 업종에 제한을 두기도 하므로 주의해야 합니다.

예를 들어 농림지역이라면 농업용 창고만 가능하고 일반 창고는 허가가 나지 않습니다. 실무에서는 농업용 창고로 허가받아 신축한 후에 일반 창고로 임대를 하기도 합니다. 실제 창고를 어떤 용도로 쓰는지 담당 공무원들이 일일이 찾아다니면서 확인하기 어렵기 때문입니다. 용도 위반으로 걸렸다면, 대부분 제3자가 구청이나 시청에 고발했을 가능성이 큽니다.

⑦ 지식산업센터

신도시를 개발할 때 일자리를 창출해 자족도시로 만들겠다는 취지로 '지식산업센터(구 아파트형 공장)'를 같이 짓습니다. 투자자 입장에서는 일반 공장보다 지식산업센터를 더 선호하기도 하는데요. 최근 공급과잉으로 경기도 일부 지역에서는 임차인을 못 구하는 사태가 벌어지고 있습니다.

산업단지 내의 지식산업센터의 임대사업은 현행법상에서 원칙적으로는 되지 않고 있습니다. 지식산업센터에 입점할 수 있는 업종의 회사가 직접 취득하여 사용하는 것만 가능하고 일정 요건을 갖춰야 합니다.

예를 들어 국가산업단지의 경우 별도의 관리 조직이 있는데, 이런 곳들은 취득 후 바로 임대사업이 불가능합니다. G-밸리라고 불리는 구로동 가산동 일대가 대표적입니다. 이런 곳에서 경매물건이 나오면 취득 후 자신이 직접 운영하는 것처럼 꾸며야 합니다. 그 후 일정기간 운영을 하고 사업이 안 되어 임대사업을 해야겠다고 신청해 허가를 받으면, 합법적 임대사업을 할 수 있습니다. 그래서 이들 지역은 낙찰받아 바로 매도하는 형태로 입찰을 하곤 합니다.

반면 산업단지 외 지역에 소재하는 지식산업센터는 낙찰받아 임대사업을 하는 분들이 많습니다. 산업단지 외 지역은 개별입지 지식산업센터라고 불립니다.

산업단지 내에서의 임대사업 요건

산업단지 내 임대사업과 관련하여 「산업집적활성화 및 공장설립에 관한 법률」 제38조의2에 관련 내용이 명시되어 있습니다. 기존 제조업 및 비제조업을 영위하여 공장등록 및 사업개시확인 완료된 기업 및 개인에 한해 제한적으로 임대사업이 가능합니다. 주의할 점은 부동산 임대사업을 목적으로 산업용지 · 건축물 · 지식산업센터 취득은 불가하고 취득 후 공장등록 및 사업개시확인 완료 전 부동산임대사업 전환도 불가합니다.

의무임대기간, 처분제한기간 등 관련 요건이 명시되어 있고 산업단지 내 임대사업 조항 위반시 벌칙규정이 있으므로 유의해야 하고 공장등록 및 사업개시확인은 모두 담당공무원 실사 후에 완료가 됩니다. 담당공무원이 일일이 체크하기 어려운 경우가 많으므로 공장등록을 하지 않고 사업자등록만 하는 임차인만을 찾아 임대사업을 하기도 합니다. 적발 시 벌칙규정이 있으므로 주의하셔야 합니다.

토지물건 조사하기

• • •

부동산 투자자 입장에서 시세를 파악하기 가장 어려운 물건은 토지일 것입니다. 그래도 최근에는 실거래가 정보가 많이 오픈되어 있어, 온라인상에서 어느 정도 시세를 가늠할 수 있습니다. 토지는 비슷한 입지라 하더라도 용도지역, 도로 상태, 공법상 제한 규정 등에 의해 시세 차이가 크게 날 수 있으므로, 현장조사시 현지 부동산을 부지런히 다녀야 합니다. 이렇게 많이 다니다 보면 안목이 생기고 토지 가격을 산정하는 나만의 기준이 만들어질 것입니다.

토지 분석에서 가장 중요한 것은 '용도지역'이라 할 수 있습니다. 용도지역에 따라 중요한 3가지가 결정되기 때문입니다. 바로 건폐율, 용적율, 신축 가능한 건축물의 종류가 결정됩니다. 용도지역만 봐도 어떤 건물이 들어서게 되고 규모가 어느 정도 될지 짐작할 수 있습니다.

모든 토지에는 용도지역이 있는데, 용도지역이 2개 이상 걸쳐져 있는 토지도 있습니다. 용도지역 확인은 어렵지 않습니다. 토지이음 사이트에 들어가서 지번을 입력하면 바로 확인이 됩니다.

○─── **토지이음 사이트(경기도 이천시 마장면 답)**

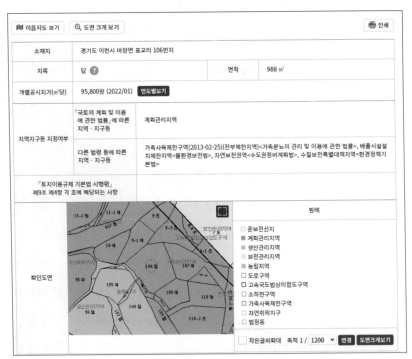

○───── **지역·지구등 안에서의 행위제한 내용**(경기도 이천시 마장면 답)

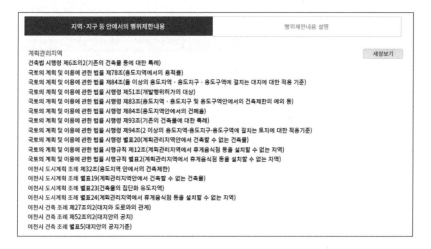

사례를 하나 살펴보겠습니다. 이천시에 있는 지목이 '답'인 토지입니다. 토지이음 사이트에 들어가 지번을 입력하면 용도지역, 개별공시지가 등이 확인됩니다. 해당 사례의 용도지역은 '계획관리지역', 개별공시지가는 평방미터당 95,800원입니다. 용도지역 아래에 작게 지적도가 나옵니다. 왼쪽 상단에 있는 '이음지도보기'를 클릭하면 큰 화면으로 볼 수 있으니 참고하세요.

지적도 아래에서 행위제한 내용을 확인할 수 있습니다. 예전에는 일일이 시행령과 조례를 찾아야 했지만, 지금은 링크가 걸려 있어 매우 편리합니다. 건축할 수 있는 건축물에 대해서는 「국토의 계획 및 이용에 관한 법률」과 각 지자체의 「도시계획조례」에 나와 있습니다. 해당 부분을 클릭하면 해당 토지에 어떤 건축물을 올릴 수 있는지 확인할 수 있습니다.

여기에 중요한 포인트가 있습니다. 계획관리지역은 '건축할 수 없는 건축물'이 표시되고, 다른 용도지역들은 '건축할 수 있는 건축물'이 표시된다

507

Chapter 10 경매물건 조사는 어떻게 해야 할까?

는 것입니다. 건폐율·용적율은 각 지방자치단체 도시계획조례에서 확인 가능합니다. 국가법령정보센터 사이트의 '자치법규' 메뉴에서 '○○시(또는 ○○군) 도시계획조례'로 검색하면 됩니다.

토지는 향후 개발하는 데 문제가 있는지 없는지에 따라 가격이 크게 달라집니다. 따라서 입찰 전에 개발행위허가 또는 건축허가 담당자와 통화해서 토지개발이나 건축허가시 문제가 될 만한 부분에 대해 필히 확인을 거쳐야 합니다. 시군구청 앞에 위치한 토목설계사무소에 문의해 양방향으로 체크하면 더 좋을 것입니다.

물론 개발이 불가능한 맹지로도 수익을 낼 수 있으나, 일반적으로는 개발이 될 수 있는 토지여야 매도가 쉽습니다. 원형지(개발되기 전 토지)를 사서 기초 토목공사를 한 후에 파는 경우도 있습니다. 수도권 국도변을 지나다 보면 종종 '허가득 토지 매매'라고 적힌 현수막이 걸려 있는 것을 보신 적이 있을 것입니다. 원형지를 취득하여 바로 건물을 지을 수 있는 단계까

부동산경매 필수상식

토지 개발과 관련된 허가사항

1. 개발행위허가
토지의 형질변경(지목변경)을 허가해 주는 제도로 「국토의 계획 및 이용에 관한 법률」에 규정되어 있습니다.

2. 농지전용허가
농지를 주택지나 공장용지 등 다른 용도로 전용하기 위한 허가. 농지법의 적용을 받는 농지(농업진흥지역내 토지)와 국토의계획및이용에관한법률의 적용을 받는 농지(농업진흥지역 외 토지)가 그 대상입니다.

3. 산지전용허가
산지(임야)를 다른 용도로 사용하기 위해 받는 허가입니다. 산지는 산지관리법의 적용을 받습니다.

4. 건축허가
건축허가는 전용이 완료된 토지에 건물을 새로 짓거나 증축, 대수선 등을 할 때 받는 허가입니다.

지 기초토목공사 등을 완료한 후 분양하는 물건들을 광고하는 것입니다.

도로에 접해 있는 토지라고 해도, 소유자가 개인이거나 도로 폭이 좁으면 허가가 어려울 수 있습니다. 토지 물건의 경우, 지상에 건물 등이 없다면 권리분석이 어렵지 않습니다. 권리분석보다는 용도지역, 개발 가능 여부, 도로 상태, 하수 처리 방법, 기타 토지 규제사항 등을 분석하는 것이 더 중요합니다. 토지는 권리분석 외에 공법에 대해서도 공부해야 하므로 토지 투자에 대한 책으로 공부하거나 강의를 수강하시길 권해드립니다.

토지투자 사례분석

* * *

① 인접 토지 소유자들에게 시세의 3배로 매도하기

경매물건은 아니지만 참고할 만한 사례라서 소개합니다. 지도에서 표시된 부분이 필자 지인의 토지입니다. 서측에 있는 토지들로 진입하기 위해서는 표시된 토지를 끼고 우회전을 해야 합니다. 다른 쪽 진입로도 있으나 큰 도로에서 들어오는 거리가 길어서, 북서측에 있는 토지소유자들이 토지 일부를 매입하겠다고 나선 것입니다. 지도상 도로 형태는 보이지만 폭이 좁아 우회전하기 어려웠던 것입니다. 지인은 토지 일부를 시세의 3배가 넘는 가격으로 매도할 수 있었습니다.

○──── **인접 토지주에게 토지 매도 사례**

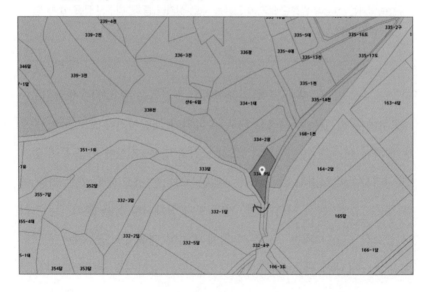

② 입지 좋은 토지 경매 사례

충북 오창 소재의 토지로, 높은 경쟁률로 감정가를 훌쩍 넘긴 금액에 낙찰된 사례입니다.

참고로 공유물분할 경매로 진행되는 건인데요. 공유물분할소송은 토지 소유자가 여러 명일 때(본건의 경우 32명) 하는 소송입니다.

일부지분 소유자가 토지를 매각하고 싶은데 자기 지분만 팔려면 매수자를 찾기가 매우 힘들 것입니다. 전체 토지를 매각하려면 지분권자 전체의 동의가 있어야 하는데 미동의자가 한 명이라도 있다면 거래가 이루어지지 않습니다. 이때 일부지분권자가 공유관계 해소를 위해 제기하는 소송이 공유물분할소송입니다.

공유물분할의 원칙은 '현물분할'이지만, 다들 도로에 접하는 등 좋은 쪽으로만 분할을 받으려 할 것이므로 현실적으로 분할 협의는 불가능할 것

○───── **물건 상세페이지(충북 청주시 청원구 전)**

대표소재지	[목록1] 충북 청주시 청원구 오창읍 후기리 ■-1 외 2개 목록 N지도 D지도 도로명주소				
대표용도	전	채 권 자	김●목 변시적경매 (공유물분할을위한경매)		
기타용도	도로	소 유 자	김●순 외 31명	신 청 일	2022.11.23
감정평가액	221,697,000	채 무 자	김●순	개시결정일	2022.11.28
최저경매가	(100%) 221,697,000	경 매 대 상	토지전부	감 정 기 일	2022.12.19
낙찰/응찰	361,699,000원 / 22명	토지면적	1,485㎡ (449.21평)	배당종기일	2023.03.06
청구 금액	0	건물면적	-	낙 찰 일	2023.05.11
등기채권액	0	제시외면적	-	잔금납부기한	2023.06.29
물건번호	1 [허가] 2 [진행]				

◑물건사진/위치도

입니다. 따라서 대부분은 공유물분할소송을 통해 가액분할(=돈으로 분할)을 하도록 판결이 납니다(현물분할, 가액분할 외에 일부 지분권자가 다른 지분권자의 소유 지분을 감정평가하여 매수하는 협의도 가능합니다).

그런데 법원에서는 땅을 팔아줄 방법이 없으니 경매제도를 빌려 매각하게 되는 것입니다. 공유자들끼리 채권·채무 관계가 없는 상태에서 경매제도를 빌려 매각하는 것이므로 이를 '형식적 경매'라고 부릅니다.

이렇게 경매로 매각되어 대금납부가 되면 각 토지 지분권자들은 자신의 소유 지분 비율대로 배당을 받고 소유권은 낙찰자에게 넘어갑니다. 참고로 공유물분할을 위한 경매에서는 청구금액이 '0원'인 경우가 대부분입니다. 공유자들끼리는 채권·채무 관계가 없기 때문입니다.

매각물건명세서를 보니 이런저런 내용들이 많습니다. 하나씩 알아보겠습니다.

🎈 가처분

최선순위로 가처분이 되어 있는 물건이지만, 매각대금 완납시 가처분을 말소해 주겠다는 가처분권자의 동의서가 제출되어 있으므로 가처분은 권

○──── **매각물건명세서(충북 청주시 청원구 전)**

대법원공고	**[매각물건명세서]** <등기부상의 권리 또는 가처분으로 매각허가에 의해 그 효력이 소멸되지 않는 것> 목록1번의 갑구10번, 목록2번의 갑구9번, 목록3번의 갑구8번 각 가처분(2022.3.15.접수 제26607호)에 대하여 2023.3.21.자 신청채권자 겸 가처분권자로부터 매각대금완납시 말소를 조건으로 하는 가처분 말소동의서가 제출됨. • 일괄매각. 목록1번 지상에 소재하는 컨테이너 매각제외. 목록2번은 도시계획시설도로 상 도로구역임. 목록1번,3번은 공부상 지목 '전'이나 현황은 목록1번 '휴경지', 목록3번 '휴경지,잡종지'상태임. • 목록1번,3번은 농지취득자격증명 필요함(미제출시 보증금 미반환, 소관 행정기관에 농지취득자격증명 발급여부 확인 후 입찰요망. 농지법 등 개정으로 농지취득자격증명서 발급기간이 연장되었으므로 소관 행정기관에 확인 요함. 별지 청주시 청원구 오창읍 사실조회회신 참조). **[현황조사서]** • 채무자(소유자)점유, 임차인(별지)점유 • 1번 목록 일부분은 임차인 일●산업기계(주)가 점유하고 있으며, 임차인 일●산업기계(주)의 대표 정●교에 의하면 임대차계약 없이 1번 목록 일부분과 2번, 3번 목록을 본인이 점유하고 있으며, 예전에는 임차료로 소유자가 속한 종친회(본건 소유자들)에 월 20만원씩 지급하였으나 최근에는 지급하지 않고 점유하고 있다고 함.

리상 문제가 없습니다.

● 농지취득자격증명(농취증)

지목이 농지여서 농취증이 필요합니다. 농취증은 매각허가결정기일까지 제출해야 하므로 입찰 전에 농취증 담당자와 통화를 해봐야 합니다.

일단 토지이용계획을 보니 용도지역은 '계획관리지역'이고 '영농여건불리농지'라고 되어 있습니다. 영농여건불리농지의 경우, 농업경영계획서는 제출하지 않아도 되지만 농지취득자격증명은 제출해야 합니다. 입찰 전 농취증 담당자와 통화를 해보니 "오시면 바로 해드리겠습니다"라는 친절한 답변을 받을 수 있었습니다. 영농여건불리농지라면 다른 농지보다는 쉽게 농취증을 받을 수 있습니다.

이번엔 지적도를 확인해볼 차례입니다. 해당 토지의 지적도를 보면 빨간색 선이 보입니다. 바로 도시계획도로 선입니다. 이 토지는 도시계획도로에 붙어 있고 매각 대상 중 한 필지는 도시계획도로 안에 들어가 있습니다. 도시계획사업이 시작되어 도로공사가 진행된다면, 매각 대상 중 일부 필지는 토지보상을 받게 될 것입니다. 공공에서 이곳에 도로가 필요하다고 판단했다는 것은 무슨 뜻일까요? 이 지역에 뭔가 개발 계획이 있을 공산이 큽니다.

해당 토지가 소재한 오창읍 후기리에는 '방사광가속기'가 들어가는 오창테크노폴리스 산업단지가 조성되고 있습니다. 경매물건 토지는 오창테크노폴리스 주출입구 바로 앞에 위치해 있다 보니 감정가를 훌쩍 넘긴 금액에 낙찰된 것입니다.

인근 토지의 시세를 살펴보았더니 농지(용도지역이 생산관리지역)가 평당

○───── 토지이용계획(충북 청주시 청원구 전)

소재지	충청북도 청주시 청원구 오창읍 후기리 ▆▆-1번지			
지목	전 ❓		면적	1,428 ㎡
개별공시지가(㎡당)	59,500원 (2023/01) 연도별보기			
지역지구등 지정여부	「국토의 계획 및 이용에 관한 법률」에 따른 지역·지구등	계획관리지역		
	다른 법령 등에 따른 지역·지구등	가축사육제한구역(가축사육일부제한구역(신고 및 허가대상의 모든축종 제한)조례별표2참조)<가축분뇨의 관리 및 이용에 관한 법률>		
「토지이용규제 기본법 시행령」 제9조 제4항 각 호에 해당되는 사항	영농여건불리농지			

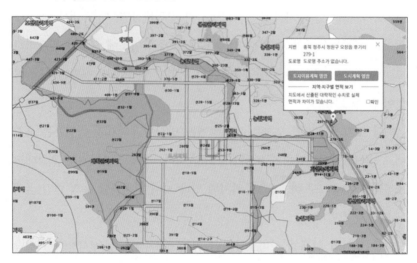

확인도면

범례
- ☐ 임업용산지
- ☐ 준보전산지
- ▨ 계획관리지역
- ▨ 생산관리지역
- ☐ 농림지역
- ☐ 도로구역
- ☐ 소하천구역
- ☐ 가축사육제한구역
- ☐ 법정동
- ☐ 중로2류(폭 15m~20m)

☐ 작은글씨확대   축척 1/ 1200 ▾   변경 도면크게보기

○───── 지적도(충북 청주시 청원구 답)

우광연의 작심하고 시작하는 경매공부

농지취득자격증명(농취증)이란?

이른바 LH사태로 인해, 2022년 5월 18일부터 농지취득자격증명을 받기 위한 요건이 강화되었습니다. 과거 농지 취득이 어려웠던 시절이 있었는데 '통작거리' 개념 때문이었습니다. 해당 농지로부터 일정 거리 안에 거주하는 사람만 농지를 취득할 수 있었던 것입니다. 통작거리 개념은 2006년 폐지되어 취득시에는 적용되지 않지만, 양도세 계산시 자경 여부를 따질 때는 그 개념이 살아 있습니다. 이후 농지취득자격증명은 하나의 요식행위였으나 최근에 와서 까다롭게 강화된 것입니다. 농취증을 못 받는 경우는 거의 없지만, 발급 난이도에는 차이가 있습니다. 최악의 경우에는 행정소송을 해야 할 수도 있습니다. 농취증 관련 내용은 뒤에서 좀 더 상세히 기술하도록 하겠습니다.

95만원에 매물로 나와 있었습니다. 오창에는 산업단지 등 개발 호재가 많아 농지 가격이 100만원 전후 정도에 시세가 형성되어 있고, 본건 토지도 평당 100만원 이상 되는 물건이었습니다.

용도지역이 '계획관리지역'이라 건폐율 40%, 용적율 100%에 근생건물이나 창고, 공장 모두 건축할 수 있습니다. 또한 도시계획도로에 접해 있으므로 진입로도 문제가 없습니다. 지적도상 도시계획도로는 오창테크노폴리스 진입도로가 될 것이므로 조만간 사업이 진행될 것으로 보입니다.

토지 활용 가치가 높고 개발 호재가 있으니 인기가 높을 수밖에 없습니다. 산업단지가 완공되고 입주가 끝나면 상가건물로 활용해도 좋을 물건이었습니다.

Chapter

11

. . .

유비무환 대처능력 키우는
경매 사례분석

01
공유자우선매수신고인이
2명일 때

공유자우선매수를 하겠다는 사람
이 2명 이상이라면 어떻게 될까요? 평택 소재의 토지가 경매에 나왔
는데 일부 지분만 매각대상이었습니다. 신건이었지만 당시 개발 호
재가 많은 평택 현덕지구 인근의 토지여서, 공유자였던 지인이 우선
매수신고를 한 사건입니다.

개찰을 해보니 일반 입찰자가 1명 있었고, 지인을 대리하여 필자가
공유자우선매수신고를 했습니다. 잠시 후 또 다른 공유자가 '저도 공
유자우선매수신고 하겠다'라고 하여 일반 입찰자 1명, 공유자우선매
수신고인이 2명인 상황이 벌어지게 됐습니다. 이럴 땐 어떻게 되는
것일까요? 민사집행법 140조에 관련된 내용이 나와 있습니다.

민법 제140조(공유자의 우선매수권)

① 공유자는 매각기일까지 제113조에 따른 보증을 제공하고 최고가매수신고가격과 같은 가격으로 채무자의 지분을 우선매수하겠다는 신고를 할 수 있다.

② 제1항의 경우에 법원은 최고가매수신고가 있더라도 그 공유자에게 매각을 허가하여야 한다.

③ 여러 사람의 공유자가 우선매수하겠다는 신고를 하고 제2항의 절차를 마친 때에는 특별한 협의가 없으면 공유지분의 비율에 따라 채무자의 지분을 매수하게 한다.

④ 제1항의 규정에 따라 공유자가 우선매수신고를 한 경우에는 최고가매수신고인을 제114조의 차순위매수신고인으로 본다.

이 사례에서 뒤늦게 공유자우선매수신고를 한 사람은 동일한 공유자이니 매각대상 지분을 1/2씩 취득하게 해 달라고 하였습니다. 한편 필자는 법 조항대로 지분 비율로 취득할 수 있도록 해 달라고 했습니다. 민법 140조 3항에 따라 공유지분의 비율대로 취득하면 되는데, 의견이 갈리다 보니 집행관이 제일 마지막에 개찰하는 것으로 미뤄놔서 한참 기다렸던 케이스입니다. 마지막 개찰을 끝낸 집행관이 자신의 사무소에 가서 관련 규정을 찾아보고 온 후에야 지분 비율대로 해야 한다고 결정이 되었던 사건이었습니다.

등기부를 보면, 공유자 2명의 지분 비율이 상이함을 알 수 있습니다. 신ㅇ현은 89/123, 이ㅇ주는 33/123으로 기존의 소유지분비율이 다릅니다. 33㎡가 매각대상이었으므로 소유지분 비율을 곱한 면적만큼 취득하게 되는 것입니다. 따라서 일반 입찰자가 응찰한 금액을 기준으로 상기 비율대로 매각대금을 납부하면 됩니다. '권리 위에서 잠자는 자는 보호받지 못한

대표소재지	[목록1] 경기 평택시 현덕면 장수리 ■■-9 N지도 D지도 도로명주소				
대 표 용 도	답	채 권 자	서울보증보험 (강제)경매		
기 타 용 도	-	소 유 자	나●윤	신 청 일	2020.07.28
감정평가액	7,590,000	채 무 자	나●윤	개시결정일	2020.07.29
최저경매가	(100%) 7,590,000	경 매 대 상	토지지분	감 정 기 일	2020.08.13
낙찰 / 응찰	8,390,000원 / 3명	토 지 면 적	33㎡ (9.98평)	배당종기일	2020.10.19
청 구 금 액	9,932,550	건 물 면 적	-	낙 찰 일	2021.03.29
등기채권액	20,464,233	제시외면적	-	종 국 일 자	**2021.06.23**
물 건 번 호	1 [배당]				

◉물건사진/위치도

○ ─── **등기부(경기도 평택시 현덕면 답)**

40	8번홍●경지분10890 분의3702 중	2018년12월28일 제101909호	2018년12월3일 매매	공유자 지분 3630분의 89 신●현 ●326-*******
16	8번홍●경지분10890 분의9207 중 일부(3630분의33)이 전	2018년11월20일 제90294호	2018년11월1일 매매	공유자 지분 3630분의 33 이●주 ●129-******* 서울특별시 송파구 올림픽로 435, ●동 ●호 (신천동, 파크리오) 거래가액 금28,130,000원

다'라는 말이 있습니다. 이러한 내용을 몰라서 개찰시 반반씩 취득하는 것

으로 합의를 했다면 합의한대로 취득이 되므로 자기 권리를 못 찾는 셈이

될수도 있습니다.

02

임차인의 대항력 관련한
특이 사례

임차인의 대항력과 관련하여 특이한 사례 중심으로 공부해 보겠습니다. 지금부터 나오는 내용들을 잘 이해해 놓으시면, 대항력과 관련해서는 거의 대부분 분석이 가능해지실 겁니다.

전 소유자가 임차인이 된 경우 대항력 발생 시점은?

• • •

소유자가 거주하다 집을 매도하면서 매수인과 임대차계약을 하는 경우들이 종종 있습니다. 이러한 경우 전 소유자였던 사람의 대항력은 언제부터 발생될까요?

매매계약 이전부터 주민등록이 계속 되어 있다 하더라도 과거에는 소유자로서의 주민등록이고, 매도 후에는 임차인으로서의 주민등록이 됩니다. 이러한 경우, 대법원은 새로운 소유자가 소유권이전등기를 한 날 다음날 0시부터 임차인으로서 대항력이 발생한다고 판시하고 있습니다. 대항력은 소유자에게는 발생하지 않기 때문입니다.

이 경매사건에서 말소기준권리는 우리은행 근저당권입니다. 말소기준권리보다 앞서 전입한 세대가 있는데 전입세대와 전 소유자의 이름이 같습니다. 실제 계속 거주하는지에 대한 내용은 알 수 없지만 경매 입찰시에는 최악의 상황도 염두에 둬야 하므로 전 소유자가 경매 낙찰자인 현재 소유자와 임대차계약을 하고 거주하는 것으로 보고 분석을 해볼 필요가 있습니다.

대법원 판례 내용을 대입해 보면 전 소유자가 임차인으로서 대항력이 발

 판례 | 전 소유자가 임차인이 된 경우 대항력

대법원 2000. 2. 11. 선고 99다59306 판결
[전부금] [공2000.4.1.(103),688]

【판시사항】
[3] 갑이 주택에 관하여 소유권이전등기를 경료하고 주민등록 전입신고까지 마친 다음 처와 함께 거주하다가 을에게 매도함과 동시에 그로부터 이를 다시 임차하여 계속 거주하기로 약정하고 처 명의의 임대차계약을 체결한 후에야 을 명의의 소유권이전등기가 경료된 경우, 갑의 처가 주택임대차보호법상 임차인으로서 대항력을 갖는 시기(=을 명의의 소유권이전등기 익일부터)

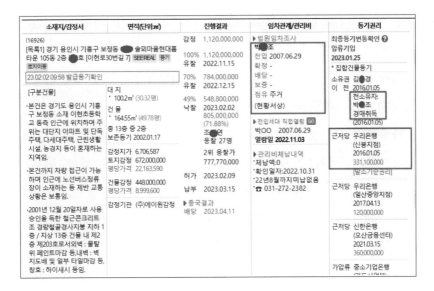

소재지/감정서	면적(단위:㎡)	진행결과	임차관계/관리비	등기권리
(16926) [목록1] 경기 용인시 기흥구 보정동 ● 술뫼마을현대홈타운 105동 2층 ●호 [이현로30번길 7] SEE REAL 등기 토지이용 23.02.02 09:58 발급등기확인 [구분건물] ·본건은 경기도 용인시 기흥구 보정동 이현초등학교 동측 인근에 위치하며 주위는 대단지 아파트와 단독주택, 다세대주택, 근린생활시설, 농경지 등이 혼재하는 지역임. ·본건까지 차량 접근이 가능하며 인근에 노선버스정류장이 소재하는 등 제반 교통상황은 보통임. ·2001년 12월 20일자로 사용승인을 득한 철근콘크리트조 경량철골경사지붕 지하 1층 / 지상 13층 건물 내 제2층 제203호로서외벽: 몰탈위 페인트마감 등,내벽: 벽지도배 및 일부 타일마감 등, 창호: 하이새시 등임.	감정 1,120,000,000 100% 1,120,000,000 유찰 2022.11.15 70% 784,000,000 유찰 2022.12.15 49% 548,800,000 낙찰 2023.02.02 805,000,000 (71.88%) 조●● 응찰 27명 2위 응찰가 777,770,000 허가 2023.02.09 납부 2023.03.15 대 지 ·100.2㎡ (30.32평) 건 물 ·164.55㎡ (49.78평) 총 13층 중 2층 보존등기 2002.01.17 감정지 6,706,587 토지감정 672,000,000 평당가격 22,163,590 건물감정 448,000,000 평당가격 8,999,600 감정기관 (주)에이원감정	▶법원임차조사 박●조 전입 2007.06.29 확정 - 배당 - 보증 - 점유 주거 (현황서상) ▶전입세대 직접열람 60 박○○ 2007.06.29 열람일 2022.11.03 ▶관리비체납내역 ·체납액:0 ·확인일자:2022.10.31 '22년8월까지미납없음 ☎ 031-272-2382 ▶종국결과 배당 2023.04.11	최종등기변동확인 ❷ 압류기입 2023.01.25 *집합건물등기 소유권 김●경 이 전 2016.01.05 전소유자: 박●조 경매취득 (2016.01.05) 근저당 우리은행 (신봉지점) 2016.01.05 331,100,000 [말소기준권리] 근저당 우리은행 (일산중앙지점) 2017.04.13 120,000,000 근저당 신한은행 (오산금융센터) 2021.03.15 360,000,000 가압류 중소기업은행

생하는 시점은 현재 소유자가 소유권을 취득한 2016년 1월 5일 다음날 0시입니다. 즉, 낙찰자가 소유권 이전일에 근저당권을 설정했으므로 임차인의 대항력 발생 시점은 말소기준권리보다 순위가 느립니다. 그러므로 전 소유자의 주민등록이 계속 되어 있다 하더라도 임차인으로서의 대항력은 새로운 소유자가 소유권을 취득한 날 다음날 0시가 되므로 대항력이 없습니다. 즉 권리상 문제없이 안전하게 입찰할 수 있다는 뜻입니다.

낙찰자와 임대차계약을 한 임차인의 대항력 발생

■ ■ ■

이번 사례에서는 '순서'를 주의 깊게 봐야 합니다. 경매로 낙찰받은 부동산에 대항력이 없는 임차인이 거주 중이었는데, 낙찰 후 최고가매수신고인은 이 임차인과 임대차계약을 합니다. 그리고 나서 최고가매수신고인은 매각대금을 납부하여 소유권을 취득해 소유권이전등기를 하면서 대출을 받았습니다. 그런데 이후 다시 경매가 진행되었습니다. 이럴 경우 임차인의 대항력은 언제 발생하는 걸까요?

판례에 따르면 임차인은 첫번째 경매 이전부터 주민등록이 되어 있어 낙찰자에게도 임차인으로서 공시가 되어 있었고 경매로 소유자가 변경된 (=낙찰자가 매각대금을 납부한) 시점에도 계속 주민등록을 해 놓고 거주하고 있었기 때문에 소유자가 변경되면 임차인의 대항력은 소유자가 변경된 즉시 발생하게 된다는 것입니다.

낙찰자가 소유권을 이전하면서 근저당권 설정을 했지만 임차인의 대항력과 동순위가 되어 말소가 되지 않습니다. 즉 근저당권자는 임차인의 대

 판례 | 소유자 변경시 종전 임차인의 대항력 여부

대법원 2002. 11. 8. 선고 2002다38361,38378 판결
[전세보증금 · 건물명도등] [공2003.1.1.(169),39]

【판결요지】
[4] 경매절차에서 낙찰인이 주민등록은 되어 있으나 대항력은 없는 종전 임차인과의 사이에 새로이 임대차계약을 체결하고 낙찰대금을 납부한 경우, 종전 임차인의 주민등록은 낙찰인의 소유권 취득 이전부터 낙찰인과 종전 임차인 사이의 임대차관계를 공시하는 기능을 수행하고 있었으므로, 종전 임차인은 당해 부동산에 관하여 낙찰인이 낙찰대금을 납부하여 소유권을 취득하는 즉시 임차권의 대항력을 취득한다고 한 사례.

항력으로 인해 낮은 금액에 낙찰이 되어 대출금액에 손해를 입었을 것으로 보입니다. 낙찰자가 있었다면 매각대금을 내지 못해 보증금이 몰수되었을 가능성이 큽니다.

앞의 사례는 전 소유자가 임차인으로 변경된 경우이고, 이번 사례는 임차인으로 상태가 계속 유지된 경우입니다. 특정 부동산에 임차인이 있는지 없는지에 대한 공시방법은 주민등록인데 이 임차인은 과거부터 계속 주민등록과 점유 두 가지 모두를 갖추고 있었으므로 소유자가 변경되더라도 대항력이 다음날 0시가 아닌 소유권이 변경된 즉시 발생하게 되게 되는 것입니다. 앞의 케이스와 비교하여 알아두시면 되겠습니다.

판례에는 임대차보호법에는 없는 내용들도 꽤 많으니 꾸준히 공부해야 합니다. 현재 소유자가 경매나 공매로 소유권을 취득한 경우, 임차인의 주민등록일자가 현재 경매사건 소유자의 소유권 취득일 이전이라면 이 판례에 해당되는지 여부도 검토해야 합니다. 현재 소유자가 경매나 공매로 소유권을 취득했을 것이므로 현재 진행되는 경매사건의 임차인은 종전 사건에서도 임차인이었을 것이기 때문입니다. 단, 낙찰자가 대출을 받아 소유권을 취득한 후 임대차계약을 했다면 해당되지 않습니다.

임차인의 확정일자는 몇 번 사용할 수 있을까?

...

'어떤 부동산에 경매신청은 한 번만 가능하다'라는 법은 없습니다. 따라서 두세 번 연달아 경매가 진행될 수 있습니다. 이렇게 여러 번 경매가 되는 와중에 대항력 있는 임차인이 계속 거주하는 경우가 있습니다.

예를 들어보겠습니다. 어떤 부동산에 경매가 두 번 진행되었습니다. 첫 번째 경매에서 대항력 있는 임차인이 확정일자가 있는 계약서로 배당요구를 했습니다. 그런데 배당순위가 안 되어 일부(또는 전부) 보증금을 못 받은 상태에서 두 번째 경매가 진행되었습니다. 이 임차인은 같은 임대차계약서로 또다시 배당요구를 신청했습니다. 이 임차인은 배당을 받을 수 있을까요?

대법원 판례에 따르면, 이 임차인은 두 번째 경매절차에서 확정일자에 의한 우선변제권을 행사할 수 없습니다. 첫 번째 경매절차에서 배당요구를 했다면, 배당을 받았든 못 받았든 확정일자를 사용했기 때문입니다. 그러므로 임차인에게 우선변제권은 없고 대항력만 남아 있는 것입니다.

실제 사례를 살펴보겠습니다. 대전 서구에 있는 오피스텔로 말소기준권리보다 앞서 임차권등기가 되어 있습니다. 대항력 있는 임차인이고 확정

판례 | 임차인의 확정일자는 한 번만 사용가능하다는 판례

대법원 2001. 3. 27. 선고 98다4552 판결
[배당이의] [공2001.5.15.(130),988]

【판결요지】
주택임대차보호법상의 대항력과 우선변제권의 두 가지 권리를 겸유하고 있는 임차인이 우선변제권을 선택하여 제1경매절차에서 보증금 전액에 대하여 배당요구를 하였으나 보증금 전액을 배당받을 수 없었던 때에는 경락인에게 대항하여 이를 반환받을 때까지 임대차관계의 존속을 주장할 수 있을 뿐이고, 임차인의 우선변제권은 경락으로 인하여 소멸하는 것이므로 제2경매절차에서 우선변제권에 의한 배당을 받을 수 없다.

일자도 말소기준권리보다 빨라서, 낙찰받는 경우 임차인이 먼저 배당받게 될 것으로 보입니다.

그런데 자세히 보면 현재 소유자의 소유권 이전 원인이 '매매'가 아닌 '매각'입니다. 소유권 이전 원인이 '매각, 경락, 낙찰' 등으로 기재되어 있다면 경매나 공매로 취득한 경우로서 보다 신중한 권리분석이 필요합니다.

현재 소유자가 경매로 소유권을 취득한 시점이 2011년인데, 임차인의 주민등록은 2008년입니다. 시기적으로 판단해 본다면 종전 경매사건에서도 임차인이었을 것입니다. 판례에 따르면, 종전 경매에서 배당요구를 했다면 이번 경매에서는 우선변제권(확정일자)의 효력은 없는 것입니다.

○──── **현재 경매사건의 상세페이지**(대전시 서구 만년동 오피스텔)

소재지/감정서	면적(단위㎡)	진행결과		임차관계/관리비	등기권리
(302-834) 대전 서구 만년동 389 리체스오피스텔 6층 ■■호 SEE:REAL 토지이용 ▶건물구조 [구분건물] ·대전예술의전당 북서측 인근에 위치 ·주위는 업무용 건물과 각종 근린생활시설 및 공원과 공연장 및 방송국 등이 혼재 ·제반 주위환경은 보통인 편임. ·차량접근 가능 ·시내버스정류장 있음. ·교통여건은 보통인 편임. ·리체스오피스텔 6층 ■■호임. ·위생설비 있음. ·급배수설비 ·개별난방가능함. ·장방형 토지로서 평지 ·서측으로 중로와 접하고, 북측으로 보행자전용도로와 접함 ·보행자전용도로(접함) ·중로1류(접함) ·가축사육제한구역	감정 90,000,000 대 지 · 915.2㎡중 6,783/915.2 ⇒ 6,783㎡ (2.05평) 건 물 · 29.91㎡ (9.05평) 총 12층 중 6층 보존등기 2006.01.25 감정지가 3,184,432 대지감정 21,600,000 평당가격 10,536,590 건물감정 68,400,000 평당가격 7,558,020 감정기관 둔산감정	감정 90,000,000 100% 90,000,000 유찰 2011.12.26 70% 63,000,000 유찰 2012.02.06 49% 44,100,000 낙찰 2012.03.12 63,000,000 (70.00%) 박●임 응찰자 1명 허가 2012.03.19 미납 2012.04.13 49% 44,100,000 유찰 2012.05.21 34% 30,870,000 유찰 2012.07.02 24% 21,609,000 유찰 2012.08.13 17% 15,126,000 낙찰 2012.09.17 22,000,000 (24.44%) 김●한 응찰자 3명 허가 2012.09.24 납부 2012.10.24 ▶종국결과 배당 2012.11.29		▶법원임차조사 김● 전입 2008.05.26 확정 2009.06.10 배당 2011.10.24 보증 6000만 점유 - (점유: 2008.5.26.~2011.3.14.) *총보증금:60,000,000 임대수익률계산	* 집합건물등기 임차권 김● 2011.02.23 60,000,000 (전입:2008.05.26 확정:2009.06.10) 소유권 리더스캐피탈 이 전 2011.05.02 전소유자박순옥 매각(2011.04.26) 근저당 박●석 2011.05.17 50,000,000 [말소기준권리] 임 의 박●석 2011.08.30 청구액 45,000,000원 [등기부채권총액] 110,000,000원 열람일 2011.09.16 집합건물등기부확인 60

이렇게 현 소유자의 소유권 취득 원인이 경매나 공매이고 현재 소유자의 소유권 취득 시점보다 앞서 주민등록이 되어 있는 임차인이 있다면 판례의 케이스에 해당되는지 분석해야 합니다. 그러려면 종전 경매사건을

○──── **부동산태인의 과거 경매사건 표시**

과거사건	2009-16223(대전지방법원 1계)

○──── **과거 경매사건의 상세페이지**(대전시 서구 만년동 오피스텔)

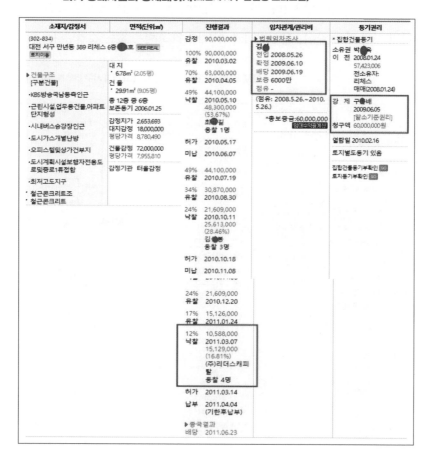

살펴보는 것이 필수입니다. 등기부를 보면 과거의 경매사건은 빨간색으로 삭선 표시가 되어 있지만 사건번호는 확인할 수 있습니다. 부동산태인에서는 동일 주소지에 경매가 다시 진행되는 경우 '과거 사건'을 표시해 주고 있으므로 편리하게 과거사건조회가 가능합니다.

과거 경매사건을 클릭해보니, 그때도 동일한 임차인이 있었고(보증금 6천만원) 배당 요구한 것으로 나와 있습니다. 임차인은 대항력이 있는데 경매개시결정기입등기 이후에 확정일자를 받았습니다. 종전 경매에서 임차인이 얼마나 배당받았는지 알아야, 현재 경매에서 낙찰자가 인수할 금액을 알 수 있습니다.

먼저 최우선변제권에 해당되는지부터 알아봐야 합니다. 2011년 배당이 되었는데, 당시 대전광역시의 최우선변제금 기준은 보증금 5500만원 이하여서 최우선변제권에는 해당되지 않습니다. 우선변제권의 경우, 경매개시결정기입등기 이후여도 순위배당이 가능합니다.

강제경매개시등기는 채권이라 물권에 있는 우선변제권 권능이 없으므로, 강제경매신청자와 임차인은 안분배당을 받게 됩니다. 종전 경매사건의 낙찰금액은 약 1500만원이었습니다. 낙찰 후 대금을 미납한 사람들의 보증금이 있으니 이를 합해 배당표를 짜봐야 합니다.

○─── **현재 경매사건의 매각물건명세서**(대전시 서구 만년동 오피스텔)

대법원공고	[매각물건명세서] <동기부상의 권리 또는 가처분으로 매각허가에 의해 그 효력이 소멸되지 않는 것> 2011.2.23.제19360호 주택임차권 · 김섭 : 주택임차권(대전지법 2011.2.23.제19360호)- 임차권동기명령(2011카기201호)김섭 : 대항력은 있으나 우선변제권은 없음 (2009타경16223호 사건에서 금 10,099,467원이 배당됨) [현황조사서] · ⓐ 폐문으로 해당 동사무소에 전입세대 확인한 바 전입된 세대가 없으며, 해당 세무서에 등록사항 등의 현황서를 확인한 바 해당사항 없음 ⓑ 점유 및 임대차 관계 미상으로 안내문 부착

두 번째 경매사건의 매각물건명세서에서, 대항력 있는 임차인이 약 1천만원을 배당받았다는 사실을 알 수 있습니다(앞서 대법원 판례에서 확인했듯이, 후행 경매에서 임차인이 같은 계약서로 배당요구를 하더라도 확정일자의 효력은 없습니다).

종전 경매에서 낙찰자는 임차인이 받지 못한 약 5천만원의 보증금을 인수해야 하므로 약 4,800만원과 2,500만원에 각각 낙찰받았던 2명이 대금을 미납한 것입니다. 종전 경매에서는 약 1,500만원에 최종 낙찰이 되었습니다. 현재 소유자의 소유권 이전 원인이 경매나 공매이고, 대항력 있는 임차인이 존재하는 경우로서 주의가 필요한 유형입니다.

무상거주확인서가 제출된 선순위 위장 임차인

■ ■ ■

말소기준권리보다 앞선 등기상 권리는 없으나 전입신고가 먼저 되어 있는 세대가 있는 사례입니다. 감정가 대비 80% 정도에 해당하는 대출금이 있는 것으로 봐서는 진성 임차인이 아닐 수 있으므로 채권자에게 연락을 해봤습니다.

채권자를 통해 무상임차인각서를 확인해보니, 먼저 전입신고가 된 세대는 소유자의 어머니였습니다. 낙찰받은 후 채권자로부터 무상임차인각서를 받아 인도명령 신청시 첨부하여 명도 완료한 사건입니다. 임차인으로 보이는 사람이 직접 작성하고 인감증명서까지 제출된 무상임차인각서라면 임차인으로서의 대항력은 발생하지 않는다고 봐도 무방합니다(주택임대차보호법 파트의 무상임차인각서 판례를 참고하세요).

그런데 법원기록을 보면 임차인에 소유자의 어머니 세대 말고 또 한 세대가 존재합니다. 현관 입구 우측의 방 1칸을 임차했다고 주장하는 또 다른(?) 임차인입니다. 전용면적 18평의 주택에 2세대가 사는 경우는 거의 없을 테니까요. 나중에 보니 소유자의 지인이었고 소액임차인으로 배당받기 위해 작업을 한 것이었습니다.

통상적이라면 채권자 측에서 배당배제신청을 넣어서 배당을 못 받게 하는 경우가 많은데, 이 사건의 채권자는 웬일인지 별도로 배당배제신청을 하지 않았습니다. 이 위장 임차인은 명도 과정에서 계속 저한테 연락을 하여 명도확인서를 빨리 달라고 했는데요. 이런 경우 먼저 줘도 될까요?

명도확인서를 먼저 주고 배당받고 순조롭게 끝날 수도 있지만 경매는 항상 최악의 경우를 생각해야 합니다. 명도확인서를 미리 줬는데 이 임차인이 점유하던 공간에 다른 점유자가 들어오게 되면 명도를 또 해야 하는 일이 벌어질 수 있습니다. 그래서 "명도확인서를 받고 싶으면 전 소유자에게 명도를 빨리 해 달라고 요청하세요. 명도가 전부 완료되기 전까지는 줄 수 없습니다"라고 했더니 위장 임차인의 답변은 욕이었습니다.

결국 소유자의 어머니가 이사를 간 뒤 명도확인서를 보내줬는데, 저에게 욕을 한 대가를 치러야 하므로 우편비용도 받아냈습니다. 이런 경우 명

○─── **물건 상세페이지(경기도 성남시 분당구 빌라)**

소재지/감정서	면적(단위:㎡)	진행결과	임차관계/관리비	등기권리
(13503) [목록1] 경기 성남시 분당구 야탑동 266 매화마을동신빌라 901동 2층 ■■호 [빌말로30번길 12] SEE REAL 등기 로지이용		감정 385,000,000 100% 385,000,000 변경 2018.03.05	▶ 법원임차조사 김■열 전입 1998.05.06 확정 - 배당 - 보증 - 점유 주거	* 집합건물등기 소유권 권■성 이 전 1998.05.07 매매(1998.04.20)
[구분건물] ·본건은 경기도 성남시 분당구 야탑동 소재 야탑중학교 북동측 근거리에 위치하는 매화마을 동신빌라 901동 2층 ■■호임. 본건 주위는 아파트단지와 연립주택단지, 일반단독주택과 간선도로변 근린생활이 혼재하는 지역으로 주위환경 쾌적 한편임.	대 지 · 70.85㎡ (21.43평) 건 물 · 59.92㎡ (18.13평) 총 4층 중 2층 보존등기 1995.05.03 감정지가 2,717,200 토지감정 192,500,000 평당가격 8,982,740	100% 385,000,000 유찰 2018.05.14 70% 269,500,000 낙찰 2018.06.18 381,770,000 (99.16%) 곽■석외1 응찰 13명 2위 응찰가 372,199,000	(현황서상) 김■희 전입 2015.11.27 확정 2015.11.27 배당 2017.11.10 보증 5000만 점유 일부(현관입구 우측방)/주거	근저당 드림자산대부 2015.08.07 268,800,000 (홍국화재해상보험의 근저이전) [말소기준권리] 근저당 제이비우리캐피탈 질 권 2015.08.07 268,800,000
·근거리에 버스정류장이 위치하고, 본건 단지까지 차량 진출입 자유로우며 도심 근교에 소재하여 교통상환 무난함.	건물감정 192,500,000 평당가격 10,617,770 감정기관 다물감정	허가 2018.06.25 납부 2018.07.26	(점유: 2015.11.27.부터2017.11.26.까지)	(드림자산대부의 근저질권) 근저당 드림자산대부 2015.08.10 26,000,000 (세림신협의 근저이전)
·철근콘크리트 벽식구조 경사스라브지붕 4층 연립주택 중 2층 201호로외벽: 외장 페인트 도색 마감외내벽: 벽지 도배 및 타일붙임 마감 동창호: 하이샷시 창호임.		▶ 종국결과 배당 2018.09.06	*총보증금:50,000,000 임대수익률계산	근저당 제이비우리캐피탈 질 권 2015.08.10 26,000,000 (드림자산대부의 근저질권)
·연립주택(방3, 거실, 주방, 욕실 및 화장실, 베란다 등)으로 이용중임.			▶ 전입세대 직접열람 Go 김OO 1998.10.20 (최초: 권** 1998.05.06) 김OO 2015.11.27 열람일 2018.02.19	가압류 기술신용보증기금 (성남기술평가센터) 2016.01.04 2015카단62238 성남지원 내용보기 792,000,000
·위생설비 및 열병합발전에 의한 지역난방설비, 도시가스시설 등이 되어있음.			▶ 관할주민센터 성남시 분당구 야탑3동 ☎ 031-729-7866	
·복측 중로와 단지내 도로가				

도는 한 번에 하는 게 좋습니다. 다가구주택이야 출입문이 각각이니 한 집씩 해도 되지만, 이 건은 집합건물 내의 방 1칸 점유자이기 때문입니다. 명도의 키는 낙찰자가 쥐고 있다는 점, 잊지 마시기 바랍니다.

이 물건을 약 3.8억원 정도에 낙찰받았는데 현재 네이버 매물기준 6.9~7.5억원입니다(24년 5월 기준). 분당지역 재건축 애기가 본격화하기 전에 투자해 놓으려는 목적이었는데 현재까지는 결과가 좋습니다. 이쪽 단지들은 저층단지로 지구단위계획이 수립되어 있는 상태입니다. 1기 신도시가 본격적으로 재건축되면 현재 저층인 물건의 수익이 좋을 것으로 판단하고 입찰한 것입니다. 실제 사업진행시 어떻게 될지는 아무도 모르지만, 1기 신도시 지역들에는 큰 변화가 있을 것입니다. 최근 용도지역이 1종일반주거지역에서 2종일반주거지역으로 종상향되기도 했습니다.

03
과거 사건으로
현재 사건 권리분석하기

어떤 경매사건들은 이미 과거에 경매가 한두 번 진행되었던 이력이 있기도 합니다. 현재 진행되는 경매사건에는 없는 내용이 과거에 진행되었던 경매사건 자료에 있어, 이를 통해 현재물건 권리분석 시 힌트를 찾을 수도 있습니다. 영통에 소재한 오피스텔로 20명이 응찰하여 낙찰이 된 물건입니다. 전용면적이 넓은 오피스텔은 아파트의 대체재 성격을 갖고 있어서, 부동산 상승기에는 아파트 가격을 따라 상승하는 경향이 있습니다.

법원기록을 확인해 보니, 말소기준권리인 오케이저축은행보다 앞선 등기부상 권리는 없습니다. 하지만 소유자가 아닌 세대가 눈에 띕니다. 집행관 현황조사서에도 일단은 임차인으로 표시되어 있습니다.

대표소재지	[목록1] 경기 수원시 영통구 영통동 945-2 수원영통리슈빌스카이오피스텔 7층 7█1호 [중부대로 604] N지도 D지도				
	도로명주소				
대표용도	오피스텔	채 권 자	오케이저축은행 임의경매		
기타용도	-	소 유 자	박█평	신 청 일	2020.01.13
감정평가액	223,000,000	채 무 자	박█평	개시결정일	2020.01.14
최저경매가	(70%) 156,100,000	경매 대상	건물전부, 토지전부	감 정 기 일	2020.02.18
낙찰 / 응찰	276,379,000원 / 20명	토지 면적	15.9㎡ (4.81평)	배당종기일	2020.04.07
청 구 금 액	204,099,955	건물 면적	97.13㎡ (29.38평)	낙 찰 일	2021.06.01
등기채권액	340,564,351	제시외면적	-	종 국 일 자	2021.08.12
물 건 번 호	1 [배당]				

◉**물건사진/위치도**

소재지/감정서	면적(단위:㎡)	진행결과	임차관계/관리비	등기권리
(16712) [목록1] 경기 수원시 영통구 영통동 945-2 수원영통리슈빌스카이오피스텔 7층 █호 [중부대로 604] 지도 등기 토지이용 [구분건물] ·대상물건은 경기도 수원시 영통구 영통동 소재 영통1동 주민센터북동측 인근에 위치하며, 주위는 대규모 아파트단지 및 근린생활시설 등이 혼재하는 지대로서, 제반 주위환경은 무난함. ·대상물건까지 제반 차량출입 자유로우며, 인근 노선버스정류장과의 거리 및 운행빈도 등으로 보아 일반적인 대중교통사정은 보통임. ·철근콘크리트구조 (철근콘크리트지붕 지하5층/지상15층 건내 제7층 제█호로서, 외벽: 화강석 붙이 마감 등, 내벽: 벽지도배 및 일부 타일붙임 마감으로 탐문됨.창호:	대지 · 15.9㎡ (4.8평) 건물 · 97.13㎡ (29.38평) 총 15층 중 7층 보존등기 2006.08.28 토지감정 66,900,000 평당가격 13,937,500 건물감정 156,100,000 평당가격 5,313,140 감정기관 삼창감정	감정 223,000,000 100% 223,000,000 유찰 2020.08.20 70% 156,100,000 항고 2020.09.22 70% 156,100,000 낙찰 2021.06.01 276,379,000 (123.94%) 이성진 응찰 20명 2위 응찰가 265,437,000 허가 2021.06.08 납부 2021.07.12 ▶종국결과 배당 2021.08.12	▶법원임차조사 **김█중** 전입 2015.12.07 확정 - 배당 - 보증 - 점유 주거 (현황서상) ▶전입세대 직접열람 60 김OO 2018.04.03 (최초: 김** 2015.12.07) 열람일 2020.08.07 ▶관할주민센터 수원시 영통구 영통1동 ☎ 031-228-8731	*집합건물등기 소유권 박█평 이 전 2015.07.24 210,000,000 전소유자: 김은진 매매(2015.06.02) 근저당 오케이저축은행 (수원지점) 2017.06.07 211,200,000 [말소기준권리] 근저당 (유)송화주류상사 2017.06.15 65,000,000 가압류 경기신용보증재단 (수원지점) 2018.04.09 2018카단201444 수원지방법원 내용보기 42,750,018

　　부동산태인 사이트에만 있는 유용한 기능이 바로 '과거사건' 검색입니다. '과거사건'이라고 표시되어 있는 경우, 클릭해서 바로 볼 수 있으니 매우 편리합니다. 등기사항전부증명서를 검토하면서 과거사건의 경매사건

○——— **현재사건의 부동산 현황조사서(경기도 수원시 영통구 오피스텔)**

[부동산의 현황 및 점유관계 조사서]

1. 부동산의 점유관계

소재지	1 경기도 수원시 영통구 중부대로 604, 7층 7◼호 (영통동,수원영통리슈빌스카이오피스텔)
점유관계	임차인(별지)점유
기타	현장을 방문하였으나 폐문부재로 소유자 및 점유자를 만나지 못하였는바, 출입문율 안내문을 부착하여 두었음. 한편, 해당 주소의 상가건물임대차 현황서에는 '해당사항 없음'이라고 기재되어 있으나, 해당 주소의 전입세대열람 내역서 등에는 임차인 김◼중을 세대주로 하는 세대가 등재되어 있음.

○——— **부동산태인의 과거사건 검색 기능**

❶주의사항

과 거 사 건	2018-13706(수원지방법원)
관 련 사 건	수원지방법원 2020개회30003 '민사본안' [내용보기] [사건검색]

○——— **과거사건의 부동산 현황조사서(경기도 수원시 영통구 오피스텔)**

[부동산의 현황 및 점유관계 조사서]

1. 부동산의 점유관계

소재지	1 경기도 수원시 영통구 중부대로 604, 7층 7◼호 (영통동,수원영통리슈빌스카이오피스텔)
점유관계	채무자(소유자)점유
기타	현장을 방문하였으나 폐문부재로 소유자나 점유자를 만나지 못하였는바, 출입문율 안내문을 부착하여 두었음. 한편, 해당 주소의 상가건물임대차 현황서에는 '해당사항 없음'이라고 기재되어 있으며, 해당 주소의 전입세대열람내역서 등에는 채무자겸소유자 박◼평세대(세대주:배우자 김◼중)가 등재되어 있음.

번호를 찾아서 검색해도 됩니다.

　과거 사건의 자료를 보니 취하되었음을 알 수 있었습니다. 그래도 절차가 꽤 진행된 상태에서 취소나 취하가 된 경우라면 경매정보 회사에서는 관련 내용을 저장해 놓으므로 사건번호만 알면 이런저런 정보들을 볼 수 있습니다.

　과거사건의 집행관 현황조사서에는 선순위로 전입되어 있는 세대가 채무자(소유자)의 배우자로 나와 있습니다. 부부간에는 임대차가 성립되지 않으므로 현재 사건에서 먼저 전입신고가 되어 있는 세대는 대항력이 없습

536

우광연의 작심하고 시작하는 경매공부

니다.

　이 경매사건에서는 오케이저축은행의 근저당권이 설정되어 있고 부동산 가격 대비 근저당권 설정 금액이 크므로 오케이저축은행에 전화해서 임차인의 진성 여부를 조사하는 방법도 있습니다. 근저당권을 설정할 때는 당연히 선순위 세대에 대해 조사하고 임차인이 아닌 경우나 임차인의 보증금이 소액일 때 대출을 실행해 줍니다. 이때 소유자 세대의 주민등록등본, 가족관계등록부, 무상임차인각서 등을 받아서 보관해 놓으므로 채권자를 통해 대출 당시 진정한 임차인으로 봤는지 아니면 임차인이 아님을 확인하고 대출이 나갔는지를 알아보시면 됩니다.

04

동일세대원의 임대차는
성립할까?

　　　　　　　　　　　　　　　　　　'동일세대원'이란 같은 주민등록등본상에 있는 '세대주와 세대원' 또는 '세대원과 세대원'의 관계를 말합니다. 즉 소유자가 등본상 세대원이고 세대주가 따로 있는 경우 세대주의 전입일자가 말소기준권리보다 빠르더라도 임대차관계는 성립되지 않습니다. 같은 등본상에 있는 사람들끼리는 한 배를 탄 사람들이라 임대차 관계는 성립하지 않습니다.

　법원기록을 보면 말소기준권리보다 앞선 선순위 임차인 세대가 있습니다. 전입일자를 보니 자녀의 전입일입니다. 세대합가가 된 상태임을 알 수 있습니다. 아버지가 늦게 전입신고를 했다 하더라도 자녀의 전입일자로 대항력 여부를 분석해야 합니다. 같은 주민등록등본

소재지/감정서	면적(단위:m²)	진행결과	임차관계/관리비	등기권리
(122-900) 서울 은평구 역촌동 47-33 혜성빌라 3층 ●호 지도 등기 토지이용 [구분건물] ·서울특별시 은평구 역촌동 소재 예일여자중.고등학교 남서측 인근에 위치하고 있는 통칭: 혜성빌라 다세대주택 제3층 제■●호로서, 본건 주위는 공동주택, 단독주택, 근린생활시설, 아파트, 각급 학교 등이 형성되어 있으며, 각종생활편의시설과의 접근성등을 고려할 때 주거지로서 주위환경은 원만시 됨. ·본건까지 차량출입이 가능하며, 구산노선버스정류장 및 구산전철역(6호선)까지는 도보로 약10분정도 소요거리로서 대중교통수단은 무난시 됨.	대 지 · 316.1m²중 24.89/316.1 ⇒ 24.89m² (7.53평) 건 물 · 45m² (13.61평) 총 4층 중 3층 보존등기 1993.12.21 토지감정 45,500,000 평당가격 6,042,500 건물감정 84,500,000 평당가격 6,208,680 감정기관 엘리트감정	감정 130,000,000 100% 130,000,000 유찰 2013.12.26 80% 104,000,000 유찰 2014.02.04 64% 83,200,000 낙찰 2014.03.11 91,760,000 (70.58%) 우●연 응찰 4명 2위 응찰가 88,900,000 허가 2014.03.18 납부 2014.04.14 ▶종국결과 배당 2014.05.27	▶법원임차조사 김●행 전입 2007.07.02 확정 - 배당 - 보증 - 점유 - (전입: 자녀 김●경전입 일임). (현황서상) 장●설 전입 2008.03.26 확정 2013.06.11 배당 2013.11.08 보증 2000만 점유 - (점유: 2009.03.26~현재) *총보증금:20,000,000 임대수인율계산	*집합건물등기 소유권 장●진 이 전 2007.07.03 120,000,000 전소유자 강●례 매매(2007.06.07) 근저당 전주중앙신협 2007.07.03 87,100,000 [말소기준권리] 소유권 김●국 가등기 2008.04.08 근저당 서●순 2009.11.12 16,000,000 임 의 전주중앙신협 2013.08.27 (2013타경17168) 청구액 69,907,616원

상에 있는 동일 세대이기 때문입니다.

이 사건에서도 감정가 대비 근저당 설정 금액이 큽니다. 입찰 전 채권자 측에 문의한 결과, 대출 당시 소유자(=어머니)와 자녀가 한 세대로 되어 있는 주민등록등본을 받고 대출을 해주었다고 합니다. 채권자가 대출 당시 받아 놓은 주민등록등본을 확인할 수 있었습니다.

필자는 이 물건을 낙찰받은 후, 경매계에 들러 최고가매수신고인 지위로 채권자가 제출한 대출 당시 주민등록 등본을 복사했습니다. 대출 당시 소유자와 한 가족이었던 자녀가 전입을 하고 뒤이어 아버지가 전입신고를 하여(2013년 1월 4일 전입) 세대합가가 된 케이스입니다.

소유자가 전출된 상태라 외형상으로는 소유자 세대가 아닌 것처럼 보이나 채권자 측을 통해 대항력이 성립되지 않음을 입증할 수 있었습니다. 소유자인 어머니와 둘째 아들이 대출 당시 같은 주민등록에 있었던 동일세

○────── 소유자 세대의 대출 당시 주민등록등본(채권자 보관)

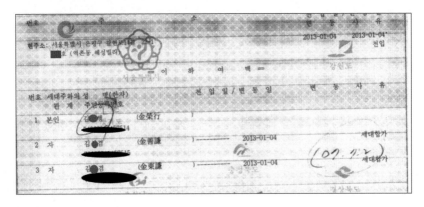

○────── 세대합가 후 주민등록등본(경매법원 보관)

대원이었고, 어머니가 전출한 뒤 둘째 아들만 있는 세대에 아버지와 첫째 아들이 세대합가로 세대를 합친 케이스입니다.

외형상 임차인이 대항력을 갖추고 있는 것처럼 보이지만, 조사 결과 대항력이 없는 것으로 판단되어 입찰해서 수익을 낼 수 있었습니다.

같은 주민등록등본상에 있는 동일세대원 간에는 임대차가 성립되지 않

우광연의 작심하고 시작하는 경매공부

경매법원 서류 열람 복사에 대하여

낙찰받기 전에는 경매법원에 있는 서류를 다 볼 수 없습니다. 볼 수 있는 사람은 해당 경매사건의 이해관계인, 즉 경매사건의 채권자들입니다. 그래서 채권자 측과 통화를 해보면 선순위 임차인들의 관계와 유치권에 대한 내용 등을 알 수 있습니다. 최근에는 경매 신청된 채권들이 부실채권(NPL)으로 매각되면서 유동화 전문회사나 대부업회사로 양도되는 경우들이 많습니다. 개인정보보호 규정 때문에 1금융권에서는 관련 내용을 잘 알려주지 않지만, 이렇게 채권이 양도되면 비교적 확인이 쉽습니다.

낙찰받은 후에는 최고가매수신고인 지위에 의해 법원기록을 열람 · 복사할 수 있습니다. 이때 집행관이 현황조사시 받아 놓았던 등본 등도 열람 · 복사가 가능합니다. 채권자가 가지고 있는 서류는 직접 받을 수 있으면 받고, 채권자 측에서 꺼린다면 경매법원에 제출해 달라고 한 다음 이를 열람 · 복사하여 인도명령 신청시 입증자료로 첨부하면 됩니다.

는다는 직접적인 판례는 아직 없지만 인도명령 관련 판례에서 그 근거를 찾을 수 있습니다. 채무자에게 인도명령 결정이 인용되면, 한 세대를 구성하지만 독립된 생계를 영위하지 아니하는 가족들에게도 인도명령의 효력이 미치기 때문입니다.

판례 | 동일세대원 간의 임대차 성립 여부

대법원 1998. 4. 24. 선고 96다30786 판결

【판결요지】
[1] 부동산 인도명령의 상대방이 채무자인 경우에 그 인도명령의 집행력은 당해 채무자는 물론 채무자와 한 세대를 구성하며 독립된 생계를 영위하지 아니하는 가족과 같이 그 채무자와 동일시되는 자에게도 미친다.
[2] 근저당권의 채무자인 처에 대한 적법한 부동산 인도명령의 집행 당시 대항력을 갖춘 임차권자가 아니고 또한 처와 같은 세대를 구성하면서 그 부동산을 공동점유하고 있었던 남편의 공동점유를 본인의 의사에 반하여 배제하였다고 하여 이를 곧 점유의 위법한 침탈이라고 할 수는 없다.

우광연의 작심하고 시작하는 경매공부

05

공장에 폐기물이
가득하다면

공장이 경매에 나왔을 때 반드시 체크해야 할 것 중 하나가 바로 폐기물입니다. 그깟 폐기물이 대수냐고 생각할 수도 있지만 처리하는 데 드는 시간과 비용이 만만치 않다는 것을 감안해 분석을 해야 합니다.

이번 사례는 경기도 여주에 있는 공장 물건인데 현장에 가보니 폐기물이 가득 차 있었습니다. 예전에는 동남아 등에 수출하는 방법으로 해결하기도 했으나 최근에는 받아주는 곳이 없습니다. 국내에서 소각하는 방법밖에 없는데, 그마저도 수도권의 경우는 물량이 많아 바로 소각하기도 어렵습니다. 지방으로 옮겨서 소각해야 하므로 운반 비용도 꽤 들어갑니다. 또한 소각 비용이 매년 상승하고 있어, 입

대표소재지	경기 여주시 점동면 청안리 ■-9 외 1개 목록 N지도 D지도 도로명주소					
대표용도	공장	채 권 자	(주)케이티렌달 강제경매			
기타용도	도로	소 유 자	나라텍이엔씨	신 청 일	2010.09.15
감정평가액	2,258,703,100	채 무 자	나라텍이엔씨	개시결정일	2010.09.27
최저경매가	(34%) 774,735,000	경매 대상	건물전부, 토지(일부)지분	감 정 기 일	2014.02.17
낙찰 / 응찰	995,000,000원 / 2명	토 지 면 적	9,579㎡ (2,897.65평)	배당종기일	2010.12.27
청 구 금 액	16,361,041	건 물 면 적	1,229.86㎡ (372.03평)	낙 찰 일	2015.06.17
등기채권액	2,133,260,129	제시외면적	1,199㎡ (362.61평)	종 국 일 자	2015.08.19
물 건 번 호	1 [배당]				

❷물건사진/위치도

○───── 현장사진(경기도 여주시 점동면 공장)

찰 전에 처리비용에 대한 견적을 받아봐야 합니다.

이 사건이 감정가 대비 34%까지 유찰된 데는 건물이 노후된 이유도 있겠지만 폐기물이 더 큰 이유였을 것으로 판단됩니다. 도로 지분을 뺀 토지면적이 약 2,500평인데, 폐기물이 토지 전체를 거의 뒤덮다시피 한 상황이었습니다. 폐기물 처리에 대한 비용과 시간을 감안해 입찰가를 정해야 하는 물건이다 보니 가격이 많이 떨어진 것입니다.

대부분 폐비닐류가 많았는데요. 폐비닐을 가공하여 다른 것을 만드는 회사였는데 사업 추진이 잘 안 되어 경매가 진행되게 되었던 물건이었습니다. 공장이 경매될 때에는 「공장저당법」에 의해 토지와 건물에 기계기구까지 포함해 감정평가가 됩니다.

종전 소유자의 기계기구가 내게 필요할 확률은 매우 낮으므로 중고로 팔거나 고철로 매각해야 해서 기계기구 감정금액을 감안해 시세를 파악해야 합니다. 기계기구 중 돈이 될 장비라면 현장에 있을 가능성은 높지 않습니다. 채무자 측에서 처분을 하거나 다른 곳에서 사용하기 위해 이전을 해 놓았기 때문입니다. 감정가에 포함되어 있는 기계기구라면 이를 가져가거나 처분한 사람을 상대로 손해배상 청구도 할 수 있겠으나 큰 실익은 없을 것입니다.

법원기록상 말소기준권리보다 앞선 권리는 없고 임차인으로 보이는 사람들이 있으나 모두 대항력이 없습니다. 다만, 대항력이 없는 점유자(또는

○───── **감정평가서(경기도 여주시 점동면 공장)**

공 부 (의 뢰)		사 정		평 가 가 액	
종 별	면 적(㎡)	종 별	면 적(㎡)	단 가	금 액
공장용지	8,264	공장용지	8,264	163,000	1,347,032,000
도로	3,945x-1/3	도로	1,315	54,000	71,010,000
	(매각지분 공유자	주식회사	나라택이엔씨 지분	3분의1 전부)	
건물	1,229.86	건물	1,229.86	-	323,883,960
(제시외 건물)	(607.1)	건물	607.1	-	11,967,000
기계기구	9점	기계기구	┌6점	-	181,949,000
			└3점	-	평가외(소재불명)
	이	하	여	백	

임차인)라 하더라도 여러 명인 경우는 명도시 점유자별로 점유 공간을 특정해 인도명령을 신청해야 한다는 점을 명심해야 합니다.

이번 사례의 경우, 점유자들의 점유 공간이 제각각입니다. 명도시 소유자와 관련된 사람과 아닌 사람을 구분하여 명도 대상을 특정하고, 필요하다면 점유이전금지 가처분도 할 필요가 있습니다. 이 사건의 채무자 측이 법에 대해 잘 아는 사람이라 점유이전금지 가처분을 하고 명도를 진행했습니다.

○──── **물건 상세페이지2(경기도 여주시 점동면 공장)**

소재지/감정서	면적(단위:㎡)	진행결과	임차관계/관리비	등기권리
(469-872) 경기 여주시 점동면 청안리 ▦9 지도 등기 토지이용 · 점동우체국동측인근 · 국도주변공장지대 · 서측국도(37번)지남 · 로변따라점포및근린시설,공장,관공서,학교,농경지,순수임야등혼재 · 차량접근가능 · 버스정류장인근 · 대중교통이용보통 · [공장]"방부분유류보일러난방 · 서측하향환경사지를옹벽및조경석등쌓아,등고평탄조성 · 부정형토지 · 남측163-12번지폭6m도로접함 ▶ 건물구조 · 철골조 · 조립식 ▶ 토지이용계획 · 계획관리지역 · 상대정화구역 · 자연보전권역 · 배출시설설치제한지역	공장용지 · 8,264㎡ (2,499.86평) 건물 · 363.75㎡ (110.03평) · 공장 496.08㎡ (150.06평) · 사무실 82.82㎡ (25.05평) (사무실2,화장실,샤워실등) · 관리사 103.68㎡ (31.36평) (방3,욕실2동) · 관리사 100.8㎡ (30.49평) (방3,욕실2동) · 기숙사 75.8㎡ (22.93평) (방2동) · 물탱크실 6.93㎡ (2.10평) 제시외 · 창고 218.4㎡ (66.07평) · 창고 208.4㎡ (63.04평) · 창고 112.5㎡ (34.03평) · 창고 32.8㎡ (9.92평) · 창고 35㎡ (10.59평) · 지하수관정 및 펌프시설(1식) · 가설건축물(창고) 591.6㎡ (178.96평) 제시외 · 기계기구포함	감정 2,258,703,100 86% 1,935,841,960 변경 2011.01.17 최초감정 1,935,841,960 86% 1,935,841,960 변경 2013.11.20 90% 2,032,157,960 변경 2014.02.05 100% 2,258,703,100 유찰 2014.07.30 70% 1,581,092,000 유찰 2014.09.03 49% 1,106,764,000 변경 2014.10.08 49% 1,106,764,000 유찰 2014.12.17 34% 774,735,000 변경 2015.01.21 34% 774,735,000 낙찰 2015.04.08 1,050,000,000 (46.49%) 유아이제9차유동화전문유한회사 응찰 3명 허가 2015.04.15 미납 2015.05.21 34% 774,735,000 낙찰 2015.06.17 995,000,000 (44.05%) (주)하▦▦크 응찰 2명	▶법원임차조사 박●호 사업 2007.10.01 확정 - 배당 - 보증 1200만 점유 2목록 마동/숙소 (점유: 2008.8월경부터2 년) (현황서상) 김●출 사업 - 확정 - 배당 - 보증 3000만 차임 월50만 환산 8000만 점유 2목록 바동,나동/ 공장 및 숙소 (점유: 2009.7월경부터2 년) (현황서상) 신●찬 사업 - 확정 - 배당 - 보증 3000만 차임 월400만 환산 4억3000만 점유 2목록 나동,라동/ 공장 및 숙소 (점유: 2009.8.13.부터2 년) (현황서상) *총보증금:72,000,000 *총월세: 4,500,000 임대수익률계산	* 건물등기 소유권 (주)나라텍이엔씨 이 전 2007.07.11 전소유자: (주)나라텍 매매(2007.07.11) 근저당 중소기업은행 (오산지점) 2007.07.11 1,900,000,000 [말소기준권리] 가압류 (주)동부페인트 2008.11.03 2008카단10776 서울동부지방법원 [채권전부] 59,992,275 근저당 (주)동부페인트 2009.06.22 65,000,000 압 류 근로복지공단 (성남지사) 2009.07.02 가압류 (주)케이티렌탈 2010.03.22 2010카단1025 안양지원 [채권보기] 16,361,041 강 제 (주)세진이엠 2010.04.02 9,606,813 (2010타경3600) 강 제 (주)케이티렌탈 2010.09.28 (2010타경12239) 청구액 16,361,041원

[임 대 차 관 계 조 사 서]

1. 임자 목적물의 용도 및 임대차 계약등의 내용

[소재지] 2. 경기도 여주군 점동면 청안리 ●-9				
1	점유인	선무●	당사자구분	임차인
	점유부분	2목록 나동 라동	용도	공장
	점유기간	2009.8.13.부터2년		
	보증(전세)금	30,000,000.	차임	4,000,000.
	전입일자		확정일자	

[소재지] 2. 경기도 여주군 점동면 청안리 ●-9				
2	점유인	박●호	당사자구분	임차인
	점유부분	2목록 마동	용도	기타 숙소
	점유기간	2008.8월경부터2년		
	보증(전세)금	12,000,000.	차임	
	전입일자	2007.10.1.	확정일자	

[소재지] 2. 경기도 여주군 점동면 청안리 ●-9				
3	점유인	감●●	당사자구분	임차인
	점유부분	2목록 바동, 나동	용도	공장
	점유기간	2009.7월경부터2년		
	보증(전세)금	30,000,000.	차임	
	전입일자		확정일자	

2010년에 경매가 시작되었고 2015년에 낙찰을 받은 사건이었습니다. 점유자와의 첫 만남에서 점유자가 한 말은 경매 절차를 5년 정도 끌어왔으니, 자기들을 만만히 보지 말라는 말이었습니다. 채무자 측은 경매가 진행되지 못하도록 갖은 방법(경매절차, 감정평가 등에 대한 이의 제기 및 법인회생 등의 제도 활용)을 동원해 경매절차를 최대한 지연시켜 온 것입니다. 그렇다고 명도를 못 하는 것은 아니니 겁먹을 필요는 없습니다.

명도 과정에서 야적되어 있던 폐기물(채무자 법인의 회계장부상에는 원료로 등재)을 제3자에게 넘기는 등 방해 작업이 있었지만 명도는 무사히 완료되었습니다. 처음에 채무자 측에서는 3억원 정도의 이사비용을 요구했으나 대폭 감액한 금액으로 협의되었고, 폐기물 처리도 여러 군데 견적을 받아 가장 저렴한 업체를 통해 처리 완료해 깔끔한 공장으로 재탄생했습니다.

○——— **명도를 방해하기 위한 현수막 설치**

○——— **폐기물 처리 후 깔끔하게 정리된 모습**

　결국 낙찰금액 외의 추가 비용이 꽤 들어갔으나 현재 토지가격만 평당 100만원 이상 가므로 추후 매도시에는 상당한 시세차익이 발생할 것으로 보입니다.

06

공동소유 물건에서
1/2 지분 채권자에게
배당하는 방법

                              부동산의 소유자가 2인 이상인 경우 담보대출을 받는다면 채무자도 2인 이상이 되어야 하는데, 통상 채무자는 1명으로 하게 됩니다. 소유자 중 1인은 대출받은 채무자를 위해 자신의 소유 지분만큼 부동산으로 보증을 서준 셈이 되고, 이를 '물상보증인'이라고 부릅니다. 이런 경우 배당 관계는 어떻게 되는지 알아보겠습니다.

    사례의 등기부를 보니, 소유자는 2인인데 등기부상 채무자는 1인입니다. 앞서 말씀드린 바와 같이 소유자 중 1인은 채무자가 대출받는 데 자기 소유 부동산을 담보로 제공한 것입니다. '등기목적' 아래 '근저당권설정'에 소유자 중 1인이 대출을 받았다면 누구누구 지분에

순위번호	등 기 목 적	접 수	등 기 원 인	권리자 및 기타사항
1	근저당권설정	2018년7월26일 제119983호	2018년7월26일 설정계약	채권최고액 금60,000,000원 채무자 최●형 대구광역시 동구 아양로 218, 103동 ■호 (효목동, 진로이스트타운) 근저당권자 효목새마을금고 170144-0001942 대구광역시 동구 아양로.50길 116(효목동)
2	근저당권설정	2018년9월21일 제150360호	2018년9월21일 설정계약	채권최고액 금96,000,000원 채무자 최●형 대구광역시 동구 아양로 218, 103동 ■호(효목동, 진로이스트타운) 근저당권자 효목새마을금고 170144-0001942 대구광역시 동구 아양로.50길 116(효목동)

* 집합건물등기
소유권 배●혜 외1
이 전 2018.07.20
전소유자:
박●석
매매(2018.04.18)

근저당 효목새마을금고
2018.07.26
60,000,000
[말소기준권리]

근저당 효목새마을금고
2018.09.21
96,000,000

근저당 비●테크대부
2021.07.23
120,000,000
(최●형지분)

근저당 김●만
2022.03.02
340,000,000

임 의 김●만
2022.08.10
(2022타경113888)
청구액 250,000,000원

근저당권설정이라고 나오는데, 그런 내용이 없다면 이 근저당권은 부동산 전체에 대해 담보효력이 미친다고 분석하시면 됩니다.

이 물건은 3억 원에 낙찰이 되었는데, 누가 채무자인지에 따라 채권자들의 배당액이 달라집니다. 3순위 채권자의 근저당권은 1, 2순위 근저당권과 다르게 채무자 지분에만 설정되어 있기 때문입니다.

배당표를 보면 당해세가 제일 먼저 배당받아 가고 다음 순서는 효목새마을금고인데, 남아 있는 배당금액 약 2.94억원 중에서 1.33억원을 전액 배당받았습니다. 이제 남은 배당액은 약 1.6억원입니다. 그다음 채권자인 대부업체의 채권금액이 약 9,500만원이니 대부업체도 전액 배당받았을까요? 아닙니다. 대부업체의 배당금액은 1,330만원이었습니다. 왜 배당액이 적

사 건	2022타경113888 부동산임의경매 2022타경117460(중복) (경매8계)		
배 당 할 금 액	금	300,443,340	
명세	매 각 대 금	금	300,360,000
	지연이자 및 절차비용	금	0
	전경매보증금	금	0
	매각대금이자	금	83,340
	항고보증금	금	0
집 행 비 용	금	5,714,963	
실제배당할 금액	금	294,728,377	

이 배당표는 미확정된 배당계획안입니다

매각부동산	2. 대구광역시 동구 효목동 45-1 진로이스트타운 103동 1층 102호		
채 권 자	대구광역시 동구	대구광역시 동구	효목새마을금고
채권금액	원 금	219,980	219,980	123,840,000
	이 자	0	0	9,974,600
	비 용	0	0	0
	계	219,980	219,980	133,814,600
배 당 순 위	1	1	2
이 유	교부권자(당해세) [최●형 지분]	교부권자(당해세) [배●혜 지분]	근저당권자 [18.7.26.자 및 18.9.21.자] [최●형, 배●혜 지분]
채 권 최 고 액	0	0	156,000,000
배 당 액	**219,980**	**219,980**	**133,814,600**
잔 여 액	294,508,397	294,288,417	160,473,817
배 당 비 율	100 %	100 %	100 %
공 탁 번 호 (공탁일)	금제 호 (. . .)	금제 호 (. . .)	금제 호 (. . .)

채 권 자	주식회사 비●●대부	주식회사 ●●자산관리	
채권금액	원 금	79,960,548	250,000,000	
	이 자	15,765,152	40,931,506	
	비 용	0	0	
	계	95,725,700	290,931,506	
배 당 순 위	3	3	
이 유	신청채권자(근저당, 후행) [21.7.23.자, 최●형 지분]	신청채권자 김덕만의 승계인(근저당, 선행) [최●형, 배●혜 지분]	
채 권 최 고 액	120,000,000	340,000,000	
배 당 액	**13,329,609**	**147,144,208**	
잔 여 액	147,144,208	0	
배 당 비 율	13.92 %	50.58 %	
공 탁 번 호 (공탁일)	금제 호	금제 호	금제 호

이 배당표는 미확정된 배당계획안입니다

2023. 4. 13.

사법보좌관   박재홍   (印)

2-2

을까요? 소유자는 여러 명이지만 채무자가 1인인 경우, 해당 채권을 배당할 때는 채무자의 지분에서 우선적으로 배당이 됩니다. 이를 순서대로 자세히 설명해보겠습니다.

- 배당총액 약 2.947억원에서 당해세는 각 소유자별로 반반씩 동일하게 배당받습니다.
- 배당잔액 약 2.943억원에서 물상보증인과 채무자 지분은 각 1.47억원씩입니다. 2순위인 효목새마을금고가 받을 금액은 1.33억원인데, 이는 물상보증인이 아닌 채무자 지분에서 우선적으로 배당받습니다. 채무자 지분 1.47억원에서 1.33억원을 전액 배당하면, 남는 금액은 1,300만원 정도입니다.
- 3순위인 대부업체는 채무자 지분에만 담보를 설정했으므로, 채무자 지분 중 남아 있는 1,300만원만 배당받습니다.
- 그 다음 순위인 자산관리회사는 소유권 전체에 담보설정이 되어 있어 남은잔액 1.47억원을 배당받습니다.

등기사항전부증명서에는 공시 기능이 있습니다. 채권자가 채무자 부동산에 권리를 행사할 때 등기를 열람해 봤다면 '나보다 앞선 채권자가 누구인지, 채무자는 누구인지' 등을 확인할 수 있습니다. 그러므로 돈을 빌려주는 입장에서는 이러한 배당관계를 알아놔야 추후 손실이 생기는 것을 막을 수 있습니다.

07
배당표가 잘못되는
경우도 있을까?

경매나 공매의 마지막 절차인 배당은 얽히고설킨 관계로 매우 복잡할 수 있습니다. '법원에서 짜주는 배당표가 설마 틀리겠어?'라고 생각할 수 있지만, 사안이 복잡할 경우 법원이 놓치는 부분도 있을 수 있습니다.

이번에 소개할 사건은 분당구에 소재한 노인복지주택입니다. 하나의 사건번호에 여러 개의 물건번호가 있습니다. 여러 개의 부동산이 하나씩 분할매각되므로 물건번호가 붙어 있는 것입니다. 이러한 물건에 입찰할 때는 입찰표 작성시 꼭 물건번호를 기입해야 합니다.

앞서 언급한 바 있듯이, 물건번호가 여러 개인 경우 모든 물건이 매각되어 낙찰대금이 입금되어야 배당기일이 잡힙니다. 이를 '공동배

대표소재지	[목록16] 경기 성남시 분당구 금곡동 305-2 더헤리티지 ■동 2층 203호 [대왕판교로 155]		N지도 D지도 도로명주소			
대표용도	**노인복지시설**	채 권 자	한강(새)외3 전세경매		
기타용도	-	소 유 자	서우로이엘외4명	신 청 일	2016.11.17
감정평가액	1,100,000,000	채 무 자	이상재외2명	개시결정일	2016.11.21
최저경매가	**(70%) 770,000,000**	경매 대상	**건물전부, 토지전부**	감 정 기 일	2016.12.06
낙찰 / 응찰	775,000,000원 / 1명	토 지 면 적	203.14㎡ (61.45평)	배당종기일	2017.01.31
청 구 금 액	858,559,334	건 물 면 적	139.08㎡ (42.07평)	낙 찰 일	2018.08.20
등기채권액	2,961,387,378	제시외면적	-	종 국 일 자	**2020.05.07**
물 건 번 호	1 [배당] 2 [배당] 4 [배당] 5 [배당] 6 [배당] 7 [배당] 9 [배당] 11 [종결] 12 [종결] 16 [배당] 17 [배당] 25 [배당] 27 [취하] 28 [배당] 29 [배당] 30 [취하]				

❶물건사진/위치도

당'이라고 합니다. 반대로 낙찰되는 물건부터 하나씩 배당하는 것을 '이시배당'이라고 하는데, 거의 대부분 공동배당으로 진행됩니다.

사례 물건의 소유자는 법인입니다. 부동산경매에서 소유자가 법인이라면 자동으로 임금채권을 떠올려야 합니다. 체불된 임금채권 중 최종 3개월의 임금채권과 최종 3년간의 퇴직금채권은 배당순위가 빠르기 때문입니다. 개인사업자에게도 임금채권이 있을 수 있지만 법인에 비해서는 금액이 소액입니다.

소유자가 법인이고 대항력 있는 선순위 임차인이 있다면 주의해야 합니다. 임차인의 확정일자가 1순위라 하더라도, 임금채권이 먼저 배당받아가면 임차인의 보증금이 전액 배당되지 않을 수 있기 때문입니다. 즉, 보증금이 인수되는 경우가 발생할 수 있습니다. 이 사건은 등기상 1순위인 전세권자가 낙찰받아 상계신청을 통해 소유권을 취득하려 했으나, 전세권

(13552)
[목록16] 경기 성남시 분당구 금곡동 305-2 더헤리티지 11 3동 2층 ■■호 [대왕판교로 155] 지도 등기 토지이용

[구분건물]
· 본건은 경기도 성남시 분당구 금곡동 소재 보바스기념 병원 북측 인근에 위치하며 주위는 농경지 및 임야, 병원, 근린생활시설 등이 소재한 지역으로 주위환경은 보통임.
· 본건까지 제반 차량 진출입이 가능하며 대중교통사정은 정류장까지의 거리 및 운행빈도 등을 검토할 때 보통임.
· 본건은 철근콘크리트구조(철근콘크리트경사지붕 지하2층/지상4층 노유자시설(노인복지주택))으로서외벽 : 치장벽돌 및 돌붙임 마감 등 내벽 : 벽지도배 및 일부 타일붙임 마감 등창호 : 샷시 창호임.
· 본건은 노유자시설(노인복지주택)로 이용중임.(후첨 내부구조도 참조바람)
· 위생 및 급배수설비, 승강기설비, 화재탐지 및 경보설비,

감정 1,100,000,000
100% 1,100,000,000
변경 2018.01.22
100% 1,100,000,000
변경 2018.06.11
100% 1,100,000,000
유찰 2018.07.16
70% 770,000,000
낙찰 2018.08.20
775,000,000
(70.45%)
우●연
응찰 1명
허가 2018.08.27
납부 2020.05.07
▶종국결과
배당 2020.05.07

대 지
· 203.14㎡ (61.45평)
건 물
· 139.0808㎡ (42.07평)
총 4층 중 2층
보존등기 2009.10.06
토지감정 440,000,000
평당가격 7,160,300
건물감정 660,000,000
평당가격 15,688,140
감정기관 수림감정

▶법원임차조사
박●환외1
전입 2014.07.17
확정 -
배당 -
보증 13억2890만
점유 203호/주거
(점유: 2009.12.02.부터2011.12.01.까지) (성옥순과 공동전세권자)
*총보증금: 1,328,900,000
임대수익률계산

· 집합건물등기
전세권 박●환외1
2009.12.15
1,328,900,000
(2009.12.15
~2011.12.01)
[말소기준권리]
소유권 서우로이엘(주)
이 전 2010.12.21
전소유자아시아신탁(주)
신탁재산의귀속
(2010.12.20)
강 제 남●희
2015.09.11
136,487,378
(2015타경14466)
가압류 최●연
2015.09.17
2015카단61403
성남지원
내용보기
447,000,000
가압류 조●균
2015.10.22
2015카단2778
성남지원
내용보기
20,000,000

보다 먼저 배당받는 채권이 있었던 사례입니다.

법원기록을 보면 전세권이 최선순위로 설정되어 있습니다. 이 물건은 노인복지주택으로 분양했는데, 세금 문제 등으로 인해 분양받은 사람들이 분양대금 지급 후 소유권이전등기를 하지 않고 1순위로 전세권을 설정했다가 경매에 나오게 되었습니다.

경매나 공매의 배당절차에서는 등기상 1순위라 하더라도 먼저 배당을 받아가는 채권이 있다는 사실을 항상 염두에 두어야 합니다. 분양대금을 완납하고 전세권으로 권리를 지키려 했는데, 소유자였던 시행사가 부도가 나서 전세권자가 직접 낙찰받게 된 사건입니다.

법원 문건접수내역을 확인해보니 배당요구종기일까지 배당요구한 사람

2017.01.17	임금채권자대리인 김○○○ ○○○○○ ○○○○ ○○○ 배당요구신청 제출
2017.01.18	가압류권자 전○○ 권리신고 및 배당요구신청서 제출
2017.01.18	임차인 최○○ 권리신고서 제출
2017.01.18	전세권자 강○○ 열람및복사신청 제출
2017.01.23	배당요구권자대리인 변○○ ○○○ 배당요구신청 제출
2017.01.23	기타 오○○ 소송위임장 제출
2017.01.24	근저당권자 윤○○ 채권계산서 제출
2017.01.24	임차인 한○○ 권리신고 및 배당요구신청서(주택임대차) 제출
2017.01.26	압류권자 성○○○○○ 교부청구서 제출
2017.01.26	배당요구권자 강○○ 소송위임장 제출
2017.01.26	배당요구권자대리인 김○○○ ○○○○○ ○○○○ ○○○ 배당요구신청 제출
2017.01.26	가압류권자 최○○ 유치권권리신고서 제출
2017.01.26	배당요구권자 근○○○○○ 권리신고 및 배당요구신청서 제출
2017.01.31	근저당권자 학○○○○○○ 채권계산서 제출
2017.01.31	임차인 이○○ 권리신고 및 배당요구신청서(주택임대차) 제출

들이 꽤 있었습니다. 이들은 거의 대부분 임금채권자라고 보시면 됩니다. 문건접수내역에 '선정당사자 김○○'라고 되어 있어도 마찬가지입니다(선정당사자는 여러 명의 당사자가 있을 때 한 명을 대표자로 선임해 법원 업무를 볼 수 있는 제도입니다).

문건접수내역 아래에서 세 번째 줄을 보면 '배당요구권자 근○○○○○'라고 되어 있습니다. 이는 근로복지공단입니다. 경매나 공매 사건에서 근로복지공단이 등기된 채권자이거나 별도로 배당요구종기일까지 배당요구한 경우에도 임금채권이라고 보면 됩니다. '체당금(사업주 대신 국가가 지급해주는 급여)'을 근로복지공단이 대신 지급하고, 사업주가 돈을 상환하지 못하면 구상권 행사로 경매절차에 참여하기 때문입니다.

이 사건에는 개인들이 청구한 임금채권과 근로복지공단이 청구한 임금채권이 모두 포함되어 있습니다. 그런데 사건이 워낙 복잡하다 보니 근로

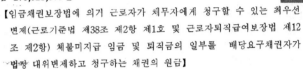

○──── **배당요구종기 전 제출된 채권계산서**(경기도 성남시 분당구 노인복지주택)

배당요구채권의 표시

배당요구채권액
금 170,025,070원
【임금채권보장법에 의거 근로자가 채무자에게 청구할 수 있는 최우선
변제(근로기준법 제38조 제2항 제1호 및 근로자퇴직급여보장법 제12
조 제2항) 체불미지급 임금 및 퇴직금의 일부를 배당요구채권자가
법령 대위변제하고 청구하는 채권의 원금】

복지공단에서 배당액을 더 가져가는 일이 벌어져서, 배당절차 후에 전세
권자가 부당이득반환청구를 통해 돌려받았습니다.

경매개시가 되고 근로복지공단은 배당요구종기일까지 체당금으로 지급
한 임금채권액 약 1.7억원에 대해 배당요구를 했습니다. 그런데 낙찰받은
후 배당기일 전에 제출된 채권계산서를 보니 청구금액이 약 8억원으로 늘
어나 있었습니다.

등기상 1순위인 전세권자로서는 배당받을 금액이 줄어드는 날벼락 같은
일이 벌어졌습니다. 낙찰받은 후 차액지급신고(=채권상계신청)를 할 예정이
었는데, 선순위로 배당받아가는 임금채권액이 늘어나면 전세권으로 배당
받을 금액이 적어지게 됩니다.

이미 분양가보다 더 시세가 떨어져 있는 상태인데 낙찰대금 외에 추가로
비용을 지불해야 한다면 추가 손해가 발생합니다. 부랴부랴 사건기록을
열람하여 어떤 근거에 의해 추가 청구가 이루어졌는지 알아봤습니다.

이번 사건의 배당요구종기일은 2017년 1월 31일이었습니다. 그런데 사
건기록을 열람해 보니, 배당요구종기일 이후에 추가로 지급한 체당금까지

청구하는 채권의 내용

합 계: 금799,896,510원

1. 원금 : 금799,896,510원
   【임금채권보장법에 의거 근로자가 채무자에게 청구할 수 있는 최우선변제
   (근로기준법 제38조 제2항 및 근로자퇴직급여보장법 제11조 제2항) 체불미
   지급 임금 및 퇴직금의 일부를 사업장이 도산됨에 따라 배당요구채권자가
   법정 대위변제하고 청구하는 채권의 원금】

○───── **배당종기일(경기도 성남시 분당 노인복지주택)**

신 청 일	2016.11.17
개시결정일	2016.11.21
감 정 기 일	2016.12.06
배당종기일	2017.01.31
낙 찰 일	2018.08.20
종 국 일 자	**2020.05.07**

합친 금액으로 채권계산서를 제출한 것을 확인할 수 있었습니다. 배당요구종기일이 지난 후에 배당요구를 한 경우에는 배당절차에 참여할 수 없습니다. 또한 배당요구종기일 이전에 배당요구를 한 후 나중에 채권금액을 추가하거나 확장할 수도 없습니다.

다음의 근로복지공단 자료(일부)에서, 명확히 배당요구종기일(2017년 1월 31일) 이후에 체당금이 지급된 것을 확인할 수 있습니다. 배당표 작성 전 경매법원에 이 자료와 판례를 가지고 배당요구종기일 후의 지급분에 대해 빼달라고 여러 차례 요청했지만 받아들여지지 않았습니다. 어쩔 수 없이 매각대금을 납부한 후 부당이득반환청구를 했습니다. 배당요구종기

판례 | 배당요구종기일 이후 채권금액 추가

대법원 2008. 12. 24. 선고 2008다65242 판결
[배당이의] [공2009상,102]

【판시사항】
[1] 실체법상 우선변제청구권이 있는 채권자가 배당요구의 종기까지 적법한 배당요구를 하지 아니한 경우 배당에서 제외되는지 여부(적극) 및 채권의 일부 금액만을 배당요구하였다가 종기 후 나머지를 추가 · 확장할 수 있는지 여부(소극)

○——— **배당요구 종기 후에 지급된 체당금 현황(갑 제5호증)**

연번	이름	체불액			체당금지급액			지급일자
		임금	퇴직금	합계	임금	퇴직금	합계	
1	김	7,127,156	8,229,789	15,356,945	7,127,150	8,229,780	15,356,930	2018-08-20
2	고		4,767,110	4,767,110		4,767,110	4,767,110	2018-08-20
3	권	3,056,412	5,443,797	8,500,209	2,885,370	5,443,790	8,329,160	2018-08-20
4	김	2,750,725	5,584,970	8,335,695	2,702,680	5,584,970	8,287,650	2018-08-20
5	김	3,485,266	2,880,126	6,365,392	3,485,260	2,880,120	6,365,380	2018-08-20
6	김	4,139,177	3,417,642	7,556,819	4,139,170	3,417,640	7,556,810	2018-08-20
7	김	668,357	4,412,868	5,081,225	668,350	4,412,860	5,081,210	2018-08-20
8	김	2,560,000		2,560,000	2,560,000		2,560,000	2018-08-20
9	김	1,893,334		1,893,334	1,800,000		1,800,000	2018-08-20
10	김	3,728,395	3,334,556	7,062,951	3,728,390	3,334,550	7,062,940	2018-08-20

이후 추가로 지급한 체당금을 더한 선순위 임금채권 배당금액은 1.08억 원이었는데 배당표가 잘못된 것이 인정되어 약 8,500만원을 돌려받았습니다. 경매사건의 이해관계인인 채권자와 채무자 모두 배당표를 면밀히 검토해야 합니다. 아주 가끔이긴 하지만 배당이 잘못되는 경우도 있기 때문입니다. 채무자도 배당이의 절차를 통해 다른 채권자에게 배당이 되게 해서 최대한 채무변제를 해야 하기도 하고 배당잔액이 있다면 배당받을 수도 있기 때문입니다.

그리고 임금채권자들에게 최우선권을 주는 '체불된 3개월간의 임금채권과 최종 3년간의 퇴직금채권'에 대한 배당은 단 한 번만 가능한데 이 노인복지주택은 다른 호수들이 다른 사건번호로 경매 또는 공매로 여러 건 진행되었습니다. 그렇다 보니 어떤 임금채권자는 여러 사건에 동일한 임금채권으로 배당요구를 하여 여러 차례 배당을 받아간 사람도 있었습니다.

경매법원은 해당 사건번호의 채권자 현황으로만 배당표를 작성하다 보니, 다른 경매사건 또는 공매 절차로 이미 배당받은 채권자가 같은 채권으로 배당요구를 한 경우 정확히 체크가 안되는 것 같습니다. 같은 법원이라도 서로 다른 경매계에서 경매가 진행되어 각각 배당을 받아 간 상황이 발생한 것입니다.

근로복지공단과 소송을 하면서 개인 채권자가 임금채권으로 여러 사건에서 중복 배당을 받아 갔다는 사실을 알게 되어, 이 개인 채권자에게도 부당이득반환을 청구했더니 배당받았던 돈을 바로 돌려주었습니다.

○─── **부당이득반환청구**

, 사건번호 : 수원지방법원 성남지원 2020가단222169			
기본내용			청사배치
사건번호	2020가단222169	사건명	[전자] 부당이득금
원고	성●순 외 1명	피고	근로복지공단
재판부	민사5단독 (전화:031-737-1228)		
접수일	2020.07.23	종국결과	2020.12.10 화해권고결정
원고소가	85,133,587	피고소가	
수리구분	제소	병합구분	없음
상소인		상소일	
상소각하일			
인지액	349,200원		
송달료,보관금 종결에 따른 잔액조회		잔액조회	
판결도달일		확정일	2020.12.10

08

대항력 없는 임차인과
대법원까지 가다

우리나라의 소송제도는 3심제도입
니다. 경매에만 있는 제도인 인도명령도 대법원까지 다툴 수 있습니
다. 대항력 없는 임차인이 끝까지 대항력을 주장하여 대법원까지 다
녀온 사례입니다. 임차인은 경기도 안양시 소재의 건물에서 식당을
운영하고 있었습니다. 토지 면적은 약 335평이었고, 상세페이지의
사진에서 알 수 있듯이 입찰 당시에는 황토집 형태의 건축물이 있었
습니다.

법원기록을 보면, 말소기준권리보다 앞선 등기상 권리는 없었으나
사업자등록이 빠른 임차인이 있었습니다. 이 사건의 권리분석에 있
어서 핵심은 사업자등록이 먼저 되어 있는 임차인의 '대항력' 여부,
그리고 임차인이 주장하는 '유치권'입니다.

대표소재지	경기 안양시 만안구 석수동 ■-2,-3 외 3개 목록 N지도 D지도 도로명주소				
대표용도	근린상가	채 권 자	(주)부림상호저축은행 임의경매		
기타용도	전, 대지	소 유 자	윤●수외1명	신 청 일	2011.01.27
감정평가액	2,516,898,300	채 무 자	동은건설외1명	개시결정일	2011.01.28
최저경매가	(80%) 2,013,519,000	경 매 대 상	건물전부, 토지전부	감 정 기 일	2011.01.07
낙찰/응찰	2,047,770,000원 / 1명	토 지 면 적	1,109㎡ (335.47평)	배당종기일	2011.11.22
청구금액	4,091,666,670	건 물 면 적	286.65㎡ (86.71평)	낙 찰 일	2012.06.12
등기채권액	9,872,180,000	제시외면적	27㎡ (8.17평)	종 국 일 자	2012.09.24
물건번호	1 [배당] 2 [배당] 3 [배당] 4 [배당]				

❍물건 사진/위치도

○——— **물건 상세페이지2**(경기도 안양시 만안구 근린상가)

소재지/감정서	면적(단위:㎡)	진행결과	임차관계/관리비	등기권리
(430-040) 경기 안양시 만안구 석수동 ■-1 지도 토지이용 ・수목포함 ・청심여자정보산업학교(구,청심여중교)남동측위치 ・단독주택,근린시설,농경지,임야등혼재 ・교통상황보통 ・유사사다리형토지 ・도시지역 ・대기환경규제지역 ・교통기타용도지역지구미분류(대도시권) ・도시교통정비지역 ・대기관리권역 ・과밀억제권역 ・상대및절대정화구역 ・인접토지통해차량접근가능 ・지적도상맹지,인접토지통해차량접근가능 ・1종전용주거지역 ・1종지구단위계획구역	전 ・390㎡ (117.98평) (현-주차장) 제시외 ・가림막 18㎡ (5.44평) (1층소재) 표준공시 1,180,000 감정지가 1,640,000원/㎡ 토지감정 639,600,000 평당가격 5,421,260 제시외 300,000 평당가격 55,150 감정기관 경림감정	감정 2,516,898,300 100% 2,516,898,300 변경 2012.02.28 100% 2,516,898,300 유찰 2012.05.08 80% 2,013,519,000 낙찰 2012.06.12 2,047,770,000 (81.36%) 이●열 응찰 1명 허가 2012.06.19 납부 2012.07.13 ▶종국결과 배당 2012.09.24	▶법원임차조사 **성●화(황토)** 사업 2009.07.07 확정 2010.10.08 배당 - 보증 1억5000만 차임 월200만 환산 3억5000만 점유 1층/점포 (점유 : 2009.06.29.-2011.06.28.) **김●묵** 전입 2010.10.22 확정 - 배당 - 보증 - 점유 주거 **성●화(황토)(중액분)** 사업 2010.10.08 확정 2010.10.08 배당 - 보증 1억5000만 차임 월55만 환산 2억500만 점유 1층/점포 (점유 : 2009.10.12.-2014.10.12.) *총보증금:300,000,000	・건물등기 소유권 윤●수 보 존 2006.03.30 근저당 부림저축은행 2009.11.05 6,020,000,000 [말소기준권리] 근저당 최● 2010.01.29 300,000,000 근저당 포그난 2010.02.09 1,800,000,000 근저당 최● 2010.03.26 150,000,000 근저당 최● 2010.07.21 150,000,000 가압류 이●덕 2010.11.16 16,240,000 가압류 김●호 2010.11.16 40,650,000 가압류 박●배 2010.11.16
경기 안양시 만안구 석수동 ■2 지도 토지이용 ・차량접근가능 ・도시계획시설소로1류접함	대 지 ・314㎡ (94.98평)			

2가지 쟁점 분석

• • •

이 사건의 첫 번째 쟁점인 대항력부터 분석해보겠습니다. 2002년 11월 1일 제정된 「상가건물임대차보호법」은 영세한 상인을 보호하기 위해 만들어진 법으로 '환산보증금'이라는 개념이 있습니다. 상가임차인의 보증금과 월세로 환산한 금액이 대통령령(=시행령)으로 정하는 금액 안에 들어와야 이 법의 보호를 받을 수 있었습니다.

그러다가 2015년 5월 13일 법이 개정되어, 이 법 시행 이후에 새로 체결되거나 갱신되는 임대차부터는 환산보증금이 초과된 임차인이더라도 대항력, 계약갱신요구권, 권리금 등의 권리를 행사할 수 있게 되었습니다.

이 사건의 말소기준권리는 2009년 11월 부림저축은행의 근저당권입니다. 말소기준권리보다 앞서 2009년 7월에 사업자등록을 한 임차인이 있지만 2015년 5월 13일 이전이므로, 환산보증금 이내에 들어와야 대항력이 생깁니다. 임차인의 보증금 1억 5천만원과 월차임 200만원을 환산하면 3.5억원이 됩니다. 당시 안양시의 환산보증금은 다음과 같습니다.

○───── **안양시 환산보증금과 최우선변제금액**

기준(담보물권 설정일) : 2008.08.21 ~ 2010.07.25			
지 역	법 적용대상 (환산보증금 기준)	소액임차 보증금 (환산보증금 기준)	최우선변제액
서울특별시	2억 6,000만원 이하	4,500만원 이하	1,350만원
과밀억제권역 (서울특별시 제외)	2억 1,000만원 이하	3,900만원 이하	1,170만원
광역시 (군지역과 인천광역시 제외)	1억 6,000만원 이하	3,000만원 이하	900만원
그 밖의 지역	1억 5,000만원 이하	2,500만원 이하	750만원

이 당시 환산보증금이 초과된 임차인은 사업자등록이 먼저 되어 있더라도 대항력이 발생하지 않습니다. 입찰 전 채권자인 부림저축은행을 방문해 대출 당시 선순위가 있었는지 확인하고, 안양세무서로부터 받아놓은 '등록사항 등의 현황서(「상가건물임대차보호법」 4조, 현재는 임대차정보의 제공 등의 조문으로 변경)'도 확인했습니다. 이후 임차인은 근저당권 설정 이후인 2010년에 사업자등록을 정정해서 환산보증금 이내에 들어가게 되었습니다. 하지만 이 효력은 사업자등록을 정정한 때에 발생하므로 말소기준권

○——— **등록사항 등의 현황서(경기도 안양시 만안구 근린상가)**

우광연의 작심하고 시작하는 경매공부

리보다 후순위가 되어 대항력이 없습니다.

안양세무서장 직인이 찍혀있는 이 서류에는 2009년 7월에는 보증금 1.5억원 월 200만이고 2010년 10월에는 보증금 1.5억원 월 55만원으로 되어 있습니다. 채권자로부터 이 서류를 확인하고 환산보증금 초과로 대항력이 발생하지 않기 때문에 입찰을 했는데, 임차인의 주장은 2009년에 사업자등록 당시부터 보증금 1.5억원 월 55만원이었으므로 환산보증금 이내에 들어가게 되므로 대항력이 있다는 주장이었습니다.

두 번째 쟁점은 유치권입니다. 임차인은 건물 개보수 및 인테리어 비용으로 유치권을 주장했는데, 임차인이 자신의 영업을 위해 인테리어를 했을 경우 유치권은 성립하지 않습니다. 더구나 임대차계약서의 원상복구 조항은 유치권에 대한 사전포기 특약이 되므로 유치권은 성립하지 않습니다. 임차인의 유치권은 필요비와 유익비 정도만 성립한다고 보면 됩니다.

입찰 당일 단독입찰로 낙찰을 받고 한 달쯤 지나서 잔금 납부를 하고 소유권을 취득했습니다. 잔금 납부 후에는 위의 권리분석 내용대로 임차인을 상대방으로 하여 인도명령을 신청했습니다. 통상 인도명령은 임차인에게 심문서를 보내고 답변이 오면 이 내용을 가지고 결정을 하는데 임차인은 답변서에서 대항력을 강력하게 주장했습니다.

2009년 7월에 한 임대차계약은 본인이 한 것이 아니고 요식업협회 안양지부에서 자기 동의 없이 대리로 했다는 주장과 함께 '실제 임대료는 200만원이 아닌 55만원'이라는 내용을 주장했습니다. 임차인 주장대로라면 보증금 1.5억원에 월 55만원이므로 환산하면 2.05억원으로 환산보증금 이내의 임차인이 됩니다.

임차인의 강력한 주장에 법원에서는 심문서 및 답변서로 끝내지 않고 대질심문까지 하게 되었습니다. 대질심문에서 임차인은 실제 임차료는 55만원이라는 주장을 계속했고, 담당 판사가 55만원씩 입금한 내역을 입증할 수 있는지 묻자 임차인은 10일 정도 시간을 달라고 했고 그렇게 심문 절차는 종결되었습니다. 10일간 임차인이 준비하여 제출한 자료는 몇 차례 임대인에게 송금한 무통장입금증과 외상장부였습니다.

임차인의 주장은 임차료는 55만원인데 외상이 많아 오히려 임대인에게 받을 돈이 있었다는 취지였습니다. 이후 인도명령 결과가 나왔는데, 기각이었습니다. 인용 결정이 나야 하는데 기각이 되었습니다. 인도명령의 판사는 상가건물임대차보호법상 대항력에 대한 판단 여부는 전혀 없고 실제 지급한 임차료가 55만원이 맞다고 판결을 내린 것입니다.

○———— **임차인이 제시한 수기 외상장부와 1심 인도명령 기각 결정문**

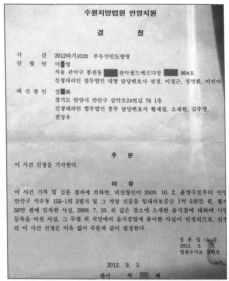

임차인의 외상장부와 안양세무서의 등록사항 등의 현황서가 맞붙었는데 말도 안 되게 외상장부가 이긴 것입니다. 안양세무서의 서류가 더 신뢰가 되고 공적인 서류 아닐까요? 어떻게 외상장부로(임차인이 혼자 작성하여 만들어낼 수도 있는데) 임차인의 대항력을 판단할 수 있는지 이해가 안 가는 판결이었습니다.

즉시항고에 재항고까지

• • •

인도명령 기각시 2심으로 가려면 즉시항고를 해야 합니다. 즉시항고를 하여 수원지방법원에 사건이 배당되었고, 다행히 즉시항고심에서 인용 결정을 받을 수 있었습니다(참고로 인도명령 즉시항고심 사건의 사건부호는 가운데 '라'가 들어갑니다).

2심에서는 외상장부로는 안 되고 금융거래 내역이 없는 점등을 들어 대

○──── **즉시항고심 결정문(경기도 안양시 만안구 근린상가)**

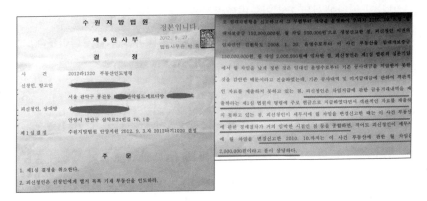

(2) 또한, 피신청인이 유치권자인지 살펴본다.

기록에 의하면, 피신청인은 2012. 5. 17. 경매법원에 이 사건 부동산에 대한 유치권 신고를 한 사실은 인정되나, 피신청인이 그 비용지출에 관한 객관적인 금융자료를 제출하지 못하고 있는 점에 비추어 보면, 피신청인이 제출한 소명자료만으로는 피신청인이 이 사건 부동산에 관하여 그 주장 상당의 비용을 필요비나 유익비로 지출하였다고 인정하기 부족하다.

또한, 기록에 의하면, 이 사건 부동산 임차 당시 피신청인은 임대인인 윤영수와 이에 '임차인은 임대인의 승인하에 개축 또는 변조할 수 있으나 부동산의 반환기일에 임차인의 부담으로 원상복구키로 함'이라는 특약을 한 사실이 인정되는바, 이로 피신청인은 필요비 또는 유익비상환청구권을 포기하였다고 보인다. 따라서, 피신청인은 신청인에게 유치권을 이유로도 대항할 수 없다 할 것이다.

3. 결론

그렇다면, 이 사건 신청을 기각한 제1심 결정은 부당하므로 이를 취소하고 이 신청을 인용하기로 하여, 주문과 같이 결정한다.

항력이 없다고 판시하였습니다. 또한 유치권도 필요비 유익비에도 해당이 안 되고 원상복구 조항을 들어 유치권이 인정될 수 없다고 판시하였습니다. 1심 결정문과 너무나도 결이 다른 내용이었습니다.

2심에서 인도명령 인용 결정을 받았으니 강제집행할 수 있는 집행권원이 생겼습니다. 임차인에게 인도명령 결정문이 송달되자마자 바로 안양지원 집행관 사무소에 가서 강제집행을 신청했습니다. 3심 제도이므로 임차인은 대법원까지 가서 한 번 더 다툴 수 있습니다.

임차인 입장에서는 2심 인도명령결정에 의한 강제집행 절차를 정지시켜 놓고 대법원까지 가야 실익이 있습니다. 사건이 대법원에 가더라도 강제집행 절차는 자동으로 정지되지 않기 때문입니다.

강제집행 정지를 하려면 현금담보제공명령(=공탁)이 나옵니다. 현금 1억원이 나왔고 임차인은 1억원을 공탁하여 강제집행 절차가 정지된 후 대법원까지 가게 되었습니다. 강제집행 정지에 담보제공 명령이 나오는 이유는 대법원에서 임차인이 패소한다면 낙찰자가 대금 납부하여 소유권을 취

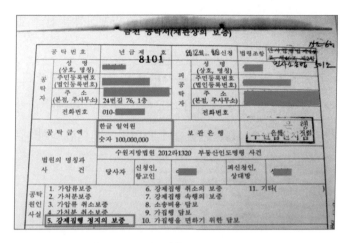

득한 시점부터 불법 점유자가 되므로 그간의 임대료를 내야 하기 때문입니다. 이에 대한 담보 성격이라 이해하면 됩니다.

공탁금 입금 전 임차인분과 통화를 하였는데 억울하다고 대법원까지 가겠다고 하였고 필자는 현금공탁도 해야 하고 대법원에서 패소하시면 공탁금의 대부분을 못 찾을 수도 있으므로 합의하여 정리하자고 얘기했는데 결국 결렬되었습니다(공탁금은 대법원에서 임차인이 패소하게 되면 낙찰자가 명도일까지 임료 상당의 부당이득반환소송을 해서 금액이 확정되고 남는 금액만 찾아갈 수 있습니다). 보증보험 증권이 아닌 현금담보 명령이 나오는 이유는 강제집행 신청의 집행권원인 즉시항고심의 결정문은 법원 판사가 내린 결정이기 때문입니다.

인도명령으로 대법원까지 가면 '재항고'라는 표현을 씁니다. 가운데 사건부호에는 '마'가 붙습니다. 대법원 판례 부호는 정식 민사 '소송' 절차에서 나온 판례엔 '다'가 붙고, 인도명령 등 '결정'으로 결과가 나오는 사건에는 '마'가 붙습니다. 대금 납부 후 8개월이 지나 결과가 나왔고 임차인의 재항고는 기각되었습니다. 결국 임차인은 강제집행일 전날 자진하여 집기류를 옮겼고 명도가 마무리되었습니다.

경매에는 많은 변수들이 존재하고 있습니다. 상대방도 자신의 권리를 주장할 수 있는 기회가 있기 때문이고, 판사 입장에서 임차인 편을 좀 더 들어주는 경우가 있을 수 있습니다. 그렇다고 이런 상황 때문에 입찰을 안 할 수는 없을 것입니다.

2라운드 소송전

. . .

인도명령을 통한 명도는 마무리되었지만, 낙찰자 쪽에서 인도명령과는 별도로 손해배상 소송을 진행하고 있었는데요. 불법 점유로 인해 명도가 늦어졌고 낙찰자는 새로운 넓은 사업장에서 명도 지연으로 사업을 하지 못해 손해가 발생했다는 내용으로 소를 제기한 것입니다.

필자는 빠른 명도를 위해서는 또 다른 분쟁 거리를 만들지 않는 게 좋다고 조언했지만, 인도명령 1심에서 기각 결정이 나자 별도의 소송을 진행했던 것입니다. 임차인은 손해배상 소송이 들어오자 인도명령에서와 똑같은 내용으로 대응했고 반소도 제기했습니다. 이 소송에서는 결과가 어떻게 나왔을까요?

인도명령 1심 때와 똑같이 낙찰자가 패소했습니다. 임차인의 대항력이 인정된 것입니다. 이번에는 임차인에게 보증금 1.5억원을 낙찰자에게 청구할 수 있는 집행권원이 생긴 것입니다. 당연히 임차인은 낙찰자 앞으로

기본내용				청사배지
사건번호	2013가합■■	사건명	손해배상 등	
원고	이●결	피고	성●화	
재판부	제1민사부(나)			
접수일	2013.02.27	종국결과	2014.02.14 원고패	
원고소가	177,234,413	피고소가		
수리구분	제소	병합구분	본소	
상소인	원고	상소일	2014.02.28	
상소각하일		폐기여부	기록폐기됨	
인지액	1,900,200원			
송달료,보관금 종결에 따른 잔액조회		잔액조회		
판결도달일	2014.02.20	확정일	2016.06.09	

소유권 이전이 된 부동산에 강제경매를 신청하였고, 이번엔 낙찰자 쪽에서 강제집행 정지를 위해 현금공탁을 하고 항소했습니다.

인도명령과 똑같이 항소심에서는 낙찰자가 승소했고 임차인은 상고하여 대법원까지 또 가게 되었습니다. 다시 대법원까지 가서, 임차인의 상고는 기각되었고 사건은 종결되었습니다.

○──── 대법원 승소 내역

기본내용			
사건번호	2015다■■2	사건명	손해배상 등
원고	이●결	피고	성●화
재판부	민사2부(마) (전화:02-3480-1340)		
접수일	2015.05.06	종국결과	2016.06.09 상고기각
원고소가		피고소가	204,905,500
수리구분	제소	병합구분	본소
상고기록접수통지서 발송일	2015.05.08		
인지액	1,749,200원		
송달료,보관금 종결에 따른 잔액조회		잔액조회	
판결도달일	2016.06.13	확정일	2016.06.09

○───── **손해배상청구소송 대법원 판결문 판시내용**(경기도 안양시 만안구 근린상가)

위와 같은 사실관계를 앞서 본 법리에 따라 살펴보면, 피고와 E 사이에 체결된 임대차계약은 임대차보증금 1억 5,000만 원에 월 차임 50만 원이어서 이에 따라 환산된 보증금액이 구 상가건물 임대차보호법의 적용대상이 되기 위한 보증금액 한도 내이지만, 피고가 사업자등록신청서에 첨부한 임대차계약서에 기재되어 공시된 임대차보증금과 차임에 따라 환산된 보증금액은 위 보증금액 한도를 초과하고, 실제 임대차계약에 관한 유효한 공시방법인 사업자등록은 이 사건 근저당권설정등기 이후인 2010. 8. 8.에서야 이루어졌다 할 것이므로, 이 사건 근저당권에 기초한 부동산임의경매절차에서 이 사건 부동산을 매수하여 소유권을 취득한 원고에게 구 상가건물 임대차보호법에 따른 대항력을 주장할 수 없다고 할 것이다.

상가임차인의 공시방법은 사업자등록입니다. 대항력을 판단하는 기준인 사업자등록은 관할 세무서에 등재되어 있는 것이지 임차인이 자기의 상황 등을 가지고 주장할 수는 없는 것입니다. 임차인이 임대인과의 합의된 금액으로 임대료를 주고받는다 하더라도 이는 어디에도 공시가 되지 않기 때문에 인정을 받을 수 없는 것입니다. 관할 세무서에 등록되어 있는 사업자등록이 된 내용을 가지고 권리분석을 해야 하는 이유입니다.

참고로 주택임차인의 공시방법은 주민등록(=전입신고), 유치권의 공시방법은 점유, 나머지 등기가 되는 권리들의 공시방법은 등기입니다.

09
인테리어가
잘되어 있는 상가

상가 경매물건들 중에는 인테리어가 아주 잘되어 있는 물건들이 있습니다. 임차인에게 대항력이 없다면 명도 대상이 되므로, 임차인은 계약 만료 시점에 권리금을 받아 인테리어 비용을 회수할 기회를 잃게 됩니다. 이 경우 임차인은 두 가지 중 하나를 선택해야 합니다. 직접 경매에 응찰하거나 낙찰자와 협의해 재계약하는 것입니다.

낙찰자 입장에서도 두 가지 선택지가 있습니다. 임차인을 명도해 잘해놓은 인테리어를 그대로 사용하거나 임차인과 재계약하는 방법입니다. 재계약을 하면 명도가 필요 없다는 장점이 있습니다. 낙찰

○───── **물건 상세페이지(경기도 안산시 단원구 상가)**

대표소재지	경기 안산시 단원구 고잔동 ▇▇▇프라자 ▇▇▇ 외 6개 목록	N지도 D지도 도로명주소			
대 표 용 도	학원	채 권 자	굿플러스제일차유동화전문유한회사(변경전:(주)우리은행)		임의경매
기 타 용 도	-	소 유 자	최●호외1명	신 청 일	2014.01.29
감정평가액	1,125,000,000	채 무 자	윤●신	개시결정일	2014.02.03
최저경매가	(70%) 787,500,000	경 매 대 상	건물전부, 토지전부	감 정 기 일	2014.02.10
낙찰/응찰	978,750,000원 / 7명	토 지 면 적	247.12㎡ (74.75평)	배당종기일	2014.04.22
청 구 금 액	403,105,158	건 물 면 적	835.01㎡ (252.59평)	낙 찰 일	2014.09.25
등기채권액	939,999,999	제시외면적	-	종 국 일 자	2014.12.09
물 건 번 호	1 [배당]				

❍물건사진/위치도

○───── **물건 상세페이지2(경기도 안산시 단원구 상가)**

소재지/감정서	면적(단위:㎡)	진행결과	임차관계/관리비	등기권리
(425-807) 경기 안산시 단원구 고잔동 ▇▇▇ SEE:REAL 등기 토지이용 · 경기도 안산시 단원구 고잔동 소재 수원지방법원 안산지원 남동측 인근에 위치하며, 인근에는 근린생활시설, 아파트, 관공서 등이 혼재되어 있음. · 본건까지 차량출입 가능하며, 인근 버스정류장까지 도보로 약 510분 정도의 거리로 제반교통사정 보통임. · 철근콘크리트조 평지붕 7층 ▇▇프라자내 7층 701호, 702호, 703호, 704호, 705호, 706호, 707호로외벽: 돌붙임 및 물탈쉬 페인팅 마감.내벽: 인테리어 마감.창호: 샷시 유리 차임 701호에서 707호까지 학원으로 이용 중임. · 급수, 배수, 위생, 승강기, 소화전 설비 등이 되어 있음. ▶ 토지이용계획 ·도시지역	대 지 · 1708.8㎡중 26.21/1708.8 ⇒26.21㎡ (7.93평) 건 물 · 88.55㎡ (26.79평) 총 7층 중 7층 보존등기 2001.11.21 감정지가 1,316,291 토지감정 34,500,000 평당가격 4,350,570 건물감정 80,500,000 평당가격 3,004,860 감정기관 신안감정	감정 1,125,000,000 100% 1,125,000,000 유찰 2014.07.17 70% 787,500,000 변경 2014.08.21 70% 787,500,000 낙찰 2014.09.25 978,750,000 (87.00%) 최●연 응찰 7명 2위 응찰가 951,000,000 허가 2014.10.02 납부 2014.11.06 (기한후납부) ▶종국결과 배당 2014.12.09	▶법원임차조사 문●필 사업 - 확정 2014.03.25 배당 2014.04.22 보증 6000만 차임 월560만 환산 6억2000만 점유 701호~ 707호까지 전부/점포 (점유: 2013.7.31.-2014.7. 31.) (현황서상 보증: 5천만원, 차임: 550만원, 사업등록: 2012.08.09) *총보증금:60,000,000 *총월세: 5,600,000 임대수익률계산	* 집합건물등기 소유권 최●호외1 이 전 2001.11.30 전소유자: 동우산업개발(주) 매매(2001.10.19) 근저당 우리은행 (주안서지점) 2001.11.30 600,000,000 [말소기준권리] 가압류 김●현외2 2013.01.18 2012카합2367 인천지방법원 [내용보기] 339,999,999 임 의 우리은행 2014.02.03 (2014타경2054) 청구액 403,105,158원 [등기부채권총액] 939,999,999원 열람일 2014.04.10

자와 재계약한 임차인은 재계약 만료 시점에 권리금을 받을 수 있을 것입니다.

이번 사례는 안산시 고잔동에 있는 상가입니다. 아파트 단지와 가까운 도로변 상가였습니다. 신도시 상가들의 경우, 아파트 단지와 마주 보는 상가에는 대부분 학원, 병원이 입점해 있습니다. 사례의 물건은 7층이었고 전용면적 250여 평 전부를 학원으로 운영 중이었습니다.

법원 기록상 말소기준권리보다 앞선 권리도 없고 임차인도 없습니다. 말소기준권리인 근저당권의 설정 시점이 「상가건물임대차보호법」 제정일(2002년 11월 1일) 이전이므로 대항력 있는 임차인은 생길 수가 없습니다. 2등 입찰가격이 9.5억원이었는데 임차인이 입찰한 가격이었습니다.

감정평가서에 있는 학원 내부 사진을 보면 시설 공사를 한 지 얼마 안 되어 보입니다. 입찰 전 현장을 방문해보니 원생들도 꽤 많았고 상가건물 앞에 학원버스도 여러 대 서 있었습니다. 인근 공인중개사 사무실을 통해 안산에서 손꼽히는 학원이라는 설명도 들었습니다.

법원 기록을 보니 임차인이 유치권 신고를 해놓았습니다. 바로 앞에서

○──── **현장사진(경기도 안산시 단원구 상가)**

[기본내역]
일괄매각, 호실구분없이 전체를 학원으로 사용중, 임차인 문●필로부터 공사대금 금340,461,000원의 유치권신고 있으나 성립여부 불분명
[문건/송달내역]
(접수일:2014.04.22)유치권자 문●필 유치권신고서 제출
(접수일:2014.08.18)채권자 굿플러스제일차유동화전문유한회사(변경전:주식회사 우리은행) 유치권배제신청서 제출

언급했듯이, 임차인이 주장하는 유치권은 필요비와 유익비에 해당되는 부분만 인정이 됩니다. 자신의 영업을 위한 인테리어비 등의 채권으로는 유치권을 주장할 수 없습니다.

낙찰받은 다음날 임차인으로부터 연락이 와서 바로 재계약을 할 수 있었습니다. 임차인 입장에서는 안산시 내에 전용면적 250평 정도 되는 상가를 다시 임차하기가 쉽지 않았을 것이고 인테리어 공사까지 했으니 재계약이 최선의 선택이 될 수밖에 없습니다.

경매에서 대항력 없는 임차인이 있고 인테리어를 한 지 얼마 되지 않았다면 재계약이 될 확률이 높습니다. 상권이 좋은 곳이라면 눈여겨봐야 하는 물건이 되겠습니다.

이 물건을 낙찰받은 분은 3~4년 정도 뒤에 본인이 직접 사용할 계획을 갖고 있어서 '제소 전 화해조서'를 작성하는 조건으로 재계약을 했습니다. 잔금 납부 후 1개월치는 렌트프리(=무상사용)로 하고, 보증금 1억원에 월 600만원으로 재계약을 했습니다. 그 후 2016년 다시 계약하면서 월차임을 650만원으로 인상했습니다.

이 사건의 경우 「상가임대차보호법」의 환산보증금액이 초과되는 임차인이어서, 계약갱신 요구를 하더라도 5% 증액 제한에 걸리지 않습니다.

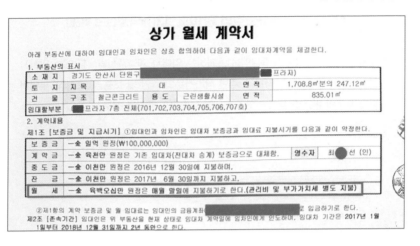

상가 월세 계약서

아래 부동산에 대하여 임대인과 임차인은 상호 합의하여 다음과 같이 임대차계약을 체결한다.

1. 부동산의 표시

소 재 지	경기도 안산시 단원구▇▇▇▇▇▇▇▇▇▇▇ ▇프라자)			
토 지	지 목	대	면 적	1,708.8㎡ 분의 247.12㎡
건 물	구 조	철근콘크리트 용도 근린생활시설	면 적	835.01㎡
임대할부분	▇프라자 7층 전체(701,702,703,704,705,706,707호)			

2. 계약내용

제1조 [보증금 및 지급시기] ①임대인과 임차인은 임대차 보증금과 임대료 지불시기를 다음과 같이 약정한다.

보 증 금	一金 일억 원정(₩100,000,000)			
계 약 금	一金 육천만 원정은 기존 임대차(전대차 승계) 보증금으로 대체함.	영수자	최▇선 (인)	
중 도 금	一金 이천만 원정은 2016년 12월 30일에 지불하며.			
잔 금	一金 이천만 원정은 2017년 6월 30일까지 지불하고,			
월 세	一金 육백오십만 원정은 매월 말일에 지불하기로 한다.(관리비 및 부가가치세 별도 지불)			

②제1항의 계약 보증금 및 월 임대료는 임대인의 금융계좌▇▇▇▇▇▇▇▇로 입금하기로 한다.

제2조 [존속기간] 임대인은 위 부동산을 현재 상태로 임대차 계약일에 임차인에게 인도하며, 임대차 기간은 2017년 1월 1일부터 2018년 12월 31일까지 2년 동안으로 한다.

부동산경매 필수상식

제소 전 화해조서란?

임대차계약이 만료되기 전에 임대인과 임차인이 협의된 내용으로 판사 앞에서 화해조서를 작성하는 제도를 말합니다. 임대인에게는 계약 만료시 임차인이 즉시 명도할 수 있도록, 임차인에게는 임대인이 보증금을 즉시 돌려주도록 미리 화해를 하는 것입니다.

화해조서는 판결의 효력이 있습니다. 임대인은 명도소송을 바로 할 수 있고 임차인은 화해조서가 집행권원이 되므로 즉시 강제경매를 신청할 수 있습니다. 따라서 미래에 문제가 생겼을 때 민사소송을 진행하는 절차와 시간을 단축할 수 있습니다.

화해조서 작성시 「임대차보호법」에 반하여 임대인에게 유리하게 작성된다면 화해 성립이 되지 않을 수 있으므로 전문 변호사 등을 통해 진행하는 것이 좋습니다.

상가건물임대차보호법 제10조의2(계약갱신의 특례)

제2조제1항 단서에 따른 보증금액을 초과하는 임대차 계약갱신의 경우에는 당사자는 상가건물에 관한 조세, 공과금, 주변 상가건물의 차임 및 보증금, 그 밖의 부담이나 경제 사정의 변동 등을 고려하여 차임과 보증금의 증감을 청구할 수 있다.

우광연의 작심하고 시작하는 경매공부

10

소송 중인 경매사건에
대처하기

경매가 진행되는 물건에는 소송이
걸려 있는 물건들도 있는데요. 소송이 걸려 있는 경우 분석은 어떻게
해야 할까요? 이번 사례는 의정부시 장암동에 있는 아파트입니다. 시
세가 좋지 않던 때라 가격을 많이 쓰지 못했던 물건입니다. 응찰자는
10명이나 되었고 최종 3.3억원 정도에 낙찰되었습니다.

　말소기준권리보다 앞선 등기상 권리는 없으나 먼저 전입된 세대
가 있습니다. 그런데 현재 소유자는 경매로 소유권을 취득했고 전
입신고된 세대의 날짜를 보니 경매취득 이전부터 되어 있습니다.
이런 경우 과거 사건을 검토해 보면 전입세대주에 대한 정보가 나
올 수도 있습니다.

대표소재지	[목록1] 경기 의정부시 장암동 14-27 신곡우성아파트 1●동 10층 1001호 [동일로 400]	N지도	D지도	도로명주소
대표용도	아파트 (47평형)	채 권 자	군위축협 임의경매	
기타용도	-	소 유 자	박●수	신 청 일	2022.05.06
감정평가액	544,000,000	채 무 자	박●수	개시결정일	2022.05.13
최저경매가	(49%) 266,560,000	경매대상	건물전부, 토지전부	감 정 기 일	2022.05.20
낙찰/응찰	330,960,999원 / 10명	토지면적	68㎡ (20.57평)	배당종기일	2022.08.02
청구금액	167,584,688	건물면적	127.37㎡ (38.53평)	낙 찰 일	2023.04.28
등기채권액	222,000,000	제시외면적	-	종 국 일 자	**2023.06.27**
물건번호	1 [배당]				

◐**물건사진/위치도**

소재지/감정서	면적(단위:㎡)	진행결과	임차관계/관리비	등기권리
(11720) [목록1] 경기 의정부시 장암동 14-27 신곡우성아파트 1●동 10층 1001호 [동일로 400] SEE REAL 등기 토지이용 [구분건물] ·본건은 경기도 의정부시 장암동 소재 의정부장암초등학교 남동측 인근에 위치하며, 주위는 아파트단지, 다세대주택, 단독주택, 근린생활시설, 학교 등이 소재함. ·본건까지 차량 진출입 가능하며, 인근에 노선버스정류장이 소재하는 등 제반 교통여건은 보통임. ·구조 : 철근콘크리트조, 슬라브지붕구조 : 지하 1층, 지상 19층 건물 내 10층 소재외벽 : 물탈 위 페인팅 등 마감창호 : 샷시 창호 등임. ·아파트로 이용중임. (후첨 내부구조도 참조) ·급배수설비, 위생설비, 난방설비, 소화전, 승강기 등을 갖추었음.	감정 544,000,000 100% 544,000,000 유찰 2023.02.17 70% 380,800,000 유찰 2023.03.24 49% 266,560,000 낙찰 2023.04.28 330,960,999원 (60.84%) 윤●진 응찰 10명 허가 2023.05.08 납부 2023.05.26 ▶종국결과 배당 2023.06.27 대 지 · 28,050㎡중 68㎡ (20.58평) 건 물 · 127.37㎡ (38.53평) 총 19층 중 10층 보존등기 1992.12.04 감정지가 3,200,000 토지감정 217,600,000 평당가격 10,573,380 건물감정 326,400,000 평당가격 8,471,330 감정기관 준감정	▶법원임차조사 이●선 전입 2004.01.10 확정 - 배당 - 보증 - 점유 주거 (현황서상) ▶관리비체납내역 ·체납액:1,800,000 ·확인일자:2023.02.08 ·7개월(22/6-22/12) ·전기수도포함가스별도 ☎ 031-876-2261 ▶관할주민센터 의정부시 장암동 ☎ 031-870-7560	최종등기변동확인 ❓ 압류말소 2023.04.20 * 집합건물등기 소유권 박●수 이 전 2014.05.20 전소유자: 박은수 경매취득 (2014.05.20) 근저당 군위축협 2014.05.20 222,000,000 [말소기준권리] 임 의 군위축협 2022.05.13 (2022타경75347) 청구액 167,584,688원 압 류 국민건강보험공단 2022.06.02 [등기부채권총액] 222,000,000원 열람일 2023.02.02

○────── **과거사건 상세페이지(경기도 의정부시 장암동 아파트)**

소재지/감정서	면적(단위:㎡)	진행결과	임차관계/관리비	등기권리
(480-768) 경기 의정부시 장암동 14-8 신곡우성 1●동 10중 1001호 [동일로 400] SEEREAL 등기 토지이용 [구분건물] ·경기도 의정부시 장암동 소재 장암초등학교 남동측 인근에 위치하며, 주위 는 아파트단지, 근린생활시설 등으로 이루어진 지역으로서 주거지로서의 주위환경은 보통임. ·본건까지 차량진입 가능하며, 인근에 버스정류장이 소재하는 바 대중교통 상황은 보통임. ·철근콘크리트조 슬라브지붕 19중 건물 중 10중 1001호로서, 외벽 : 물탈위 페인팅 마감. 창호 : 샷시 마감임.	감정 275,000,000 100% 275,000,000 유찰 2014.01.24 대지 · 28050㎡중 68.418/28202 =68.05㎡ (20.59평) 건물 · 127.37㎡ (38.53평) 총 19중 중 10중 보존등기 1994.10.18 감정지가 1,212,344 토지감정 82,500,000 평당가격 4,006,800 건물감정 192,500,000 평당가격 4,996,110 감정기관 한결감정	80% 220,000,000 유찰 2014.02.28 64% 176,000,000 낙찰 2014.04.04 231,999,000 (84.36%) 박●순 응찰 10명 허가 2014.04.11 납부 2014.05.20 ▶종국결과 배당 2014.06.25	▶법원임차조사 조사된 임차내역 없음 ▶관리비체납내역 ·체납액:231,850 ·확인일자:2014.01.10 ·1개월(13/11) ·전기수도포함가스별도 ☎ 031-876-2261 ▶관할주민센터 의정부시 장암동 ☎ 031-870-7560	* 집합건물등기 소유권 박●수 이 전 2003.12.30 전소유자: 한●규 매매(2003.11.30) 근저당 남광주농협 (호억지점) 2010.04.13 291,600,000 [말소기준권리] 임 의 남광주농협 2013.09.16 (2013타경47357) 청구액 273,257,074원 [등기부채권총액] 291,600,000원 열람일 2013.10.23

○────── **과거사건 부동산 현황조사서(경기도 의정부시 장암동 아파트)**

▣ 법원: 의정부지방법원 (사건번호: 2013타경 47357)

❶ **부동산의 현황 및 점유관계 조사서**

1. 부동산의 점유관계

소 재 지	1 경기도 의정부시 동일로 400, ■동 10중 1001호 (장암동,신곡우성아파트)
점 유 관 계	채무자(소유자)점유
기 타	

등기사항전부증명서를 통해 과거에 진행되었던 경매사건번호를 확인해 봤더니 박○수는 전 소유자이고 박○순이 낙찰자로 되어 있습니다. 그리고 법원 임차조사에는 '조사된 임차내역 없음'이라고 되어 있습니다.

현황조사서에 채무자 점유로 되어 있습니다. 집행관 현장조사시 주민등록등본을 발급받는데 소유자 세대가 있으므로 이렇게 기재해 준 것입니다.

다시 현재 사건으로 와서 집행관 현황조사서를 확인해 보니 현재 점유자는 이○선·박은수 부부입니다. 과거사건에서 박은수씨가 전 소유자였으므로 2004년부터 전입신고 되어 있는 이○선씨는 대항력이 없습니다.

전 소유자였다가 임차인이 된 경우, 임차인의 대항력은 새로운 소유자가 소유권 이전을 한 날 다음날 0시에 발생합니다. 새로운 소유자는 2014년 5월 20일에 대금을 납부하고 소유권이전등기를 하면서 군위축협에서 대출을 받았습니다. 설령 전 소유자가 낙찰자와 임대차계약을 했더라도 대항력은 2014년 5월 21일 0시에 발생되므로 대항력 없는 임차인이 됩니다(대법원 99다59306 판결 참조).

현황조사서의 나머지 내용과 물건명세서를 읽어보니 현재 사건의 소유자(종전 경매사건에서 낙찰자)는 박은수씨의 동생입니다. 종전 경매사건에서 박은수씨는 동생 명의로 낙찰을 받고 계속 거주 중인 것입니다. 내용을 종합해 보면 동생 명의로 낙찰받았지만 다시 경매가 진행되니 동생 명의로 낙찰받은 것은 명의신탁이므로 무효를 주장하는 것입니다.

그렇다면 명의신탁해지 소송의 결과가 이 경매사건에 영향을 미칠까요?

○─── **현재사건 부동산 현황조사서(경기도 의정부시 장암동 아파트)**

1. 부동산의 점유관계

소재지	1 경기도 의정부시 동일로 400, ███동 10층1001호 (장암동,신곡우성아파트)
점유관계	임차인(별지)점유
기타	- 전입세대열람 결과 및 점유자 이●선, 박은수의 진술에 의함.- 위 박은수에게 경매안내문을 교부하였음.

2. 부동산의 현황

1. 목록 1.은 주거용 아파트임.
1. 전입세대열람 결과 이●선 세대가 주민등록 등재되어 있으며, 현장에서 만난 박은수와 현장에서 전화문답한 이●선에 의하면 동 소에는 이●선 가족(박은수는 이●선의 배우자로 같이 거주하나 주소는 다른 곳으로 되어 있다고 함)만 거주하고 있고 다른 사람은 거주하지 않는다고 하고, 채무자 박●수는 위 박은수의 친동생이고 박은수가 동소의 실소유자로서 현재 채무자와 박은수 사이에 소유권반환(명의신탁해지) 소송이 진행중이므로 소송의 결과에 따라서 소유자 또는 임차인의 지위가 정해질 것이라고 하므로 위 이●선을 임차인으로 보고하나 그 점유관계는 별도의 확인이 필요함.

비고란

점유자 이●선과 그 배우자 박●수에 의하면 박●수와 소유자는 형제관계로 이 사건 부동산의 실제 소유자는 박●수이고, 현재 소유자와 박●수는 소유권반환(명의신탁해지) 소송이 진행 중이라함

결론부터 말씀드리면 영향을 미치지 않을 가능성이 큽니다. 만약 명의신탁소송에서 박은수씨가 승소하면 자기 명의로 소유권을 가지고 올 수 있을까요? 판결은 받을 수 있으나 명의신탁해지 판결문으로는 등기를 할 수가 없습니다. 등기는 할 수 있으나 군위축협 근저당권을 인수하는 형태로 등기가 가능합니다.

만약 근저당권자인 군위축협의 동의 없이도 명의신탁 소송의 판결문으로 등기를 할 수 있게 해주면 군위축협은 현 소유자의 채권자여서 근저당권은 말소가 될 것이고 빌려준 돈을 날리게 되는 상황이 발생됩니다. 은행 돈 꿀꺽하는 데 이런 내용이 악용될 수 있는 것입니다.

부동산등기법에 다음과 같은 내용의 조항이 있습니다. 명의신탁해지 소송을 할 때 축협도 당사자에 포함되어 근저당권도 같이 말소하라는 판결이 나오면 전 소유자 명의로 등기는 가능하나 이렇게 되려면 군위축협에서 명의신탁 관계인 것을 알고 대출을 해준 경우 등 명의신탁인 것을 알았을 경우인데 이런 일은 거의 발생하지 않을 것입니다.

명의신탁은 불법이니 전 소유자에게 소유권을 넘겨주라는 판결은 나올 수 있으나 등기상 이해관계 있는 제3자가 있었으므로 군위축협의 말소 동

부동산등기법 제57조(이해관계 있는 제3자가 있는 등기의 말소)

① 등기의 말소를 신청하는 경우에 그 말소에 대하여 등기상 이해관계 있는 제3자가 있을 때에는 제3자의 승낙이 있어야 한다.
② 제1항에 따라 등기를 말소할 때에는 등기상 이해관계 있는 제3자 명의의 등기는 등기관이 직권으로 말소한다.

의가 없는 한 이 판결문을 가지고는 경매 취소가 불가능합니다. 그러므로 명의신탁 소송은 경매사건에 영향을 미치지 않아 10명이나 입찰을 한 것입니다. 축협에 전화를 많이 해보시고 입찰을 했을 것입니다.

경매물건과 관련된 민사소송이 진행되는 경우, 예고등기가 있던 시절에는 등기부에 민사사건 번호가 나오므로 이를 분석하고 입찰했습니다. 현재는 등기법에서 예고등기 제도가 삭제된 지 오래입니다. 간혹 예고등기가 있는 경매물건들이 진행되는 경우가 있는데 이는 예고등기가 등기법에서 삭제되기 이전에 이미 등기되어 있었던 물건이 경매로 진행되는 경우가 되겠습니다.

우리나라에서는 등기에 공신력이 인정이 되지 않으므로 부동산권리에 대한 분쟁이 있을 수 있는데 예고등기가 없어진 이유는 가짜들이 많았기 때문입니다. 현재는 부동산 권리에 분쟁이 있다면 가처분을 해 놓고 정식 소송을 진행하는 형태로 진행되게 될 것이므로 가처분에 대한 공부를 해 놓으시면 대비가 될 것입니다.

그리고 경매법원에서도 소송이 진행되는 경우 사건번호를 기재해 주는 경우도 있으므로 '대법원 나의사건검색' 또는 대법원 홈페이지에서 판결문 열람 또는 사본을 신청하여 소송 결과에 대한 내용을 읽어보시면 소송 결과가 내가 낙찰받을 부동산에 영향을 미칠지 어떨지 분석이 가능합니다.

11

낙찰은 받았는데 농취증을 못 내어준다고요?

농지 낙찰 후에 농취증(농지취득자 격증명)을 받지 못한다면 정말 난감한 일이 아닐 수 없습니다. 몇 년 전 LH 직원의 토지매입 사태로 인해 농지취득자격증명 발급이 매우 까다로워졌습니다. 최근에는 '행정소송 등을 제기해 취득 요함'이라는 무서운 문구가 기재된 경매사건들도 있습니다. 물론 정상적인 농지로 이용 중이라면 문제가 없습니다. 농취증 발급 담당자가 정상을 벗어났다고 판단했을 때 이런 문구들이 기재가 되는 경우가 있습니다.

지상에 분묘가 있는 물건

...

　낙찰 후 농취증을 못 받아 상담 및 자문을 해 드렸던 사건입니다. 낙찰받고 농취증 신청을 했는데 발급을 못 받으셔서 매각이 불허가가 된 상태였습니다. 사건내용을 보니 지상에 분묘가 있는 물건이었고 지목이 농지라 농취증 제출 조건이 특별매각조건으로 붙어 있었습니다.

　그런데 물건명세서를 보니 농취증 발급을 해주는 면사무소에서 필요한 경우 행정소송을 제기해서 취득을 하라는 취지의 사실조회회신서가 있습니다. 이런 조건이 붙으면 농취증에 경험이 없는 분들은 입찰을 꺼릴 수밖에 없을 것입니다.

　낙찰자는 낙찰 후 농취증을 신청했으나 '분묘수호봉사자들과 분묘 이전에 대해 협의해 오거나 분묘를 전부 이장하면 농취증을 내어주겠다'라고 했다고 합니다. 농취증은 소유권이전등기할 때 필요한 서류로 경매에서는 낙찰받고 1주일 뒤인 매각허가결정일까지 제출을 해야 하는데 농취증 담당자가 무리한 조건을 제시한 것입니다. 낙찰받고 1주일 안에 분묘이장 협의나 실질적인 이장은 불가능합니다. 결국 낙찰자는 농취증을 제출하지 못해 매각불허가 결정이 내려졌고 매각불허가결정에 대한 즉시항고를 한

○──── **매각물건명세서(전남 강진군 칠량면 전)**

대법원공고	**[매각물건명세서]** • 지상에 분묘 소재로 인하여 분묘기지권 성립 여지 있음 • 일괄매각, 지분매각, 특별매각조건 있음(공유자우선매수권 1회로 제한)목록 1,2,3,5,7 지상에 분묘 수기 소재함. 목록 1,2,5토지는 목전임, 목록 3,4,6,7 토지는 목전 및 임야로 이용중, '특별매각조건있음(<u>농지취득자격증명 필요, 미제출시 보증금 미반환), 발급기관의 농지취득자격증명신청 반려처분 등으로 인해 필요한 경우 행정소송 등을 제기하여 취득 요함</u>)'-21.7.27.자 강진군 ⬤⬤면장 사실조회 회신서참조 **[현황조사서]** • 채무자(소유자)점유 • 위 지상에 분묘 2기가 소재함.

소재지/감정서	면적(단위:㎡)	진행결과	임차관계/관리비	등기권리
(59258) [목록1] 전남 강진군 칠량면 명주리 ●-1 SEEREAL 등기 토지이용 [토지] ・본건 기호(1) - (7) 토지는 전라남도 강진군 칠량면 명주리 소재 명주회관 남동측 인근에 위치하는 토지로서 주변은 전, 임야, 답 등이 소재하는 지대임. ・본건 기호(1) - (7) 토지는 농어촌버스 정류장까지 직선거리 약 1.2km 내외이며, 제반 교통상황은 보통인 편임. ・본건 기호(1), (2), (5) 토지는 부정형이며, 묵전으로 이용중임. 본건 기호(3), (4), (6), (7) 토지는 부정형이며, 묵전 및 임야로 이용중임.	전(지분) ・ 968㎡ 중 1/3 ⇒322.67㎡ (97.61평) ・ (현-묵전) 제시외 ・ 수목 입찰외 ・ 분묘 =분묘기지권성립여부불 분명 표준공시 4,250 개별공시 3,620 감정지가 9,300원/㎡ 토지감정 3,000,831 평당가격 30,750 감정기관 시범감정	감정 20,145,544 100% 20,145,544 유찰 2021.08.23 80% 16,116,000 유찰 2021.09.27 64% 12,893,000 유찰 2021.11.08 51% 10,314,000 유찰 2021.12.20 41% 8,251,000 낙찰 2022.02.07 8,259,900 (41.00%) 강●광 응찰 1명 불허 2022.02.14 법원기일내역	▶ 법원임차조사 조사된 임차내역 없음	* 토지등기 소유권 강●문 외2 이 전 1993.11.19 전소유자: 강●문 매매(1980.12.01) 가압류 서울보증보험 2007.01.29 2007카단9 장흥지원 [대항력] 18,021,760 (강●옥지분) [말소기준권리] 가압류 신용보증기금 (광주채권관리2팀) 2013.07.04 2013카단4231 광주지방법원

사례입니다.

최근엔 농취증 발급 심의 대상에 해당되는 경우, 최대 2주까지 시간이 소요됩니다. 매각허가결정기일 연기 신청을 하든지 미리 농취증을 받아놓아야 합니다.

매각허가결정기일까지 농취증 또는 농취증반려증명서를 제출하지 못하면 매각이 불허가됩니다. 농취증반려증명서는 어떤 원인에 의해 반려되었다는 것을 증명하는 서류입니다. 반려증명서를 제출하면 반려사유(=미발급사유)에 따라 매각허가 대상이 될 수도 있고 불허가 대상이 될 수도 있습니다.

농지취득자격증명 발급심사요령 제9조 3항에서는 반려증명서가 발급되는 경우를 규정하고 있습니다. 그중 3번과 4번의 사유로 반려증명서를 받았다면 매각불허가 결정이 나오고 입찰보증금은 몰수됩니다.

그렇다면 1번과 2번인데 주로 농취증 반려증명으로 경매에서 매각허가

농지취득자격증명 발급심사요령 중 제9조(농지취득자격증명의 발급)

③ 시 · 구 · 읍 · 면의 장은 신청인이 제8조의 농지취득자격증명 발급요건에 부합되지 아니하는 경우에는 제1항에 따른 발급 기간 이내에 미발급 사유를 다음 각 호 예시와 같이 구체적으로 명시하여 신청인에게 문서로 통보하여야 한다. 〈각 호 외 전문개정〉

1. 신청대상 토지가 법 제2조 제1호에 따른 농지에 해당하지 아니하는 경우: 신청대상 토지가 「농지법」에 의한 농지에 해당되지 아니함(종전의 「농지의 보전 및 이용에 관한 법률」 시행일인 1973.1.1. 이전부터 농작물의 경작 또는 다년생식물 재배지 외의 용도로 이용되고 있는 토지 등 해당 사유를 기재)

2. 신청대상 농지가 농지취득자격증명을 발급받지 아니하고 취득할 수 있는 농지인 경우: 신청대상 농지는 농지취득자격증명을 발급받지 아니하고 취득할 수 있는 농지임(농지 전용 협의를 마친 도시지역 안의 주거지역 농지를 취득하는 경우 또는 법 제6조 제2항 제4호에 따른 상속으로 농지를 취득하는 경우 등 해당 사유를 기재) 〈전문개정〉

3. 신청인이 법 제8조 제2항에 따라 농업경영계획서 또는 주말 · 체험영농계획서를 제출하여야 하여 신청인의 농지취득자격을 확인한 결과 적합하지 아니한 경우: 신청인이 작성한 농업경영계획서 또는 주말 · 체험영농계획서의 내용이 신청인의 농업경영능력 등을 참작할 때 실현 가능하다고 인정할 수 없음(규칙 제7조 제3항 각 호의 사항을 종합적으로 고려하여 농지취득자격증명 미발급한 사유를 구체적으로 기재) 〈전문개정〉

4. 신청대상 농지가 「농지법」을 위반하여 불법으로 형질이 변경되었거나 불법건축물이 있는 농지인 경우: 신청대상 농지는 취득시 농지취득자격증명을 발급받아야 하는 농지이나 불법으로 형질이 변경되었거나 불법건축물이 있는 부분에 대한 복구가 필요하며 현 상태에서는 농지취득자격증명을 발급할 수 없음

가 되려면 1번의 사유가 기재되어야 합니다. 2번은 소유권 취득시 농취증이 필요 없는 경우로서 매각명세서에 미리 기재되는 경우도 많습니다.

만약 농취증 발급이 안 된다면 어떻게 될까요? 농취증 발급이 안 된다면 그 토지는 영원히 소유권 이전이 안 될 것이고 채권자는 영원히 채권회수가 불가능해집니다. 농취증은 소유권이전등기에 필요한 서류로 농취증 발급이 안 된다면 소유권 이전은 경매이든 매매이든 불가능하기 때문입니다.

판례를 하나 보겠습니다. 아직 소유권을 취득하지 못한 상태인 최고가 매수신고인 지위에 있는 사람은 낙찰 후 1~2주 안에 농취증을 받기 위해 원상복구를 한다든가 농취증 담당자가 제시한 어떤 행위를(이 사건과 같이 분묘를 이장한 후 오라는 등) 하기는 거의 불가능할 것입니다

앞서 기술한 바와 같이 농취증 발급이 안 된다면 그 토지는 경매, 공매, 일반매매로 소유권 이전이 불가능하게 된다는 점입니다. 채권자들도 당연히 채권회수가 불가능한 상태가 됩니다. 그러므로 농지가 불법 형질변경된 경우 조건부로 농취증을 먼저 내어주고 사후에 행정청에서 사후관리를 하라는 내용으로 판시한 것입니다.

이 판결은 대법원까지 갔지만 '2017다3176'에서 심리불속행기각으로 종결되었습니다. 따라서 행정소송으로 갈 경우 승소 가능성이 매우 높다고 할 수 있습니다. 물론 시간과 비용을 고려해 결정할 사안입니다.

다시 사례로 돌아오겠습니다. 매각불허가결정에 대해 즉시항고를 하고, 면사무소에 상기 판례 등을 첨부하여 내용증명을 보냈습니다. 농지법상 농지가 아닌 것으로 해서 반려증명서를 요청한다는 내용과 농취증 관련한 판례를 보낸 것입니다. 다행히도 행정소송으로 받아 가라던 담당자가 농지취득자격증명 반려증명서를 보내주었습니다.

판례 | 불법형질변경 농지의 농취증 발급

부산고등법원 2006누1791 판결 중

(3) 다음으로 피고가 위 토지의 불법형질변경을 이유로 농지취득자격증명의 발급을 거부할 수 있는지에 관하여 보건대, 경매절차를 통하여 위 토지를 낙찰받기 위하여 농지취득자격증명을 발급받으려는 자는 위 토지를 낙찰받아 소유권을 취득하기 전에는 원상회복 등의 조치를 할 아무런 권원이 없으므로 그에게 형질변경된 부분의 복구를 요구한다는 것은 법률상 불가능한 것을 요구하는 것인 점, 불법적으로 형질변경된 농지에 대하여 농지취득자격증명의 발급을 거부한다면, 농지의 소유자가 농지를 금융기관에 담보로 제공한 후 농지를 불법으로 형질변경하거나 지상에 무허가건물을 짓는 경우에는 스스로 원상복구하지 않는 한 제3자가 이를 경락받지 못하므로 담보물권자는 농지를 환가할 수 없게 되는 점 등을 참작하면, 불법으로 형질변경된 위 토지에 대하여는 농작물의 재배가 가능한 토지로 원상복구된 후에 농지취득자격증명의 발급이 가능하다는 피고의 처분사유는 적법한 것이라고 할 수 없다(원고들이 위 토지를 취득한 다음 관할 관청에서 그 원상회복을 위한 행정조치를 취하는 것은 별개의 문제이다).

반려 사유는 '농지법상 농지가 아님'이었습니다. '이럴 거면 처음부터 해주지'라는 생각이 들어 허탈했습니다. 반려증명서를 받자마자 바로 경매법원에 보내고, 즉시항고 법원에도 제출했습니다.

구 민사소송법이 적용되는 사건의 판례 중에 이 사건과 유사한 경우가 있어서, 좀 늦긴 했지만 즉시항고심에 대법원 판례와 반려증명서를 제출했는데 결과는 기각이었습니다. 기각 사유를 살펴보겠습니다.

매각허가결정일까지 농취증 제출이 안 되어 매각불허가결정을 한 사법보좌관의 처분은 잘못이 없고, 면사무소 사실조회 회신서의 내용을 매

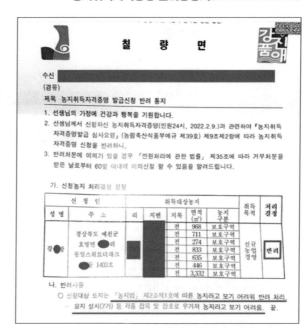

○── 경매법원에 제출 내역

2022.02.22	감정인 시OOOOOOOOO 회보서 제출
2022.02.22	기타 박OO 감정평가서 제출
2022.02.23	기타 칠OOO 농지취득신청반려통지 제출
2022.02.28	최고가매수신고인 보정서 제출

○── 항고법원에 제출한 관련 대법원판례

대법원 2004. 2. 25.자 2002마4061 결정
[부동산낙찰불허가][공2004.4.15.(200.590)]

【판시요지】
구 민사소송법(2002. 1. 26. 법률 제6626호로 전문 개정되기 전의 것)이 적용되는 사건에서 경매법원에 의하여 경락불허가결정이 내려진 이후 그 결정에 대한 항고사건 계속중에 농지취득자격증명이 제출된 경우에는 항고법원으로서는 이와 같은 사유까지 고려하여 경락불허가결정의 당부를 판단하여야 할 것이다.

○───── **기각 결정문**

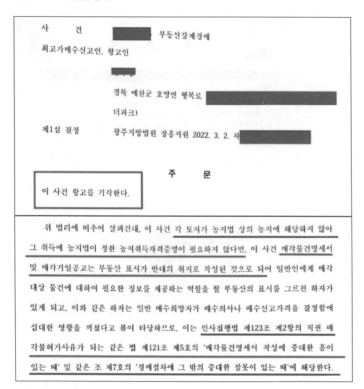

사　　건　　[redacted]　부동산강제경매

최고가매수신고인, 항고인

[redacted]

경북 예천군 호명면 행복로 [redacted]

더파크)

제1심 결정　　광주지방법원 장흥지원 2022. 3. 2. 자 [redacted]

주　문

> 이 사건 항고를 기각한다.

위 법리에 비추어 살펴건대, 이 사건 각 토지가 농지법 상의 농지에 해당하지 않아 그 취득에 농지법이 정한 농지취득자격증명이 필요하지 않다면, 이 사건 매각물건명세서 및 매각기일공고는 부동산 표시가 반대의 취지로 작성된 것으로 되어 일반인에게 매각 대상 물건에 대하여 필요한 정보를 제공하는 역할을 할 부동산의 표시를 그르친 하자가 있게 되고, 이와 같은 하자는 일반 매수희망자가 매수의사나 매수신고가격을 결정함에 심대한 영향을 끼쳤다고 봄이 타당하므로, 이는 민사집행법 제123조 제2항의 직권 매 각불허가사유가 되는 같은 법 제121조 제5호의 '매각물건명세서 작성에 중대한 흠이 있는 때' 및 같은 조 제7호의 '경매절차에 그 밖의 중대한 잘못이 있는 때'에 해당한다.

각명세서에 매각조건으로 해 놓은 것도 절차적으로는 문제가 없기 때문에 기각이 되었던 것입니다. 그런데 그다음 의미심장한 내용이 들어 있습니다.

절차상 하자는 없으나 나중에 면사무소에서 농취증 발급대상이 아닌 농지법상 농지가 아니라는 농취증반려증명서를 내어줬으므로 매각물건명세서가 잘못되었다는 내용입니다. 매각 전에는 농취증 제출조건으로 매각을 했으나 매각 후의 결론은 농지법상 농지가 아닌 셈이 되어 버렸으므로 경매 입찰자들에게 고지된 매각물건명세서 작성에 중대한 잘못이 있는 때가 된다고 판시한 것입니다.

매각결정기일까지 농취증을 제출하지 못하여 매각불허가결정이 되는 경우 낙찰자는 입찰보증금이 몰수되고 매각불허가결정이 되지만, 판결의 내용은 농취증 미제출이 아닌 매각물건명세서 작성에 중대한 흠이 있기 때문에 매각이 불허가되어야 한다고 한 것입니다. 그러므로 이 사건의 낙찰자는 입찰보증금을 돌려받을 수 있게 되었습니다.

즉시항고 결정 이후에 대법원까지 진행해 봤으나 '심리불속행기각'으로 종결되었습니다.

낙찰은 못 받게 되었으나 입찰보증금은 돌려받을수 있었던 케이스였는데요. 농취증은 담당자에게 재량권이 있는 업무라 까다로운 담당자라면 어렵게 갈 것이고 그렇지 않다면 쉽게 풀리기도 합니다. 가령 지목이 농지인데 대지화되어 있는 토지가 있는 경우에도 농지법상 농지가 아닌 것으로 해서 반려증명을 받아 취득하게 해주는 곳이 있는 반면, 원상복구를 조건부로 하여 농취증을 내어주는 곳이 있는 것입니다. 그러므로 입찰 전 관련 판례 및 근거들을 숙지한 후에 담당자와 충분히 통화를 해보고(농취증 발급시 문제가 있을지 없을지) 낙찰 후 어떻게 대응할지 고민해 놓고 입찰 여부를 결정하시는 게 현명한 방법일 것입니다.

농지법상 농지가 아닌 것으로 인정받은 다른 사례

■ ■ ■

다른 사건 하나를 더 살펴보겠습니다. 지목은 농지(전, 답, 과)였으나 도시계획도로로 활용되고 있는 토지를 법인 명의로 낙찰받았던 사례입니다.

원칙적으로 일반 법인은 농지를 취득할 수 없습니다. 이 물건은 「농지의 보전 및 이용에 관한 법률」 시행일(1973년 1월 1일) 이전부터 농지가 아니라는 내용으로 농취증 반려증명을 받아 소유권을 취득할 수 있었습니다.

사실 이 사례에서 처음부터 반려증명을 내어준 것은 아닙니다. 낙찰자의 요청에도 반려증명을 해주지 않아 행정소송을 고려하고 있었는데, 고위공무원 출신 행정사가 나서서 약간의 소란을 피운 뒤 반려증명을 받아왔습니다. 누군 되고 누군 안 되는 불편한 현실입니다.

농취증은 행정부에서 생각하는 농취증 발급에 대한 내용과 사법부에서 생각하는 농취증 발급 내용이 서로 상이하다 보니 이런 문제들이 발생하고 있습니다. 행정부에 가서 판례 등을 가지고 설득하려 해도 "그건 우리한테 얘기하지 말고 법정에 가서 말씀하시라" 이렇게 대응하는 담당자도 있습니다. 이 사건과 같이 농취증 발급을 거부하는 경우 농취증 제

○──── **농지취득자격증명 반려증명서(도로로 사용)**

2. 귀하께서 신청하신 농지취득자격증명신청서에 대하여 ▨▨▨▨▨▨▨▨▨▨ 「농지취득자격증명발급심사요령」(농림축산식품부예규 제31호, 2015.8.17.) 제9조에 따라 미발급 합니다.

3. 당해 농지의 취득과 관련하여 허위 또는 기타 부정한 방법으로 이 증명서를 발급받은 사실이 판명되면 같은법 제59조에 따라 불이익 처분을 받을 수 있으며,

4. 취득한 농지는 매년 "농지이용 실태조사"를 통하여 정당한 사유 없이 취득 목적대로 이용하지 아니한 경우에는 같은법 제11조 제1항 및 제62조에 따라 당해 농지에 대하여 처분명령 및 이행 강제금이 부과될 수 있으니 이점 유의하시기 바랍니다.

5. 아울러, 농지취득자격증명 및 농지원부 발급과 관련하여 궁금한 사항이나 자세한 내용은 ▨▨▨▨신입팀 농지담당(☎ ▨▨-4034)으로 문의하시기 바랍니다.

◆ 농지취득자격증명 미발급 세부내역 ◆

신청인	농지 소재지	지목	지적면적 (㎡)	취득면적 (㎡)	미발급 사유	비고
글로텍 ▨▨▨▨ 식회사	대▨▨▨-1	전	418-1	29.33	신청대상 토지는 「농지의 보전 및 이용에 관한 법률」 시행일 이전부터 도로로 사용된 것으로 확인되어 농지취득자격증명을 발급 받지 않고 취득할 수 있습니다.	미발급

끝.

출기한을 넘겼다면 추후에 받더라도 매각허가를 받기 어려울 수 있으나 매각물건명세서 작성에 중대한 하자를 들어 입찰보증금을 돌려받을 수 있을 것이고 경우에 따라서는 행정소송을 통해 농취증을 받아야 할 수도 있습니다.

농취증을 안 내어주면 소유권 이전도 불가능하고 채권자 입장에서는 채권 회수도 요원한 상황이 되므로 아주 특별한 경우가 아니라면 농취증은 문제가 없다고 보시면 됩니다.

12

경·공매 투자는
얼마부터 할 수 있을까?
(소액투자 사례)

경공매 시장에도 소액으로 투자할 수 있는 물건들이 꽤 있습니다. 단 '물건을 잘 찾으면'이라는 단서가 붙습니다. 이번에 소개할 사례는 성남시 수정구 창곡동에 있는 공매 물건입니다. 사진상 포장도로로 보입니다. 매각대상은 66㎡ 토지(건물 없음)이고 감정가는 2,640,000원입니다.

토지이용계획을 확인해 보니 도로로 사용되는 것이 확실합니다. 그런데 이 토지는 빨간색으로 표시된 도로 안에 있습니다. 지적도에서 이렇게 빨간색으로 표시된 도로를 '도시계획도로'라고 합니다.

말 그대로 도시계획사업의 일환으로(공공의 목적으로) 만들어지는 도로입니다. 이미 사업이 완료된 곳도 있고 사업이 예정되어 있는 곳도 있습니다. 여기서 의문이 생깁니다. 공공 목적의 도로로서 사업이 완료되었다는 것은 토지 수용 절차가 끝났다는 뜻인데, 어떻게 개인 명의의 땅이 경매나 공매로 나온 걸까요?

이상한 일은 아니고 종종 일어나는 일입니다. 과거에 공익사업이 시행되었지만, 당시 여러 사유로 인해 보상이 이루어지지 않고 있다가 경매나 공매로 나오는 것입니다. 이를 '미지급용지(구 미불용지)'나 '미보상용지'라고 부릅니다. 엄밀하게는 미지급용지와 미보상용지를 구분해야 하지만, 내용이 거의 유사하므로 여기서는 미지급용지로 기술하겠습니다. 경매나 공매 물건에서 가장 많은 미지급용지는 '도로'인 듯합니다.

미지급용지의 투자 포인트는 이렇습니다. 경매나 공매로 나오는 미지급용지 도로는 지목이 도로이든, 지목은 도로가 아니더라도 도로로 사용되는 곳들일 것입니다. 이러한 도로들은 경매나 공매 감정평가시에는 통상 인근 토지의 1/2 ~ 1/3 가격정도로 평가가 됩니다(미지급용지 보상을 전제로 평가되는 건들도 있으므로 필히 감정평가서를 확인해 봐야 합니다). 소유권 취득 후 미지급용지로 보상을 받을때에는 현황을 보는 것이 아니라 공익사업에 편

○─── **물건정보 목록(경기도 성남시 수정구 토지)**

□	물건정보	입찰기간	최저입찰가(원) 감정가-최초 예정가(원) 최저입찰가율(%)	물건상태 유찰횟수	조회수	공고일자 등록일자	공고/상세
□ 캠코 🗒 메모등록	**2020-01325-001** 경기도 성남시 창곡동 **** [토지 / 도로] [토지 66㎡] [건물 0㎡] [매각] [일반경쟁]	2020-09-07 10:0 0 ~ 2020-09-09 17:0 0	2,640,000 2,640,000 (100%)	낙찰 유찰 0 회	1089	2020-07-29 2020-08-25	공고이동 상세이동

○——— **토지이용계획확인원**(경기도 성남시 수정구 토지)

소재지	경기도 성남시 수정구 창곡동		
지목	도로 ❓	면적	66 ㎡
개별공시지가(㎡당)	29,700원 (2023/01) **연도별보기**		
지역지구등 지정여부	「국토의 계획 및 이용에 관한 법률」에 따른 지역·지구등	도시지역 , 자연녹지지역 , 종로2류(폭 15m~20m)(보조간선도로)	
	다른 법령 등에 따른 지역·지구등	개발제한구역<개발제한구역의 지정 및 관리에 관한 특별조치법>, 비행안전제6구역(전술)<군사기지 및 군사시설 보호법>, 제한보호구역(전술항공:5km)<군사기지 및 군사시설 보호법>, 대기환경규제지역<대기환경보전법>, 도시교통정비지역<도시교통정비촉진법>, 과밀억제권역<수도권정비계획법>	
	「토지이용규제 기본법 시행령」 제9조 제4항 각 호에 해당되는 사항		

범례
- ☐ 제한보호구역(전술항공:5km)
- ☐ 비행안전제6구역(전술)
- ☐ 공익용산지
- ☐ 도시지역
- ☑ 자연녹지지역
- ☐ 상대보호구역
- ☐ 과밀억제권역
- ☐ 도로구역
- ☐ 도시교통정비지역
- ☐ 대기환경규제지역
- ☐ 개발제한구역
- ☐ 종로2류(폭 15m~20m)
- ☐ 법정동

☐ 작은글씨확대 축적 1 / 500 ▾ **변경** **도면크게보기**

입될 당시 이용상황을 상정하여 가격은 현재시점의 가격으로 평가하여 보상을 해 줍니다. 즉 현재는 도로지만 과거 공익사업 편입 당시 토지의 이용 상황이 농지이거나 대지였다면 이 기준으로 해서 현재 시세대로 보상을 해 준다는 말입니다.

이 정도의 기본 지식을 가지고, 공매사건의 감정평가서를 보겠습니다. 도시계획도로에 속한다고 되어 있고, 감정평가 항목에서 '개별요인'이 0.416입니다. 도로이기 때문에 인근 토지 대비 감가를 한 것입니다.

그렇다면 공익사업에 편입될 당시의 이용 상황은 어디서 알아볼 수 있을

598

우광연의 작심하고 시작하는 경매공부

6. 그 밖의 사항

- 본건은 지목 및 현황 도로로서 도시계획도로인 중로2류(폭 15M~20M)에 속하며, 해당 토지의 이용상황 및 공법상 제한 등을 고려하여 평가하였음.

7) 공시지가기준법에 의한 토지 시산가액의 결정

(1) 토지단가의 결정

기호	공시지가 (원/㎡)	시점 수정	지역 요인	개별 요인	기타 요인	산출단가 (원/㎡)	적용단가 (원/㎡)
1	(A)32,000	1.00890	1.00	0.416	2.97	39,889	40,000

(2) 공시지가기준법에 의한 토지가격

기호	적용단가 (원/㎡)	사정면적 (㎡)	시산가액 (원)	비 고
1	40,000	66.0	2,640,000	
합 계			2,640,000	

까요? 지방자치단체 도시계획 담당자 등에게 공익사업이 언제 되었고 편입 당시 지목 및 이용 상황이 어떠했는지 물어봐도 되고, 공익사업이 시행된 시점 등을 알아내서 해당 연도의 항공사진 등을 가지고 확인할 수도 있습니다.

사례의 토지는 남한산성으로 올라가는 도로입니다. 도로가 생기기 전에는 당연히 임야였을 겁니다. 간혹 도로였던 토지가 미지급용지가 되는 경우도 있으므로 공익사업에 편입될 당시에 대한 사전 조사를 철저히 해야 합니다.

조사가 끝났다면 보상해줄 담당자를 찾아 전화를 해보시면 됩니다. 이 사건의 사업시행자는 성남시청입니다. 성남시청의 보상 담당자에게 전화

했더니, 미지급용지가 맞고 낙찰받은 후 신청서를 제출하면 바로 보상해 주겠다는 말을 들을 수 있었습니다. 마지막으로 현재 시세를 계산해볼 차례입니다. 경매나 공매에서 미지급용지 감정평가 금액은 통상 인근 시세의 50~70% 정도로 저감하여 평가됩니다. 그러므로 감정평가 금액의 2~3배 정도 보상이 가능하다고 보면 됩니다.

그리고 이 사건의 감정평가서에는 상당한 힌트가 들어 있었습니다. 인근 필지에 보상한 평가 선례가 담겨 있었기 때문입니다. 물론 없는 경우들이 더 많습니다. 이 건에는 2019년도 보상 내용이 나와 있습니다. 지목이 임야인 것으로 보아 충분히 참작할 만한 선례라고 할 수 있습니다.

11:1의 경쟁률을 뚫고 사례의 토지를 낙찰받았습니다. 2등과 차이가 좀 났습니다만 경매나 공매하면서 2등과의 차이를 생각하면 경매시장에서 버티기 어렵습니다. 입찰가격을 정했다면 어느 정도 수익을 볼 것인지에 대한 판단이 끝난 것이므로, 뒤돌아볼 필요가 없습니다. 직접 소유권이전등기를 신청하고 성남시청에 보상 신청을 했습니다.

일반 토지 수용 절차와 달리, 미지급용지 보상시에는 수용 재결 절차가 없습니다. 현행 제도상 협의매수 방법 외에는 없는데, 성남시에서는 소유자에게 감정평가사 1인을 추천할 수 있도록 해주었습니다. 협의매수이므

○─── **미지급용지 보상금 내역서(경기도 성남시 수정구 토지)**

미지급용지 보상금 산정내역서(토지)														
)사업명 : 미지급용지 보상(창곡동 ▨▨)													(단위 : 원, ㎡)	
연번	소재지	지번	지목	편입면적(㎡)	A 감정평가서		B 감정평가서		협의보상액		소유자		관계인		비고
										성명	주소 (송달주소)	성명	주소	권리관계	
1	성남시 수정구 창곡동	▨	도로	66	133,000	8,778,000	142,000	9,372,000	137,500	9,075,000	우광연	공유자 지분 2분의 1 / 별 507호)	해당없음		
											이	공유자 지분 2분의 1 / 별 507호)	해당없음		

우광연의 작심하고 시작하는 경매공부

로 지자체에서 일방적으로 감정평가를 해서 보상통지를 하는 경우도 있습니다.

성남시가 선정한 감정평가 회사와 필자가 추천한 감정평가 회사, 두 곳의 평균 금액인 9,075,000원의 보상을 받게 되었습니다. 낙찰부터 보상까지 4개월 정도 소요되었습니다. 취득 후 4개월 만에 매도했으므로 양도세가 부과됩니다.

입찰하기 전에 대략적인 보상금액과 양도세를 계산해서 2명이 공동입찰했습니다. 양도소득세는 1년에 1회 1인당 250만원씩 기본공제를 해줍니다. 4,480,000원에 낙찰받아 9,075,000원의 보상을 받았는데, 2명 공동명의로 총 500만원의 공제를 받아서 양도세를 한 푼도 내지 않을 수 있었습니다.

미지급용지 투자의 기본적인 내용을 위주로 기술했는데요. 미지급용지는 여러 복병이 있는 투자 방법이라 검토할 내용이 상당히 많으므로 처음 하시는 분들은 전문가의 자문을 받아 지뢰를 피해 가셔야 합니다. 미지급용지 보상도 예산이 넉넉한 지자체라면 바로바로 해줄 수 있지만 그렇지 않은 곳은 상당한 시간이 소요되기도 합니다. 이렇게 시간이 소요되는 경우에는 부당이득반환청구도 고려하여 입찰을 하셔야 합니다.

다음에 책을 집필한 기회가 생긴다면 미지급용지에 대한 모든 내용을 넣어 만들어 보겠습니다.

부록

① 채권자 연락처 찾는 법

권리분석을 하다 보면 채권자와 통화를 많이 해야 하는데, 채권자 연락처를 어떻게 찾는지 알아보겠습니다. 채권자가 은행이라면 은행의 담당부서와 통화하면 됩니다. 다만 1금융권은 개인정보를 이유로 잘 알려주지 않습니다. 경매 진행 중인 대부분의 물건은 원금과 이자 회수가 안 되는 부실채권으로, 은행은 거의 대부분의 부실채권을 다른 회사에 매각합니다. 금융기관이 아닌 채권자를 접촉해야 할 때는 일단 등기상 채권자의 주소지로 등기우편을 보내보거나 직접 찾아가보면 될 것입니다.

1) 채권이 대부업체로 양도된 경우

근저당권을 양수받은 대부업체를 찾으려면, 한국대부금융협회 홈페이지(www.clfa.or.kr)에 들어가서 우측의 '등록대부업체 조회하기' 메뉴를 클릭하면 됩니다.

2) 부실채권(NPL) 유동화전문회사

① 연합자산관리(유암코)

홈페이지 www.uamco.co.kr   **대표전화** 02-2179-2400

부실채권 관련해 가장 큰 회사가 '연합자산관리(유암코)'입니다. 유암코는 유동화전문회사가 인수한 부실채권 관련 업무(경매 진행, 배당, 채권 재매각 등)를 대신해줍니다. 유암코가 관리하는 유동화전문회사는 '유ㅇㅇㅇ유동화전문유한회사' 식으로 표시됩니다.

② 농협자산관리

홈페이지 www.acamco.co.kr   **대표전화** 02-6286-8600

농협은행의 부실채권을 전문적으로 양수받는 회사입니다. 농협자산관리가 양수받은 채권은 농협자산관리주식회사로 표시됩니다.

③ 대신F&I

대표전화 02-6712-1500

대신F&I가 인수하는 유동화 채권은 대신AMC(www.daishinamc.com/02-6712-1100)에서 관리합니다. 대표적인 유동화 회사명은 에프ㅇㅇㅇㅇ유동화전문유한회사입니다.

④ 기타

이 외에도 하나F&I, 키움F&I, 증권사, 저축은행, 자산운용사 등 여러 회사들이 부실채권을 매입하고 있습니다. 경매사건 자료에 유동화회사 이름이 나와 있다면 금융감독원 전자공시시스템에서 유동화회사를 관리하는

AMC(자산관리회사)의 연락처를 알 수 있습니다. 유동화회사 이름을 모른다면 종전 채권자와 통화하여 채권양수자 연락처를 문의해보시면 됩니다.

○──── 금융감독원 전자공시시스템 다트(DART)

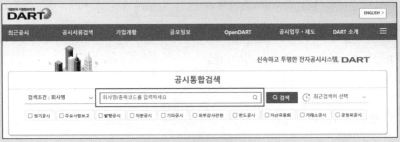

2

경매와 농취증의 모든 것

경매나 공매로 농지를 취득할 경우에는 농지취득자격증명을 제출해야 합니다. 농지취득자격증명은 낙찰 후 소유권이전등기를 할 때 필요한 서류로 농취증을 못 받는다면 소유권 이전이 불가능합니다. 최근 농취증 발급 심사가 까다로워졌습니다. 예전엔 3~4일이면 발급되었으나 요즘은 심의 대상에 해당된다면 14일이 소요될 수도 있습니다.

1) 농취증 발급

농지취득자격증명이 필요한 경우 매각물건명세서에 기재됩니다. 낙찰 후 일주일 뒤인 매각허가결정일까지 제출해야 합니다. 법 개정으로 심의대상인 경우 14일이 소요되므로 주의를 요합니다. 심의대상은 다음과 같습니다.

2) 심의대상(농지법 시행규칙 7조)

취득대상 농지 인근에 거주하지 않는다면 일단 농지위원회의 심의대상이 됩니다. 경매나 공매로 취득시 이러한 경우가 많으므로 선제 대응이 필요

농지법 시행규칙

[시행 2022. 8. 18.] [농림축산식품부령 제531호, 2022. 5. 18. 일부개정]

③ 법 제8조 제 3항에서 "농지투기가 성행하거나 성행할 우려가 있는 지역의 농지를 취득하려는 자 등 농림축산식품부령으로 정하는 자"란 다음 각 호의 자를 말한다. 〈신설 2022. 5. 18.〉

1. '부동산 거래신고 등에 관한 법률' 제10조 제1항에 따라 지정된 허가구역에 있는 농지를 취득하려는 자
2. 취득대상 농지 소재지 관할 시·군·자치구 또는 연접한 시·군·자치구에 거주하지 않으면서 그 관할 시·군·자치구에 소재한 농지를 2022년 8월 18일 이후 처음으로 취득하려는 자
3. 1필지의 농지를 3인 이상이 공유로 취득하려는 경우 해당 공유자
4. 농업법인
5. '출입국관리법' 제31조에 따라 등록한 외국인
6. '재외동포의 출입국과 법적 지위에 관한 법률' 제6조에 따라 국내거소신고를 한 외국국적동포
7. 그 밖에 농업경영능력 등을 심사할 필요가 있다고 인정하여 시·군·자치구의 조례로 정하는 자

우광연의 작심하고 시작하는 경매공부

합니다. 우선 농취증을 미리 받아놓는 방법이 있습니다. 농취증은 낙찰을 받아야만 신청 가능한 것이 아니기 때문입니다. 다음으로 낙찰 후 매각허가결정기일을 연기하는 방법이 있습니다. 후자의 경우 법원마다 처리 방법이 다를 수 있으므로 전자의 방법을 추천합니다.

3) 공매 농취증 제출 시기

2023년 1월 1일 이후 공고된 물건부터 시행되는 규정으로, 우선 매각결정기일이 변경되었습니다. 예전에는 낙찰받은 날 다음주 월요일이 매각결정기일이었는데 그보다 기간을 길게 주고 있습니다. 그 대신 공매에서도 농취증을 매각결정기일까지 제출해야 합니다. 2022년까지는 소유권이전등기 전까지만 제출하면 되었습니다.

1. 적용대상: 국세 등(지방세 제외) 체납에 의한 압류재산 공매

2. 매각결정기일 변경 [「국세징수법」(2023. 1. 1. 시행)]

개정 전	개정 후	비고
개찰일부터 3일 이내 (통상 개찰 다음주 월요일 10시)	개찰일부터 7일 이내* (통상 개찰 다다음주 월요일 18시)	2023년 공고분부터 적용

* 공휴일, 대체공휴일, 토요일 및 일요일 제외

4) 지분경매시 농취증은?

강화된 발급 제도로 인해 공유 형태로 농지를 취득하는 것은 어려워졌습니다. 취득할 농지의 공유자가 3인 이상이라면 심의대상이고, 취득시 공유 형태라 하더라도 각 지분권자들의 점유 위치를 특정한 후 도면을 제출해야 합니다. 만약 공유지분으로 되어 있는 농지가 경매나 공매 대상이라면

점유공간을 어떻게 특정해야 할까요? 이런 경우 당연히 협의가 어려울 것이므로 예외로 두고 있습니다.

국민신문고 문의에 대한 답변(2022년 7월 29일)

- 귀하의 질의내용이 '공유관계의 농지취득'에 관한 사항으로 이해하고 답변드립니다.
- 22. 5. 18.부터 시행된 농지법 제8조 제2항 제1호에 따라 공유로 취득하려는 경우 공유지분의 비율 및 각자가 취득하려는 농지의 위치도 함께 표시해야 합니다.
  다만, 기존공유관계가 형성되어 있는 경우 법 적용 대상에서 제외하고, 기존에 공유관계가 없던 농지를 다수가 공동으로 소유하기로 합의하여 새롭게 공유를 성립시키는 경우 법 적용 대상이 되는 것으로 해석하는 것이 타당합니다.
- 따라서, 기존 공유관계가 형성되어 있는 필지의 지분을 매수하는 경우 구분소유하지 않아도 무방합니다.

---

5) 농취증 관련 등기 선례 및 판례

① 등기 선례

등기선례에서는 농지법상 농지가 아니라는 서면이 제출되는 경우에는 소유권이전이 가능하다고 되어 있습니다. 이러한 근거들로 인해 농취증 반려증명으로도 소유권이전등기가 가능한 것입니다.

지목이 농지이나 사실상 농지가 아닌 토지에 대하여 일반법인이 그 명의로 소유권이전등기신청을 할 수 있는지 여부

제정 2020. 4. 27. [부동산등기선례 제202004-3호, 시행]

우광연의 작심하고 시작하는 경매공부

시 · 구 · 읍 · 면장으로부터 지목이 농지인 토지에 대하여 "신청대상 토지가 「농지법」에 의한 농지에 해당되지 아니함"이라는 내용이 기재된 농지취득자격증명 미발급 사유 통지를 받은 경우에는(농림축산식품부예규 제39호 제9조 제3항 제1호), 농업법인이 아닌 일반법인도 이 토지에 대하여 자신의 명의로 소유권이전등기를 신청할 수 있을 것이다.

(2020. 04. 27. 부동산등기과–1083 질의회답)

농지취득자격증명이 반려(토지의 현상이 농업경영목적의 실현이 불가능하다는 뜻이 기재됨)된 농지에 대한 소유권이전등기를 신청하는 경우, 농지취득자격증명을 첨부하여야 하는지 여부

제정 2000. 5. 19. [등기선례 제6–565호, 시행]

지목은 농지일지라도 토지의 현상이 농작물의 경작 또는 다년생식물 재배지로 이용될 수 없다는 것이 관할관청이 발급하는 서면에 의하여 증명될 때에는 농지취득자격증명을 첨부하지 않고도 소유권이전등기를 신청할 수 있는 바, 해당 토지가 주택의 대지로 사용되어 농업경영 목적의 실현이 불가능하다는 취지가 기재된 관할 면장의 농지취득자격증명신청 반려통지서를 첨부한다면, 그 토지에 대한 소유권이전등기를 신청할 때에 농지취득자격증명을 첨부할 필요는 없을 것이다.

(2000. 5. 19. 등기 3402–356 질의회답)

공부상 지목이 농지이나 실제로 농지가 아닌 경우 소유권이전등기 신청시 농지매매증명 첨부 여부

제정 1994. 8. 3. [등기선례 제4-682호, 시행]

공부상 지목이 농지라 하더라도 관할 행정관청이 발급하는 서면에 의하여 실제로 농지가 아니라는 것이 증명되는 경우에는 그 부동산에 대한 소유권이전등기신청 시 농지매매증명을 첨부할 필요가 없는 것인 바, 어떠한 서면이 그러한 사실을 증명하는 서면에 해당하는지 여부는 당해 등기신청을 받은 등기공무원이 구체적으로 판단할 사항이나 면적 2,204평방미터의 농지가 오랫동안 농사를 경작하지 않은 상태로 2분지 1 정도는 토사 매립으로 가설 건축현장 사무실 용도(연면적 115.2평방미터)의 경량 철골이 설치되어 있으며 나머지 부분은 휴경상태라는 내용의 동장 발급의 사실확인서는 위 서면에 해당되지 않는다.
(1994. 8. 3. 등기 3402-695 질의회답)

② 판례

부산고법 2006누1791(대법원2007두3176 심리불속행기각)

(3) 다음으로 피고가 위 토지의 불법형질변경을 이유로 농지취득자격증명의 발급을 거부할 수 있는지에 관하여 보건대, 경매절차를 통하여 위 토지를 낙찰받기 위하여 농지취득자격증명을 발급받으려는 자는 위 토지를 낙찰받아 소유권을 취득하기 전에는 원상회복 등의 조치를 할 아무런 권원이 없으므로 그에게 형질변경된 부분의 복구를 요구한다는 것은 법률상 불가능한 것을 요구하는 것인 점, 불법적으로 형질변경된 농지에 대하여 농지취득자격증명의 발급을 거부한다면 농지의 소유자가 농지를 금융기관에 담보로 제공한 후 농지를 불법으로 형질변경하거나

지상에 무허가건물을 짓는 경우에는 스스로 원상복구하지 않는 한 제3자가 이를 경락받지 못하므로 담보물권자는 농지를 환가할 수 없게 되는 점 등을 참작하면, 불법으로 형질변경된 위 토지에 대하여는 농작물의 재배가 가능한 토지로 원상복구한 후에 농지취득자격증명의 발급이 가능하다는 피고의 처분사유는 적법한 것이라고 할 수 없다(원고들이 위 토지를 취득한 다음 관할 관청에서 그 원상회복을 위한 행정조치를 취하는 것은 별개의 문제이다.)

앞에서 언급했지만, 현재까지 나와 있는 판례 중에 농취증 관련해서 가장 유명한 판례일 것 같습니다. 대법원까지 갔으나 심리불속행기각으로 끝난 사건입니다. 불법형질변경(예를 들어 분묘가 있다든가 주택으로 사용한다든가 등)이 되었다 하더라도 소유권을 취득하기도 전에 농취증 발급 담당자가 원상복구를 요구하는 것은 불가능한 것을 요구한 점, 농취증 발급이 안되면 채권자들은 영원히 채권을 회수할 수 없다는 점 등을 들어 불법형질변경이 되어 있다 하더라도 '원상복구를 조건부로 농취증을 내어주고 추후 농지로 잘 사용하는지에 대해 행정조치 등을 통해 해결하라'라는 취지의 내용입니다.

대법원 2019. 4. 11. 선고 2018두42955 판결

[기타이행강제금부과처분취소] [공2019상,1116]

[2] 농지법 제2조 제1호는 농지에 관한 정의 규정인데, 원칙적 형태는 "전·답, 과수원, 그 밖에 법적 지목을 불문하고 실제로 농작물 경작지 또는 다년생식물 재배지로

이용되는 토지"이다[(가)목 전단]. 따라서 어떤 토지가 이 규정에서 말하는 '농지'인지는 공부상의 지목과 관계없이 토지의 사실상 현상에 따라 판단하여야 한다.

그런데 농지법은 농지전용허가 등을 받지 않고 농지를 전용하거나 다른 용도로 사용한 경우 관할청이 그 행위를 한 자에게 기간을 정하여 원상회복을 명할 수 있고, 그가 원상회복명령을 이행하지 않으면 관할청이 대집행으로 원상회복을 할 수 있도록 정함으로써(제42조 제1항, 제2항), 농지가 불법 전용된 경우에는 농지로 원상회복되어야 함을 분명히 하고 있다. 농지법상 '농지'였던 토지가 현실적으로 다른 용도로 이용되고 있더라도 그 토지가 농지전용허가 등을 받지 않고 불법 전용된 것이어서 농지로 원상회복되어야 하는 것이라면 그 변경 상태는 일시적인 것이고 여전히 '농지'에 해당한다.

행정부(시·군·구청 등)에서는 지목으로 농취증 발급 여부를 따지는 경우들이 많고 사법부인 법원에서는 지목이 아닌 현황으로 농취증 발급 대상 등을 판단하고 있습니다.

농취증 발급이 강화되었다고는 하나 농취증 발급이 안 되는 것은 아닙니다. 담당 공무원의 재량권이 있는 만큼 사전에 문의해 보고 필요하면 판례 등의 내용으로 설득하여 농취증 또는 농취증 반려증명을(앞서 매각허가를 받을 수 있는 사유에 대해 설명한 파트 참조) 받아야 합니다. 담당자가 완강하게 거부한다든가 하면 행정소송을 통해 해결해야 하므로, 사전에 면밀히 검토한 후 입찰해야 합니다.

6) 농지취득자격증명 발급심사요령

농지취득자격증명발급심사요령

[시행 2022. 8. 16.] [농림축산식품부예규 제59호, 2022. 8. 16., 일부개정.]

농림축산식품부(농지과), 044-201-1736

제1장 총칙

제1조(목적) 이 요령은 「농지법」 제8조·제8조의3, 같은 법 시행령 제6조·제7조 및 같은 법 시행규칙 제7조에 따른 농지취득자격증명의 발급에 관하여 필요한 세부사항을 정함으로써 「헌법」 제121조 제1항에 따른 경자유전의 원칙을 달성하고 「농지법」 제3조에 따른 농지에 관한 기본이념을 구현하는 것을 목적으로 한다.

제2조(정의) 이 요령에서 사용하는 용어의 뜻은 다음과 같다.

1. "농지"란 다음 각 호의 어느 하나에 해당하는 토지를 말한다.

가. 전·답, 과수원, 그 밖에 법적 지목(地目)을 불문하고 실제로 농작물 경작지 또는 다년생식물 재배지로 이용되는 토지. 다만, 다음에 해당하는 토지를 제외한다.

1) 「공간정보의 구축 및 관리 등에 관한 법률」에 따른 지목이 전·답, 과수원이 아닌 토지(지목이 임야인 토지는 제외한다)로서 농작물 경작지 또는 제2호 각 목에 따른 다년생식물 재배지로 계속하여 이용되는 기간이 3년 미만인 토지

2) 「공간정보의 구축 및 관리 등에 관한 법률」에 의한 지목이 임야인 토지로서 「산지관리법」에 따른 산지전용허가(다른 법률에 따라 산지전용허가가 의제되는 인가·허가·승인 등을 포함한다)를 거치지 아니하고 농작물의 경작 또는 다년생식물의 재배에 이용되는 토지

3) 「초지법」에 따라 조성된 초지

나. 가목의 토지의 개량시설(유지, 양·배수시설, 수로, 농로, 제방, 토양의 침식이나 재해로 인한 농작물의 피해를 방지하기 위하여 설치한 계단·흙막기·방풍림 그 밖에 이에 준하는 시설을 말한다)의 부지

다. 농작물 경작지 또는 제2호 각 목의 다년생식물 재배지로 이용되고 있는 토지에 설치한 다음의 시설의 부지

1) 고정식온실 · 버섯재배사 · 비닐하우스와 그 부속시설

2) 축사 또는 곤충사육사와 그 부속시설

3) 간이퇴비장

4) 농막 · 간이저온저장고 및 간이액비저장조

2. "다년생식물 재배지"란 다음 각 목의 어느 하나에 해당하는 식물을 재배하는 토지를 말한다.

가. 목초 · 종묘 · 인삼 · 약초 · 잔디 및 조림용 묘목

나. 과수 · 뽕나무 · 유실수 기타 생육기간이 2년 이상인 식물

다. 조경 또는 관상용 수목과 그 묘목(조경목적으로 식재한 것을 제외한다)

3. "농업인"이란 다음 각 목의 어느 하나에 해당하는 개인을 말한다.

가. 1천제곱미터 이상의 농지에서 농작물 또는 다년생식물을 경작 또는 재배하거나 1년 중 90일 이상 농업에 종사하는 자

*90일 이상 농업에 종사하는 자란 농업경영주와 1년 중 90일 이상 농업경영이나 농지 경작활동의 피고용인으로 종사한다는 계약을 체결하고 노동력을 제공하고 있는 자

나. 농지에 330제곱미터 이상의 고정식온실 · 버섯재배사 · 비닐하우스 기타 농업생산에 필요한 시설을 설치하여 농작물 또는 다년생식물을 경작 또는 재배하는 자

다. 대가축 2두, 중가축 10두, 소가축 100두, 가금 1천수 또는 꿀벌 10군 이상을 사육하거나 1년 중 120일 이상 축산업에 종사하는 자

라. 농업경영을 통한 농산물의 연간 판매액이 120만원 이상인 자

4. "농업법인"이란 「농어업경영체 육성 및 지원에 관한 법률」 제16조에 따라 설립된 영농조합법인과 같은 법 제19조에 따라 설립되고 업무집행권을 가진 자 중 3분의 1 이상이 농업인인 농업회사법인을 말한다.

5. "농업경영"이란 농업인이나 농업법인이 자기의 계산과 책임으로 농업을 영위하는 것을 말한다.

6. "주말 · 체험영농"이란 농업인이 아닌 개인이 주말 등을 이용하여 취미 또는 여가

활동으로 농작물을 경작하거나 다년생식물을 재배하는 것을 말한다.

7. "고정식온실 · 버섯재배사 및 비닐하우스의 부속시설"이란 해당 고정식온실 · 버섯재배사 및 비닐하우스와 연접하여 설치된 시설로서 농작물 또는 다년생식물의 경작 · 재배 · 관리 · 출하 등 일련의 생산과정에 직접 이용되는 다음 각 목의 시설을 말한다.

가. 보일러, 양액탱크, 종균배양설비, 농자재 및 농산물보관실, 작업장 등 해당 고정식온실 · 버섯재배사 및 비닐하우스에서 농작물 또는 다년생식물을 재배하는 데 직접 필요한 시설

나. 해당 고정식온실 · 버섯재배사 및 비닐하우스에서 생산된 농작물 또는 다년생식물을 판매하기 위한 간이진열시설(연면적이 33제곱미터 이하인 경우로 한정한다)

다. 시설 면적이 6천제곱미터 이상인 고정식온실 · 버섯재배사 및 비닐하우스에서 재배하는 농작물 또는 다년생식물의 관리를 위하여 설치하는 시설(연면적 33제곱미터 이하이고, 주거 목적이 아닌 경우로 한정한다)

8. "축사 및 곤충사육사의 부속시설"이란 해당 축사 또는 곤충사육사와 연접하여 설치된 시설로서 가축 또는 곤충의 사육 · 관리 · 출하 등 일련의 생산과정에 직접 이용되는 다음 각 목의 시설을 말한다.

가. 축사의 부속시설: 먹이공급시설, 착유시설, 위생시설, 가축분뇨처리시설, 농기계보관시설, 진입로, 가축운동장, 자가 소비용사료의 간이처리 또는 보관시설과 사육하는 가축의 관리를 위해 설치하는 시설(연면적 33제곱미터 이하이고, 주거 목적이 아닌 경우로 한정한다)

나. 곤충사육사의 부속시설: 자가 소비용 사료의 간이처리 또는 보관시설, 진입로, 사육 용기 세척시설 및 사육하는 곤충의 관리를 위해 설치하는 시설(연면적 33제곱미터 이하이고, 주거 목적이 아닌 경우로 한정한다)

9. "농막 · 간이저온저장고 및 간이액비저장조"란 다음 각 목의 시설을 말한다.

가. 농막: 농작업에 직접 필요한 농자재 및 농기계 보관, 수확 농산물 간이 처리 또는 농작업 중 일시 휴식을 위하여 설치하는 시설(연면적 20제곱미터 이하이고, 주거 목적이 아닌 경우로 한정한다)

나. 간이저온저장고: 연면적 33제곱미터 이하일 것

다. 간이액비저장조: 저장 용량이 200톤 이하일 것

제2장 농지취득자격증명 발급대상
제3조(농지취득자격증명 발급대상)
① 농지의 소유권을 취득하고자 하는 자는 법 제8조제1항 및 제6항에 따라 농지취득
자격증명을 발급받아 소유권에 관한 등기를 신청할 때에 이를 첨부하여야 한다.
② 제1항의 규정에도 불구하고 다음 각 호의 어느 하나에 해당하는 경우에는 「농지
법」(이하 "법"이라 한다) 제8조제1항 단서 및 「농지법 시행령」(이하 "영"이라 한다) 제
6조에 따라 농지취득자격증명을 발급받지 아니하고 농지를 취득할 수 있다.
1. 국가 또는 지방자치단체가 농지를 취득하는 경우
2. 상속[상속인에게 한 유증(遺贈)을 포함한다. 이하 같다]으로 농지를 취득하여 소유
하는 경우 〈전문개정〉
3. 다음 각 목의 어느 하나에 해당하는 농지저당권자가 법 제13조에 따라 그 담보농
지를 취득하는 경우
가. 「농업협동조합법」에 따른 지역농업협동조합, 지역축산업협동조합, 품목별·업종
별 협동조합 및 그 중앙회와 농협은행, 「수산업협동조합법」에 따른 지구별 수산업협
동조합, 업종별 수산업협동조합, 수산물가공 수산업협동조합 및 그 중앙회와 수협은
행, 「산림조합법」에 따른 지역산림조합, 품목별·업종별산림조합 및 그 중앙회
나. 한국농어촌공사
다. 「은행법」에 따라 설립된 은행이나 「상호저축은행법」에 따른 상호저축은행, 「신용
협동조합법」에 따른 신용협동조합, 「새마을금고법」에 따른 새마을금고 및 그 중앙회,
「한국농수산식품유통공사법」에 따른 한국농수산식품유통공사
라. 「한국자산관리공사 설립 등에 관한 법률」에 따라 설립된 한국자산관리공사 〈전
문개정〉
마. 「자산유동화에 관한 법률」 제3조에 따른 유동화전문회사등
바. 「농업협동조합의 구조개선에 관한 법률」에 따라 설립된 농업협동조합자산관리회
사
4. 법 제34조제2항에 따라 농지의 전용에 관한 협의를 완료한 다음 각 목의 어느 하

나에 해당하는 농지를 취득하는 경우

가. 「국토의 계획 및 이용에 관한 법률」에 따른 도시지역 안에 주거지역·상업지역·공업지역 또는 도시계획시설예정지로 지정 또는 결정된 농지

나. 「국토의 계획 및 이용에 관한 법률」에 따른 계획관리지역의 지구단위계획구역으로 지정된 농지(2009년 11월 28일 이후 농림축산식품부장관과 농지 전용에 관한 협의를 거쳐 지정된 농지에 한정한다) 〈전문개정〉

다. 「국토의 계획 및 이용에 관한 법률」에 따른 도시지역 안의 녹지지역 및 개발제한구역 안의 농지에 대하여 같은 법 제56조에 따라 개발행위의 허가를 받거나 「개발제한구역의 지정 및 관리에 관한 특별조치법」 제12조제1항 각 호 외의 부분 단서에 따라 토지형질변경허가를 받은 농지

5. 다음 각 목의 법률에 따라 농지를 취득하여 소유하는 경우

가. 「한국농어촌공사 및 농지관리기금법」에 따라 한국농어촌공사가 농지를 취득하여 소유하는 경우

나. 「농어촌정비법」 제16조·제25조·제43조·제82조 또는 제100조에 따라 농지를 취득하여 소유하는 경우

다. 「공유수면 관리 및 매립에 관한 법률」에 따라 매립농지를 취득하여 소유하는 경우

라. 토지수용으로 농지를 취득하여 소유하는 경우

마. 농림축산식품부장관과 협의를 마치고 「공익사업을 위한 토지 등의 취득 및 보상에 관한 법률」에 따라 농지를 취득하여 소유하는 경우

6. 다음 각 목의 어느 하나에 해당하는 원인으로 농지를 취득하는 경우

가. 농업법인의 합병 또는 공유농지의 분할에 의하여 농지를 취득하는 경우

나. 시효의 완성으로 농지를 취득하는 경우

다. 「징발재산정리에 관한 특별조치법」 제20조, 「공익사업을 위한 토지 등의 취득 및 보상에 관한 법률」 제91조에 따른 환매권자가 환매권에 따라 농지를 취득하는 경우

라. 「국가보위에 관한 특별조치법 제5조 제4항에 따른 동원대상지역 내의 토지의 수용·사용에 관한 특별조치령에 따라 수용·사용된 토지의 정리에 관한 특별조치법」 제2조 및 같은 법 제3조에 따른 환매권자 등이 환매권 등에 따라 농지를 취득하는

경우 〈전문 개정〉

마. 법 제17조에 따른 농지이용증진사업 시행계획에 따라 농지를 취득하는 경우

제4조(농지취득자격증명 발급대상자) 농지취득자격증명은 다음 각 호의 어느 하나에 해당하는 자에 대하여 발급한다.

1. 농업인 또는 농업법인 〈전문개정〉

2. 농지취득자격증명 신청 당시 농업경영을 하지 아니하는 자가 자기의 농업경영에 이용하고자 하여 농지를 취득하려는 자 〈전문개정〉

3. 소관 중앙행정기관의 장(소관 사무에 관한 권한을 위임받은 자를 포함한다)의 추천을 거쳐 농지소재지를 관할하는 특별시장·광역시장 또는 도지사(이하 "시·지사"라 한다)의 농지취득인정을 받은 「초·중등교육법」 및 「고등교육법」에 따른 학교 또는 「농지법 시행령규칙」(이하 "규칙"이라 한다) 별표 2에 따른 공공단체등 〈전문개정〉

4. 주말·체험영농을 하려고 법 제28조에 따른 농업진흥지역 외의 농지를 취득하려는 농업인이 아닌 개인

5. 법 제34조 제1항에 따른 농지전용허가(다른 법률에 의하여 농지전용허가가 의제되는 인가·허가·승인 등을 포함한다)를 받거나 법 제35조 또는 법 제43조에 따른 농지전용신고를 한 자(해당 농지를 취득하는 경우에 한정한다)

6. 「한국농어촌공사 및 농지관리기금법」 제24조 제2항에 따른 농지의 개발사업지구 안에서 한국농어촌공사가 개발하여 매도하는 다음 각 목의 어느 하나에 해당하는 농지를 취득하는 자

가. 도·농간의 교류촉진을 위한 1천500제곱미터 미만의 농원부지

나. 농어촌관광휴양지에 포함된 1천500제곱미터 미만의 농지

7. 「농어촌정비법」 제98조 제3항에 따른 한계농지등의 정비사업 시행자로부터 1천500제곱미터 미만의 농지를 분양받는 자

8. 법 제6조 제2항 제9호의2에 따른 영농여건불리농지를 취득하는 자

9. 「공공토지의 비축에 관한 법률」 제2조 제1호 가목에 해당하는 토지 중 같은 법 제7조 제1항에 따른 공공토지비축심의위원회가 비축이 필요하다고 인정하는 토지로서 「국토의 계획 및 이용에 관한 법률」 제36조에 따른 계획관리지역과 자연녹지지역 안

의 농지를 취득하려는 한국토지주택공사

제3장 농지취득자격증명 발급 신청
제5조(농지취득자격증명 발급권자) 농지취득자격증명은 취득하고자 하는 농지 소재지를 관할하는 시장(구를 두지 아니한 시의 시장을 말하며, 도농 복합 형태의 시는 농지의 소재지가 동(洞)지역인 경우만을 말한다), 구청장(도농 복합 형태의 시의 구에서는 농지 소재지가 동지역인 경우만을 말한다), 읍장 또는 면장(이하 "시·구·읍·면의 장"이라 한다)이 발급한다.
제6조(농지취득자격증명 신청인)
① 농지취득자격증명은 농지를 취득하려는 자가 신청하여야 한다.
② 시·구·읍·면의 장은 제3조제2항 각 호에 해당하는 자가 농지취득자격증명 발급을 신청하는 경우에는 신청인에게 농지취득자격증명을 발급받지 아니하고 농지를 취득할 수 있음을 알려주어야 한다.
제7조(농지취득자격증명의 발급신청)
① 농지취득자격증명을 발급받으려는 자(이하 "신청인"이라 한다)는 규칙 별지 제3호서식의 농지취득자격증명신청서를 작성한 후 제2항 각 호의 서류를 첨부하여 해당 농지의 소재지를 관할하는 시·구·읍·면의 장에게 제출하여야 한다.
② 제1항에 따른 농지취득자격증명신청서에는 다음 각 호의 서류를 첨부하여야 한다.
1. 규칙 별지 제2호서식의 농지취득인정서(법 제6조제2항제2호에 해당하는 경우에 한정한다) 〈전문개정〉
2. 규칙 별지 제4호서식의 농업경영계획서(농지를 농업경영 목적으로 취득하는 경우에 한정한다) 〈전문개정〉
3. 규칙 별지 제4호의2서식의 주말·체험영농계획서(법 제6조제2 제3호에 해당하는 경우에 한정한다) 〈전문개정〉
4. 농지임대차계약서 또는 농지사용대차계약서(농업경영을 하지 아니하는 자가 취득하려는 농지의 면적이 영 제7조제2항제5호 각 목의 어느 하나에 해당하지 아니하는 경우에 한정한다)

5. 농지전용허가(다른 법률에 따라 농지전용허가가 의제되는 인가·허가·승인 등을 포함한다)를 받거나 농지전용신고를 한 사실을 입증하는 서류(농지를 전용 목적으로 취득하는 경우에 한정한다) 〈전문개정〉

③ (삭제)

④ 시·구·읍·면의 장은 농지취득자격증명 발급 신청이 있는 경우에는 법 제54조의2제3항에 따른 농지정보시스템(이하 "농지정보시스템"이라 한다) 및 「전자정부법」 제36조제1항에 따른 행정정보의 공동이용을 통하여 다음 각 호의 구분에 따른 사항을 모두 확인하여야 한다.

1. 농지취득자격증명신청서의 취득자의 구분이 다음 각 목의 구분에 따른 경우 〈전문개정〉

가. 농업인인 경우: 농업경영체 증명서(「농어업경영체 육성 및 지원에 관한 법률」 제4 제1항제1호에 따라 농업경영체로 등록하여 법 제8조제2항에 따른 증명서류 제출을 하지 아니한 경우에 해당한다): 농업경영체 증명서

나. 농업법인인 경우: 법인 등기사항증명서, 표준재무제표증명

다. 농업인이 아닌 개인인 경우: 사업자등록증(신청인이 사업자등록을 한 경우만 해당한다)

라. 법인 등인 경우: 법인 등기사항증명서

마. 「출입국관리법」 제31조에 따라 등록한 외국인인 경우인 경우: 외국인등록사실증명

바. 「재외동포의 출입국과 법적 지위에 관한 법률」 제6조에 따라 국내거소신고를 한 외국국적동포인 경우: 국내거소신고사실증명

2. 농지취득자격증명신청서의 취득목적이 법 제2조제8호에 따른 주말·체험영농인 경우: 다음 각 목의 순서에 따라 확인한다. 〈전문개정〉

가. 주민등록표 등본으로 신청인 및 신청인의 세대원을 확인한다.

나. 농지정보시스템 상 세대원 소유농지현황 조회(전국) 또는 토지(임야)대장으로 신청인 및 신청인의 세대원 전부가 소유하는 농지의 총면적을 확인한다.

다. 신청인 및 신청인의 세대원 전부가 소유하는 농지의 총 면적이 1천제곱미터 이상인 경우 취득목적은 농업경영으로 한다.

우광연의 작심하고 시작하는 경매공부

라. 신청 당시 농업경영을 하지 아니하는 자가 자기의 농업경영에 이용하고자 하여 농지를 취득하는 경우에는 해당 농지의 취득 후 농업경영에 이용하려는 농지의 총면적이 영 제7조 제2항 제5호의 어느 하나에 해당해야 한다.

3. 신청 대상 농지가 다음 각 목의 구분에 따른 경우 〈전문개정〉

가. 법 제6조제2항제9호의2에 따른 영농여건불리농지인 경우: 토지이용계획확인서

나. 법 제6조제2항제10호의 바목에 따른 농지인 경우: 「국토의 계획 및 이용에 관한 법률」에 따른 계획관리지역 또는 자연녹지지역 안의 농지인지 여부 확인

4. 신청인이 농업경영계획서 또는 주말 · 체험영농계획서를 작성하여 제출한 경우: 다음 각 목의 사항 〈전문개정〉

가. 신청인의 최근 3년간 농지취득자격증명 발급 이력(해당 농지를 소유한 경우 그 농지의 소유기간을 포함한다): 농지정보시스템, 농지의 소유기간을 확인하기 위하여 필요한 경우 토지 등기사항증명서

나. 신청인이 법 제10조제1항, 법 제11조제1항, 법 제42조제1항 및 법 제63조제1항을 위반하여 받은 행정처분의 내용 및 이행여부: 농지정보시스템

5. 삭제

제4장 농지취득자격증명 발급

제8조(농지취득자격증명 발급요건)

① 농지취득자격증명신청서를 접수한 시 · 구 · 읍 · 면의 장은 농지취득자격증명신청서 및 농업경영계획서 또는 주말 · 체험영농계획서의 기재사항과 주민등록 및 농지원부 등에 따라 신청인이 다음 각 호의 요건에 적합한지의 여부를 확인하여 이에 적합한 경우에는 신청인에게 농지취득자격증명을 발급하여야 한다. 이 경우 신청인이 농업경영계획서 또는 주말 · 체험영농계획서를 제출한 경우로서 필요하다고 판단되는 경우에는 현지 확인 등을 하여야 한다.

1. 제4조에 따른 자격증명 발급 대상자일 것

2. 법 제6조 제1항이나 같은 조 제2항 제2호 · 제3호 · 제7호 · 제9호 · 제9호의2 또는 제10호 바목에 따른 취득요건에 적합할 것 〈전문개정〉

3. 농업인이 아닌 개인이 주말 · 체험영농에 이용하고자 농지를 취득하는 경우에는

신청 당시 소유하고 있는 농지의 면적에 취득하려는 농지의 면적을 합한 면적이 1천 제곱미터 미만일 것(이 경우 면적의 계산은 그 세대원 전부가 소유하는 총면적으로 한다)

4. 신청인이 작성한 농업경영계획서 또는 주말 · 체험영농계획서가 다음 각 목의 사항을 모두 포함하고 있을 것

가. 취득대상 농지의 면적(공유로 취득하려는 경우 공유 지분의 비율 및 각자가 취득하려는 농지의 위치도 함께 표시한다) 〈전문개정〉

나. 취득대상 농지의 농업경영을 하는 데에 필요한 노동력 및 농업기계 · 장비 · 시설의 확보방안

다. 소유농지의 이용실태(농지를 소유하고 있는 자의 경우에 한정한다)

라. 농지취득자격증명을 발급받으려는 자의 직업 · 영농경력 · 영농거리

5. 농업경영계획서 또는 주말 · 체험영농계획서를 제출하여야 하는 경우에는 그 내용이 신청인의 농업경영능력 등을 참작할 때 실현 가능하다고 인정될 것. 이 경우 다음 각 목의 사항을 종합적으로 고려하여 하며, [별표 1] 농지취득자격 확인 기준에 부합하지 않는 경우 신청인의 농업경영계획이 실현 가능하지 않다고 판단할 수 있다. 〈각 목 외 전문개정〉

가. 취득대상 농지의 면적

나. 취득대상 농지를 농업경영에 이용하기 위한 노동력 및 농업기계 · 장비 · 시설 등의 확보여부 또는 확보방안

다. 소유농지의 이용실태(농지를 소유하고 있는 자의 경우에 한정한다) 및 임차 농지 현황

라. 경작 또는 재배하고자 하는 농작물 또는 다년생식물의 종류, 영농 착수시기, 수확시기, 작업일정 등이 포함된 영농 계획

마. 농작물의 경작 또는 다년생식물의 재배지 등으로 이용되고 있지 아니하는 농지의 경우에는 농지의 복구가능성 등 취득대상 토지의 상태

바. 신청인의 연령 · 직업 · 영농경력 · 영농거리 등 영농여건(세대원의 노동력을 활용하고 있거나 활용하려는 경우 세대원도 포함한다) 〈전문개정〉

사. 신청인의 영농의지

아. 최근 3년간 농지취득자격증명 발급 이력(해당 농지를 소유한 경우 그 농지의 소유기간을 포함한다)

자. 농지 취득자금 조달계획

차. 신청인이 법 제10조제1항, 법 제11조제1항, 법 제42조제1항 및 법 제63조제1항을 위반하여 받은 행정처분의 내용 및 이행여부

6. 신청인이 소유농지의 전부를 타인에게 임대 또는 무상사용하게 하거나 농작업의 전부를 위탁하여 경영하고 있지 아니할 것. 다만, 법 제6조제2항제9호에 따라 농지를 취득하는 경우에는 그러하지 아니하다.

7. 신청 당시 농업경영을 하지 아니하는 자가 자기의 농업경영에 이용하고자 하여 농지를 취득하는 경우에는 해당 농지의 취득 후 농업경영에 이용하려는 농지의 총면적이 다음 각 목의 어느 하나에 해당할 것

가. 고정식온실 · 버섯재배사 · 비닐하우스 · 축사 그 밖의 농업생산에 필요한 시설이 설치되어 있거나 설치하려는 농지의 경우: 330제곱미터 이상

나. 곤충사육사가 설치되어 있거나 곤충사육사를 설치하려는 농지의 경우: 165제곱미터 이상

다. 가목 및 나목 외의 농지의 경우: 1천제곱미터 이상

8. 농작물의 경작지 또는 다년생식물의 재배지 등으로 이용되고 있지 아니하여 신청인이 농지로의 복구계획을 제출하는 경우에는 그 계획이 실현 가능할 것

9. 신청인이 규칙 제7조제2항에 따라 첨부하여야 할 증명서류를 제출하였을 것

10. 1필지를 공유로 취득하려는 자가 법 제22조제3항에 따른 시 · 군 · 구의 조례로 정한 수를 초과하지 아니할 것

11. 「농어업경영체 육성 및 지원에 관한 법률」 제20조의2에 따른 실태조사 등에 따라 영농조합법인 또는 농업회사법인이 같은 법 제20조의3제2항에 따른 해산명령 청구 요건에 해당하지 아니할 것

12. 「초 · 중등교육법」 및 「고등교육법」에 따른 학교에 재학 중인 학생이 아닐 것. 다만, 정보 · 통신매체를 통한 교육으로 학력을 인정받는 학교에 재학 중인 학생 또는 야간수업을 받는 학생 등 통상적인 농업경영 관행에 따라 농업경영을 할 수 있다고 인정되는 학생, 농업경영을 하고 있는 학생 또는 법 제6조제2항제3호의 목적으로 농

지를 취득하려는 「고등교육법」에 따른 학교에 재학 중인 학생은 제외한다.

② 시·구·읍·면의 장은 제1항에 따른 확인과 심사 시 다음 각 호의 어느 하나에 해당하는 경우 법 제6조에 따른 농지 소유 제한이나 법 제7조에 따른 농지 소유 상한을 위반하여 농지를 소유할 목적으로 거짓이나 그 밖의 부정한 방법으로 법 제8조제1항에 따른 농지취득자격증명 발급 신청 여부 또는 「농어업경영체 육성 및 지원에 관한 법률」 제19조의5 위반 여부 등에 대해 면밀히 검토한 후 농지취득자격증명을 발급하여야 한다. 〈각 호 외 전문개정〉

1. 신청인이 투기 등의 목적으로 농지를 취득하고자 다음 각 목의 어느 하나에 해당하는 경우 〈전문개정〉

가. 농업경영계획서 또는 주말·체험영농계획서에 허위의 사실을 기재하거나 증명서류 제출을 거짓으로 한 경우

나. 농업경영계획서 또는 주말·체험영농계획서를 부실히 작성하거나 증명서류 제출이 충분하지 아니한 경우

2. 농업법인의 최근 3년간 농지취득자격증명 발급 현황상 발급이 빈번한 경우(농지이용정보시스템에서 '전국 농지취득자격증명 발급 현황' 및 '농지 소유 현황' 조회 가능)

3. [별표 1] 농지취득자격 확인기준에 적합하지 아니한 경우

4. 법인 등기사항증명서 및 정관상 목적이 「농어업경영체 육성 및 지원에 관한 법률」 제16조·제19조 및 같은 법 시행령 제11조·제19조에서 정한 영농조합법인의 사업범위 및 농업회사법인의 부대사업의 범위를 벗어나는 경우(이 경우 시·구·읍·면의 장은 신청인이 「농어업경영체 육성 및 지원에 관한 법률」 제20조의3제2항에 따른 해산명령 청구 요건에 해당하는 것으로 인정하여 법 제8조의3제3항에 따라 농지취득자격증명을 발급하지 아니할 수 있다)

5. 농업법인이 납세지 관할 세무서장에게 신고한 표준재무제표증명의 표준손익계산서상 부동산임대수입이 있는 경우(이 경우 시·구·읍·면의 장은 신청인이 「농어업경영체 육성 및 지원에 관한 법률」 제20조의3제2항에 따른 해산명령 청구 요건에 해당하는 것으로 인정하여 법 제8조의3제3항에 따라 농지취득자격증명을 발급하지 아니할 수 있다)

③ 농지취득자격증명신청서를 접수한 시·구·읍·면의 장은 제1항에 따라 농지취득자격증명을 심사하는 경우에 농지정보시스템의 항공사진을 활용할 수 있다.

제9조(농지취득자격증명의 발급)
① 시·구·읍·면의 장은 신청인이 제8조의 농지취득자격증명발급요건에 부합되는 경우에는 신청서 접수일부터 7일(법 제8조제2항 단서에 따른 농업경영계획서 또는 주말·체험영농계획서를 작성하지 아니하고 농지취득자격증명 발급을 신청하는 경우에는 4일, 법 제8조제3항에 따른 농지위원회의 심의대상인 경우에는 14일) 이내에 자격증명을 발급하여야 한다. 〈전문개정〉
② 시·구·읍·면의 장은 다음 각 호의 자가 농지취득자격증명 발급을 신청한 경우 법 제44조에 따른 농지위원회의 심의를 거쳐야 하며, 농지위원회 사무를 처리하기 위하여 별지 제3호부터 제5호까지의 서식을 활용할 수 있다. 〈전문개정〉
1. 「부동산 거래신고 등에 관한 법률」 제10조에 따른 토지거래허가구역의 농지를 취득하려는 자
2. 농업법인
3. 취득대상 농지 소재지 관할 시·군·구(자치구인 구를 말한다. 이하 이 조에서 같다) 또는 연접한 시·군·구 내에 거주하지 않으면서 관할 시·군·구 내의 농지를 최초로 취득하려는 자
4. 1필지의 농지를 3인 이상이 공유로 취득하려는 자
5. 「출입국관리법」 제31조에 따라 등록한 외국인 또는 「재외동포의 출입국과 법적 지위에 관한 법률」 제6조에 따라 국내거소신고를 한 외국국적동포
6. 그 밖에 신청인의 농업경영능력 등을 면밀히 심사할 필요가 있다고 인정하여 시·군·구의 조례로 정하는 자
③ 시·구·읍·면의 장은 신청인이 제8조의 농지취득자격증명 발급요건에 부합되지 아니하는 경우에는 제1항에 따른 발급 기간 이내에 미발급 사유를 다음 각 호 예시와 같이 구체적으로 명시하여 신청인에게 문서로 통보하여야 한다. 〈각 호 외 전문개정〉
1. 신청대상 토지가 법 제2조제1호에 따른 농지에 해당하지 아니하는 경우: 신청대상

토지가 「농지법」에 의한 농지에 해당되지 아니함(종전의 「농지의 보전 및 이용에 관한 법률」 시행일인 1973. 1. 1. 이전부터 농작물의 경작 또는 다년생식물 재배지 외의 용도로 이용되고 있는 토지 등 해당 사유를 기재)

2. 신청대상 농지가 농지취득자격증명을 발급받지 아니하고 취득할 수 있는 농지인 경우: 신청대상 농지는 농지취득자격증명을 발급받지 아니하고 취득할 수 있는 농지임(농지전용 협의를 마친 도시지역 안의 주거지역의 농지를 취득하는 경우 또는 법 제6조제2항제4호에 따른 상속으로 농지를 취득하는 경우 등 해당 사유를 기재)〈전문개정〉

3. 신청인이 법 제8조제2항에 따라 농업경영계획서 또는 주말·체험영농계획서를 제출하여야 하여 신청인의 농지취득자격을 확인한 결과 적합하지 아니한 경우: 신청인이 작성한 농업경영계획서 또는 주말·체험영농계획서의 내용이 신청인의 농업경영능력 등을 참작할 때 실현가능하다고 인정할 수 없음(규칙 제7조제3항 각 호의 사항을 종합적으로 고려하여 농지취득자격증명 미발급한 사유를 구체적으로 기재)〈전문개정〉

4. 신청대상 농지가 「농지법」을 위반하여 불법으로 형질이 변경되었거나 불법건축물이 있는 농지인 경우: 신청대상 농지는 취득 시 농지취득자격증명을 발급받아야 하는 농지이나 불법으로 형질이 변경되었거나 불법건축물이 있는 부분에 대한 복구가 필요하며 현 상태에서는 농지취득자격증명을 발급할 수 없음

제9조의2(농지전용사업이 시행중인 경매 농지에 대한 자격증명의 발급)

① 시·구·읍·면의 장은 농지전용사업이 시행중인 경매농지에 대하여 당해 농지의 최고가매수신고인이 농업경영 또는 주말체험영농 목적으로 당해 경매농지에 대한 농지취득자격증명을 신청한 경우에는 당해 농지의 상태, 경작 또는 재배 가능성 등을 검토하여 미리 농지취득자격증명을 발급할 수 있다.

② 시·구·읍·면의 장은 농지전용사업이 시행중인 경매농지에 대하여 당해 농지의 최고가매수신고인이 전용목적으로 당해 경매 농지에 대한 농지취득자격증명을 신청한 경우에는 전용사업계획의 실현 가능성 등을 검토하여 미리 농지취득자격증명을 발급할 수 있다.(상기 "농지전용사업계획의 실현 가능성"은 향후 기존 농지전용허가 취소 및 명의변경을 전제로 최고가매수신고인의 전용사업계획상 실현가능성을

검토하여 판단)

③ 시ㆍ구ㆍ읍ㆍ면의 장은 제1항 및 제2항에 따라 미리 농지취득자격증명을 발급해 준 후에는 해당 농지에 대하여 다음과 같이 농지전용 허가취소 또는 농지전용 변경 등의 조치를 하여야 한다.

1. 해당 농지를 농업경영 또는 주말ㆍ체험영농을 목적으로 취득한 경우: 해당농지에 대한 농지전용 허가 취소

2. 해당 농지를 농지전용 목적으로 취득한 경우: 해당 농지의 전용허가 사항을 신규 취득자 앞으로 변경하거나, 기존의 농지전용 허가를 취소하고 신규 취득자 명의로 농지전용 허가

제5장 농지취득인정

제10조(시험지ㆍ연구지ㆍ실습지 등으로 쓰일 농지의 취득인정)

① 「초ㆍ중등교육법」 및 「고등교육법」에 따른 학교 또는 규칙 별표 2에 따른 공공단체 등이 법 제6조제2항제2호에 따라 시험ㆍ연구ㆍ실습지ㆍ종묘생산지 또는 과수 인공수분용 꽃가루 생산지로 농지를 취득하고자 하는 경우에는 소관 중앙행정기관의 장(소관 사무에 관한 권한을 위임받은 자를 포함한다. 이하 같다.)의 추천을 거쳐 신청농지 소재지 관할 시ㆍ도지사의 농지취득인정을 받아야 한다.

② 제1항에 따라 농지취득인정을 받고자 하는 자는 규칙 별지 제1호서식의 농지취득인정신청서에 다음 각 호의 서류를 첨부하여 소관 중앙행정기관의 장에게 제출하여야 한다.

1. 취득하려는 농지의 활용계획이 포함되어 있는 사업계획서

2. 신청 당시 소유하고 있는 농지의 명세와 활용현황

3. 허가증ㆍ인가증ㆍ등록증 등 농지취득자격이 있음을 입증하는 서류

4. (삭제)

5. 삭제

③ 소관 중앙행정기관의 장은 제1항에 따른 농지취득인정신청 서류를 제출받은 때에는 이를 검토한 후 농지취득인정의 추천을 할 필요가 있다고 인정하는 경우에 한하여 해당 신청 서류에 추천서를 첨부하여 시ㆍ도지사에게 보내야 한다.

④ 시 · 도지사는 제2항 및 제3항에 따라 농지취득인정신청서류를 접수한 때에는 기존 소유 농지 및 신청대상 농지 현지조사를 실시하고, 그 신청내용이 법 제6조제2항 제2호에 따른 요건에 적합한지의 여부를 검토한 후 적합하다고 인정하는 경우에는 규칙 별지 제2호서식의 농지취득인정서를 신청인에게 내주어야 하며, 적합하지 아니하다고 인정하는 경우에는 그 사유를 구체적으로 밝혀 신청인에게 통보하여야 한다. 이 경우 시 · 도지사는 농지취득인정신청의 처리결과를 그 추천을 한 소관 중앙행정기관의 장에게 통보하여야 한다.

⑤ 규칙 제6조제6항에 따라 규칙 별표 2의 전통사찰이 취득인정을 받을 수 있는 농지는 해당사찰이 있는 시(특별시 및 군의 지역을 제외한 광역시를 포함한다) · 군 또는 이에 연접한 시 · 군에 소재한 농지에 한정한다.

제10조의2(농지취득인정 발급현황 보고)

시 · 도지사는 다음 해 1월31일까지 해당 연도의 농지취득인정 발급현황을 별지 제1호서식에 따라 농림축산식품부장관에게 보고하여야 한다.

제6장 보칙

제11조(거짓 또는 부정한 방법 등으로 농지취득자격증명을 발급받은 자에 대한 조치)

시 · 구 · 읍 · 면장은 농지취득자격증명신청서 및 농업경영계획서의 허위사실 기재 등으로 사위 기타 부정한 방법에 의하여 농지취득자격증명이 발급된 경우에는 즉시 신청인을 고발하여야 한다. 〈전문개정〉

제12조(농지취득자격증명발급대장 비치 등)

① 시 · 구 · 읍 · 면의 장은 규칙 제7조제4항에 따른 농지취득자격증명발급대장을 비치하고 기록 · 유지하여야 한다. 이 경우 새올행정시스템에 의하여 처리하는 대장파일(자기 디스크 그 밖에 이와 유사한 방법으로 기록 보관하는 대장)로 관리하는 것으로 이를 갈음할 수 있다.

② 시 · 구 · 읍 · 면장은 토지거래계약허가부서와 토지거래계약허가에 대한 농지취득자격 심사에 관한 협의가 있는 경우 그 사항을 제1항 후단에 따른 새올행정시스템에 기록 · 관리하여야 하며, 제13조에 따른 자격증명발급 상황보고에 포함하여야 한다.

우광연의 작심하고 시작하는 경매공부

③ 삭제

제13조(자격증명발급 상황보고) 시·구·읍·면장은 다음 해 1월 20일까지 해당 연도의 자격증명발급상황을 별지 제2호서식에 따라 시·도지사에게 보고(자치구가 아닌 구의 구청장 및 읍장·면장의 경우에는 관할 시장·군수를 거쳐야 한다)하고 시·도지사는 이를 취합하여 다음 해 1월 31일까지 농림축산식품부장관에게 보고하여야 한다.

제14조(재검토기한) 농림축산식품부장관은 「훈령·예규 등의 발령 및 관리에 관한 규정」에 따라 이 예규에 대하여 2023년 1월 1일 기준으로 매 3년이 되는 시점(매 3년째의 12월 31일까지를 말한다)마다 그 타당성을 검토하여 개선 등의 조치를 하여야 한다.

부칙 〈제59호, 2022. 8. 16.〉
이 예규는 공포한 날부터 시행한다.

입찰표 유무효 처리기준

입찰표 작성시 또는 개찰 첨부서류에 문제들이 발생할 수 있는데요. 부동산등에 대한 경매절차 처리지침에 유무효 처리기준이 있으니 숙지해 놓으시면 도움이 되실 겁니다.

○──── **기일입찰표의 유·무효 처리기준**

번호	흠결사항	처리기준
1	입찰기일을 적지 아니하거나 잘못 적은 경우	입찰봉투의 기재에 의하여 그 매각기일의 것임을 특정할 수 있으면 개찰에 포함시킨다.
2	사건번호를 적지 아니한 경우	입찰봉투, 매수신청보증봉투, 위임장 등 첨부서류의 기재에 의하여 사건번호를 특정할 수 있으면 개찰에 포함시킨다.
3	매각물건이 여러 개인데, 물건번호를 적지 아니한 경우	개찰에서 제외한다. 다만, 물건의 지번·건물의 호수 등을 적거나 입찰봉투에 기재가 있어 매수신청 목적물을 특정할 수 있으면 개찰에 포함시킨다.
4	입찰자 본인 또는 대리인의 이름을 적지 아니한 경우	개찰에서 제외한다. 다만, 고무인·인장 등이 선명하여 용이하게 판독할 수 있거나, 대리인의 이름만 기재되어 있으나 위임장·인감증명서에 본인의 기재가 있는 경우에는 개찰에 포함시킨다.

우광연의 작심하고 시작하는 경매공부

번호	흠결사항	처리기준
5	입찰자 본인과 대리인의 주소·이름이 함께 적혀 있지만(이름 아래 날인이 있는 경우 포함) 위임장이 붙어 있지 아니한 경우	개찰에서 제외한다.
6	입찰자 본인의 주소·이름이 적혀 있고 위임장이 붙어 있지만, 대리인의 주소·이름이 적혀 있지 않은 경우	개찰에서 제외한다.
7	위임장이 붙어 있고 대리인의 주소·이름이 적혀 있으나 입찰자 본인의 주소·이름이 적혀 있지 아니한 경우	개찰에서 제외한다.
8	한 사건에서 동일인이 입찰자 본인인 동시에 다른 사람의 대리인이거나, 동일인이 2인 이상의 대리인을 겸하는 경우	쌍방의 입찰을 개찰에서 제외한다.
9	입찰자 본인 또는 대리인의 주소나 이름이 위임장 기재와 다른 경우	이름이 다른 경우에는 개찰에서 제외한다. 다만, 이름이 같고 주소만 다른 경우에는 개찰에 포함시킨다.
10	입찰자가 법인인 경우 대표자의 이름을 적지 아니한 경우(날인만 있는 경우도 포함)	개찰에서 제외한다. 다만, 법인등기사항증명서로 그 자리에서 자격을 확인할 수 있거나, 고무인·인장 등이 선명하며 용이하게 판독할 수 있는 경우에는 개찰에 포함시킨다.
11	입찰자 본인 또는 대리인의 이름 다음에 날인이 없는 경우	개찰에 포함시킨다.
12	입찰가격의 기재를 정정한 경우	정정인 날인 여부를 불문하고 개찰에서 제외한다.
13	입찰가격의 기재가 불명확한 경우(예, 5와 8, 7과 9, 0과 6 등)	개찰에서 제외한다.
14	보증금액의 기재가 없거나 그 기재된 보증금액이 매수신청보증과 다른 경우	매수신청보증봉투 또는 보증서에 의해 정하여진 매수신청보증 이상의 보증제공이 확인되는 경우에는 개찰에 포함시킨다.
15	보증금액을 정정하고 정정인이 없는 경우	

번호	흠결사항	처리기준
16	하나의 물건에 대하여 같은 사람이 여러 장의 입찰표 또는 입찰봉투를 제출한 경우	입찰표 모두를 개찰에서 제외한다.
17	보증의 제공방법에 관한 기재가 없거나 기간입찰표를 작성·제출한 경우	개찰에 포함시킨다.
18	위임장은 붙어 있으나 위임장이 사문서로서 인감증명서가 붙어 있지 아니한 경우, 위임장과 인감증명서의 인영이 다른 경우	개찰에서 제외한다. 다만, 변호사·법무사가 임의대리인으로 입찰하는 경우 인감증명서가 붙어 있지 않더라도 개찰에 포함시킨다.

○—— **기간입찰봉투에 흠이 있는 경우 처리기준**

번호	흠결사항	처리기준	비고
1	기간입찰봉투(이하, '입찰봉투'라고 한다)가 입찰기간 개시 전 제출된 경우	① 직접제출: 접수하지 않는다.	입찰기간 개시 후에 제출하도록 한다.
		② 우편제출: 입찰기간 개시일까지 보관하다가 개시일에 접수한다.	입찰봉투 및 기간입찰접수부(이하 '접수부'라고 한다)에 그 취지를 부기한다.
2	입찰봉투가 입찰기간 종료 후 제출된 경우	① 직접제출: 접수하지 않는다.	지체 이유를 불문한다.
		② 우편제출: 접수는 하되, 개찰에 포함시키지 않는다.	지체 이유를 불문한다. 입찰봉투 및 접수부에 그 취지를 부기한다.
3	입찰봉투가 봉인되지 아니한 경우	①직접제출: 봉인하여 제출하도록 한다.	
		②우편제출: 접수는 하되, 개찰에 포함시키지 않는다. 다만, 날인만 누락된 경우에는 개찰에 포함시킨다.	입찰봉투 및 접수부에 그 취지를 부기한다.
4	비치된 입찰봉투 이외의 봉투가 사용된 경우	① 직접 제출: 접수하지 않는다.	비치된 입찰봉투를 사용하여 제출하도록 한다.
		② 우편제출: 개찰에 포함시킨다.	

번호	흠결사항	처리기준	비고
5	입찰봉투에 매각기일의 기재가 없는 경우	① 직접제출: 접수하지 않는다.	매각기일을 기재하여 제출하도록 한다.
		② 우편제출: 접수는 하되, 개찰에 포함시키지 않는다.	입찰봉투를 개봉하여 매각기일을 확인하여 입찰봉투에 매각기일을 기재하고, 접수부에 그 취지를 부기한다.
6	입찰봉투가 등기우편 이외의 방법으로 송부된 경우	접수는 하되, 개찰에는 포함시키지 않는다.	입찰봉투 및 접수부에 그 취지를 부기한다.
7	입찰표가 입찰봉투에 넣어지지 않고 우송된 경우	접수는 하되, 개찰에는 포함시키지 않는다.	접수부에 그 취지를 부기한다.
8	입찰봉투가 집행관 이외의 사람을 수취인으로 하여 우송된 경우	접수하고, 그중 입찰봉투가 봉인된 채로 집행관에게 회부된 경우에 한하여 개찰에 포함시킨다.	
9	입찰봉투가 법원에 접수되어 집행관 등에게 회부된 경우	① 법원에 접수된 일시가 입찰기간 내인 경우 개찰에 포함시킨다.	입찰봉투 및 접수부에 그 취지를 부기한다.
		② 법원에 접수된 일시가 입찰기간을 지난 경우 접수는 하되, 개찰에는 포함시키지 않는다.	
10	집행관 등 또는 법원직원이 입찰봉투를 착오로 개찰기일 전에 개봉한 경우	즉시 다시 봉한 후 개찰에 포함시킨다.	입찰봉투 및 접수부에 그 취지를 부기한다.
11	집행관 등이나 법원 이외의 자에게 직접 제출된 경우	접수는 하되, 개찰에는 포함시키지 않는다.	입찰봉투 및 접수부에 그 취지를 부기한다.
12	접수인과 기간입찰접수부 등재 없이 입찰함에 투입된 경우	개찰에 포함시키지 않는다.	

○─── 첨부서류 등에 흠이 있는 경우의 처리기준

번호	흠결사항	처리기준	비고
1	입금증명서 또는 보증서, 법인등기사항증명서, 가족관계증명서, 공동입찰자목록이 같은 입찰봉투에 함께 봉함되지 않고 별도로 제출된 경우	① 직접제출: 접수하지 않는다.	입찰봉투에 넣어 제출하도록 한다.
		② 우편제출: 접수는 하되 개찰에는 포함시키지 않는다.	클립 등으로 입찰봉투에 편철하고, 입찰봉투와 접수부에 그 취지를 부기한다.
2	입금증명서 또는 보증서, 법인등기사항증명서, 가족관계증명서, 공동입찰자목록이 누락된 경우	개찰에 포함시키지 않는다.	
3	주민등록표 등·초본이 누락되거나 발행일이 입찰기간 만료일 전 6월을 초과하는 경우	개찰에 포함시킨다.	
4	대표자나 관리인의 자격 또는 대리인의 권한을 증명하는 서면으로서 관공서에서 작성하는 증명서, 대리위임장 및 인감증명서가 누락되거나 발행일이 입찰기간 만료일 전 6월을 초과하는 경우	개찰에 포함시키지 않는다. 다만, 변호사·법무사가 임의대리인으로 입찰하는 경우 인감증명서가 붙어 있지 않더라도 개찰에 포함시킨다.	

※ 설립 중인 회사인 경우에는 발기인, 대표자, 준비행위 등의 소명자료를, 법인 아닌 사단이나 재단의 경우에는 정관 기타의 규약, 대표자 또는 관리인임을 증명하는 서면 등의 소명자료를 제출하여야 한다.

부동산 관련 유용한 사이트 모음

1) 경매·공매 정보

- 부동산태인 www.taein.co.kr
- 지지옥션 www.ggi.co.kr
- 옥션원 www.auction1.co.kr
- 온비드 www.onbid.co.kr
- 옥션톡 www.auctiontalk.co.kr (필자가 운영하는 무료 경매 사이트)

2) 부동산정보, 실거래가 등

- 호갱노노 https://hogangnono.com
- 밸류맵 https://www.valueupmap.com/
- 부동산디스코 https://www.disco.re/
- 아실 https://asil.kr/asil/
- 부동산플래닛 https://www.bdsplanet.com/
- 부동산리치고 https://m.richgo.ai/

3) 공공기관

- 토지이음 http://www.eum.go.kr
- 정부24 https://www.gov.kr
- 세움터 https://www.gov.kr/portal/main/nologin
- 서울시 도시계획포털 https://urban.seoul.go.kr
- 경기도 부동산포털 https://gris.gg.go.kr
- 국토정보플랫폼(항공사진) https://map.ngii.go.kr

- 한국부동산원 https://www.reb.or.kr

- 일사편리 https://kras.go.kr

- 대법원인터넷등기소 https://www.iros.go.kr

4) 재개발·재건축

- 정비사업몽땅(서울시) https://cleanup.seoul.go.kr/

- 인천광역시 추정분담금 정보시스템 https://renewal.incheon.go.kr

- 경기도 데이터포털 https://data.gg.go.kr

5) 세금

- 부동산계산기(포털사이트 검색창에 검색)

- 조세심판원 https://www.tt.go.kr

6) 법령 관련 사이트

- 대한민국전자소송 https://ecfs.scourt.go.kr

- 대법원종합법률정보 https://glaw.scourt.go.kr

- 국가법령정보센터 https://www.law.go.kr

- 법률구조공단 https://www.klac.or.kr

7) 상권정보

- 소상공인 상권정보시스템 https://sg.sbiz.or.kr

- 오픈업 https://www.openub.com

- 마이프차 https://myfranchise.kr

8) 기타

- 대부금융협회 http://www.clfa.or.kr/

- 농지은행 https://www.fbo.or.kr/index.do

- 산지정보시스템 https://www.forest.go.kr

일주일 전쯤 경매를 오래 하신 분으로부터 전화가 왔습니다. 입찰 시간에 늦어 법원에 도착하자마자 경황없이 입찰표를 작성하다 보니, 법인 명의로 입찰을 했는데 대표이사명을 적었는지 적지 않았는지 기억이 나지 않는다는 것이었습니다. 입찰표 유무효 처리 기준에 따르면 '법인등기부등본이 제출되었다면 문제가 없다'라고 알려드렸습니다. 경매를 하다 보면 언제 어떤 일이 일어날지 모릅니다. 돌발상황은 늘 존재하는 것입니다. 그러므로 필요할 때 쉽게 찾아볼 수 있는 책이나 전문가가 옆에 있어야 합니다.

권리분석을 잘하는 사람이 반드시 돈을 잘 번다고는 할 수 없지만, 법정지상권, 지분경매만 파고들어 투자금 대비 2~3배의 수익을 거두는 분들도 있고 관련 내용을 정확히 알고 있다면 침착하게 대응도 할 수 있을 것입니다. 결국 경매투자도 자기만의 길이 있어야 합니다. 저렴하면 무조건 낙찰받는 전략도 좋고, 아파트 시장 흐름을 잘 연구하여 투자하는 방법, 특수물건에 투자하는 방법 등 어떤 전략을 갖고 가더라도 권리분석은 기본입니다.

입찰 전에 낙찰 후 벌어질 일들에 대한 경우의 수를 따져본 사람이라면, 당황하지 않고 시나리오대로 해결해 나갈 것입니다. 수익 분석도 마찬가지입니다. 2등과 가격 차이가 많이 나서 후회하지 않으려면 미리 수익 분석을 충분히 하고 본인만의 수익률 기준을 가져야 합니다.

강의도 하지 않고 책도 쓰지 않지만 나름의 길을 개척한 재야의 고수분들이 많을 것입니다. 그런 분들에게도 초심자 시절이 있었고 경매의 기본에 대해 공부하던 시절이 있었을 것입니다. 아니, 어쩌면 지금도 열심히 공부하고 계실지도 모릅니다.

여러분도 고수의 길을 가기 위해 꾸준히 공부하고 계시리라 믿습니다. 부동산경매라는 세계에 입문하는 분들, 중급자에서 고수의 길로 나아가려는 분들에게 자양분이 되는 책이 되기를 소망합니다.

처음 집필하는 책이다 보니 부족한 부분이 있더라도 넓은 아량으로 이해해 주시길 바랍니다. 조만간 다른 책으로 만나 뵐 수 있도록 노력하겠습니다.